十三届全国人大四次会议

《政府工作报告》

辅 导 读 本

2021

国务院研究室编写组

人民出版社

中国言实出版社

责任编辑：张伟珍

责任校对：陈艳华

封面设计：吴燕妮

版式设计：马月生　鲍春琴

图书在版编目（CIP）数据

十三届全国人人四次会议《政府工作报告》辅导读本/国务院研究室
　编写组 著. —北京：人民出版社：中国言实出版社，2021.3
ISBN 978－7－01－023252－2

Ⅰ.①十… 　Ⅱ.①国… 　Ⅲ.①政府工作报告-中国-2021-学习
　参考资料 　Ⅳ.①D623

中国版本图书馆 CIP 数据核字（2021）第 045564 号

十三届全国人大四次会议《政府工作报告》辅导读本
SHISANJIE QUANGUO RENDA SICI HUIYI
ZHENGFU GONGZUO BAOGAO FUDAO DUBEN
国务院研究室编写组

人民出版社
中国言实出版社 出版发行

北京汇林印务有限公司印刷　新华书店经销

2021 年 3 月第 1 版　2021 年 3 月北京第 1 次印刷
开本：850 毫米×1168 毫米 1/32　印张：14.5
字数：390 千字　印数：000,001－150,000 册
ISBN 978－7－01－023252－2　定价：40.00 元

邮购地址 100706　北京市东城区隆福寺街 99 号
人民东方图书销售中心　电话 （010）65250042　65289539
版权所有·侵权必究
凡购买本社图书，如有印制质量问题，我社负责调换。
服务电话：（010）65250042

目　　录

政府工作报告 …………………………………… 李克强（1）

加快构建新发展格局　推动"十四五"时期

　高质量发展（代序）…………………………… 黄守宏（1）

第 一 部 分
2020年工作回顾

不断巩固疫情防控成果 …………………………… 张凯竣（3）

创新和完善宏观调控　稳住经济基本盘 ………… 孙国君（11）

稳就业保民生成效显著 …………………………… 王存宝（19）

三大攻坚战主要目标任务如期完成 ……………… 杨春悦（27）

改革开放实现重要突破 …………………………… 刘日红（35）

科技创新和产业转型升级步伐加快 ……………… 杜庆彬（43）

城乡区域发展格局不断优化 ……………………… 杨诗宇（52）

依法行政和社会建设取得新进展 ………………… 刘一鸣（59）

第 二 部 分
"十三五"时期发展成就和
"十四五"时期主要目标任务

"十三五"时期我国经济社会发展取得新的

　历史性成就 …………………………………… 宁吉喆（ 69 ）

"十四五"时期经济社会发展总体思路 …………… 金贤东（ 81 ）

着力提升发展质量效益　保持经济持续健康发展 … 马建堂（ 89 ）

坚持创新驱动发展,加快发展现代产业体系 ………… 谷宇辰（101）

形成强大国内市场　构建新发展格局 …………… 张建民（111）

协调推进乡村振兴和新型城镇化　促进城乡融合

　发展 ……………………………………………… 相　伟（118）

优化区域经济布局　促进区域协调发展 ………… 王　巍（127）

全面深化改革开放　持续增强发展动力和活力 … 史德信（135）

推动绿色发展 ……………………………………… 贺达水（144）

持续增进民生福祉　扎实推动共同富裕 ………… 刘军民（152）

统筹发展和安全　建设更高水平的平安中国 ……… 张　俏（161）

第 三 部 分
2021 年重点工作

2021 年经济社会发展主要预期目标 ……………… 陈祖新（171）

积极的财政政策要提质增效、更可持续 …………… 肖炎舜（180）

稳健的货币政策要灵活精准、合理适度 ……………… 宋　立（189）

就业优先政策要继续强化、聚力增效 ……………… 乔尚奎（199）

进一步转变政府职能 ……………………………… 王晓丹（209）

降低企业税费负担 ………………………………… 潘国俊（218）

促进多种所有制经济共同发展 …………………… 马志刚（227）

深化财税金融体制改革 …………………………… 袁　鹰（237）

提升科技创新能力 ………………………………… 王敏瑶（247）

优化和稳定产业链供应链 ………………………… 刘若霞（256）

稳定和扩大消费 …………………………………… 黄　涛（264）

扩大有效投资 ……………………………………… 牛发亮（273）

推动脱贫攻坚与乡村振兴有效衔接 ……………… 郭　玮（282）

抓好农业生产和乡村建设 ………………………… 张顺喜（292）

促进外贸外资稳中提质 …………………………… 包益红（301）

推动生态环境质量持续改善 ……………………… 李攀辉（310）

发展更加公平更高质量的教育 …………………… 侯万军（319）

全面推进健康中国建设 …………………………… 王汉章（328）

加强基本民生保障 ………………………………… 孙慧峰（336）

更好满足人民群众精神文化需求 ………………… 秦青山（345）

加强和创新社会治理 ……………………………… 姜秀谦（354）

持续加强政府自身建设 …………………………… 杨慧磊（363）

推动新时代中国特色大国外交深入发展 ………… 刘武通（372）

加快国防和军队现代化步伐 ……………………… 刘延统（380）

后　记 ……………………………………………………（389）

政 府 工 作 报 告

—— 2021 年 3 月 5 日在第十三届全国人民
代表大会第四次会议上

国务院总理 李 克 强

各位代表：

现在，我代表国务院，向大会报告政府工作，请予审议，并请全国政协委员提出意见。

一、2020 年工作回顾

过去一年，在新中国历史上极不平凡。面对突如其来的新冠肺炎疫情、世界经济深度衰退等多重严重冲击，在以习近平同志为核心的党中央坚强领导下，全国各族人民顽强拼搏，疫情防控取得重大战略成果，在全球主要经济体中唯一实现经济正增长，脱贫攻坚战取得全面胜利，决胜全面建成小康社会取得决定性成就，交出一份人民满意、世界瞩目、可以载入史册的答卷。全年发展主要目标任务较好完成，我国改革开放和社会主义现代化建设又取得新的重大进展。

在艰辛的抗疫历程中,党中央始终坚持人民至上、生命至上,习近平总书记亲自指挥、亲自部署,各方面持续努力,不断巩固防控成果。我们针对疫情形势变化,及时调整防控策略,健全常态化防控机制,有效处置局部地区聚集性疫情,最大限度保护了人民生命安全和身体健康,为恢复生产生活秩序创造必要条件。

一年来,我们贯彻党中央决策部署,统筹推进疫情防控和经济社会发展,主要做了以下工作。

一是围绕市场主体的急需制定和实施宏观政策,稳住了经济基本盘。面对历史罕见的冲击,我们在"六稳"工作基础上,明确提出"六保"任务,特别是保就业保民生保市场主体,以保促稳、稳中求进。立足国情实际,既及时果断又保持定力,坚持不搞"大水漫灌",科学把握规模性政策的平衡点。注重用改革和创新办法,助企纾困和激发活力并举,帮助受冲击最直接且量大面广的中小微企业和个体工商户渡难关。实施阶段性大规模减税降费,与制度性安排相结合,全年为市场主体减负超过2.6万亿元,其中减免社保费1.7万亿元。创新宏观政策实施方式,对新增2万亿元中央财政资金建立直达机制,省级财政加大资金下沉力度,共同为市县基层落实惠企利民政策及时补充财力。支持银行定向增加贷款并降低利率水平,对中小微企业贷款延期还本付息,大型商业银行普惠小微企业贷款增长50%以上,金融系统向实体经济让利 1.5 万亿元。对大企业复工复产加强"点对点"服务。经过艰苦努力，我们率先实现复工复产，经济恢复好于预期，全年国内生产总值增长 2.3%，宏观调控积累了新的经验，以合理代价取得较大成效。

二是优先稳就业保民生，人民生活得到切实保障。就业是最大的民生，保市场主体也是为稳就业保民生。各地加大稳岗扩岗激励力度，企业和员工共同克服困难。多渠道做好重点群体就业工作，支持大众创业万众创新带动就业。新增市场主体恢复快速增长，创造了大量就业岗位。城镇新增就业 1186 万人，年末全国城镇调查失业率降到 5.2%。作为最大发展中国家，在巨大冲击下能够保持就业大局稳定，尤为难能可贵。加强生活必需品保供稳价，居民消费价格上涨 2.5%。线上办公、网络购物、无接触配送等广泛开展。大幅度扩大失业保险保障范围。对因疫情遇困群众及时给予救助，新纳入低保、特困供养近 600 万人，实施临时救助超过 800 万人次。抵御严重洪涝、台风等自然灾害，全力应急抢险救援，妥善安置受灾群众，保障了人民群众生命财产安全和基本生活。

三是坚决打好三大攻坚战，主要目标任务如期完成。较大幅度增加财政扶贫资金投入。对工作难度大的贫困县和贫困村挂牌督战，精准落实各项帮扶措施。优先支持贫困劳动力稳岗就业，帮助返乡贫困劳动力再就业，努力稳住务工收入。加大产业扶贫力度，深入开展消费扶贫。加强易返贫致贫人口监测和帮扶。年初剩余的551万农村贫困人口全部脱贫、52个贫困县全部摘帽。继续打好蓝天、碧水、净土保卫战,完成污染防治攻坚战阶段性目标任务。长江、黄河、海岸带等重要生态系统保护和修复重大工程深入实施,生态建设得到加强。稳妥化解地方政府债务风险,及时处置一批重大金融风险隐患。

四是坚定不移推进改革开放,发展活力和内生动力进一步增强。完善要素市场化配置体制机制。加强产权保护。深入推进"放管服"改革,实施优化营商环境条例。出台国企改革三年行动方案。支持民营企业发展。完善资本市场基础制度。扎实推进农业农村、社会事业等领域改革。共建"一带一路"稳步推进。海南自由贸易港建设等重大举措陆续推出。成功举办第三届中国国际进口博览会、中国国际服务贸易交易会。推动区域全面经济伙伴关系协定签署。完成中欧投资协定谈判。维护产业链供应链稳定,对外贸易和利用外资保持增长。

五是大力促进科技创新,产业转型升级步伐加快。建设国际科技创新中心和综合性国家科学中心,成功组建首批国家实验室。"天问一号"、"嫦娥五号"、"奋斗者"号等突破性成果不断涌现。加强关键核心技术攻关。加大知识产权保护力度。支持科技成果转化应用,促进大中小企业融通创新,推广全面创新改革试验相关举措。推动产业数字化智能化改造,战略性新兴产业保持快速发展势头。

六是推进新型城镇化和乡村振兴，城乡区域发展格局不断优化。加大城镇老旧小区改造力度，因城施策促进房地产市场平稳健康发展。粮食实现增产，生猪产能加快恢复，乡村建设稳步展开，农村人居环境整治成效明显。推进煤电油气产供储销体系建设，提升能源安全保障能力。健全区域协调发展体制机制，在实施重大区域发展战略方面出台一批新举措。

七是加强依法行政和社会建设，社会保持和谐稳定。提请全国人大常委会审议法律议案9件，制定修订行政法规37部。认真办理人大代表建议和政协委员提案。广泛开展线上教学，秋季学期实现全面复学，1000多万高中毕业生顺利完成高考。全面深化教育领域综合改革。实现高职院校扩招100万人目标。加大公共卫生体系建设力度。提升大规模核酸检测能力，新冠肺炎患者治疗费用全部由国家承担。提高退休人员基本养老金，上调城乡居民基础养老金最低标准，保障养老金按时足额发放，实现企业养老保险基金省级统收统支。加强公共文化服务。完善城乡基层治理。扎实做好信访工作。发挥审计监督作用。开展国务院大督查。做好第七次全国人口普查、国家脱贫攻坚普查。加强生产安全事故防范和处置。严格食品药品疫苗监管。强化社会治安综合治理，持续推进扫黑除恶专项斗争，平安中国建设取得新成效。

贯彻落实党中央全面从严治党战略部署，加强党风廉政建设和反腐败斗争。巩固深化"不忘初心、牢记使命"主题教育成果。严格落实中央八项规定精神，持续为基层减负。

中国特色大国外交卓有成效。习近平主席等党和国家领导人通过视频方式主持中非团结抗疫特别峰会，出席联合国成立75周年系列高级别会议、世界卫生大会、二十国集团领导人峰会、亚太经合组织领导人非正式会议、中国—欧盟领导人会晤、东亚合作领导人系列会议等重大活动。坚持多边主义，推动构建人类命运共同体。支持国际抗疫合作，倡导建设人类卫生健康共同体。中国为促进世界和平与发展作出了重要贡献。

一年来的工作殊为不易。各地区各部门顾全大局、尽责担当，上亿市场主体在应对冲击中展现出坚强韧性，广大人民群众勤劳付出、共克时艰，诠释了百折不挠的民族精神，彰显了人民是真正的英雄，这是我们战胜一切困难挑战的力量源泉。

各位代表！

过去一年取得的成绩，是以习近平同志为核心的党中央坚强领导的结果，是习近平新时代中国特色社会主义思想科学指引的结果，是全党全军全国各族人民团结奋斗的结果。我代表国务院，向全国各族人民，向各民主党派、各人民团体和各界人士，表示诚挚感谢！向香港特别行政区同胞、澳门特别行政区同胞、台湾同胞和海外侨胞，表示诚挚感谢！向关心和支持中国现代化建设的各国政府、国际组织和各国朋友，表示诚挚感谢！

在肯定成绩的同时，我们也清醒看到面临的困难和挑战。新冠肺炎疫情仍在全球蔓延，国际形势中不稳定不确定因素增多，世界经济形势复杂严峻。国内疫情防控仍有薄弱环节，经济恢复基础尚不牢固，居民消费仍受制约，投资增长后劲不足，中小微企业和个体工商户困难较多，稳就业压力较大。关键领域创新能力不强。一些地方财政收支矛盾突出，防范化解金融等领域风险任务依然艰巨。生态环保任重道远。民生领域还有不少短板。政府工作存在不足，形式主义、官僚主义不同程度存在，少数干部不担当不作为不善为。一些领域腐败问题仍有发生。我们一定要直面问题和挑战，尽心竭力改进工作，决不辜负人民期待！

二、"十三五"时期发展成就和
"十四五"时期主要目标任务

过去五年，我国经济社会发展取得新的历史性成就。经济运行总体平稳，经济结构持续优化，国内生产总值从不到 70 万亿元增加到超过 100 万亿元。创新型国家建设成果丰硕，在载人航天、探月工程、深海工程、超级计算、量子信息等领域取得一批重大科技成果。脱贫攻坚成果举世瞩目，5575 万农村贫困人口实现脱贫，960 多万建档立卡贫困人口通过易地扶贫搬迁摆脱了"一方水土难养一方人"的困

境,区域性整体贫困得到解决,完成了消除绝对贫困的艰巨任务。农业现代化稳步推进,粮食生产连年丰收。1亿农业转移人口和其他常住人口在城镇落户目标顺利实现,城镇棚户区住房改造超过2100万套。区域重大战略扎实推进。污染防治力度加大,资源能源利用效率显著提升,生态环境明显改善。金融风险处置取得重要阶段性成果。全面深化改革取得重大突破,供给侧结构性改革持续推进,"放管服"改革不断深入,营商环境持续改善。对外开放持续扩大,共建"一带一路"成果丰硕。人民生活水平显著提高,城镇新增就业超过6000万人,建成世界上规模最大的社会保障体系。全面建立实施困难残疾人生活补贴和重度残疾人护理补贴制度。教育、卫生、文化等领域发展取得新成就,教育公平和质量较大提升,医疗卫生事业加快发展,文化事业和文化产业繁荣发展。国防和军队建设水平大幅提升。国家安全全面加强,社会保持和谐稳定。经过五年持续奋斗,"十三五"规划主要目标任务胜利完成,中华民族伟大复兴向前迈出了新的一大步。

"十四五"时期是开启全面建设社会主义现代化国家新征程的第一个五年。我国发展仍然处于重要战略机遇期,但机遇和挑战都有新的发展变化。要准确把握新发展阶段,深入贯彻新发展理念,加快构建新发展格局,推动高质量发展,为全面建设社会主义现代化国家开好局起好步。

根据《中共中央关于制定国民经济和社会发展第十四

个五年规划和二〇三五年远景目标的建议》，国务院编制了《国民经济和社会发展第十四个五年规划和2035年远景目标纲要（草案）》。《纲要草案》坚持以习近平新时代中国特色社会主义思想为指导，实化量化"十四五"时期经济社会发展主要目标和重大任务，全文提交大会审查，这里概述几个方面。

——着力提升发展质量效益，保持经济持续健康发展。发展是解决我国一切问题的基础和关键。必须坚持新发展理念，把新发展理念完整、准确、全面贯穿发展全过程和各领域，引导各方面把工作重点放在提高发展质量和效益上，促进增长潜力充分发挥。经济运行保持在合理区间，各年度视情提出经济增长预期目标，全员劳动生产率增长高于国内生产总值增长，城镇调查失业率控制在5.5%以内，物价水平保持总体平稳，实现更高质量、更有效率、更加公平、更可持续、更为安全的发展。

——坚持创新驱动发展，加快发展现代产业体系。坚持创新在我国现代化建设全局中的核心地位，把科技自立自强作为国家发展的战略支撑。完善国家创新体系，加快构建以国家实验室为引领的战略科技力量，打好关键核心技术攻坚战，制定实施基础研究十年行动方案，提升企业技术创新能力，激发人才创新活力，完善科技创新体制机制，全社会研发经费投入年均增长7%以上、力争投入强度高于"十三五"时期实际。广泛开展科学普及活动。坚持把发展经济着力点放在实体经济上,推进产业基础高级化、产业链现代化,保持制造业比重基本稳定,改造提升传统产业,发展壮大战略性新兴产业,促进服务业繁荣发展。统筹推进传统基础设施和新型基础设施建设。加快数字化发展,打造数字经济新优势,协同推进数字产业化和产业数字化转型,加快数字社会建设步伐,提高数字政府建设水平,营造良好数字生态,建设数字中国。

——形成强大国内市场,构建新发展格局。把实施扩大内需战略同深化供给侧结构性改革有机结合起来,以创新驱动、高质量供给引领和创造新需求。破除制约要素合理流动的堵点,贯通生产、分配、流通、消费各环节,形成国民经济良性循环。立足国内大循环,协同推进强大国内市场和贸易强国建设,依托国内经济循环体系形成对全球要素资源的强大引力场,促进国内国际双循环。建立扩大内需的有效制度,全面促进消费,拓展投资空间,加快培育完整内需体系。

——全面推进乡村振兴,完善新型城镇化战略。坚持农业农村优先发展,严守18亿亩耕地红线,实施高标准农田建设工程、黑土地保护工程,确保种源安全,实施乡村建设行动,健全城乡融合发展体制机制。建立健全巩固拓展脱贫攻坚成果长效机制,提升脱贫地区整体发展水平。深入推进以人为核心的新型城镇化战略,加快农业转移人口市民化,常住人口城镇化率提高到65%,发展壮大城市群和都市圈,推进以县城为重要载体的城镇化建设,实施城市更新行动,完善住房市场体系和住房保障体系,提升城镇化发展质量。

——优化区域经济布局,促进区域协调发展。深入实施区域重大战略、区域协调发展战略、主体功能区战略,构建高质量发展的区域经济布局和国土空间支撑体系。扎实推动京津冀协同发展、长江经济带发展、粤港澳大湾区建设、长三角一体化发展、黄河流域生态保护和高质量发展,高标准、高质量建设雄安新区。推动西部大开发形成新格局,推动东北振兴取得新突破,促进中部地区加快崛起,鼓励东部地区加快推进现代化。推进成渝地区双城经济圈建设。支持革命老区、民族地区加快发展,加强边疆地区建设。积极拓展海洋经济发展空间。

——全面深化改革开放,持续增强发展动力和活力。构建高水平社会主义市场经济体制,激发各类市场主体活力,加快国有经济布局优化和结构调整,优化民营经济发展环境。建设高标准市场体系,全面完善产权制度,推进要素市场化配置改革,强化竞争政策基础地位,完善竞争政策框架。建立现代财税金融体制,提升政府经济治理能力。深化“放管服”改革,构建一流营商环境。建设更高水平开放型经济新体制,推动共建“一带一路”高质量发展,构建面向全球的高标准自由贸易区网络。

——推动绿色发展,促进人与自然和谐共生。坚持绿水青山就是金山银山理念,加强山水林田湖草系统治理,加快推进重要生态屏障建设,构建以国家公园为主体的自然保护地体系,森林覆盖率达到24.1%。持续改善环境质量,基本消除重污染天气和城市黑臭水体。落实2030年应对气候变化国家自主贡献目标。加快发展方式绿色转型,协同推进经济高质量发展和生态环境高水平保护,单位国内生产总值能耗和二氧化碳排放分别降低13.5%、18%。

——持续增进民生福祉,扎实推动共同富裕。坚持尽力而为、量力而行,加强普惠性、基础性、兜底性民生建设,制定促进共同富裕行动纲要,让发展成果更多更公平惠及全体人民。实施就业优先战略,扩大就业容量。着力提高低收入群体收入,扩大中等收入群体,居民人均可支配收入增长与国内生产总值增长基本同步。建设高质量教育体系,建设高素质专业化教师队伍,深化教育改革,实施教育提质扩容工程,劳动年龄人口平均受教育年限提高到11.3年。全面推进健康中国建设,构建强大公共卫生体系,完善城乡医疗服务网络,广泛开展全民健身运动,人均预期寿命再提高1岁。实施积极应对人口老龄化国家战略,以"一老一小"为重点完善人口服务体系,优化生育政策,推动实现适度生育水平,发展普惠托育和基本养老服务体系,逐步延迟法定退休年龄。健全多层次社会保障体系,基本养老保险参保率提高到95%,优化社会救助和慈善制度。发展社会主义先进文化,提高社会文明程度,弘扬诚信文化,建设诚信社会,提升公共文化服务水平,健全现代文化产业体系。

——统筹发展和安全,建设更高水平的平安中国。坚持总体国家安全观,加强国家安全体系和能力建设。强化国家经济安全保障,实施粮食、能源资源、金融安全战略,粮食综合生产能力保持在 1.3 万亿斤以上,提高能源综合生产能力。全面提高公共安全保障能力,维护社会稳定和安全。

展望未来,我们有信心有能力战胜前进道路上的艰难险阻,完成"十四五"规划目标任务,奋力谱写中国特色社会主义事业新篇章!

三、2021 年重点工作

今年是我国现代化建设进程中具有特殊重要性的一年。做好政府工作,要在以习近平同志为核心的党中央坚强领导下,以习近平新时代中国特色社会主义思想为指导,全面贯彻党的十九大和十九届二中、三中、四中、五中全会精神,坚持稳中求进工作总基调,立足新发展阶段,贯彻新发展理念,构建新发展格局,以推动高质量发展为主题,以深化供给侧结构性改革为主线,以改革创新为根本动力,以满足人民日益增长的美好生活需要为根本目的,坚持系统观念,巩固拓展疫情防控和经济社会发展成果,更好统筹发展和安全,扎实做好"六稳"工作、全面落实"六保"任务,科学精准实施宏观政策,努力保持经济运行在合理区间,坚持扩大内需战略,强化科技战略支撑,扩大高水平对外开放,保持社会和谐稳定,确保"十四五"开好局起好步,以优异成绩庆祝中国共产党成立100周年。

今年我国发展仍面临不少风险挑战,但经济长期向好的基本面没有改变。我们要坚定信心,攻坚克难,巩固恢复性增长基础,努力保持经济社会持续健康发展。

今年发展主要预期目标是:国内生产总值增长6%以上;城镇新增就业1100万人以上,城镇调查失业率5.5%左右;居民消费价格涨幅3%左右;进出口量稳质升,国际收支基本平衡;居民收入稳步增长;生态环境质量进一步改善,单位国内生产总值能耗降低3%左右,主要污染物排放量继续下降;粮食产量保持在1.3万亿斤以上。

经济增速是综合性指标,今年预期目标设定为6%以上,考虑了经济运行恢复情况,有利于引导各方面集中精力推进改革创新、推动高质量发展。经济增速、就业、物价等预期目标,体现了保持经济运行在合理区间的要求,与今后目标平稳衔接,有利于实现可持续健康发展。

做好今年工作,要更好统筹疫情防控和经济社会发展。坚持常态化防控和局部应急处置有机结合,继续毫不放松做好外防输入、内防反弹工作,抓好重点区域和关键环节防控,补上短板漏洞,严防出现聚集性疫情和散发病例传播扩散,有序推进疫苗研制和加快免费接种,提高科学精准防控能力和水平。

今年要重点做好以下几方面工作。

（一）保持宏观政策连续性稳定性可持续性，促进经济运行在合理区间。在区间调控基础上加强定向调控、相机调控、精准调控。宏观政策要继续为市场主体纾困，保持必要支持力度，不急转弯，根据形势变化适时调整完善，进一步巩固经济基本盘。

积极的财政政策要提质增效、更可持续。考虑到疫情得到有效控制和经济逐步恢复，今年赤字率拟按 3.2% 左右安排、比去年有所下调，不再发行抗疫特别国债。因财政收入恢复性增长，财政支出总规模比去年增加，重点仍是加大对保就业保民生保市场主体的支持力度。中央本级支出继续安排负增长，进一步大幅压减非急需非刚性支出，对地方一般性转移支付增长 7.8%、增幅明显高于去年，其中均衡性转移支付、县级基本财力保障机制奖补资金等增幅均超过 10%。建立常态化财政资金直达机制并扩大范围，将 2.8 万亿元中央财政资金纳入直达机制、规模明显大于去年，为市县基层惠企利民提供更加及时有力的财力支持。各级政府都要节用为民、坚持过紧日子，确保基本民生支出只增不减，助力市场主体青山常在、生机盎然。

优化和落实减税政策。市场主体恢复元气、增强活力，需要再帮一把。继续执行制度性减税政策，延长小规模纳税人增值税优惠等部分阶段性政策执行期限，实施新的结构性减税举措,对冲部分政策调整带来的影响。将小规模纳税人增值税起征点从月销售额 10 万元提高到 15 万元。对小微企业和个体工商户年应纳税所得额不到 100 万元的部分,在现行优惠政策基础上,再减半征收所得税。各地要把减税政策及时落实到位,确保市场主体应享尽享。

稳健的货币政策要灵活精准、合理适度。把服务实体经济放到更加突出的位置,处理好恢复经济与防范风险的关系。货币供应量和社会融资规模增速与名义经济增速基本匹配,保持流动性合理充裕,保持宏观杠杆率基本稳定。保持人民币汇率在合理均衡水平上的基本稳定。进一步解决中小微企业融资难题。延续普惠小微企业贷款延期还本付息政策,加大再贷款再贴现支持普惠金融力度。延长小微企业融资担保降费奖补政策,完善贷款风险分担补偿机制。加快信用信息共享步伐。完善金融机构考核、评价和尽职免责制度。引导银行扩大信用贷款、持续增加首贷户,推广随借随还贷款,使资金更多流向科技创新、绿色发展,更多流向小微企业、个体工商户、新型农业经营主体,对受疫情持续影响行业企业给予定向支持。大型商业银行普惠小微企业贷款增长 30% 以上。创新供应链金融服务模式。适当降低小微企业支付手续费。优化存款利率监管,推动实际贷款利率进一步降低,继续引导金融系统向实体经济让利。今年务必做到小微企业融资更便利、综合融资成本稳中有降。

就业优先政策要继续强化、聚力增效。着力稳定现有岗位,对不裁员少裁员的企业,继续给予必要的财税、金融等政策支持。继续降低失业和工伤保险费率,扩大失业保险返还等阶段性稳岗政策惠及范围,延长以工代训政策实施期限。拓宽市场化就业渠道,促进创业带动就业。推动降低就业门槛,动态优化国家职业资格目录,降低或取消部分准入类职业资格考试工作年限要求。支持和规范发展新就业形态,加快推进职业伤害保障试点。继续对灵活就业人员给予社保补贴,推动放开在就业地参加社会保险的户籍限制。做好高校毕业生、退役军人、农民工等重点群体就业工作,完善残疾人、零就业家庭成员等困难人员就业帮扶政策,促进失业人员再就业。拓宽职业技能培训资金使用范围,开展大规模、多层次职业技能培训,完成职业技能提升和高职扩招三年行动目标,建设一批高技能人才培训基地。健全就业公共服务体系,实施提升就业服务质量工程。运用就业专项补助等资金,支持各类劳动力市场、人才市场、零工市场建设,广开就业门路,为有意愿有能力的人创造更多公平就业机会。

(二)深入推进重点领域改革,更大激发市场主体活力。在落实助企纾困政策的同时,加大力度推动相关改革,培育更加活跃更有创造力的市场主体。

进一步转变政府职能。充分发挥市场在资源配置中的决定性作用,更好发挥政府作用,推动有效市场和有为政府更好结合。继续放宽市场准入,开展要素市场化配置综合改革试点,依法平等保护各类市场主体产权。纵深推进"放管服"改革,加快营造市场化、法治化、国际化营商环境。将行政许可事项全部纳入清单管理。深化"证照分离"改革,大力推进涉企审批减环节、减材料、减时限、减费用。完善市场主体退出机制,实行中小微企业简易注销制度。实施工业产品准入制度改革,推进汽车、电子电器等行业生产准入和流通管理全流程改革。把有效监管作为简政放权的必要保障,全面落实监管责任,加强对取消或下放审批事项的事中事后监管,完善分级分类监管政策,健全跨部门综合监管制度,大力推行"互联网+监管",提升监管能力,加大失信惩处力度,以公正监管促进优胜劣汰。加强数字政府建设,建立健全政务数据共享协调机制,推动电子证照扩大应用领域和全国互通互认,实现更多政务服务事项网上办、掌上办、一次办。企业和群众经常办理的事项,今年要基本实现"跨省通办"。

用改革办法推动降低企业生产经营成本。推进能源、交通、电信等基础性行业改革,提高服务效率,降低收费水平。允许所有制造业企业参与电力市场化交易,进一步清理用电不合理加价,继续推动降低一般工商业电价。中小企业宽带和专线平均资费再降10%。全面推广高速公路差异化收费,坚决整治违规设置妨碍货车通行的道路限高限宽设施和检查卡点。取消港口建设费,将民航发展基金航空公司征收标准降低 20%。鼓励受疫情影响较大的地方对承租国有房屋的服务业小微企业和个体工商户减免租金。推动各类中介机构公开服务条件、流程、时限和收费标准。要严控非税收入不合理增长，严厉整治乱收费、乱罚款、乱摊派，不得扰民渔利，让市场主体安心经营、轻装前行。

促进多种所有制经济共同发展。坚持和完善社会主义基本经济制度。毫不动摇巩固和发展公有制经济，毫不动摇鼓励、支持、引导非公有制经济发展。各类市场主体都是国家现代化的建设者，要一视同仁、平等对待。深入实施国企改革三年行动，做强做优做大国有资本和国有企业。深化国有企业混合所有制改革。构建亲清政商关系，破除制约民营企业发展的各种壁垒。健全防范和化解拖欠中小企业账款长效机制。弘扬企业家精神。国家支持平台企业创新发展、增强国际竞争力，同时要依法规范发展，健全数字规则。强化反垄断和防止资本无序扩张，坚决维护公平竞争市场环境。

深化财税金融体制改革。强化预算约束和绩效管理，加大预算公开力度，精简享受税费优惠政策的办理流程和手续。落实中央与地方财政事权和支出责任划分改革方案。健全地方税体系。继续多渠道补充中小银行资本、强化公司治理，深化农村信用社改革，推进政策性银行分类分账改革，提升保险保障和服务功能。稳步推进注册制改革，完善常态化退市机制，加强债券市场建设，更好发挥多层次资本市场作用，拓展市场主体融资渠道。强化金融控股公司和金融科技监管，确保金融创新在审慎监管的前提下进行。完善金融风险处置工作机制，压实各方责任，坚决守住不发生系统性风险的底线。金融机构要坚守服务实体经济的本分。

（三）依靠创新推动实体经济高质量发展，培育壮大新动能。 促进科技创新与实体经济深度融合，更好发挥创新驱动发展作用。

提升科技创新能力。强化国家战略科技力量，推进国家实验室建设，完善科技项目和创新基地布局。实施好关键核心技术攻关工程，深入谋划推进"科技创新2030—重大项目"，改革科技重大专项实施方式，推广"揭榜挂帅"等机制。支持有条件的地方建设国际和区域科技创新中心，增强国家自主创新示范区等带动作用。发展疾病防治攻关等民生科技。促进科技开放合作。加强知识产权保护。加强科研诚信建设，弘扬科学精神，营造良好创新生态。基础研究是科技创新的源头，要健全稳定支持机制，大幅增加投入，中央本级基础研究支出增长10.6%，落实扩大经费使用自主权政策，优化项目申报、评审、经费管理、人才评价和激励机制，努力消除科研人员不合理负担，使他们能够沉下心来致力科学探索，以"十年磨一剑"精神在关键核心领域实现重大突破。

运用市场化机制激励企业创新。强化企业创新主体地位,鼓励领军企业组建创新联合体,拓展产学研用融合通道,健全科技成果产权激励机制,完善创业投资监管体制和发展政策,纵深推进大众创业万众创新。延续执行企业研发费用加计扣除75%政策,将制造业企业加计扣除比例提高到100%,用税收优惠机制激励企业加大研发投入,着力推动企业以创新引领发展。

优化和稳定产业链供应链。继续完成"三去一降一补"重要任务。对先进制造业企业按月全额退还增值税增量留抵税额,提高制造业贷款比重,扩大制造业设备更新和技术改造投资。增强产业链供应链自主可控能力,实施好产业基础再造工程,发挥大企业引领支撑和中小微企业协作配套作用。发展工业互联网,促进产业链和创新链融合,搭建更多共性技术研发平台,提升中小微企业创新能力和专业化水平。加大5G网络和千兆光网建设力度,丰富应用场景。加强网络安全、数据安全和个人信息保护。统筹新兴产业布局。加强质量基础设施建设,深入实施质量提升行动,完善标准体系,促进产业链上下游标准有效衔接,弘扬工匠精神,以精工细作提升中国制造品质。

(四)坚持扩大内需这个战略基点,充分挖掘国内市场潜力。紧紧围绕改善民生拓展需求,促进消费与投资有效结合,实现供需更高水平动态平衡。

稳定和扩大消费。多渠道增加居民收入。健全城乡流通体系,加快电商、快递进农村,扩大县乡消费。稳定增加汽车、家电等大宗消费，取消对二手车交易不合理限制，增加停车场、充电桩、换电站等设施，加快建设动力电池回收利用体系。发展健康、文化、旅游、体育等服务消费。鼓励企业创新产品和服务，便利新产品市场准入，推进内外贸产品同线同标同质。保障小店商铺等便民服务业有序运营。运用好"互联网+"，推进线上线下更广更深融合，发展新业态新模式，为消费者提供更多便捷舒心的服务和产品。引导平台企业合理降低商户服务费。稳步提高消费能力，改善消费环境，让居民能消费、愿消费，以促进民生改善和经济发展。

扩大有效投资。今年拟安排地方政府专项债券3.65万亿元，优化债券资金使用，优先支持在建工程，合理扩大使用范围。中央预算内投资安排6100亿元。继续支持促进区域协调发展的重大工程，推进"两新一重"建设，实施一批交通、能源、水利等重大工程项目，建设信息网络等新型基础设施，发展现代物流体系。政府投资更多向惠及面广的民生项目倾斜，新开工改造城镇老旧小区5.3万个，提升县城公共服务水平。简化投资审批程序，推进实施企业投资项目承诺制。深化工程建设项目审批制度改革。完善支持社会资本参与政策，进一步拆除妨碍民间投资的各种藩篱，在更多领域让社会资本进得来、能发展、有作为。

（五）全面实施乡村振兴战略，促进农业稳定发展和农民增收。接续推进脱贫地区发展，抓好农业生产，改善农村生产生活条件。

做好巩固拓展脱贫攻坚成果同乡村振兴有效衔接。对脱贫县从脱贫之日起设立 5 年过渡期，保持主要帮扶政策总体稳定。健全防止返贫动态监测和帮扶机制，促进脱贫人口稳定就业，加大技能培训力度，发展壮大脱贫地区产业，做好易地搬迁后续扶持，分层分类加强对农村低收入人口常态化帮扶，确保不发生规模性返贫。在西部地区脱贫县中集中支持一批乡村振兴重点帮扶县。坚持和完善东西部协作和对口支援机制，发挥中央单位和社会力量帮扶作用，继续支持脱贫地区增强内生发展能力。

提高粮食和重要农产品供给保障能力。保障粮食安全的要害是种子和耕地。要加强种质资源保护利用和优良品种选育推广，开展农业关键核心技术攻关。提高高标准农田建设标准和质量，完善灌溉设施，强化耕地保护，坚决遏制耕地"非农化"、防止"非粮化"。推进农业机械化、智能化。建设国家粮食安全产业带和农业现代化示范区。稳定种粮农民补贴，适度提高稻谷、小麦最低收购价，扩大完全成本和收入保险试点范围。稳定粮食播种面积，提高单产和品质。多措并举扩大油料生产。发展畜禽水产养殖，稳定和发展生猪生产。加强动植物疫病防控。保障农产品市场供应和价格基本稳定。开展粮食节约行动。解决好吃饭问题始终是头等大事，我们一定要下力气也完全有能力保障好 14 亿人的粮食安全。

扎实推进农村改革和乡村建设。巩固和完善农村基本经营制度,保持土地承包关系稳定并长久不变,稳步推进多种形式适度规模经营,加快发展专业化社会化服务。稳慎推进农村宅基地制度改革试点。发展新型农村集体经济。深化供销社、集体林权、国有林区林场、农垦等改革。提高土地出让收入用于农业农村比例。强化农村基本公共服务和公共基础设施建设,促进县域内城乡融合发展。启动农村人居环境整治提升五年行动。加强农村精神文明建设。保障农民工工资及时足额支付。加快发展乡村产业,壮大县域经济,加强对返乡创业的支持,拓宽农民就业渠道。千方百计使亿万农民多增收、有奔头。

（六）实行高水平对外开放,促进外贸外资稳中提质。实施更大范围、更宽领域、更深层次对外开放,更好参与国际经济合作。

推动进出口稳定发展。加强对中小外贸企业信贷支持,扩大出口信用保险覆盖面、优化承保和理赔条件,深化贸易外汇收支便利化试点。稳定加工贸易,发展跨境电商等新业态新模式,支持企业开拓多元化市场。发展边境贸易。创新发展服务贸易。优化调整进口税收政策,增加优质产品和服务进口。加强贸易促进服务,办好进博会、广交会、服贸会及首届中国国际消费品博览会等重大展会。推动国际物流畅通,清理规范口岸收费,不断提升通关便利化水平。

积极有效利用外资。进一步缩减外资准入负面清单。推动服务业有序开放,增设服务业扩大开放综合试点,制定跨境服务贸易负面清单。推进海南自由贸易港建设,加强自贸试验区改革开放创新,推动海关特殊监管区域与自贸试验区统筹发展,发挥好各类开发区开放平台作用。促进内外资企业公平竞争,依法保护外资企业合法权益。欢迎外商扩大在华投资,分享中国开放的大市场和发展机遇。

高质量共建"一带一路"。坚持共商共建共享,坚持以企业为主体、遵循市场化原则,健全多元化投融资体系,强化法律服务保障,有序推动重大项目合作,推进基础设施互联互通。提升对外投资合作质量效益。

深化多双边和区域经济合作。坚定维护多边贸易体制。推动区域全面经济伙伴关系协定尽早生效实施、中欧投资协定签署,加快中日韩自贸协定谈判进程,积极考虑加入全面与进步跨太平洋伙伴关系协定。在相互尊重基础上,推动中美平等互利经贸关系向前发展。中国愿与世界各国扩大相互开放,实现互利共赢。

(七)加强污染防治和生态建设,持续改善环境质量。深入实施可持续发展战略,巩固蓝天、碧水、净土保卫战成果,促进生产生活方式绿色转型。

继续加大生态环境治理力度。强化大气污染综合治理和联防联控,加强细颗粒物和臭氧协同控制,北方地区清洁取暖率达到70%。整治入河入海排污口和城市黑臭水体,提高城镇生活污水收集和园区工业废水处置能力,严格土壤污染源头防控,加强农业面源污染治理。继续严禁洋垃圾入境。有序推进城镇生活垃圾分类处置。推动快递包装绿色转型。加强危险废物医疗废物收集处理。研究制定生态保护补偿条例。落实长江十年禁渔,实施生物多样性保护重大工程,科学推进荒漠化、石漠化、水土流失综合治理,持续开展大规模国土绿化行动,保护海洋生态环境,推进生态系统保护和修复,让我们生活的家园拥有更多碧水蓝天。

扎实做好碳达峰、碳中和各项工作。制定2030年前碳排放达峰行动方案。优化产业结构和能源结构。推动煤炭清洁高效利用,大力发展新能源,在确保安全的前提下积极有序发展核电。扩大环境保护、节能节水等企业所得税优惠目录范围,促进新型节能环保技术、装备和产品研发应用,培育壮大节能环保产业,推动资源节约高效利用。加快建设全国用能权、碳排放权交易市场,完善能源消费双控制度。实施金融支持绿色低碳发展专项政策,设立碳减排支持工具。提升生态系统碳汇能力。中国作为地球村的一员,将以实际行动为全球应对气候变化作出应有贡献。

(八)切实增进民生福祉,不断提高社会建设水平。注重解民忧、纾民困,及时回应群众关切,持续改善人民生活。

发展更加公平更高质量的教育。构建德智体美劳全面培养的教育体系。推动义务教育优质均衡发展和城乡一体化,加快补齐农村办学条件短板,健全教师工资保障长效机制,改善乡村教师待遇。进一步提高学前教育入园率,完善普惠性学前教育保障机制,支持社会力量办园。鼓励高中阶段学校多样化发展,加强县域高中建设。增强职业教育适应性,深化产教融合、校企合作,深入实施职业技能等级证书制度。办好特殊教育、继续教育,支持和规范民办教育发展。分类建设一流大学和一流学科,加快优化学科专业结构,加强基础学科和前沿学科建设,促进新兴交叉学科发展。支持中西部高等教育发展。加大国家通用语言文字推广力度。发挥在线教育优势,完善终身学习体系。倡导全社会尊师重教。深化教育评价改革,健全学校家庭社会协同育人机制,规范校外培训。加强师德师风建设。在教育公平上迈出更大步伐,更好解决进城务工人员子女就学问题,高校招生继续加大对中西部和农村地区倾斜力度,努力让广大学生健康快乐成长,让每个孩子都有人生出彩的机会。

推进卫生健康体系建设。坚持预防为主,持续推进健康中国行动,深入开展爱国卫生运动,深化疾病预防控制体系改革,强化基层公共卫生体系,创新医防协同机制,健全公共卫生应急处置和物资保障体系,建立稳定的公共卫生事业投入机制。加强精神卫生和心理健康服务。深化公立医院综合改革,扩大国家医学中心和区域医疗中心建设试点,加强全科医生和乡村医生队伍建设,提升县级医疗服务能力,加快建设分级诊疗体系。坚持中西医并重,实施中医药振兴发展重大工程。支持社会办医，促进"互联网+医疗健康"规范发展。强化食品药品疫苗监管。优化预约诊疗等便民措施，努力让大病、急难病患者尽早得到治疗。居民医保和基本公共卫生服务经费人均财政补助标准分别再增加30元和5元，推动基本医保省级统筹、门诊费用跨省直接结算。建立健全门诊共济保障机制，逐步将门诊费用纳入统筹基金报销，完善短缺药品保供稳价机制，采取把更多慢性病、常见病药品和高值医用耗材纳入集中带量采购等办法，进一步明显降低患者医药负担。

保障好群众住房需求。坚持房子是用来住的、不是用来炒的定位，稳地价、稳房价、稳预期。解决好大城市住房突出问题，通过增加土地供应、安排专项资金、集中建设等办法，切实增加保障性租赁住房和共有产权住房供给，规范发展长租房市场，降低租赁住房税费负担，尽最大努力帮助新市民、青年人等缓解住房困难。

加强基本民生保障。提高退休人员基本养老金、优抚对象抚恤和生活补助标准。推进基本养老保险全国统筹，规范发展第三支柱养老保险。完善全国统一的社会保险公共服务平台。加强军人军属、退役军人和其他优抚对象优待工作，健全退役军人工作体系和保障制度。继续实施失业保险保障扩围政策。促进医养康养相结合，稳步推进长期护理保险制度试点。发展普惠型养老服务和互助性养老。发展婴幼儿照护服务。发展社区养老、托幼、用餐、保洁等多样化服务,加强配套设施和无障碍设施建设,实施更优惠政策,让社区生活更加便利。完善传统服务保障措施,为老年人等群体提供更周全更贴心的服务。推进智能化服务要适应老年人、残疾人需求,并做到不让智能工具给他们日常生活造成障碍。健全帮扶残疾人、孤儿等社会福利制度,加强残疾预防,提升残疾康复服务质量。分层分类做好社会救助,及时帮扶受疫情灾情影响的困难群众,坚决兜住民生底线。

更好满足人民群众精神文化需求。培育和践行社会主义核心价值观,弘扬伟大抗疫精神和脱贫攻坚精神,推进公民道德建设。繁荣新闻出版、广播影视、文学艺术、哲学社会科学和档案等事业。加强互联网内容建设和管理,发展积极健康的网络文化。传承弘扬中华优秀传统文化,加强文物保护利用和非物质文化遗产传承,建设国家文化公园。推进城乡公共文化服务体系一体建设,创新实施文化惠民工程,倡导全民阅读。深化中外人文交流。完善全民健身公共服务体系。精心筹办北京冬奥会、冬残奥会等综合性体育赛事。

加强和创新社会治理。夯实基层社会治理基础,健全城乡社区治理和服务体系,推进市域社会治理现代化试点。加强社会信用体系建设。大力发展社会工作,支持社会组织、人道救助、志愿服务、公益慈善发展。保障妇女、儿童、老年人、残疾人合法权益。继续完善信访制度,推进矛盾纠纷多元化解。加强法律援助工作,启动实施"八五"普法规划。加强应急救援力量建设,提高防灾减灾抗灾救灾能力,切实做好洪涝干旱、森林草原火灾、地质灾害、地震等防御和气象服务。完善和落实安全生产责任制,深入开展安全生产专项整治三年行动,坚决遏制重特大事故发生。完善社会治安防控体系,常态化开展扫黑除恶斗争,防范打击各类犯罪,维护社会稳定和安全。

各位代表!

面对新的任务和挑战,各级政府要增强"四个意识"、坚定"四个自信"、做到"两个维护",自觉在思想上政治上行动上同以习近平同志为核心的党中央保持高度一致,践行以人民为中心的发展思想,不断提高政治判断力、政治领悟力、政治执行力,落实全面从严治党要求。扎实开展党史学习教育。加强法治政府建设,切实依法行政。坚持政务公开。严格规范公正文明执法。依法接受同级人大及其常委会的监督,自觉接受人民政协的民主监督,主动接受社会和舆论监督。强化审计监督。支持工会、共青团、妇联等群团组织更好发挥作用。深入推进党风廉政建设和反腐败斗争,锲而不舍落实中央八项规定精神。政府工作人员要自觉接受法律监督、监察监督和人民监督。加强廉洁政府建设,持续整治不正之风和腐败问题。

中国经济社会发展已经取得了辉煌的成就,但全面实现现代化还有相当长的路要走,仍要付出艰苦努力。必须立足社会主义初级阶段基本国情,着力办好自己的事。要始终把人民放在心中最高位置,坚持实事求是,求真务实谋发展、惠民生。要力戒形式主义、官僚主义,切忌在工作中搞"一刀切",切实为基层松绑减负。要居安思危,增强忧患意识,事不畏难、责不避险,有效防范化解各种风险隐患。要调动一切可以调动的积极因素,推进改革开放,更大激发市场主体活力和社会创造力,用发展的办法解决发展不平衡不充分问题。要担当作为,实干苦干,不断创造人民期待的发展业绩。

各位代表!

我们要坚持和完善民族区域自治制度,全面贯彻党的民族政策,铸牢中华民族共同体意识,促进各民族共同团结奋斗、共同繁荣发展。全面贯彻党的宗教工作基本方针,坚持我国宗教的中国化方向,积极引导宗教与社会主义社会相适应。全面贯彻党的侨务政策,维护海外侨胞和归侨侨眷合法权益,更大凝聚中华儿女共创辉煌的磅礴力量。

过去一年,国防和军队建设取得新的重大成就,人民军队在维护国家安全和疫情防控中展示出过硬本领和优良作风。新的一年,要深入贯彻习近平强军思想,贯彻新时代军事战略方针,坚持党对人民军队的绝对领导,严格落实军委主席负责制,聚焦建军一百年奋斗目标,推进政治建军、改革强军、科技强军、人才强军、依法治军,加快机械化信息化智能化融合发展。全面加强练兵备战,统筹应对各方向各领域安全风险,提高捍卫国家主权、安全、发展利益的战略能力。优化国防科技工业布局,完善国防动员体系,强化全民国防教育。各级政府要大力支持国防和军队建设,深入开展"双拥"活动,谱写鱼水情深的时代华章。

各位代表!

我们要继续全面准确贯彻"一国两制"、"港人治港"、"澳人治澳"、高度自治的方针,完善特别行政区同宪法和基本法实施相关的制度和机制,落实特别行政区维护国家安全的法律制度和执行机制。坚决防范和遏制外部势力干预港澳事务,支持港澳发展经济、改善民生,保持香港、澳门长期繁荣稳定。

我们要坚持对台工作大政方针,坚持一个中国原则和"九二共识",推进两岸关系和平发展和祖国统一。高度警惕和坚决遏制"台独"分裂活动。完善保障台湾同胞福祉和在大陆享受同等待遇的制度和政策,促进海峡两岸交流合作、融合发展,同心共创民族复兴美好未来。

我们要坚持独立自主的和平外交政策,积极发展全球伙伴关系,推动构建新型国际关系和人类命运共同体。坚持开放合作,推动全球治理体系朝着更加公正合理的方向发展。持续深化国际和地区合作,积极参与重大传染病防控国际合作。中国愿同所有国家在相互尊重、平等互利基础上和平共处、共同发展,携手应对全球性挑战,为促进世界和平与繁荣不懈努力!

各位代表!

重任在肩,更须砥砺奋进。让我们更加紧密地团结在以习近平同志为核心的党中央周围,高举中国特色社会主义伟大旗帜,以习近平新时代中国特色社会主义思想为指导,齐心协力,开拓进取,努力完成全年目标任务,以优异成绩庆祝中国共产党百年华诞,为把我国建设成为富强民主文明和谐美丽的社会主义现代化强国、实现中华民族伟大复兴的中国梦不懈奋斗!

加快构建新发展格局
推动"十四五"时期高质量发展

（代　序）

黄　守　宏

　　党的十九届五中全会审议通过的《中共中央关于制定国民经济和社会发展第十四个五年规划和二〇三五年远景目标的建议》（以下简称《建议》）和十三届全国人大四次会议审查批准的《中华人民共和国国民经济和社会发展第十四个五年规划和 2035 年远景目标纲要》（以下简称《纲要》），对"十四五"时期我国发展作出了系统谋划和战略部署。今年是"十四五"开局之年，2020 年年底召开的中央经济工作会议明确了今年经济发展的总体要求、主要目标、政策取向和重点任务。李克强总理所作的《政府工作报告》（以下简称《报告》），以习近平新时代中国特色社会主义思想为指导，深入贯彻党的十九大和十九届二中、三中、四中、五中全会以及中央经济工作会议精神，总结了过去一年政府工作和"十三五"时期发展成就，概述了"十四五"时期主要目标任务，对今年重点工作作出了具体安排。这里，浅谈一些个人对党中央、国务院决策部署的理解和体会。

一、人民满意、世界瞩目的辉煌成就令人鼓舞，构建新发展格局的战略构想催人奋进

2020 年是新中国历史上、中华民族历史上，也是人类历史上极不寻常的一年。这是决胜全面建成小康社会、决战脱贫攻坚之年，是"十三五"规划收官之年。同时，我们遭遇了世纪罕见的多重严重冲击。百年不遇的新冠肺炎疫情突然暴发，严重洪涝灾害多地发生，世界经济陷入第二次世界大战结束以来最严重的衰退，外部环境风高浪急。以习近平同志为核心的党中央高瞻远瞩，保持战略定力，准确判断形势，精心谋划部署，果断采取行动，团结带领全国各族人民披荆斩棘、攻坚克难，打赢了一场又一场硬仗，夺取了一个又一个胜利。疫情防控取得重大战略成果，全年发展主要目标任务较好完成，全面建成小康社会取得伟大历史性成就，决战脱贫攻坚取得决定性胜利，在这极不寻常的年份创造了极不寻常的辉煌。

控制疫情是头等大事。面对新冠肺炎疫情严重冲击和影响，党中央坚持人民至上、生命至上，习近平总书记亲自指挥、亲自部署，因应疫情形势变化，及时调整优化防控策略和举措。在疫情暴发蔓延之时，我们迅速打响疫情防控的人民战争、总体战、阻击战，全力以赴抗击疫情，果断采取最全面、最严格、最彻底的防控措施，同时不失时机推动局部复工复产。在疫情得到有效控制之后，我们建立健全常态化防控机制，完善外防输入举措，有效处置局部地区聚集性疫情，着力推动经济稳步恢复。经过艰苦努力，我们最大限度保护了人民生命安全和身体健康，创造了人类同疾病斗争史上又一个英勇壮举，也为恢复经济和社会正常秩序创造了必要条件，走出了一条先控制疫情、再局部复工、然后全面复工的最优路径。面对疫情冲击，各国都在答同一张考卷，分数高低世人皆见。事实胜于雄辩，有比较才有鉴别。我国抗击疫情和经济恢复取得的重大成果，充分展现了以

习近平同志为核心的党中央从容应对前进道路上风险挑战的卓越能力,充分彰显了党中央引领中国经济巨轮破浪前行的高超智慧。现在,广大人民群众更加发自内心拥护党的领导,更加深切地感受到我国社会主义制度优越性,更加由衷地为我们伟大祖国点赞。

过去一年,在经济社会发展方面我们采取的举措和取得的成效主要有以下几个方面。**一是经济运行持续稳定恢复。**我国在率先控制疫情基础上,及时采取一系列重大政策举措,率先复工复产,率先实现经济增长由负转正。经济运行逐季改善,一季度国内生产总值增速下降 6.8%,二季度增速由负转正、增长 3.2%,三季度增长 4.9%,四季度增长 6.5%,全年增长 2.3%,走出了一条令人惊叹的V型曲线。**二是三大攻坚战取得决定性成就。**剩余551万农村贫困人口全部脱贫、52个贫困县全部摘帽。生态环境质量持续改善,绿色发展方兴未艾。持续防范化解风险隐患,金融风险处置取得重要阶段性成果。**三是科技创新取得重大进展。**关键核心技术攻关加快推进,新冠肺炎疫苗研发应用走在世界前列,首批国家实验室组建,"北斗三号"建成开通,"嫦娥五号"成功实施月球探测任务,"奋斗者"号完成万米海试。**四是改革开放实现重要突破。**要素市场化配置体制机制改革深入推进,国企改革三年行动方案出台实施,创业板改革推出并试点注册制。"放管服"改革持续深化。海南自由贸易港建设启动。区域全面经济伙伴关系协定签署。中欧投资协定结束谈判。外贸进出口和利用外资保持增长。**五是民生得到有力保障。**城镇新增就业 1186 万人,居民收入增长与经济增长基本同步。市场供应充裕、价格基本稳定。公共卫生等领域短板加快补齐,各项社会事业取得新的进展。

在世纪罕见的大战大考中,我们深化了对在严峻挑战下做好经济工作的规律性认识。中央经济工作会议对这些规律性认识作了高度概括,这就是:党中央权威是危难时刻全党全国各族人民迎难而上的根本依靠,人民至上是作出正确抉择的根本前提,制度优势是形成共克时艰磅礴力量的根本保障,科学决策和创造性应对是化危为机的根本方法,科技自立自强是促进发展大局的根本支撑。这"五个根本",是我们做好各项工作的重要认识论和方法论,今后要长期坚持。

2020年经济社会发展的成效,为实现"十三五"圆满收官奠定了基础。五年来,我国经济社会发展取得历史性成就。**一是经济实力大幅提升。**国内生产总值从68.9万亿元增加到101.6万亿元,对世界经济增长的贡献率保持在30%左右。人均国内生产总值超过1万美元。外汇储备规模在3万亿美元以上。粮食年产量稳定在1.3万亿斤以上。居民消费价格涨幅保持较低水平。城镇新增就业6500多万人,实现比较充分就业。**二是脱贫攻坚取得全面胜利。**5575万农村贫困人口实现脱贫、832个贫困县全部摘帽,易地扶贫搬迁960多万人。建档立卡贫困人口人均纯收入从2982元增加到10740元。困扰中华民族几千年的绝对贫困问题得到历史性解决,创造了人类减贫史上的奇迹。**三是经济结构持续优化。**消费结构升级、规模扩大,对经济增长主拉动作用更加凸显。先进制造业快速发展,新兴服务业年均增长19.4%。产业数字化智能化转型明显加快。现代农业建设稳步推进。1亿多农业转移人口和其他常住人口在城镇落户。重大区域战略深入实施。现代基础设施网络支撑能力显著增强。发展质量和效益不断提升。**四是创新驱动发展实现新的跨越。**载人航天、探月工程、深海探测、北斗导航、超级计算、量子信息等领域取得重大创新成果。研发经费支出年均增长11.5%,科技进步贡献率提高到60%以上。技术合同成交额从不到1万亿元增加到2.8万亿元。新产业新业态新模式快速成长,大众创业万众创新蓬勃开展,市场主体总量达1.4亿户、增长80.5%。新动能正在重塑生产生活方式,开辟中国发展新空间。**五是改革开放迈出重大步伐。**全面深化改革取得重大突破,供给侧结构性改革持续深化,重要领域和关键环节改革取得决定性进展。政府机构改革顺利完成,市场准入负面清单制度全面实施,"放管服"改革稳步推进。新增减税降费累计7.6万亿元。普惠金融体系逐步完善,资本市场基础制度建设实现重大突破。共建"一带一路"成果丰硕。外资准入负面清单条目缩减三分之二,关税总水平大幅下降。新设17个自贸试验区,海南自由贸易港建设开局良好。对外贸易、利用外资稳居世界前列。**六是生态环境明显改善**。主要污染物排放量大幅下降,细颗粒物(PM2.5)浓度明显下降,地级及以上城市空气质量优良天数比率达到87%,地表水优良水质断面比例明显提高。资源能源利用效率不断提升,单位国内生产总值二氧化碳排放量下降18.2%。生态保护修复全面加强,累计造林5.3亿亩。蓝天白云、绿水青山越来越多。**七是人民生活水平显著提高**。居民人均可支配收入实际增长超过30%。中等收入群体持续扩大,家庭汽车拥有量增长50%以上,旅游休闲成为群众生活新风尚。公共文化服务得到加强。教育公平和质量较大提升,新增劳动力平均受教育年限达到13.8年。基本养老、基本医疗、城乡低保等保障力度加大。人均预期寿命从76.3岁提高到77.3岁。城镇棚户区住房改造2100万套,农村危房改造760多万户,3800多万困难群众住进公租房。人民群众更多更公平分享改革发展成果。**八是国家治理体系和治理能力现代化加快推进**。全面依法治国取得重大进展。社会治理方式不断创新。国防和军队建设水平大幅提升,军队组织形态实现重大变革。国家安全全面加强,社会保持和谐稳定。经过五年持续奋斗,我们办成了许多大事、难事、急事,"十三五"规划主要目标任务胜利完成,中华民族伟大复兴向前迈出了新的一大步。

"十四五"时期是我国全面建成小康社会、实现第一个百年奋斗目标之后,乘势而上开启全面建设社会主义现代化国家新征程、向第二个百年奋斗目标进军的第一个五年。党的十九届五中全会对"十四五"时期我国发展作出系统谋划和战略部署,提出进入新发展阶段、贯彻新发展理念、构建新发展格局的科学判断和鲜明要求。

习近平总书记在五中全会和此后的一系列会议上发表重要讲话指出,进入新发展阶段、贯彻新发展理念、构建新发展格局,是由我国经济社会发展的理论逻辑、历史逻辑、现实逻辑决定的。进入新发展阶段明确了我国发展的历史方位,贯彻新发展理念明确了我国现代化建设的指导原则,构建新发展格局明确了我国经济现代化的路径选择。对此,我们要深刻理解。

构建以国内大循环为主体、国内国际双循环相互促进的新发展格局,是以习近平同志为核心的党中央根据我国发展阶段、环境、条件变化,特别是基于我国比较优势变化,审时度势作出的重大决策。构建新发展格局是事关全局的系统性、深层次变革,是立足当前、着眼长远的战略谋划。我们要从全局和战略的高度,准确把握加快构建新发展格局的战略构想。构建新发展格局的关键在于经济循环的畅通无阻,必须坚持深化供给侧结构性改革这条主线,全面优化升级产业结构,提升创新能力、竞争力和综合实力,增强供给体系的韧性,形成更高效率和更高质量的投入产出关系,实现经济在高水平上的动态平衡。构建新发展格局最本质的特征是实现高水平的自立自强,必须更强调自主创新,全面加强对科技创新的部署,集合优势资源推进创新攻关,加强创新链和产业链对接。要建立起扩大内需的有效制度,释放内需潜力,加快培育完整内需体系,使建设超大规模的国内市场成为一个可持续的历史过程。构建新发展格局,实行高水平对外开放,必须具备强大的国内经济循环体系和稳固的基本盘。要塑造我国参与国际合作和竞争新优势,重视以国际循环提升国内大循环效率和水平,改善我国生产要素质量和配置水平,推动我国产业转型升级。总之,构建新发展格局的过程,就是与时俱进提升我国经济发展水平的过程,也是塑造我国国际经济合作和竞争新优势的过程。我们要准确把握新发展阶段,深入贯彻新发展理念,加快构建新发展格局,推动"十四五"时期高质量发展,确保全面建设社会主义现代化国家开好局、起好步。今年的工作要围绕构建新发展格局来展开,切实迈好第一步,见到新气象。

二、着力提升发展质量和效益,
保持经济持续健康发展

《建议》指出,"十四五"时期经济社会发展要以推动高质量发展为主题,这是根据我国发展阶段、发展环境、发展条件变化作出的科学判断。我国仍处于并将长期处于社会主义初级阶段,我国仍然是世界上最大的发展中国家,发展仍然是我们党执政兴国的第一要务。新时代新阶段的发展必须贯彻新发展理念,必须是高质量发展。当前,我国社会主要矛盾已经转化为人民日益增长的美好生活需要和不平衡不充分的发展之间的矛盾,发展中的矛盾和问题集中体现在发展质量上。这就要求我们必须把发展质量问题摆在更为突出的位置,在质量效益明显提升的基础上实现经济持续健康发展。

当前和今后一个时期,我国发展仍然处于重要战略机遇期,但机遇和挑战都有新的发展变化。从经济发展能力和条件看,我国经济有希望、有潜力保持长期平稳发展。同时,外部环境中不稳定不确定因素较多,存在不少可能冲击国内经济发展的风险隐患。综合考虑各方面因素,《纲要》锚定2035年远景目标,着眼于推动高质量发展,聚焦"十四五"阶段性任务,紧紧围绕"六个新"目标要求,设置了经济发展、创新驱动、民生福祉、绿色生态、安全保障5大类20个主要指标。同时考虑为应对不确定性预留空间,《纲要》没有设定"十四五"时期GDP年均增速预期性指标,而是强调"经济运行保持在合理区间,各年度视情提出经济增长预期目标,全员劳动生产率增长高于国内生产总值增长,城镇调查失业率控制在5.5%以内,物价水平保持总体平稳"。这符合实事求是、科学合理、尽力而为、量力而行的原则,有利于引导各方面把工作重点放在提高发展质量和效益上,放在保障和改善民生上,实现更高质量、更有效率、更加公平、更可持续、更为安全的发展。

今年是实施"十四五"规划第一年,各方面都很关注制定什么样的经济发展主要目标,特别是GDP增长预期目标。经济增速作为基础性、综合性指标,是制定其他发展目标、确定宏观政策的参照基点。长期以来,除个别年份外,我们都提出当年GDP增长预期目标。2020年由于情况极为特殊,疫情突然暴发,人代会推迟召开,当时疫情走势和经济形势难以预料,没有提出GDP增长具体目标。对于今年设不设定GDP增长预期目标,社会各方面的看法不尽一致。鉴于我国疫情得到有效控制,经济运行逐步恢复正常,党中央、国务院经过科学分析、反复权衡,决定设定GDP增长目标并确定为6%以上。由于2020年增速基数低,只要今年能保持2020年下半年以来的经济恢复势头,全年经济增速达到6%以上是可期的。需要注意的是,由于疫情冲击及其延后影响,今年的情况与平常年份相比会有很大的不同,必须清醒认识、科学把握。一是经济增速数据与实际情况会有一定差异。今年宏观数据总体会比较好看,但微观主体还需要恢复元气,特别是中小微企业和个体工商户困难较多。同时居民消费仍受制约,投资增长后劲不足。我们在考虑经济增速的同时,应更加关注微观主体的生产经营情况。二是今年按同比计算的季度经济增速变动会较大。在平常情况下,按同比计算的增速指标曲线因消除了季节因素扰动影响会较为平滑,可以较好反映当期经济运行态势。但疫情冲击加剧了增速数据的短期波动,破坏了季度间数据连续平稳的变动趋势,今年经济增速将呈现明显的前高后低态势。以2020年一季度经济增速同比下降6.8%为基数进行同比计算,今年一季度增速预计将达到两位数,二季度还会比较高,三、四季度增速可能会回落到常态水平附近。疫情带来的经济增速基数效应不仅会影响今年,还会影响明年及后年。三是以经济增速为基础的多项指标会有异常。因为很多经济指标是以季度或年度经济增速为基础计算的,比如宏观杠杆率、能耗强度等。四是增速数据与其他经济数据间的正常时序关系、相关关系、因果关系会发生变化。我们在分析研判今年经济运行态势时,要剔除疫情冲击等异常波动因素影响,综合运用多种分析工具。应注重运用环比指标数据,因为在突发事件引致经济波动时,环比数据比同比数据更能反映经济变化趋势、更能说明问题。很多国家或国际机构都是用环比数据或环比折年率来反映经济增长速度的。

《建议》和《纲要》强调,要完善宏观经济政策制定和执行机制,重视预期管理,提高调控的科学性,促进经济总量平衡、结构优化、内外均衡。从今年的宏观政策和工作的着眼点来说,要兼顾短期与长期、总量与结构,用好宝贵时间窗口,集中精力推进改革创新、深化供给侧结构性改革、推动高质量发展,为明年乃至"十四五"时期经济社会持续健康发展奠定基础。《报告》明确,宏观政策要保持连续性、稳定性、可持续性,保持必要支持力度,不急转弯,根据形势变化适时调整完善。积极的财政政策要提质增效、更可持续,重点是继续加强对保就业保民生保市场主体的支持,优化和落实减税政策。稳健的货币政策要灵活精准、合理适度,把服务实体经济放到更加突出的位置,处理好恢复经济与防范风险的关系,进一步解决中小微企业融资难题。就业优先政策要继续强化、聚力增效,确保实现就业目标。

三、坚持创新驱动发展,加快
发展现代产业体系

创新是引领发展的第一动力,现代产业体系是全面建设社会主义现代化国家的基础支撑。党的十八大以来,在以习近平同志为核心的党中央坚强领导下,我国科技事业发展和现代产业体系建设取得历史性成就、发生历史性变革,重大创新成果竞相涌现,一些前沿领域开始进入并跑、领跑阶段,产业核心竞争力持续增强,有力促进

了经济社会持续健康发展。同时我们也要清醒看到,目前我国科技总体水平与世界发达国家还有差距,部分关键核心技术受制于人的问题日益突出,总体上仍处于国际分工产业链、价值链中低端,创新能力不适应高质量发展和安全发展的要求。必须坚持创新在我国现代化建设全局中的核心地位,把科技自立自强作为国家发展的战略支撑,面向世界科技前沿、面向经济主战场、面向国家重大需求、面向人民生命健康,深入实施科教兴国战略、人才强国战略、创新驱动发展战略,完善国家创新体系,加快建设科技强国,促进科技创新与实体经济深度融合,全面塑造发展新优势。

(一)强化国家战略科技力量,大力推进科技创新。《建议》和《纲要》都把科技创新摆在各项任务的首位,进行了全面部署。在《建议》和《纲要》明确的坚持创新驱动发展4项任务、中央经济工作会议确定的今年经济工作8项重点任务中,均将强化国家战略科技力量摆在第一条。

强化国家战略科技力量,首先要充分发挥国家作为重大科技创新组织者的作用。坚持战略性需求导向,制定实施国家中长期科学和技术发展规划(2021—2035年),确定科技创新方向和重点,着力解决制约国家发展和安全的重大难题。我国社会主义制度能够集中力量办大事是我们成就事业的重要法宝。过去我们依靠这一法宝取得了重大科技突破,今天我们推进科技创新也要依靠这一法宝。要健全社会主义市场经济条件下新型举国体制,整合优化科技资源配置,加快建立国家实验室、研究型大学、一流科研院所和创新型领军企业共同参与的高效协同国家战略科技力量体系,形成推进自主创新的强大合力。加强原创性引领性科技攻关,在事关国家安全和发展全局的基础核心领域,制定实施战略性科学计划和科学工程。推动重要领域关键核心技术攻关。建设重大科技创新平台,完善共性基础技术供给体系,适度超前布局国家重大科技基础设施,提高共享水平和使用效率。

基础研究是科技创新的源头和先导。从世界科技发展史看，凡具有颠覆性、突破性的重大科技创新，都是基于基础科学的长期积累。我国基础研究虽然取得显著进步，但同国际先进水平的差距还是明显的。我国面临的很多"卡脖子"技术问题，根子是基础研究跟不上，源头和底层的问题没有搞清楚。要抓紧制定实施基础研究十年行动方案，明确我国基础研究领域发展方向和目标，重点布局一批基础学科研究中心。目前我国基础研究投入占研发投入的比重刚超过6%，而发达国家通常在15%—25%。要加快健全基础研究稳定支持机制，拓宽基础研究经费渠道，推动基础研究经费投入占研发经费投入比重提高到8%以上。一方面，各级财政要继续加大基础研究投入，大幅度提高投入增速。今年中央本级基础研究支出增长10.6%。另一方面，要引导企业和社会力量增加对基础研究的投入。发达国家企业在基础研究方面投入占全社会基础研究投入的30%—50%，目前我国基础研究经费中企业投入不到4%。要落实和完善相关政策，引导企业加大研发投入特别是基础研究投入，形成支持基础研究的合力。建立健全符合科学规律的评价体系和激励机制，对自由探索、长期探索的基础研究实行长周期评价机制，创造有利于基础研究的良好科研生态。

科技工作要抓好人才和机制两个关键点。人才是科技创新的根本。我国要在科技创新方面走在世界前列，必须深化人才发展体制机制改革，全方位培养、引进、用好人才。要遵循人才成长规律和科研活动自身规律，培养造就更多具有国际水平的战略科技人才、科技领军人才和创新团队，培养具有国际竞争力的青年科技人才后备军。要面向世界汇聚一流人才，吸引海外高端人才，为海外科学家在华工作提供具有国际竞争力和吸引力的环境条件。要完善人才评价和激励机制，健全以创新能力、质量、实效、贡献为导向的科技人才评价体系，构建充分体现知识、技术等创新要素价值的收益分配机制，激发各类人才创新活力和潜力。我国拥有世界上规模最大的科技人才队伍,只要把他们的积极性充分激发出来,就一定能创造更多世界领先的科技成果。要完善科技创新体制机制,深化科技体制改革,推动重点领域项目、基地、人才、资金一体化配置,赋予高校、科研机构更大自主权,给予创新领军人才更大技术路线决策权和经费支配权。落实科技攻关"揭榜挂帅"等制度,谁能干就让谁干。健全知识产权保护运用体制。

积极促进科技开放合作。自立自强与开放合作不是对立关系,而是辩证统一的。开放合作是中国特色自主创新道路的应有之义,自立自强是能够相互平等、相互尊重、进行开放合作的前提和基础。中国的科技创新从来都不是封闭式创新,今后也不会关起门来自己搞创新,必须广泛汇聚和利用全球创新资源。要实施更加开放包容、互惠共享的国际科技合作战略,更加主动融入全球创新网络。要主动设计和牵头发起国际大科学计划和大科学工程,加大国家科技计划对外开放力度,启动一批重大科技合作项目,研究设立面向全球的科学研究基金,实施科学家交流计划。

(二)增强产业链供应链自主可控能力,推动经济体系优化升级。产业链供应链安全稳定是构建新发展格局的基础。习近平总书记深刻指出,"产业链、供应链在关键时刻不能掉链子,这是大国经济必须具备的重要特征"。制造业是国民经济的骨架,是产业链供应链的根基。只有依靠创新把制造业搞上去,才能为建设现代产业体系、保障产业链供应链安全稳定提供有力支撑。要坚持把发展经济着力点放在实体经济上,坚定不移建设制造强国、质量强国、网络强国、数字中国,强化基础设施支撑引领作用,构建实体经济、科技创新、现代金融、人力资源协同发展的现代产业体系,提高经济质量效益和核心竞争力。

经过多年努力,我国已成为世界第一制造大国,是全球唯一拥有全部工业门类的国家,产业规模和配套优势明显,但总体上看,制造业大而不优、大而不强,产业基础能力不强、产业链水平不高。一个时期以来,我国制造业比重持续下降。我国已处于工业化中后期,制造业比重下降有其客观规律性,但存在的问题是,制造业比重下降幅度过快。2006年制造业在国民经济的比重达到32.45%,2019年降至27.17%。与发达经济体相比,我国在制造业的就业份额和制造业增加值份额触顶回落时,人均收入水平还很低。制造业的过早过快下降会带来很多问题,包括导致产业空心化、拖累整体生产率增速等。党中央、国务院高度重视制造业高质量发展。《建议》和《纲要》明确要求,深入实施制造强国战略,推动制造业优化升级,保持制造业比重基本稳定,增强制造业竞争优势,推动制造业高质量发展。

统筹推进补齐短板和锻造长板。要实施新一轮制造业核心竞争力提升五年行动计划,创建国家制造业高质量发展试验区。要开展制造业强链补链行动,针对产业薄弱环节,实施好关键核心技术攻关工程,尽快解决一批"卡脖子"问题,在产业优势领域精耕细作,搞出更多独门绝技。针对产业基础能力不强问题,要实施好产业基础再造工程,提升关键基础材料、基础零部件、先进基础工艺、产业技术基础、工业基础软件等方面自主创新能力。要加强顶层设计、应用牵引、整机带动,强化共性技术供给。深入实施质量提升行动,推动制造业产品"增品种、提品质、创品牌"。强化质量基础支撑,促进产业链上下游标准有效衔接,推动标准与国际先进水平对接,提升产品和服务品质,让更多国内外用户选择中国制造、中国服务。

推动制造业高端化智能化绿色化发展。这是制造业转型升级的重要途径。要加快发展先进制造业,开展先进制造业集群发展专项行动。加快改造提升传统产业,鼓励企业应用先进适用技术、加强设备更新和新产品规模化应用。推动互联网、大数据、人工智能等同制造业深度融合。深入实施智能制造工程,建设智能制造示范工厂,完善智能制造标准体系。打造资源高效配置、业务协同创新、多方合作共赢的工业互联网平台,加快解决数据采用、网络承载、安全保障等问题。完善绿色制造体系,深入实施绿色制造工程。

　　促进先进制造业和现代服务业深度融合。制造业高质量发展离不开现代服务业的支撑。要以服务制造业高质量发展为导向,推动生产性服务业向专业化和价值链高端延伸。聚焦提高产业创新力,加快发展研发设计、工业设计、商务咨询、检验检测认证等服务。聚焦增强全产业链优势,提高现代物流、采购分销、生产控制、运营管理、售后服务等发展水平。深化现代服务业与先进制造业业务关联、链条延伸、技术渗透,支持新型专业化服务机构发展。服务型制造是制造与服务融合发展的新型产业形态,正呈快速成长态势。我们要因势利导,支持服务型制造新模式加快发展,推动企业从单一生产环节向价值链两端拓展,形成制造与服务全方位、宽领域、深层次融合发展、协同发展格局。

　　完善和强化促进制造业高质量发展的政策体系。实施制造业降本减负行动,强化要素保障和高效服务,巩固拓展减税降费成果,降低企业生产经营成本。推动工业用地提容增效,推广新型产业用地模式。近几年,制造业投资增速持续下降,2020 年较上年下降 2.2%。要采取有力措施扭转这种态势,扩大制造业中长期贷款、信用贷款规模,推动股权投资、债券融资等向制造业倾斜。支持企业加快技术改造,既有利于促进产业升级,也有利于有效拉动投资。今年,对先进制造业企业按月全额退还增值税增量留抵税额,扩大制造业设备更新和技术改造投资;允许所有制造业企业参与电力市场化交易,进一步清理用电不合理加价,继续推动降低一般工商业电价;全面推广高速公路差异化收费,坚决整治违规设置妨碍货车通行的道路限高限宽设施和检查卡点;取消港口建设费,将民航发展基金航空公司征收标准降低 20%。建立制造业重大项目全周期服务机制和企业家参与涉企政策制定制度,支持建设中小企业信息、技术、进出口和数字化转型综合性服务平台。

　　(三)**发挥企业主体作用**。企业是经济活动的基本生产经营单位,也是技术创新和科技成果转化应用的主体。实施创新驱动发展战略,加快发展现代产业体系,必须把企业的主体作用发挥好。要完善技术创新市场导向机制,强化企业创新主体地位,促进各类创新要素向企业集聚,形成以企业为主体、市场为导向、产学研用深度融合的技术创新体系。一是激励企业加大研发投入。研发投入是企业技术创新的基础。"十三五"时期我国企业研发投入虽然不断增长,但增速低于"十二五"时期;企业研发投入强度与发达国家也有很大的差距。《纲要》要求,实施更大力度的研发费用加计扣除、高新技术企业税收优惠等普惠性政策;健全鼓励国有企业研发的考核制度,确保中央国有工业企业研发支出年增长率明显超过全国平均水平;完善激励科技型中小企业创新的税收优惠政策。《报告》明确,今年延续执行企业研发费用加计扣除75%政策,将制造业企业加计扣除比例提高到100%,用税收优惠机制激励企业加大研发投入。二是支持产业共性基础技术研发。集中力量整合提升一批关键共性技术平台,支持行业龙头企业联合高等院校、科研院所和行业上下游企业共建国家产业创新中心,承担国家重大科技项目,提供公益性共性技术服务。打造新型共性技术平台,解决跨行业跨领域关键共性技术问题。三是完善企业创新服务体系。推动国家科研平台、科技报告、科研数据进一步向企业开放。推进创新创业机构改革。完善金融支持创新体系,鼓励金融机构发展知识产权质押融资、科技保险等科技金融产品,开展科技成果转化贷款风险补偿试点,畅通科技型企业国内上市融资渠道,鼓励发展天使投资、创业投资,更好发挥创业投资引导基金和私募股权基金作用。四是健全创新科技成果转化机制。当前我国科技和产业的"两张皮"现象仍相当突出,科技成果转化率及产业化程度远低于发达国家水平。要加快完善科技成果使用、处置、收益管理制度,加强国家技术转移体系建设,畅通科技成果与市场对接渠道。推动高校、科研院所与企业共同建立科技成果转化服务平台。探索赋予科研人员职务科技成果所有权或长期使用权。建设专业化市场化技术转移机构和技术经理人队伍。我们要通过促进科技成果扩散、流动、共享、应用并实现经济和社会价值,为企业创新发展和经济优化升级提供强劲动力。

四、坚持扩大内需这个战略基点,
形成强大国内市场

我国有 14 亿人口,其中有 4 亿多中等收入群体,居民消费正在优化升级,拥有全球最大最有潜力的消费市场,同时我国正处于新型工业化、信息化、城镇化、农业现代化深入发展阶段,有效投资需求潜力很大,这二者结合就是巨大的内需潜力。经过多年的发展,我国拥有雄厚的物质基础、丰富的人力资源、完整的产业体系、强大的科技实力和持续提升的宏观经济治理能力。这些是我们大国经济的独特优势所在。在外部环境复杂多变的背景下,我们必须把发展立足点放在国内,更多依靠国内市场实现经济发展。要坚持扩大内需这个战略基点,加快培育完整内需体系,把实施扩大内需战略同深化供给侧结构性改革有机结合起来,以创新驱动、高质量供给引领和创造新需求。

全面促进消费,增强消费对经济发展的基础性作用。扩大消费最根本的是促进就业,完善社保,优化收入分配结构,扩大中等收入群体,扎实推动共同富裕,持续提高居民消费能力和意愿。随着收入增长和生活水平提高,居民消费结构优化升级,传统消费和新型消费都有很大的增长空间。要顺应居民消费升级趋势,把扩大消费同改善人民生活品质结合起来,促进消费向绿色、健康、安全发展,稳步提高居民消费水平。一要提升传统消费。过去相当长一段时间,汽车、家电、住房等消费对拉动消费增长发挥了重要作用。虽然近年来相关消费增速放缓甚至出现下降,但仍有很大潜力。目前我国每千人汽车保有量为 186 辆,不仅低于主要发达国家,也低于一些新兴市场国家,仍有提升空间。要促进汽车消费,大力解决停车难问题,取消对二手车交易不合理限制。在我国汽车消费中,新能源汽车消费增长速度快,产销量连续几年居世界第一。要增加充电桩、换电站等设施,加快建设动力电池回收利用体系,促进新能源汽车消费稳定增长。推动家电更新消费。二要培育新型消费。近些年,各类新型消费方兴未艾,在消费中的比重持续上升。我们要因势利导,积极促进信息消费、数字消费、绿色消费,鼓励定制、体验、智能、时尚消费等新模式新业态发展。三要发展服务消费。我国在教育培训、医疗健康、养老托育、文旅体育等消费提质扩容的空间很大。比如,随着生活水平提高和健康观念增强,人民群众对健康产品、健康服务的需求持续增长。我们要加快发展大健康产业,增加健康产品和服务供给,创新服务模式,更好满足群众多层次、多元化、个性化的健康需求,把健康产业打造成国民经济的支柱产业。推动农村消费梯次升级。近几年,农村消费增长速度持续快于城镇,仍有很大增长空间。目前,农村常住人口仍占到全国的近40%,而消费品零售额仅占全国的13.5%。要充分挖掘县乡消费潜力,改造提升农村流通基础设施,支持电商、快递进农村。要放宽服务消费领域市场准入,加快线上线下融合发展。加强消费市场监管,严肃查处假冒伪劣、虚假广告、价格欺诈等行为,健全缺陷产品召回、产品伤害监测、产品质量担保等制度,完善多元化消费维权机制和纠纷解决机制,强化消费者权益保护,让群众放心消费、便利消费。

拓展投资空间,增强投资对优化供给结构的关键作用。我国在基础设施、市政工程、农业农村、公共安全、生态环保、公共卫生、物资储备、防灾减灾、民生保障等领域存在不少短板,实施创新驱动发展战略、建设现代产业体系都需要投资,扩大有效投资空间广阔,特别是在中西部地区。我国总储蓄率高,社会资金充裕,扩大有效投资也有条件。由于多种因素影响,近几年我国投资呈放缓趋势。要优化投资结构,多渠道增加投资,提高投资效率,保持投资合理增长。推进既促消费惠民生又调结构增后劲的新型基础设施、新型城镇化、交通水利等重大工程建设,推动企业设备更新和技术改造,扩大战略性新兴产业投资。要深化投融资体制改革,发挥政府投资在外溢性强、社会效益高领域的引导和撬动作用,激发全社会投资活力,形成市场主导的投资内生增长机制。民间投资占投资的大头,扩大有效投资的关键是调动民间投资积极性。要落实鼓励民间投资政策措施,营造稳定、透明、公平的投资环境。

深入推进新型城镇化,增强对扩大内需的综合支撑。以人为核心的新型城镇化,既可带动居民增加消费,又可拉动有效投资,是扩大内需的综合大平台。目前我国常住人口城镇化率虽然超过60%,但仍低于发达国家水平,特别是户籍人口城镇化率只有45%左右,一些常住人口尚未完全享受城镇基本公共服务,大量城市需要更新改造,新型城镇化有很大的发展和提升空间。《纲要》提出,到2025年我国常住人口城镇化率要达到65%。要坚持走中国特色新型城镇化道路,提升城镇化发展质量,使更多人民群众享有更高品质的城市生活。研究出台《国家新型城镇化规划(2021—2035年)》。深化户籍制度改革,放开放宽除个别超大城市外的落户限制,试行以经常居住地登记户口制度。健全农业转移人口市民化配套政策体系,完善财政转移支付和城镇新增建设用地规模与农业转移人口市民化挂钩政策,提高农业转移人口享有的保障性住房、职业技能培训、子女义务教育等城镇基本公共服务水平,加快推动农业转移人口全面融入城市。完善城镇化空间布局,推动城市群一体化发展,发挥中心城市和城市群带动作用,建设现代化都市圈,促进不同规模的城市和小城镇协同发展。全面提升城市品质,实施城市更新行动,推进以县城为重要载体的城镇化建设,培育产业、增加就业、改善服务,提高综合承载能力。今年新开工改造城镇老旧小区5.3万个,提升县城公共服务水平。坚持房子是用来住的、不是用来炒的定位,租购并举、因城施策,促进房地产市场平稳健康发展,让城市更宜业宜居。

五、全面深化改革开放,持续
增强发展动力和活力

过去40多年的改革开放,推动我国经济社会发生了翻天覆地的历史巨变。构建新发展格局,必须构建高水平社会主义市场经济体制,实行高水平对外开放,推动改革和开放相互促进,形成推动高质量发展的强大合力。

《建议》和《纲要》提出了"十四五"改革开放的主要目标,就是社会主义市场经济体制更加完善,高标准市场体系基本建成,市场主体更加充满活力,产权制度改革和要素市场化配置改革取得重大进展,公平竞争制度更加健全,更高水平开放型经济新体制基本形成。同时,明确了激发各类市场主体活力、完善宏观经济治理、建立现代财税金融体制、建设高标准市场体系、加快转变政府职能等重点任务。我们要深入推进重点领域和关键环节改革,坚持和完善社会主义基本经济制度,充分发挥市场在资源配置中的决定性作用,更好发挥政府作用,推动有效市场和有为政府更好结合。

着力培育更有活力、创造力和竞争力的市场主体。市场主体有活力,经济发展有动力。要坚持"两个毫不动摇",对各类市场主体一视同仁、平等对待。抗击疫情中,国有企业为保障物资供应和产业链供应链稳定等作出了重要贡献,彰显了其不可或缺的重要作用。要深化国资国企改革,深入实施国企改革三年行动,做强做优做大国有资本和国有企业。加快国有经济布局优化和结构调整,聚焦发展实体经济,更好服务国家战略。加快完善中国特色现代企业制度,坚持党对国有企业的全面领导,加快建立权责法定、权责透明、协调运转、有效制衡的公司治理机制。深化国有企业混合所有制改革,既支持民营企业等社会资本参与国有企业混合所有制改革,又鼓励国有资本投资入股民营企业。坚持授权与监管相结合、放活与管好相统一,健全管资本为主的国有资产监管体制。民营经济是就业创业、技术创新的重要主体和国家税收的重要来源。要全面落实党中央、国务院关于支持民营企业改革发展的各项举措,优化民营经济发展环境,依法平等保护民营企业产权和企业家权益,破除制约民营企业发展的各种壁垒,完善促进中小微企业和个体工商户发展的法律环境和政策体系。支持民营企业开展基础研究、参与关键核心技术研发和国家重大科技项目攻关。要构建亲清政商关系,健全政企沟通机制,完善涉企政策制定和执行机制,及时帮助民营企业解决遇到的困难和问题,提振企业家发展信心。针对当前各类市场主体面临的困难,《报告》从优化和落实减税政策、进一步解决中小微企业融资难题、健全防范和化解拖欠中小企业账款长效机制、用改革办法推动降低企业生产经营成本等方面提出了一系列支持政策。

加快营造市场化、法治化、国际化营商环境。营商环境是市场主体赖以生存发展的基础,其优劣直接影响市场主体的兴衰、生产要素的聚散、发展动力的强弱。这些年,通过持续推进“放管服”改革,我国营商环境明显改善,在全球排名上升较快。但要看到,与市场主体期待相比,与国际先进水平相比,我国营商环境仍有很大的差距。经济社会发展形势越是严峻,越要千方百计优化营商环境。继续放宽市场准入,健全市场准入负面清单动态调整机制,以服务业为重点进一步放宽准入限制。开展要素市场化配置综合改革试点,推进要素市场制度建设。将行政许可事项全部纳入清单管理,以制度减权限权。深化“证照分离”改革,加快解决企业“准入不准营”问题,今年年底前要在全国实现“证照分离”改革全覆盖。完善市场主体退出机制,实行中小微企业简易注销制度。实施工业产品准入制度改革,推进汽车、电子电器等行业生产准入和流通管理全流程改革。要坚持放管结合、并重推进,把有效监管作为简政放权的必要保障,加强对取消或下放审批事项的事中事后监管,完善分级分类监管政策,健全跨部门综合监管制度,大力推行“互联网+监管”,提升监管能力。推动政务服务质量和效率持续提升,建立健全政务数据共享协调机制,推动电子证照扩大应用领域和全国互通互认,实现更多政务服务事项网上办、掌上办、一次办。企业和群众经常办理的事项,今年要基本实现"跨省通办"。

强化反垄断和防止资本无序扩张、促进各类市场主体公平竞争。反垄断、反不正当竞争,是完善社会主义市场经济体制、推动高质量发展的内在要求。公平竞争是市场经济的核心。只有竞争环境公平,才能使市场活而不乱、实现资源有效配置和企业优胜劣汰,而垄断阻碍公平竞争、扭曲资源配置、损害市场主体和消费者利益、扼杀技术进步。放眼全球,反垄断是国际惯例。近年来,在党和政府大力支持下,平台经济快速发展,一批平台企业迅速壮大,对提高全社会资源配置效率、推动高质量发展、满足人民美好生活需要发挥了积极作用。我国平台经济发展的总体态势是好的,同时也存在一些突出问题,一些平台企业发展不规范、存在风险,出现了市场垄断问题。国家支持平台企业创新发展、增强国际竞争力,同时要依法规范发展,健全数字规则。要从构筑国家竞争新优势的战略高度出发,坚持发展和规范并重,把握平台经济发展规律,建立健全平台经济治理体系,明确规则、划清底线、加强监管、规范秩序。要加快健全平台经济法律法规,完善平台企业垄断认定、数据收集使用管理、消费者权益保护等方面的法律规范,及时弥补规则空白和漏洞,强化平台企业数据安全责任。要提升监管能力和水平,实现事前事中事后全链条监管,充实反垄断监管力量,增强监管权威性,金融活动要全部纳入金融监管。要加强平台各市场主体权益保护,督促平台企业承担商品质量、食品安全保障等责任,维护好用户数据权益及隐私权,明确平台企业劳动保护责任。要通过加强监管和规范,引导和促进平台企业健康发展,推动平台经济更好为高质量发展和高品质生活服务。

以改革促开放、以开放促改革,是我们多年来行之有效的做法。面对外部环境复杂变化,要坚持实施更大范围、更宽领域、更深层次对外开放,依托我国大市场优势,促进国际合作,实现互利共赢。目前,外贸直接和间接带动就业1.8亿人,外资企业大约贡献了全国进出口总额的五分之二、税收收入的六分之一。稳住外贸外资基本盘,对保持经济平稳运行、稳定产业链供应链、扩大就业至关重要。要加强外贸政策支持保障,稳住贸易规模和市场主体;持续推进贸易创新发展,优化国内国际市场布局、商品结构、贸易方式,提升出口质量,增加优质产品和服务进口。要积极有效利用外资,全面落实外商投资法及其实施条例,保护外商投资合法权益,健全准入前国民待遇加负面清单管理制度和外商投资国家安全审查制度。与制造业相比,我国服务业对外开放相对滞后、整体竞争力偏弱,服务贸易存在逆差。要推动服务业有序开放,增设服务业扩大开放综合试点,制定跨境服务贸易负面清单,提升服务业质量和国际竞争力。推进海南自由贸易港建设,加强自贸试验区改革开放创新,发挥好各类开发区开放平台作用。坚持共商共建共享,坚持以企业为主体、遵循市场化原则,高质量共建"一带一路"。积极参与全球经济治理,深化多双边和区域经济合作。

六、坚持农业农村优先发展,
全面推进乡村振兴

农为邦本,本固邦宁。"十三五"时期,农业农村发展取得了历史性成就,新时代脱贫攻坚目标任务如期完成,农村同步实现全面建成小康社会目标,为党和国家战胜各种艰难险阻、稳定经济社会发展大局,发挥了"压舱石"作用。习近平总书记指出:"全面建设社会主义现代化国家,实现中华民族伟大复兴,最艰巨最繁重的任务依然在农村,最广泛最深厚的基础依然在农村。"新发展阶段"三农"工作依然极端重要,须臾不可放松,务必坚持把解决好"三农"问题作为全党工作重中之重,把全面推进乡村振兴作为实现中华民族伟大复兴的一项重大任务,举全党全社会之力加快农业农村现代化,让广大农民过上更加美好的生活。

脱贫摘帽不是终点,而是新生活、新奋斗的起点。脱贫攻坚取得胜利后,全面推进乡村振兴,这是"三农"工作重心的历史性转移。要坚决守住脱贫攻坚成果,做好巩固拓展脱贫攻坚成果同乡村振兴有效衔接。脱贫攻坚目标任务完成后,对摆脱贫困的县,从脱贫之日起设立5年过渡期,过渡期内要保持主要帮扶政策总体稳定。对现有帮扶政策逐项分类优化调整,合理把握调整节奏、力度、时限,逐步实现由集中资源支持脱贫攻坚向全面推进乡村振兴平稳过渡。要健全防止返贫动态监测和帮扶机制,对易返贫致贫人口及时发现、及时帮扶,守住不发生规模性返贫底线。要继续对脱贫地区进行产业帮扶,补上技术、设施、营销等短板,促进产业提档升级。要强化易地搬迁后续扶持,多渠道促进就业,加强配套基础设施和公共服务,确保搬迁群众稳得住、有就业、逐步能致富。

解决好十几亿人口的吃饭问题,始终是头等大事。随着城镇化推进,农业生产者越来越少、农产品市场需求规模越来越大,农业比较效益偏低,解决这一矛盾,必须主要依靠发展现代农业来提高供给保障水平。"十四五"时期粮食综合生产能力要保持在1.3万亿斤以上。要深入推进农业供给侧结构性改革,加强粮食生产功能区、重要农产品生产保护区和特色农产品优势区建设,稳定粮食播种面积、提高单产和品质,多措并举扩大油料生产,发展畜禽水产养殖,继续抓好生猪生产恢复,加强动植物疫病防控,保障农产品市场供应和价格基本稳定。保障粮食安全,关键在于落实藏粮于地、藏粮于技战略,要害是种子和耕地。

农以种为先。要打好种业翻身仗,努力实现核心种源自主可控。一是从"源"上抓保护,深入开展种质资源普查与收集,建立种质资源保护区和种质资源库,做到种质资源应收尽收、应保尽保。二是从"种"上抓创新,加快突破性品种创新,培育具有自主知识产权的优质品种。三是从"供"上抓保障,高标准建设国家级区域性良繁基地和省级良繁基地,加强种业品牌培育,做大做强种子企业。四是从"推"上抓服务,抓好良种推广工作,打通品种推广"最后一公里"。

土地是农业生产最基本的生产要素,是保障农业生产发展的基础,必须切实保护好耕地,提升耕地质量。一是坚持最严格的耕地保护制度和节约用地制度。要严防死守18亿亩耕地红线,坚决遏制耕地"非农化"、防止"非粮化"。二是切实提升耕地质量。实施高标准农田建设工程,以粮食生产功能区和重要农产品生产保护区为重点,建设国家粮食安全产业带,充分考虑水资源条件和水资源刚性约束,建设集中连片、旱涝保收、高产稳产高标准农田,今年要建设1亿亩。重视和应用土壤污染防治、土壤退化改良和化肥农药减量使用等技术。三是保护好黑土地。黑土地是耕地中的"大熊猫",保护黑土地难度大、投入成本高,要出台切实有效的保护支持措施。

全面实施乡村振兴战略的深度、广度、难度都不亚于脱贫攻坚,必须加强顶层设计,以更有力的举措、汇聚更强大的力量来推进。

一是加快发展乡村产业。产业兴旺,农村才能繁荣。要顺应产业发展规律,立足当地特色资源,推动各地发展特色农业,大力发展农产品精深加工,支持乡村旅游、农村电商等新产业新业态,加快农村一二三产业融合发展,推动品种培优、品质提升和品牌打造,推动乡村产业发展壮大。优化产业布局,引导各类投资者将适合农村发展的产业项目更多布在县域、就业机会更多留在农村,完善利益联结机制,让农民更多分享产业增值收益。

二是深化农村改革。我国改革是从农村发端的,农村改革激发了亿万农民的积极性,促进了农业农村发展。全面推进乡村振兴,必须推动农村改革不断取得新突破。要加快推进农村重点领域和关键环节改革,激发农村资源要素活力,完善农业支持保护制度,尊重基层和群众创造。土地制度是农村的基本制度,处理好农民与土地的关系是深化农村改革的主线,必须切实保障农民权益,更好用活农村土地资源。

三是实施乡村建设行动。继续把公共基础设施建设的重点放在农村，在推进城乡基本公共服务均等化上持续发力，注重加强普惠性、兜底性、基础性民生建设。启动农村人居环境整治提升五年行动，重点抓好改厕和污水、垃圾处理。要合理确定村庄布局分类，注重保护传统村落和乡村特色风貌，加强分类指导。

四是加强农村生态文明建设。乡村振兴不能以破坏生态环境为代价。要保持战略定力，以钉钉子精神推进农业面源污染防治，加强土壤污染、地下水超采、水土流失等治理和修复，推进化肥农药减量化。

五是推动城乡融合发展见实效。强化以工补农、以城带乡，推动形成工农互促、城乡互补、协调发展、共同繁荣的新型工农城乡关系。健全城乡融合发展体制机制，建立健全城乡要素平等交换、双向流动政策体系，促进要素更多向乡村流动，促进农业转移人口市民化，增强农业农村发展活力。要把县域作为城乡融合发展的重要切入点，赋予县级更多资源整合使用的自主权，强化县城综合服务能力。

六是打造高素质的乡村人才队伍。实现乡村振兴，人才是关键。要完善培养、引进、管理、使用、流动、激励等制度机制，坚持培养人才和引进人才并重。培养家庭农场经营者、农民合作社带头人、农村实用人才、高素质农民、乡村工匠等，让乡土人才"破茧成长"。畅通引进渠道，吸引优秀企业家、科技工作者、专家学者等到乡村创业，让他们在农村扎根、"破土飘香"。

七是加强农业农村发展要素保障。要强化农业农村优先发展投入资金保障，加快形成财政优先保障、金融重点倾斜、社会资金积极参与的乡村振兴多元化投入格局。加大政府对乡村振兴的投入力度，提供强大资金保障。创新投融资机制，引导社会资本上山下乡，推动农村金融回归本源。大力发展农业保险，扩大农业保险覆盖面，提升风险保障水平。

八是加强社会主义精神文明建设。加强农村思想道德建设，弘扬和践行社会主义核心价值观，普及科学知识，推进农村移风易俗、风尚再造，革除民俗陋习，推动形成文明乡风、良好家风、淳朴民风。

九是加强和改进乡村治理，加快构建党组织领导的乡村治理体系，深入推进平安乡村建设，创新乡村治理方式，提高乡村善治水平。

七、优化区域经济布局，促进区域协调发展

党的十八大以来，以习近平同志为核心的党中央着眼全国一盘棋，高度重视区域发展问题，明确提出和实施京津冀协同发展、长江经济带发展、粤港澳大湾区建设、长三角一体化发展、黄河流域生态保护和高质量发展等新的区域发展战略，同时扎实推进东、中、西、东北地区"四大板块"协调发展，各区域比较优势较好发挥、实现良性互动，新的增长极增长带加速崛起，为我国经济社会发展注入了新动力。习近平总书记指出，要把构建新发展格局同实施国家区域协调发展战略、建设自由贸易试验区等衔接起来，在有条件的区域率先探索形成新发展格局，打造改革开放新高地。"十四五"时期，要深入实施区域重大战略、区域协调发展战略、主体功能区战略，健全区域协调发展体制机制，构建高质量发展的区域经济布局和国土空间支撑体系。

深入实施区域重大战略。以《纲要》实施为引领，统筹支持区域重大战略实施。持续推进京津冀协同发展，完善北京非首都功能疏解政策体系，推进雄安新区高标准高质量建设，推动北京城市副中心高质量发展，继续实施一批协同发展重大项目。推进长江经济带高质量发展，加强生态环境综合治理、系统治理、源头治理，深入推进污染治理"4+1"工程，持续巩固长江禁捕退捕成效，开展长江生物多样性保护工程。打造若干生态产品价值实现机制示范基地，加快完善长江经济带综合运输体系。深入推进粤港澳大湾区建设，完善国际

科技创新中心"两廊两点"空间布局,促进要素高效便捷流动,深入推进深圳建设中国特色社会主义先行示范区综合改革试点,推进前海深港现代服务业合作区、横琴粤澳深度合作区和河套深港科技创新合作区发展。大力推进长三角一体化发展,出台支持浦东新区高水平改革开放打造社会主义现代化建设引领区的意见,支持浦东探索开展综合性改革试点,鼓励长三角地区推进新型基础设施建设,总结推广长三角生态绿色一体化发展示范区制度创新经验,统筹推进上海自贸试验区临港新片区规划建设和发展。稳步推进黄河流域生态保护和高质量发展,加快制定形成"1+N+X"规划和政策体系。

深入实施区域协调发展战略。深入推进西部大开发、东北全面振兴、中部地区崛起、东部率先发展,支持特殊类型地区加快发展,在发展中促进相对平衡。积极推动西部大开发形成新格局,研究出台西部大开发"十四五"实施方案和重点地区规划,继续实施西部大开发企业所得税优惠政策,执行新修订的《西部地区鼓励类产业目录》。推动东北振兴取得新突破,研究出台东北振兴"十四五"实施方案,着力推动东北地区产业结构调整优化。推动中部地区加快崛起,研究出台《关于新时代推动中部地区高质量发展的指导意见》,着力打造重要先进制造业基地、提高关键领域自主创新能力、建设内陆地区开放高地、巩固生态绿色发展格局。推动东部地区率先实现高质量发展,发挥创新要素集聚优势,加快在创新引领上实现突破。支持革命老区、民族地区加快发展,贯彻落实《国务院关于新时代支持革命老区振兴发展的意见》(国发〔2021〕3号),加强边疆地区建设,加快推进资源型地区转型升级,支持老工业基地转型发展。支持国家级新区、经济开发区、高新区创新发展。完善推进海洋经济高质量发展的政策体系,培育壮大海洋战略性新兴产业。推动构建更加有效的区域协调发展新机制,建立健全区域战略统筹、市场一体化发展、区域合作互助、区际利益补偿等机制,更好促进发达地区和欠发达地区、东中西部和东北地区共同发展。完善转移支付制度,加大对欠发达地区财力支持,提升基本公共服务均等化水平。今年中央财政加大对欠发达地区的支持力度,革命老区、民族地区、边境地区转移支付增长 10.1%。

八、推动绿色发展,促进人与自然和谐共生

绿色发展是构建现代化经济体系、推动高质量发展的必然要求。党的十八大以来,以习近平同志为核心的党中央高度重视并大力推进生态文明建设,我国生态环境质量明显改善。"十四五"时期要深入贯彻习近平生态文明思想,坚持绿水青山就是金山银山理念,坚持尊重自然、顺应自然、保护自然,坚持节约优先、保护优先、自然恢复为主,深入实施可持续发展战略,完善生态文明领域统筹协调机制,坚定不移走生态优先、绿色低碳的高质量发展道路,推动经济社会发展全面绿色转型,建设美丽中国。

持续加强生态环境治理。污染防治攻坚战阶段性目标任务圆满收官,但主要污染物排放形势依然严峻,区域性结构性污染问题依然突出。要深入打好污染防治攻坚战,落实"精准治污、科学治污、依法治污"要求,巩固和拓展蓝天、碧水、净土保卫战成果。加强细颗粒物(PM2.5)、臭氧(O_3)等多污染物协同控制,强化区域大气污染防治协作,加快挥发性有机物排放综合整治,到 2025 年地级及以上城市 PM2.5 浓度下降 10%,有效遏制 O_3 浓度增长趋势,基本消除重污染天气,氮氧化物和挥发性有机物排放总量分别下降 10% 以上。加强重点流域、重点湖泊、城市水体和近岸海域综合治理,推进美丽河湖保护与建设,化学需氧量和氨氮排放总量分别下降 8%,基本消除劣Ⅴ类国控断面和城市黑臭水体。深入开展土壤污染防治行动,严格农用地安全利用和建设用地风险管控。推进构建以排污许可制为核心的固定污染源监管制度体系。做好固体废物等污染防治,推进塑料污染全链条治理,统筹开展快递包装绿色转型,重视新污染物治

理。加快城镇环境基础设施发展,持续提升危险废物医疗废物处理处置能力,补齐城镇生活污水处理设施短板弱项。要构筑更加牢固的生态安全屏障,加强山水林田湖草系统治理,加快推进重要生态屏障建设,构建以国家公园为主体的自然保护地体系。实施生物多样性保护重大工程,加强大江大河和重要湖泊湿地生态保护治理,实施好长江十年禁渔。科学推进荒漠化、石漠化、水土流失综合治理。开展大规模国土绿化行动,2025年森林覆盖率达到24.1%。

扎实做好碳达峰、碳中和各项工作。我国力争2030年前实现碳达峰,2060年前实现碳中和,这是以习近平同志为核心的党中央经过深思熟虑作出的重大战略决策,事关中华民族永续发展和构建人类命运共同体。实现碳达峰、碳中和是一场广泛而深刻的经济社会系统性变革,是一场硬仗,也是对我们治理能力的一场大考。要把碳达峰、碳中和纳入生态文明建设整体布局,坚持系统观念,处理好发展和减排、整体和局部、短期和中长期的关系,以经济社会发展全面绿色转型为引领,以能源绿色低碳发展为关键,加快形成节约资源和保护环境的产业结构、生产方式、生活方式、空间格局。要坚持全国统筹,强化顶层设计,发挥制度优势,压实各方责任,根据各地实际分类施策。要把节约能源资源放在首位,实行全面节约战略,倡导简约适度、绿色低碳生活方式。要坚持政府和市场两手发力,强化科技和制度创新,深化能源和相关领域改革,形成有效的激励约束机制。要加强风险识别和管控,处理好减污降碳和能源安全、产业链供应链安全、粮食安全、群众正常生活的关系。

"十四五"时期是碳达峰的关键期、窗口期,单位国内生产总值能耗和二氧化碳排放要分别降低13.5%、18%。重点做好以下几项工作。一要构建清洁低碳安全高效的能源体系。控制化石能源总量,着力提高利用效能,实施可再生能源替代行动,深化电力体制改革,构建以新能源为主体的新型电力系统。二要实施重点行业领域减污降碳行动。工业领域要推进绿色制造,建筑领域要提升节能标准,交通领域要加快形成绿色低碳运输方式。三要推动绿色低碳技术实现重大突破。抓紧部署低碳前沿技术研究,加快推广应用减污降碳技术,建立完善绿色低碳技术评估、交易体系和科技创新服务平台。四要完善绿色低碳政策和市场体系。完善能源消费"双控"制度,完善有利于绿色低碳发展的财税、价格、金融、土地、政府采购等政策,加快推进碳排放权交易,积极发展绿色金融。五要倡导绿色低碳生活。深入开展绿色生活创建行动,倡导绿色低碳的消费模式和生活方式。建立统一的绿色产品标准、认证、标识体系,完善节能家电、高效照明产品、节水器具推广机制,鼓励绿色出行,营造绿色低碳生活新时尚。六要提升生态系统碳汇能力。强化国土空间规划和用途管控,有效发挥森林、草原、湿地、海洋、土壤、冻土的固碳作用,提升生态系统碳汇增量。七要加强应对气候变化国际合作。坚持公平、共同但有区别的责任及各自能力原则,建设性参与和引领应对气候变化国际合作,推进国际规则标准制定,推动落实联合国气候变化框架公约及其巴黎协定,积极开展气候变化南南合作,建设绿色丝绸之路,为全球气候治理贡献中国智慧和力量。

九、持续增进民生福祉,扎实推动共同富裕

发展的根本目的是增进民生福祉。共同富裕是社会主义的本质要求,是人民群众的共同期盼。我们推动经济社会发展,归根结底是要实现全体人民共同富裕。当前,我国发展不平衡不充分问题仍然突出,城乡区域发展和收入分配差距较大。我们要在推动高质量发展基础上,完善体制机制和相关政策,不断改善民生,更加积极有为地促进共同富裕。《纲要》提出的20项主要指标中,涉及民生福祉的有7项。这些目标回应百姓新期待,反映人民群众对美好生活的新需求。

提高人民收入水平。要坚持居民收入增长和经济增长基本同

步、劳动报酬提高和劳动生产率提高基本同步,优化收入分配结构。《建议》和《纲要》对此进行了系统部署。一是拓展居民收入增长渠道。要坚持按劳分配为主体、多种分配方式并存,提高劳动报酬在初次分配中的比重。劳动报酬是我国居民收入的主要来源。工资是劳动报酬的主体,要完善工资制度,健全工资决定、合理增长和支付保障机制,促进收入分配更合理、更公平,激发人们通过劳动创造美好生活的热情。完善按要素分配政策制度,健全各类生产要素由市场决定报酬的机制,探索通过土地、资本等要素使用权、收益权增加中低收入群体要素收入。完善国有企业市场化薪酬分配机制。改革完善体现岗位绩效和分级分类管理的事业单位薪酬制度。多渠道增加城乡居民财产性收入。二是扩大中等收入群体。我国中等收入的标准是家庭年可支配收入 10 万—50 万元。中等收入群体生活比较宽裕,消费意愿和消费能力较强,是形成强大国内市场的重要支撑。要实施扩大中等收入群体行动计划,以高校和职业院校毕业生、技能型劳动者、农民工等为重点,不断提高中等收入群体比重。要完善相关机制,使越来越多的低收入人员上升到中等收入群体里,逐步形成两头小、中间大的橄榄型分配结构。三是完善再分配机制。改变城乡之间、区域之间、不同群体之间收入差距较大状况,要发挥再分配机制的作用。加大税收、社会保障、转移支付等调节力度和精准性,合理调节过高收入,取缔非法收入。发挥慈善等第三次分配作用,改善收入和财富分配格局。完善兜底保障标准动态调整机制。

　　实施就业优先战略。就业是最大的民生。当前和今后一个时期,我国就业的总量压力和结构矛盾并存。在总量方面,"十四五"我国劳动年龄人口预计将保持在 8.4 亿人左右,每年需在城镇就业的新成长劳动力 1400 万人以上、其中高校毕业生 900 万人以上,每年还有几百万农村劳动力需要转移就业,就业压力很大。在结构方面,主要表现为劳动力需求和供给不匹配,招工难和就业难并存,技能劳动者特别是高技能人才短缺。要坚持经济发展就业导向,强化就业优先政策,扩大就业容量,提升就业质量,更加注重缓解结构性就业矛盾,努力实现更加充分更高质量就业。完善高校毕业生、农民工、退役军人等重点群体就业支持体系,帮扶残疾人、零就业家庭成员等困难人员就业。完善与就业容量挂钩的产业政策,支持吸纳就业能力强的服务业、中小微企业和劳动密集型企业发展。注重发展技能密集型产业,支持和规范发展新就业形态,建立促进创业带动就业、多渠道灵活就业机制。健全终身技能培训制度,持续大规模开展职业技能培训,大力培养技术技能人才,全面提升劳动者就业创业能力。健全覆盖城乡的就业公共服务体系,为劳动者和企业免费提供政策咨询、职业介绍、用工指导等服务。

建设高质量教育体系。教育事关国家发展、民族振兴和社会进步,寄托着亿万家庭对美好生活的期盼。要全面贯彻党的教育方针,坚持优先发展教育事业,坚持立德树人,培养德智体美劳全面发展的社会主义建设者和接班人。要构建高质量教育体系,"十四五"期间,劳动年龄人口平均受教育年限从 10.8 年提高到 11.3 年。义务教育在国民教育体系中具有基础性地位,当前城乡、区域、校际差距还比较大。要促进教育公平,推进基本公共教育服务均等化。推动义务教育均衡发展和城乡一体化,加快城镇学校扩容增位,改善乡村小规模学校和乡镇寄宿制学校条件,巩固义务教育控辍保学成果,保障农业转移人口随迁子女平等享有基本公共教育服务。巩固提升高中阶段教育普及水平,到 2025 年高中阶段教育毛入学率提高到 92%以上。针对学前教育等资源短缺问题,要完善普惠性学前教育和特殊教育、专门教育保障机制,学前教育毛入园率提高到 90%以上。提高民族地区教育质量和水平,加大国家通用语言文字推广力度。增强职业技术教育适应性,深化产教融合、校企合作。以适应高质量发展需要为导向,构建更加多元的高等教育体系,分类建设一流大学和一流学科,优化区域高等教育资源布局,加快培养理工农医类专业紧缺人才,加快优化学科专业结构,高等教育毛入学率提高到 60%。

建立高水平现代教师教育体系,加强师德师风建设,完善教师管理和发展政策体系,提升教师教书育人能力素质。坚持教育公益性原则,深化教育改革。

健全多层次社会保障体系。社会保障是民生安全网、社会稳定器。"十三五"时期,我国养老、医疗、失业、社会救助等社会保障制度不断完善,但仍有不少短板。要坚持应保尽保原则,按照兜底线、织密网、建机制的要求,加快健全覆盖全民、统筹城乡、公平统一、可持续的多层次社会保障体系。健全农民工、灵活就业人员、新业态就业人员参加社会保险制度,实现社会保险法定人群全覆盖,"十四五"时期基本养老保险参保率由91%提高到95%。完善城镇职工基本养老金合理调整机制,逐步提高城乡居民基础养老金标准。发展多层次、多支柱养老保险体系,提高企业年金覆盖率,规范发展第三支柱养老保险。社会保险统筹层次越高,互济性和抗风险能力就越强。要逐步提高社会保险统筹层次,"十四五"时期实现基本养老保险全国统筹,失业保险、工伤保险省级统筹。健全重大疾病医疗保险和救助制度,稳步建立长期护理保险制度,积极发展商业医疗保险。健全分层分类的社会救助体系。推进社保转移接续,完善全国统一的社会保险公共服务平台。

全面推进健康中国建设。随着经济社会发展和人民生活水平提高,群众对健康有了更高需求。新冠肺炎疫情暴露出我国在基本医疗卫生服务方面存在薄弱环节,比如基层服务能力不强、公共卫生应急体系存在短板等。要坚持把保障人民健康放在优先发展的战略位置,坚持基本医疗卫生事业公益属性,深入实施健康中国行动,深化医药卫生体制改革,大力发展中医药事业,织牢国家公共卫生防护网,为人民提供全方位全周期健康服务。"十四五"时期要通过深化改革优化资源配置,突出关口前移、重心下移。一方面,要坚持预防为主,加大疾病预防控制体系改革力度,提高疾病预防控制能力。这也是维护健康最经济的手段。据世界卫生组织调查,预防上多投入

1元钱,就可以减少治疗支出8.5元,并节约100元抢救费。要健全医疗救治、科技支撑、物资保障体系,提高应对突发公共卫生事件能力。另一方面,要改革医疗体系,提高医疗服务能力,推动更多医疗资源下沉,实现分级诊疗。这不仅方便群众,也可以显著降低医疗费用。健全全民医保制度,健全基本医疗保险稳定可持续筹资和待遇调整机制,完善医保缴费参保政策。今年居民医保人均财政补助标准增加30元,推动基本医保省级统筹、门诊费用跨省直接结算。要加快发展健康产业,促进产品、技术和服务创新与群众多样化需求更好对接。提升健康教育、慢病管理和残疾康复服务质量,重视精神卫生和心理健康。深入开展爱国卫生运动,促进全民养成文明健康生活方式。完善全民健身公共服务体系。

实施积极应对人口老龄化国家战略。人口是影响经济社会发展的基础性、全局性、战略性问题。国际上一般把60岁以上老年人口占比超过10%,或者65岁以上老年人口占比超过7%,作为进入老龄化社会的标准;这两个比例分别超过20%、14%,称为中度老龄化;这两个比例分别超过30%、21%,称为重度老龄化。我国目前60岁以上老年人口超过2.5亿,占总人口的18%,是世界上人口老龄化程度比较高的国家之一,而且老龄化仍以较快速度发展。"十四五"时期,我国60岁以上老年人口预计年均增长1150万,远高于"十三五"时期的740万,将从轻度老龄化进入到中度老龄化。2035年左右将进入重度老龄化。与发达国家相比,我国老龄化呈现速度快、程度深、未富先老等特点。应对人口老龄化是当前和今后一个时期关系全局的重大战略任务,要统筹谋划、系统施策。一是优化生育政策,促进人口长期均衡发展。要增强生育政策包容性,提高优生优育服务水平,降低生育、养育、教育成本。二是积极开发老龄人力资源,发展银发经济。许多退休老人身体还很健康、经验丰富,应当采取适当方式让他们发挥余热,继续创造价值。三是以"一老一小"为重点完善人口服务体系。当前养老、托幼服务供给严重不足,成为一个突出矛盾。一方面,要推动养老事业和养老产业协同发展,健全基本养老服务体系,大力发展普惠型养老服务,构建居家社区机构相协调、医养康养相结合的养老服务体系,形成适合中国国情的养老模式。要支持家庭承担养老功能、发挥家庭养老基础作用,完善社区居家养老服务网络、推进公共设施适老化改造,加强养老护理人员队伍建设,为老年人提供"家门口"的养老服务。另一方面,要大力发展普惠托育服务体系。健全支持婴幼儿照护服务和早期发展的政策体系,"十四五"时期每千人拥有 3 岁以下婴幼儿托位数从 1.8 个增加到 4.5 个。要严格落实城镇小区配套园政策,积极发展多种形式的婴幼儿照护服务机构,鼓励有条件的用人单位提供婴幼儿照护服务,支持企事业单位和社会组织等社会力量提供普惠托育服务,鼓励幼儿园发展托幼一体化服务。

"十四五"规划《建议》和《纲要》是开启全面建设社会主义现代化国家新征程、向第二个百年奋斗目标进军的纲领性文件,是今后五年乃至更长时期我国经济社会发展的行动指南。《建议》和《纲要》立意高远、思想深刻、内涵丰富,我们要深入学习领会,不断加深理解,准确把握精髓要义,奋发有为做好本职工作。

实现"十四五"规划和二〇三五年远景目标,意义重大,任务艰巨,前景光明。我们坚信,在以习近平同志为核心的党中央坚强领导下,在习近平新时代中国特色社会主义思想的科学指引下,全国人民齐心协力,开拓进取,一定能如期实现"十四五"经济社会发展目标任务,夺取全面建设社会主义现代化国家新胜利!

第一部分

2020年工作回顾

不断巩固疫情防控成果

张 凯 竣

新冠肺炎疫情是百年来全球发生的最严重的传染病大流行,是新中国成立以来我国遭遇的传播速度最快、感染范围最广、防控难度最大的重大突发公共卫生事件。面对突如其来的疫情,以习近平同志为核心的党中央团结带领全国上下英勇奋战,取得了疫情防控重大战略成果并不断巩固拓展,最大限度保护了人民生命安全和身体健康,为恢复生产生活秩序提供了根本保障和前提。对此,李克强总理在十三届全国人大四次会议上所作的《政府工作报告》中进行了总结回顾。

一、在党中央坚强领导下疫情防控 工作有力有序有效开展

疫情发生之后,以习近平同志为核心的党中央始终坚持人民至上、生命至上,习近平总书记亲自指挥、亲自部署,围绕做好疫情防控工作作出一系列重要指示批示,为打赢疫情防控的人民战争、总体战、阻击战提供了根本遵循和科学指引。在党中央集中统一领导下,中央应对疫情工作领导小组跟踪分析国内外疫情形势变化,及时研究部署有关工作。中央指导组加强一线指导和督查,国务院联防联控机制做好统筹调度,各地区各部门积极履职尽责,广大人民群众风雨同舟、众志成城,构筑起疫情防控的坚固防线。

党中央统揽全局、果断决策,提出坚定信心、同舟共济、科学防治、

精准施策的总要求,明确坚决遏制疫情蔓延势头、坚决打赢疫情防控阻击战的总目标,强调压实属地、部门、单位、个人"四方责任",周密部署武汉保卫战、湖北保卫战。提出早发现、早报告、早隔离、早治疗的防控要求和集中患者、集中专家、集中资源、集中救治的救治要求,把提高收治率和治愈率、降低感染率和病亡率作为突出任务来抓。适时将全国总体防控策略调整为外防输入、内防反弹,推动防控工作由应急性超常规防控向常态化防控转变。构建完善及时发现、快速处置、精准管控、有效救治的常态化防控机制,健全重大疫情防控体制机制和公共卫生应急管理体系,提升应急物资储备和保障能力。及时作出统筹疫情防控和经济社会发展重大决策,推动构建疫情防控和经济社会发展工作中长期协调机制。召开全国抗击新冠肺炎疫情表彰大会,习近平总书记发表重要讲话,高度评价抗疫斗争重大战略成果,精辟概括并深刻阐发生命至上、举国同心、舍生忘死、尊重科学、命运与共的伟大抗疫精神,深入总结抗疫斗争伟大实践的经验和启示,明确提出在历史交汇点上不断开创党和国家事业发展新局面的工作要求。

经过艰苦卓绝的努力,我们有效遏制了疫情大面积蔓延,有力改变了病毒传播的危险进程。用1个多月的时间初步遏制疫情蔓延势头,用2个月左右的时间将本土每日新增病例控制在个位数以内,用3个月左右的时间取得武汉保卫战、湖北保卫战的决定性成果,在此基础上又接连打了几场局部地区聚集性疫情歼灭战,不断巩固全国抗疫斗争重大战略成果。在全球疫情持续扩散情况下,我国率先控制住了疫情,防控形势持续平稳可控,对我们这样一个拥有14亿人口的大国来说,实属难能可贵!

二、因时因势抓好重点地区和领域防控举措落实

疫情暴发之时,把湖北省和武汉市作为疫情防控主战场,举全国

之力实施规模空前的生命大救援。疫情得到控制之后，坚持常态化精准防控和局部应急处置有机结合，努力把疫情造成的损失降到最低限度。

及时有效处置重点地区疫情。坚决打赢武汉和湖北保卫战，果断实施离汉离鄂通道管控，迅速开设雷神山、火神山等集中收治医院和方舱医院，全国范围调度医务人员和医疗物资设备支援湖北。扭住社区防控和患者救治两个关键，全力推进应收尽收、应治尽治、应检尽检、应隔尽隔。在各方面共同努力下，2020年4月，湖北省和武汉市本土疫情传播基本阻断，新冠肺炎住院病例实现清零。针对黑龙江、吉林、北京、辽宁、山东、新疆、河北等地发生的局部聚集性疫情，迅速从全国抽调重症救治专家、核酸检测小分队、流调人员支援疫情防控工作，组织开展社区居民核酸检测筛查，加大流调溯源力度，及时采取密切接触者隔离和患者救治措施，加强防疫救治资源调配，做好群众生活物资保供。各地及时激活应急指挥体系，强化联防联控举措，疫情基本在1—3个潜伏期内得到有效控制。

完善重点领域防控措施。适应疫情防控形势变化，及时构建完善常态化疫情监测预警和应急响应机制。先后发布73类防护指南和55个技术方案，做好医疗机构、学校、养老机构、福利院等重点机构疫情防控，提高应对措施科学性有效性。召开严防聚集性疫情做好秋冬季疫情防控工作、全国疫情防控工作等电视电话会议，多次组织开展疫情防控专项督查。针对农村地区暴露出的防控短板，从加强个人防护、乡村管理、定点诊治等方面作出部署，切实提高农村地区疫情防控意识和应急处置能力。周密做好全国两会和"五一"、国庆、春节假期等重要节点、重大活动防控工作，在人员流动加大、聚集性活动明显增多情况下，常态化防控措施经受住了考验。

三、多措并举持续提升医疗救治成效

实施分类救治,集中优势资源加强重症患者救治,坚持"一人一案"、精准护理,建立多学科会诊制度,确保重症患者救治质量。关口前移治疗轻症患者,防止轻症转重症。坚持中西医结合、中西药并用,推动中医药全程深度介入治疗。加强医疗机构感染控制,确保医疗安全,全国驰援湖北医务人员无一人感染。重视出院患者康复管理,印发新冠肺炎出院患者主要功能障碍康复治疗方案,促进患者全面康复。

加强临床救治科研工作。持续完善救治标准、工作流程和技术规范,先后推出8版全国新冠肺炎诊疗方案,制定3版重型危重型病例诊疗方案、2版轻型普通型病例管理规范,推动治疗同质化规范化。坚持药物研发与临床救治、防控实践相结合,及时筛选出法匹拉韦、中和抗体、清肺排毒汤、干细胞、恢复期血浆等临床有效的中药、化学药、生物药和治疗技术,基本满足了临床救治需求,并被多个国家借鉴使用。

经过持续不断探索创新,我国临床救治水平大幅提升。截至今年2月底,全国31个省(自治区、直辖市)和新疆生产建设兵团累计报告治愈患者超过8.5万名、治愈率达95%,1万多名重症和危重症患者治愈康复。

四、科学有序推进疫苗试剂
研发攻关和生产应用

把接种疫苗作为有效防控疫情的关键手段,坚持遵循科学规律,把安全性、有效性放在第一位,组织全国优势力量联合开展研发攻关。布局灭活疫苗、重组蛋白疫苗、腺病毒载体疫苗、减毒流感病毒载体疫苗和核酸疫苗 5 条技术路线,研审联动,在不减少程序、不降低标准、保证安全前提下,加快疫苗研发进程。截至今年 2 月底,我国共批准 17 个疫苗品种开展临床试验,其中 7 个疫苗进入Ⅲ期临床试验,4 个疫苗获批附条件上市,研发进展总体处于国际领先位置。

依法依规、积极稳妥、分阶段有序开展疫苗接种。从 2020 年 6 月起对高风险人群进行紧急接种,12 月 15 日起正式开展重点人群接种工作。截至今年 2 月底,全国接种超过 5200 万剂次。建立完善接种点设置规范、接种人员培训、受种人员筛查、不良反应监测、应急救治以及严重不良反应专家会诊等一系列制度,确保接种安全顺利进行。加强接种人员健康随访,严重异常反应报告发生率略低于 2019 年上市已应用疫苗的发生率。实施居民免费接种政策,疫苗及接种费用由医保基金和财政共同负担。同步推动疫苗产能建设,加强生产、质检、储存、运输、流通、接种等环节全流程监管,滚动实施供需调配,有效保障疫苗供应。

集中力量开展检测试剂重点攻关,加快推进产品审批上市。截至今年 2 月初,已有 56 个新冠病毒检测试剂获批生产,涵盖核酸、抗体、抗原检测等多种类型。加强统筹调度,推进检测设备生产扩能,推进实验室和机动检测能力建设,探索推广混检方式。全国新冠病毒核酸日检测能力从 2020 年 3 月初的 120 万份,提升到今年 2 月初的 1600 万份。充分发挥病毒检测在落实"四早"要求、做好精准防控中的重要作用,逐步扩大核酸检测范围,对重点人群实行应检尽检、对其他人群实行愿检尽检。完善检测服务组织管理,强化质量控制,确保检测安全准确、快速便利。

五、精准有效应对境外疫情输入风险

根据境外疫情快速传播蔓延情况,及时部署做好我国境外公民保护、精准防控疫情输入有关工作。千方百计保障境外公民健康安全和工作生活,敦促和要求有关国家政府采取有效措施保障当地华侨、留学生、中资机构人员等生命安全。通过多种渠道宣介疫情防控知识,向留学生及其他急需人员发放"健康包"、"春节包"等防疫物资,协助解决我国公民在当地就医、就学等现实困难,切实维护他们的健康安全和合法权益。派出医疗专家组、工作组,开设远程医疗服务平台,为境外公民提供科学专业的疫情防控指导。陆续安排包机或临时航班,协助在境外确有困难的我国公民有序回国。

及时强化出入境管理。完善远端核酸检测要求,严格实施登机前防疫检查和机上防护监测,防范乘客旅行途中交叉感染。加强边境口岸疫情管控,推动有关陆地邻国与我建立各层级联防联控机制,防范疫情经陆路水路输入风险。严格入境人员预警筛查和口岸卫生检疫,对所有入境人员严格实施健康申明卡核验、体温监测、流行病学调查和采样检测、分类隔离管理等防控措施,对所有入境交通工具实施风险布控和指定地点登临检疫,确保航空运输、口岸检疫、目的地送达、社区防控形成闭环管理。坚持"人"、"物"同防,及时完善进口食品及冷链物流等领域疫情防控措施,加强核酸采样检测和预防性全面消毒,做好生产、加工、储藏、运输、销售等各环节疫情防控,强化溯源管理,有效防范境外物品疫情输入风险。

六、积极开展国际抗疫合作和对外援助

习近平主席等党和国家领导人出席二十国集团领导人应对新冠肺炎特别峰会、中非团结抗疫特别峰会、第73届世界卫生大会视频会议、东盟与中日韩抗击新冠肺炎疫情领导人特别会议、全球疫苗峰会视频会议等重大活动,同多国领导人和国际组织负责人会见或通电话。倡导构建人类卫生健康共同体,本着公开、透明、负责任的态度,及时向世卫组织及相关国家通报疫情,毫无保留同各方分享防控和救治经验,配合世卫组织做好新冠病毒全球溯源中国部分工作。

在自身疫情防控面临巨大压力情况下，尽己所能为国际社会提供援助。宣布向世卫组织提供两批共5000万美元现汇援助，截至2020年年底，累计向34个国家派出36支医疗专家组，向150多个国家和10个国际组织提供抗疫援助，向200多个国家和地区提供和出口防疫物资，包括2200多亿只口罩、22.5亿件防护服和10.2亿人份检测试剂盒等。2020年3月1日至年底，全国海关共验放出口防疫物资4385亿元。率先加入世卫组织"全球合作加速研发、生产、公平获取新冠肺炎防控新工具"倡议，积极同10多个国家开展疫苗研发合作。加入并支持"新冠疫苗实施计划"，将中国疫苗作为全球公共产品，以实际行动促进疫苗公平分配。截至今年2月底，共向69个国家和2个国际组织提供疫苗援助，向28个国家出口疫苗，为实现疫苗在发展中国家的可及性和可负担性作出中国贡献。

七、努力营造与疫情防控相适应的经济社会环境

做好宣传引导和维护安全稳定工作。建立全国疫情信息发布机制，实事求是、公开透明发布疫情信息。国务院新闻办、国务院联防联控机制和各省区市共举办新闻发布会千余场，及时回应社会关切。大力宣传全国人民团结奋战抗击疫情的显著成效和加快生产生活秩序恢复的有效做法，加强疫情防控科普，多渠道向国际社会介绍抗击疫情的中国经验和中国方案。完善矛盾纠纷源头预防、排查预警、多元化解机制，分类细致做好疫情善后工作，及时化解疫情防控中出现的苗头性、趋势性问题，严厉打击制售假冒伪劣防护物资、妨害国境卫生检疫、非法出入境等各类违法犯罪活动，坚决维护医疗秩序、防疫秩序、市场秩序、社会秩序。

在全力做好疫情防控工作的同时，不失时机推进复工复产复学，促进生产生活秩序有序恢复。疫情初期，根据防控工作需要，保障疫

情防控、公共事业运行等行业员工及时返岗，对其他行业采取灵活方式安排复工。疫情扩散态势趋缓后，按照分区分级差异化防控要求，推动各类企业复工复产、商场市场复业复市、学校分批分次复学复课，分类有序开放公共场所。完善疫情快速响应机制，出现疫情后按照最小单元精准确定管控范围，疫情结束后及时取消临时性、应急性防控措施。推行"健康码"全国标准统一互通，推动各地核酸和抗体检测结果互认，促进精准防控疫情、人员有序流动和全面复工复产，及时纠正部分地方对返乡人员居家健康监测和核酸检测层层加码等问题。合理有序引导群众就地过年。与多国建立来华复工复产人员"快捷通道"，为恢复中外人员交往创造安全便利条件。

抗击新冠肺炎疫情斗争取得重大战略成果，充分展现了中国共产党领导和我国社会主义制度的显著优势，充分展现了中国人民和中华民族的伟大力量，充分展现了中华文明的深厚底蕴，充分展现了中国负责任大国的自觉担当，极大增强了全党全国各族人民的自信心和自豪感、凝聚力和向心力，必将激励我们在新时代新征程上披荆斩棘、奋勇前进。当前，疫情仍在全球蔓延，发展走势存在很大不确定性，国内零星散发病例和局部暴发疫情的风险仍然存在，我们要慎终如始、再接再厉，毫不放松抓好常态化疫情防控，奋力夺取抗疫斗争全面胜利。

创新和完善宏观调控
稳住经济基本盘

孙 国 君

过去一年,面对突如其来的新冠肺炎疫情、世界经济深度衰退等多重严重冲击,在以习近平同志为核心的党中央坚强领导下,各地区各部门贯彻统筹疫情防控和经济社会发展的要求,在较短时间内有效控制疫情并不断巩固防控成果的同时,扎实做好"六稳"工作、全面落实"六保"任务,着力推动经济稳定恢复。经过艰苦努力,我国经济恢复好于预期,在全球主要经济体中率先实现经济增长由负转正。李克强总理在十三届全国人大四次会议上所作的《政府工作报告》中,对2020年宏观调控工作进行了回顾,阐述了为稳住就业和经济基本盘采取的一系列重要举措,以及取得的积极成效。

一、以保促稳、稳中求进,努力实现
全面建成小康社会目标任务

2020年一季度,我国国内生产总值同比下降6.8%,这是改革开放以来没有过的。同时,外部环境发生了急剧变化,世界经济出现深度衰退,全球产业链供应链、粮食市场出现很多不稳定因素,国际贸易投资大幅萎缩。面对前所未有的挑战,首先必须站稳脚跟、稳住基本盘,防止最坏情形的出现。根据形势变化,2020年《报告》对疫情前考虑的主要预期目标和宏观政策作了适当调整。在2018年以来"六稳"工作基础上,明确提出"六保",即保居民就业、保基本民生、保市场主体、保粮食能源安全、保产业链供应链稳定、保基层运转。没有设定年度经济增速量化预期目标，而是强调"优先稳就业保民生，坚决打赢脱贫攻坚战，努力实现全面建成小康社会目标任务"。

"六保"是"六稳"工作的着力点，是稳住经济基本盘的关键。做到"六保"，就能为经济社会恢复发展赢得时间、创造条件，为全面建成小康社会夯实基础。"六稳"和"六保"的首要任务都是稳定就业。因为就业是最大民生，有就业就有收入，就能带动消费、拉动增长，实现经济良性循环。而要想保就业保民生，前提是保市场主体。"六保"是有具体目标的，要求全年城镇新增就业 900 万人以上，保住上亿市场主体，保障好脱贫、低保、养老等涉及几亿人的基本民生，粮食能源安全、产业链供应链稳定、基层运转也要从宏观角度努力保住。

从全年经济运行情况看，"六保"任务较好完成，推动了经济稳定恢复，也为下一步发展打下了基础。2020 年我国经济总量突破百万亿元大关，国内生产总值达 101.6 万亿元、比上年增长 2.3%。国内生产总值在一季度大幅下降的情况下，第二、三、四季度分别增长 3.2%、4.9%、6.5%。按年平均汇率折算，2020 年我国经济总量占世界经济比重预计超过 17%，成为推动全球经济复苏的重要力量。

二、围绕市场主体的急需制定和实施宏观政策，保住了经济得以恢复和发展的基础

这次疫情冲击与 2008 年国际金融危机、1997 年亚洲金融危机等都不一样，之前的危机都是先从金融机构开始，然后冲击各类企业特别是大企业，而这次危机直接冲击消费端，量大面广的中小微企业和个体工商户首当其冲。我国有 4000 多万中小微企业和 9000 多万个体工商户，吸纳了 80% 以上城镇就业，4.4 亿城镇就业人员、近 2.9 亿农民工在相当程度上靠他们支撑就业。中小微企业还是产业链供

应链中不可或缺的重要组成部分。如果上亿市场主体陷入困境,就会对就业、基本民生造成严重影响。因此,宏观政策直接面向市场主体来制定和实施,助企纾困与激发市场主体活力并举,千方百计帮助抗风险能力弱的市场主体渡难关。

加大减税降费力度。实施阶段性大规模减税降费,与制度性安排相结合,全年为市场主体减负超过2.6万亿元,其中减免养老、失业、工伤等社会保险费1.7万亿元。具体来说,在继续实施降低增值税税率、个人所得税专项附加扣除、降低企业养老保险费率等制度性政策的基础上,根据应对疫情的需要,新出台实施了7批28项减税降费政策。主要包括:一是支持疫情防控和应急保供的措施,如全额退还疫情防控重点保障物资生产企业增值税增量留抵税额、对生产企业新购置设备允许一次性税前扣除等。二是针对受疫情影响较大行业的帮扶措施,如免征公共交通运输、餐饮住宿、旅游娱乐、文化体育等行业企业服务增值税,免征文化事业建设费、国家电影事业发展专项资金,减免航空公司缴纳的民航发展基金等。三是支持企业复工复产的措施,如完善出口退税、免征进出口货物港口建设费,推动降低企业用电用气、交通物流成本。四是聚焦帮扶小微企业渡过难关,对湖北省增值税小规模纳税人适用3%征收率的应纳税销售收入免征增值税、其他地区征收率由3%降至1%,允许小微企业和个体工商户所得税延缓缴纳等。在各方面共同努力下,减税降费措施落实有力,有效减轻了市场主体负担。

持续强化对市场主体的金融支持。分别安排3000亿元专项再贷款、5000亿元复工复产再贷款再贴现额度、1万亿元普惠性再贷款再贴现额度,共计1.8万亿元,支持抗疫保供、复工复产和中小微企业融资。通过引导贷款利率和债券利率下行、发放优惠利率贷款、减少银行收费等措施,推动金融系统全年向实体经济让利1.5万亿元。同时,完善考核激励机制,鼓励银行敢贷、愿贷、能贷,利用大数据等手段降低服务成本。通过采取一系列措施,信贷结构不断优化,小微企业融资实现"量增、价降、面扩"。2020年年末普惠小微贷款余额15.1万亿元、增长30.3%，其中5家大型商业银行增长54.8%。支持小微经营主体3228万户，12月新发放普惠小微企业贷款利率为5.08%，比上年同期下降0.8个百分点。积极发展供应链金融，对行业龙头企业及其核心配套企业、重要产业链，提供债券融资"绿色通道"，带动产业链恢复运转和吸纳就业。

一系列助企纾困政策举措对于保住上亿市场主体、激发市场主体活力发挥了重要作用。2020年新登记市场主体2502万户，日均新登记企业2.2万户，年末市场主体总数达1.4亿户，新办涉税市场主体1144万户、增长10.1%，全年规模以上工业企业利润64516亿元、增长4.1%，总体实现了2020年《报告》提出的"留得青山、赢得未来"目标。

三、优先稳就业保民生，切实
保障人民群众基本生活

保市场主体也是为稳就业保民生。各地加大稳岗扩岗激励力度，发放稳岗返还资金1042亿元，发放各类就业补贴近1000亿元。在这个过程中，企业和员工共同克服困难。疫情对高校毕业生就业带来多重影响，有关部门和各地方采取有力措施，支持高校毕业生市场化社会化就业。针对农民工外出就业机会减少、出现"二次返乡"，以及贫困劳动力稳定就业难度大等问题，落实在就业地平等享受就业服务政策，优先保障贫困劳动力稳岗就业。与此同时，深化"放管服"改革，大力优化营商环境，支持大众创业万众创新带动就业，新增市场主体恢复快速增长，创造了大量就业岗位。全年城镇新增就业1186万人、明显高于2020年《报告》"900万人以上"的预期目标，年末城镇调查失业率为5.2%。作为拥有14亿人口的发展中大国，在巨大冲击下能够保持就业大局稳定，尤为难能可贵。

越是困难的时候,越要注意做好保障民生工作。受疫情影响,市场供应一度面临多方面困难。各地区各部门加强生活必需品保供稳价,即使在疫情严重的时候,也做到了市场供应总体充裕,价格基本稳定。全年居民消费价格上涨 2.5%,低于 3.5% 左右的预期目标。得益于多年改革累积效应,新业态新模式发挥了重要作用,线上办公、网络购物、无接触配送等广泛开展,保障了群众居家生活需求。广泛开展线上教学,2 亿多学生实现秋季学期全面复学,1000 多万高中毕业生顺利完成高考。新冠肺炎患者治疗费用全部由国家承担。保障养老金按时足额发放。大幅度扩大失业保险保障范围,全年累计有 1337 万人领取了不同项目的失业保险待遇,比 2019 年增加了841 万人,有力保障了失业人员基本生活。对因疫情遇困群众及时给予救助,新纳入低保、特困供养近 600 万人,为低保、特困人员增发生活补贴、价格补贴 258 亿元,对因疫致困人员实施临时救助 800 多万人次。针对部分地区发生的严重洪涝、台风等自然灾害,全力应急抢险救援,妥善安置受灾群众,保障了人民群众生命财产安全和基本生活。

四、创新宏观政策实施方式,增强政策落地的时效性和精准性

面对疫情冲击,必须想办法让助企纾困政策迅速落地见效。因为一旦错过了时机,就会有相当数量的市场主体撑不住、部分群众生活可能陷入困境,到那时政策再加码,也会事倍功半。还要看到,与以往减税降费政策不同,2020 年以阶段性减免社保费为主,地方承担减收相对较多,如果不及时为地方基层补充财力,惠企利民政策很难真正落地。

基于这些考虑,对新增中央财政资金通过改革建立了“一竿子插到底”的直达机制,主要用于支持地方落实惠企利民政策。按照

"中央切块、省级细化、备案同意、快速直达"的原则,完善相关资金分配程序,推动资金高效精准投放到终端。省级财政当好"过路财神"、不当"甩手掌柜",加大资金下沉力度,共同为市县基层及时补充财力。除新增财政资金外,中央财政一些直接用于基本民生的补助资金,基本养老保险中央调剂基金等,也参照直达机制管理。直达机制运行顺畅、效果明显,资金下达到市县基层的速度前所未有,有效提高了财政资金效能。

创新直达实体的货币政策工具,通过小微企业贷款延期还本付息、增加信用贷款投放等工具支持中小微企业发展。截至 2020 年年末,全国银行业金融机构共对 7.3 万亿元贷款本息实施延期。普惠小微企业贷款延期支持工具按月操作,累计向地方法人银行提供激励资金 87 亿元,支持其对普惠小微企业贷款延期本金共计 8737 亿元,加权平均延期期限为 12.8 个月,减轻了小微企业阶段性还本付息压力。普惠小微企业信用贷款支持计划按季操作,累计向地方法人银行提供优惠资金 1700 亿元,支持其发放小微企业信用贷款共计 4808 亿元,有效缓解了小微企业融资难问题。2020 年,银行业金融机构累计发放普惠小微信用贷款 3.9 万亿元,比上年多发放 1.6 万亿元。

五、科学把握规模性政策的平衡点,做到
既有效对冲疫情影响又可持续

过去一年,为应对疫情冲击,世界主要经济体均大幅扩大财政赤字,主要央行纷纷下调基准利率甚至推出零利率、负利率和无限量化宽松。据国际货币基金组织测算,2020 年全球应对疫情的财政刺激政策接近 12 万亿美元,各国平均赤字率较上年上升 9 个百分点,负债率接近 100%,创历史新高。我们坚持从国情实际出发,既及时果断又保持定力,不搞"大水漫灌",宏观政策既有力度,也留有后手,

不把政策一次用过头,把握好实施的节奏和力度。如果经济形势出现大的变化,政策工具箱还有工具可用。

财政政策方面,2020年赤字率从2.8%提高到3.6%以上,赤字规模比上年增加1万亿元、达到3.76万亿元,发行1万亿元抗疫特别国债,上述2万亿元新增中央财政资金主要用于保就业保民生保市场主体,支持减税降费、减租降息、扩大消费和投资、地方公共卫生等基础设施建设和抗疫相关支出等。新增地方政府专项债券3.75万亿元,比上年增加1.6万亿元,适当拓宽使用范围,提高专项债券资金可用作项目资本金的比例,积极扩大有效投资。截至2020年年末,地方政府债务余额25.66万亿元,控制在全国人大批准的限额28.81万亿元之内,加上纳入预算管理的中央政府债务余额20.89万亿元,全国政府债务余额46.55万亿元,全国政府债务余额与GDP之比为45.8%,低于国际通行的60%警戒线,风险总体可控。

货币政策方面,综合运用下调法定准备金率、中期借贷便利操作和公开市场操作等多种政策工具,保持流动性总量与市场需求相匹配,既保障了疫情突发阶段维护金融体系正常运行和支持保供、复工复产的应急性流动性需求,又根据经济社会发展恢复进程及时把握好流动性支持力度,逐步将流动性总量恢复到正常合理水平。在2020年春节开市后向金融市场提供1.7万亿元的短期流动性,有效稳定了市场预期,全年3次降低存款准备金率,提供1.75万亿元长期流动性。2020年年末,广义货币供应量(M2)余额为218.7万亿元,同比增长10.1%,比上年末高1.4个百分点;社会融资规模存量为284.83万亿元,增长13.3%,增速比上年末高2.6个百分点,全年社会融资规模增量34.86万亿元,比上年多增9.19万亿元。

总的看,过去一年在外部环境发生深刻复杂变化、国内遭受疫情严重冲击的严峻形势下,我国经济能够较快恢复并实现正增长,殊为不易。这充分表明以习近平同志为核心的党中央的领导是坚强有力的,实施的宏观政策是科学合理的,政策落实是及时精准的,各地区各部门的工作是扎实有效的。一年来,我们既有效应对了疫情冲击等影响,也夯实了未来发展基础,宏观调控积累了新的经验,以合理代价取得较大成效。

稳就业保民生成效显著

王　存　宝

2020 年,我国发展面临前所未有的风险挑战,就业和民生保障受到较大影响。党中央、国务院高度重视就业和民生工作,把保居民就业、保基本民生作为"六稳"、"六保"的重要内容,制定实施强有力的政策举措,取得显著成效。对此,李克强总理在十三届全国人大四次会议上所作的《政府工作报告》中进行了总结回顾。面对多重严重冲击,14 亿人口的发展中大国实现就业大局稳定,民生得到有力保障,成绩得来十分不易。

一、就业目标任务圆满完成,
就业大局保持稳定

面对新冠肺炎疫情等多重因素给就业带来的影响,各地区、各有关部门扎实落实"六稳"、"六保"部署,积极采取措施做好就业工作,促进了就业总体稳定。全年实现城镇新增就业 1186 万人,超过年初确定的 900 万人以上的预期目标。年末城镇调查失业率为 5.2%,城镇登记失业率为 4.2%,均低于预期目标,圆满完成既定的任务。

一是积极推动劳动者返岗复工。由于疫情暴发正值春节假期,企业开复工和劳动者返岗普遍延后,严重影响正常生产生活秩序。为保障复工复产所需用工,加快推动就业恢复,各地和有关部门及时调整取消了重复隔离、不合理证明等做法,动态优化疫情防控措施,分行业发布复工指引,积极助力企业开复工。建立 24 小时重点企业

用工调度保障机制,通过本地挖潜、用工调剂、跨区域对接等方式,帮助上万家医药物资生产等重点企业解决急需用工超过100万人。针对春节后大量农民工不能及时返岗问题,建立农民工"点对点、一站式"返岗复工服务协调机制,推广健康信息互认等机制,浙江、广东等不少地方采用包车、包机等方式集中运送农民工。疫情期间,共运送600多万名农民工安全有序返岗,其中贫困劳动力152万人,有力促进了复工复产和经济恢复。

二是加大稳岗扩岗激励力度。疫情导致企业生产经营困难加剧、稳岗压力突出,失业风险明显上升。为纾解企业困难、着力稳定现有岗位,实施大规模阶段性的社保费"减免返缓补"等政策。阶段性减免企业养老、失业、工伤保险单位缴费,其中对大企业2月至6月减半征收,对中小微企业2月至12月免征。对职工基本医疗保险单位缴费实行阶段性减半征收,允许延期缴纳社会保险费、缓缴停缴住房公积金、农民工工资保证金,扩大中小微企业失业保险稳岗返还受益面,对招用重点群体就业的企业给予吸纳就业补贴等。全年减免社保费1.7万亿元,支持企业减缴住房公积金274亿元,发放稳岗返还资金1042亿元,发放各类就业补贴近1000亿元,有力支持了企业稳岗。在稳定现有岗位基础上,积极发展在线医疗、线上教育等新业态,支持家政服务、加工贸易等劳动密集型产业和小微企业、个体工商户发展,挖掘就业增长点。

三是多渠道做好重点群体就业工作。2020年应届毕业生规模达到874万人的历史新高,但受疫情影响,高校毕业生在毕业和就业等方面面临多重困难。有关部门和各地方采取有力措施,支持高校毕业生市场化社会化就业,加大招生入伍和培训见习力度,扩大基层招聘规模,推出"先上岗、再考证"等改革举措,开展线上招聘并优化就业手续办理。经过努力,到2020年年底,高校毕业生总体就业率达到90%以上,其中公共部门积极履行社会责任,贡献就业岗位近300万个。针对农民工外出就业机会减少、出现"二次返乡",以及贫困劳动力稳定就业难度大、返贫风险高等问题,推出农民工一次性创业补贴、扩大以工代赈规模等措施,落实在就业地平等享受就业服务政策,优先保障贫困劳动力稳岗就业。截至 2020 年年底,农民工规模达到 2.86 亿人、恢复到 2019 年的 98.2%;人均月收入 4072 元,同比增长 2.8%。原建档立卡贫困劳动力务工规模达到 3243 万人,比 2019 年增加了 10%,为打赢脱贫攻坚战作出了突出贡献。

四是支持创业带动就业。疫情虽导致部分岗位减少、市场需求下降,但也催生了许多新的职业和就业创业机会。为拓宽多元化就业渠道,发挥创业带动就业作用,营造好的就业创业环境,放宽企业登记注册限制,取消涉及灵活就业的行政事业性收费,因地制宜设立劳务市场或零工市场,加大非全日制就业保障,支持新个体发展。加大创业担保贷款贴息支持力度,扩大政策覆盖范围,将新业态从业人员纳入进来,提高个人贷款额度至 20 万元,降低小微企业申请门槛。截至 2020 年年底,创业担保贷款余额 2216 亿元,同比增长 53.7%。积极发挥国家新兴产业创业投资引导基金作用,累计支持 5900 多家创业企业,带动就业 120 多万人。开展科技创业带动高质量就业、农村创新创业带头人培育等活动,营造良好创业氛围。

五是强化困难人员就业帮扶。动态调整就业困难人员认定标准,加大对低保对象和残疾人、零就业家庭成员等帮扶力度,及时提供就业援助。对湖北等疫情严重地区劳动者,实施劳务协作专项对接、全国高校与湖北高校就业"一帮一"、"国聘行动"湖北专场等活动,开发一批防疫消杀、应急保障等临时性公益岗位。2020 年年底至今年年初,河北省石家庄市为应对新发疫情给困难群众就业带来的影响,开发了 1100 个临时性公益岗位。针对失业人员增多情况,全面开通线上失业登记,加强生活保障、技能培训和就业服务衔接,对吸纳失业人员就业的企业给予政策支持,帮助失业人员再就业。全年累计帮助 511 万失业人员、167 万困难人员、5 万户零就业家庭实现就业或再就业,兜住了困难人员就业底线。

六是创新开展就业培训和服务。深入实施职业技能提升行动，大规模开展线上职业技能培训，推出百日免费、企业微课、云上智农等在线培训，发布超百个职业的数字培训资源。资助以训稳岗拓岗，创新实施以工代训政策，将受疫情影响的服务业、中小微企业等纳入补贴范围，提升培训促就业的效果。全年累计开展各类补贴性职业技能培训2700万人次，以工代训支持企业职工2200多万人。优化和创新线上线下就业服务，密集启动"24365校园招聘"、"百日千万网络招聘"、"千校万岗"、"中小企业百日招聘"、"国资央企抗疫稳岗扩就业"、"民营企业招聘月"等活动，累计发布岗位需求超亿人次，为劳动者创造更多就业机会。

二、兜住兜牢基本民生底线，困难群众基本生活得到切实保障

2020年面对疫情给困难群众基本生活造成的严重影响，各地区、各部门认真履行保基本民生的重要职责，扎实做好保供稳价、救助保障、应急抢险救援等各项工作，兜牢了困难群众民生底线。

一是加强生活必需品保供稳价。保障生活必需品供应和价格基本稳定，是直接关系人民生活的重大民生问题。受疫情影响，2020年1月居民消费价格同比上涨5.4%，市场供应面临多方面困难。为减少群众基本生活受到的影响，持续加强对成品粮、食用油、猪肉、鸡肉、鸡蛋、蔬菜等商品生产、流通和价格情况的监测预警，在端午等假期前后、防汛期间等重要时点，加强重要民生商品价格调控，基本做到了市场供应充裕，价格基本稳定。居民消费价格呈稳步回落态势，全年上涨2.5%，低于3.5%左右的预期目标。及时启动社会救助和保障标准与物价上涨挂钩联动机制，同时考虑到疫情防控形势下物价阶段性上涨和对困难群众基本生活的影响等因素，实施阶段性调整价格补贴联动机制办法，将更多困难群众纳入保障。2020年3月

至 6 月,将每月价格临时补贴标准提高 1 倍,保障范围由原来的低保对象、特困人员、优抚对象、领取失业保险金人员等群体,扩大到孤儿、事实无人抚养儿童、领取失业补助金的参保失业人员等困难群体。湖北等地还向困难群众增发了生活物资补贴等一次性补贴。据统计,疫情期间各地累计发放价格临时补贴约 190.6 亿元,惠及困难群众约 2.68 亿人次,确保了困难群众基本生活不因物价上涨而降低。

二是大幅度扩大失业保险保障范围。2020 年 2 月至 5 月,全国城镇调查失业率一直保持在接近 6% 的高位,失业人数有所增加。但由于部分失业人员未纳入失业保障范围,特别是农民工等群体参加失业保险和享受待遇比例较低,困难失业人员基本生活受到较大影响。针对这一情况,在前期延长大龄失业人员领金期限、实施失业补助金政策基础上,继续扩大失业农民工保障范围,将 2019 年 1 月 1 日以后参保不足 1 年的失业农民工纳入失业保障范围,参照当地城市低保标准,按月发放临时生活补助。辽宁、河北、云南等不少地方还阶段性提高了失业保险金标准。实行扩围政策后,城乡所有参保失业人员都纳入了失业保险保障范围。为便利失业人员领取失业保险金,有关部门开通了线上申领平台,简化申领手续,使他们得到及时的救助保障。据统计,2020 年全年累计有 1337 万人领取了不同项目的失业保险待遇,比 2019 年增加了 841 万人,有力地保障了失业人员基本生活。在就业形势好转后,失业人数减少,但保障力度不减。这也间接推动了失业保险参保人数的增长。截至 2020 年年底,全国失业保险参保人数比 2019 年增加 1100 多万人,失业保险制度的政策效果进一步凸显。

三是加强因疫致困和其他困难群体救助。在疫情严重期间,对受疫情影响无法外出务工就业、收入下降导致基本生活困难的城乡居民,各地及时将符合条件的纳入低保范围,做到应保尽保、保障到位。同时扩大低保保障范围,将部分不符合低保条件、又没有参加失业保险的困难群体特别是失业农民工纳入保障,发放一次性临时救助金。2020年全国因疫情累计新纳入低保、特困供养近600万人，为低保、特困人员增发生活补贴、价格补贴258亿元，对因疫致困人员实施临时救助800多万人次。积极做好困难老年人、孤儿、事实无人抚养儿童、流浪乞讨人员、残疾人、精神病患者等特殊困难群众关爱保障。扩大孤儿保障范围，全国共有25.3万事实无人抚养儿童参照孤儿保障标准纳入保障范围。落实困难残疾人生活补贴和重度残疾人护理补贴标准动态调整机制，两项补贴惠及人口分别达1153万和1433万。扎实开展生活无着的流浪乞讨人员救助服务，2020年救助流浪乞讨人员近70万人次。

四是做好应急抢险救援和受灾群众安置。针对2020年发生的严重暴雨洪涝、地震、干旱等灾害，国家防总16次启动应急响应，建立救灾资金和物资快速调拨机制，有序开展救灾救助。经过努力，全年因灾死亡失踪人数和倒塌房屋数量较近5年均值分别下降52.7%和47%。发挥国家综合性消防救援队伍和安全生产应急救援队伍作用，有力应对新疆伽师6.4级地震、四川西昌森林火灾、浙江温岭槽罐车爆炸等一系列灾害事故。在大疫大汛等各类重特大风险面前，努力把损失降至最低，全年自然灾害死亡失踪人数、生产安全事故起数和死亡人数、重特大事故起数和死亡人数均处于历史低位。妥善做好受灾群众安置工作，先后紧急调拨9批次、19.5万件中央救灾物资，及时拨付中央自然灾害救灾资金，用于洪涝灾害重灾区倒损民房恢复重建补助、受灾群众冬春生活救助等。全国因灾倒损需重建民房加紧开工建设，受灾群众陆续入住新居，基本生活得到了较好保障。

三、社会保障制度进一步完善，保障水平稳步提高

社会保障是保障和改善民生、维护社会公平、增进人民福祉的基

本制度保障。2020年在财政收支矛盾十分突出的情况下,各级政府坚持过紧日子,确保社会保障支出只增不减,稳步提高社会保障水平。同时深入推进社会保障制度改革,促进社会保障体系进一步健全。

一是提高退休人员基本养老金和城乡居民基础养老金最低标准。目前全国基本养老保险参保人数达9.99亿,其中领取养老金的参保退休职工超过1.2亿人、城乡居民近1.7亿人,保障他们的养老金按时足额发放,对保障群众基本生活至关重要。从2005年开始,国家连续15年上调退休人员基本养老金,养老金标准稳步提高,退休职工更多分享到改革发展成果。考虑到疫情对老年人生活带来的实际困难,结合物价和工资涨幅、财政可持续等各方面因素,2020年继续按总体5%的幅度提高退休人员基本养老金标准,并于7月底前发放到位。城乡居民基本养老保险是低收入或无收入居民的重要养老保障。从制度建立以来,国家先后对城乡居民基础养老金最低标准进行了2次调整,最低标准从制度建立之初的每人每月55元提高到2018年的每人每月88元,保障水平逐步提高。为减缓疫情对低收入群众带来的影响,在提高退休人员基本养老金、城乡低保等保障标准同时,从2020年7月1日起,将城乡居民基础养老金最低标准增加5元,达到每人每月93元,山东、湖南等不少地方又在此基础上增加了基础养老金。各地区、各有关部门采取有力举措,确保了养老金按时足额发放。

二是加快改革完善基本养老保险制度。按照党中央、国务院关于社会保障制度的重大改革部署,扎实推进相关领域的改革。实现企业职工基本养老保险基金省级统收统支。提高养老保险统筹层次,是增强社保制度可持续性的重要举措。在已经实现企业职工基本养老保险省级统筹的基础上,继续推进基金的统收统支。截至2020年年末,所有省份均启动实施了基金省级统收统支,为推进养老保险全国统筹奠定了坚实基础。加快推进划转国有资本充实社保基金工作。为进一步增强社保基金可持续性，中央部署开展了划转国有资本充实社保基金工作。截至2020年年末，符合条件的中央企业和中央金融机构划转工作全面完成，共划转93家中央企业和中央金融机构国有资本1.68万亿元，中央层面划转工作全面完成。地方层面划转工作加快推进。持续优化社会保险经办管理服务。完善国家社会保险公共服务平台，拓展提供9类28项全国统一服务，社会保障卡持卡人数达到13.35亿人，电子社保卡签发超过3.6亿张，社会保障卡应用范围不断拓展，进一步便利了群众参保缴费、享受待遇，推动把更多人纳入社会保障。

三大攻坚战主要目标
任务如期完成

杨 春 悦

坚决打好三大攻坚战是党的十九大作出的重大部署。2020 年，以习近平同志为核心的党中央多次对坚决打好三大攻坚战提出明确要求，并把脱贫作为全面建成小康社会的底线任务，强调确保完成决胜全面建成小康社会、决战脱贫攻坚目标任务。各地区各有关部门坚决贯彻党中央决策部署，落实《政府工作报告》要求，全面履职尽责，推动三大攻坚战取得决定性成就。

一、脱贫攻坚战取得全面胜利

脱贫攻坚收官之年本来就有很多"硬骨头"要啃，突如其来的新冠肺炎疫情和严重洪涝等灾害又带来了新的挑战。各地区各有关部门努力克服疫情灾情影响，加大投入和政策措施落实力度，全面完成各项任务。

对工作难度大的剩余贫困县和贫困村挂牌督战。2020 年年初，52 个贫困县和 1113 个贫困村绝大部分位于深度贫困地区，脱贫任务重。国务院扶贫开发领导小组印发《关于开展挂牌督战工作的指导意见》，组织各地区各有关部门对上述贫困县和贫困村挂牌督战。各地区各有关部门统筹资源，帮扶挂牌督战的贫困县贫困村集中攻坚。各级财政专项扶贫资金加大支持力度，中央财政在年初安排财政专项扶贫资金的基础上，再向挂牌督战地区倾斜安排补短板资金。

东中部地区动员民营企业和社会组织对 1113 个贫困村开展结对帮扶。经过各方面凝心聚力帮扶和当地干部群众不懈奋斗，挂牌督战的 52 个贫困县和 1113 个贫困村已如期脱贫。

优先支持贫困劳动力稳岗就业。增加就业是最有效最直接的脱贫方式。2019 年全国有 2729 万建档立卡贫困劳动力在外务工，这些家庭三分之二左右的收入来自外出务工，涉及三分之二左右建档立卡贫困人口。面对疫情冲击和经济下行，一些贫困劳动力外出务工受到影响，如不采取有效措施，短时间内收入就会减少，就可能对如期脱贫造成影响，或者导致返贫。各地区各有关部门把支持贫困劳动力就业放在突出位置，优先组织劳务输出，支持企业优先留用，优先提供转岗服务，积极促进返乡贫困劳动力就地就业，稳定贫困劳动力务工收入。全国贫困劳动力外出务工形势总体稳定，外出务工人数超过 2019 年水平。

着力缓解扶贫产品销售困难。发展产业是实现脱贫的根本之策。近年发展起来的扶贫产业逐步进入收获期，部分产品面临较大销售压力，给扶贫产业持续发展带来挑战。为促进扶贫产品销售，各地区各有关部门积极开展消费扶贫行动等产销对接活动。特别是引导动员全社会力量购买和帮助销售贫困地区农产品，通过定向采购、以购代捐、以买代帮等模式直接采购或帮助销售贫困地区特色农产品超过 3300 亿元，是 2019 年全年规模的两倍。与此同时，大力支持受疫情冲击的扶贫产业恢复生产，做好农资供应等春耕备耕工作，用好产业帮扶资金和扶贫小额信贷政策，促进扶贫产业持续发展。

加强易地扶贫搬迁后续扶持。易地扶贫搬迁是解决"一方水土难养一方人"问题的重要措施。"十三五"时期全国易地扶贫搬迁 960 多万贫困人口，中西部地区还同步搬迁 500 万非贫困人口，搬得出的问题基本解决后，重点是稳得住、有就业、逐步能致富。为此，2020 年有关地区把工作着力点放在对易地扶贫搬迁群众后续扶持上，完善安置区配套基础设施和公共服务设施，加强安置区产业培育和就业帮扶,优化安置社区管理,保障搬迁群众合法权益,促进搬迁群众积极融入新社区。中央财政增加易地扶贫搬迁后续扶持投入,安排地方政府一般债务规模 264 亿元、中央财政扶贫资金 48 亿元、脱贫攻坚补短板综合财力补助资金 79 亿元,提前下达 2021 年中央财政专项扶贫资金 47.8 亿元。各地也积极多方筹措资金,为易地扶贫搬迁后续扶持提供了资金保障。

强化对特殊贫困人口兜底帮扶。2020 年年初剩余的未脱贫建档立卡贫困人口中,老年人、患病者、残疾人的比例达到 45.7%。对这些完全或部分丧失劳动能力的贫困人口,难以通过发展产业或就业等措施脱贫,需要落实落细低保、医保、养老保险、特困人员救助供养、临时救助等综合社会保障政策,守住脱贫攻坚的最后一道防线。在脱贫攻坚收官之年,有关部门和地方加大摸排兜底保障力度,重点保障贫困老年人、未成年人和重病重残人员脱贫,新纳入兜底保障范围超过 100 万人。几年来,全国共 1936 万建档立卡贫困人口纳入低保或特困供养范围。

建立防止返贫动态监测和帮扶机制。据各地初步摸排,2020 年年初有近 200 万已脱贫人口自我发展能力不足、发展基础相对薄弱,存在返贫风险;近 300 万不符合现行扶贫标准的边缘人口存在致贫风险。疫情灾情更加大了返贫致贫风险,需要加强监测、及时发现、有效帮扶。国务院扶贫开发领导小组印发《建立防止返贫监测和帮扶机制的指导意见》,要求把人均可支配收入低于国家扶贫标准 1.5 倍左右的家庭,以及因病、因残、因灾、因新冠肺炎疫情影响等引发的刚性支出明显超过上年度收入和收入大幅缩减的家庭,纳入监测范围。各地普遍建立并实施防止返贫监测和帮扶机制,聚焦返贫致贫风险和突出短板,及时加强帮扶。对其中有劳动能力的,主要采取产业帮扶、就业帮扶等帮扶措施;对没有劳动能力的,进一步强化综合性社会保障措施。新识别并有效帮扶 50 多万人。

保持脱贫攻坚政策总体稳定。已经摘帽的贫困县中,有的产业基础较为薄弱，还需要"扶上马、送一程"。各地区各有关部门认真落实贫困县摘帽不摘责任、不摘政策、不摘帮扶、不摘监管的要求，强化脱贫攻坚责任落实，继续执行对贫困县的主要扶持政策。稳定扶贫工作队伍，强化基层帮扶力量。组织第一书记和驻村干部迅速返岗，抓好脱贫攻坚和疫情防控。近年来累计选派25.5万个驻村工作队、300多万名第一书记和驻村干部，同近200万名乡镇干部和数百万村干部共同奋战在扶贫一线。进一步加大东西部扶贫协作、对口支援、定点扶贫、社会扶贫力度，东西部扶贫协作协议书任务全面提前超额完成。

经过接续努力，党的十八大以来，现行标准下9899万农村贫困人口全部脱贫，832个贫困县全部摘帽，12.8万个贫困村全部出列，区域性整体贫困得到解决，完成了消除绝对贫困的艰巨任务。贫困人口收入水平显著提高，全部实现"两不愁三保障"。贫困地区发展步伐显著加快，经济实力不断增强，基础设施建设突飞猛进，社会事业长足进步，行路难、吃水难、用电难、通信难、上学难、就医难等问题得到历史性解决，为当地群众过上更好的日子打下了坚实基础。

二、污染防治攻坚战阶段性目标顺利实现

中共中央、国务院2018年印发的《关于全面加强生态环境保护坚决打好污染防治攻坚战的意见》明确要求，到2020年，生态环境质量总体改善，主要污染物排放总量大幅减少，环境风险得到有效管控，生态环境保护水平同全面建成小康社会目标相适应，并提出了相应具体指标。各地区各有关部门深入贯彻习近平生态文明思想，牢固树立绿水青山就是金山银山理念，对标对表污染防治攻坚战阶段性目标，突出精准治污、科学治污、依法治污，扎实完成了各项任务。

坚决打赢蓝天保卫战。围绕完成《打赢蓝天保卫战三年行动计划》目标抓好工作措施落地，持续推动空气质量改善。一是继续开

展重点区域秋冬季大气污染综合治理。聚焦人民群众反映强烈的重污染天气,实施企业绩效分级分类管控,强化地区间联防联控。二是稳步推进能源结构调整优化。煤炭占一次能源消费比重持续降低,2017—2020年全国煤炭消费比重由60.4%降至57%左右。积极稳妥推进北方地区清洁取暖,基本完成京津冀及周边地区、汾渭平原生活和冬季取暖散煤替代。三是推进工业企业大气污染综合治理。"十三五"时期全国超低排放煤电机组累计达9.5亿千瓦,超低排放改造6.2亿吨粗钢产能。"散乱污"企业排查和分类整治基本完成。四是进一步调整优化运输结构。深入开展柴油货车污染治理,推动"公转铁"、"公转水",全国铁路货运量较2017年增长20%以上。2020年,全国337个地级及以上城市平均优良天数比例为87%,同比上升5个百分点;PM2.5平均浓度为33微克每立方米,同比下降8.3个百分点;PM10平均浓度为56微克每立方米,同比下降11.1个百分点;O₃平均浓度为138微克每立方米,同比下降6.8个百分点。

　　碧水保卫战取得重要进展。持续实施《水污染防治行动计划》,着力保好水、治差水。一是积极保护城乡饮用水水源地。深入开展集中式饮用水水源地规范化建设,全国10638个农村"千吨万人"水源地保护区全部划定。二是大力整治城市黑臭水体。98.2%的地级及以上城市黑臭水体得到消除。新建污水收集处理设施3.9万个。三是深入推进长江保护修复。长江干流实现全Ⅱ类水体,长江经济带11省(市)281家"三磷"企业(矿、库)问题整治完成。四是扎实做好渤海综合治理。推进入海河流消劣、入海排污口排查整治,渤海近岸海域优良水质比例达到82.3%,同比提高4.4个百分点。五是强化农业农村污染治理。加强农业面源污染防治,规模养殖场粪污处理设施装备配套率达到95%以上,"十三五"以来累计完成15万个建制村环境整治。统筹推进农村生活污水处理和厕所革命,29个省份县域农村生活污水处理规划编制基本完成。2020年,1940个国家地表水考核断面中,水质优良断面比例为84.3%,同比上升8.5个百分点；劣Ⅴ类水质断面比例为0.6%，同比下降2.8个百分点。

净土保卫战扎实推进。抓好土壤污染防治各项措施，确保实现受污染耕地安全利用率和污染地块安全利用率"双90%"等目标。一是强化土壤污染管控和修复。完善并落实污染地块用地准入机制。完成农用地土壤污染状况详查，全国农用地土壤环境状况总体稳定。2020年，受污染耕地安全利用率达到90%左右，污染地块安全利用率超过93%。二是加快垃圾分类处理。进一步推进生活垃圾分类工作，推动提高生活垃圾减量化、资源化、无害化水平，46个重点城市已基本建成生活垃圾分类系统。农村生活垃圾进行收运处置的行政村比例超过90%，95%以上的村庄开展了清洁行动。三是加强固体废物污染防治。"无废城市"建设试点深入开展，形成一批有效做法。加快医疗废物处置设施建设，妥善处置医疗废物。严厉打击危险废物环境违法犯罪行为，组织开展危险废物专项排查整治行动，共排查4.7万家企业和200余个化工园区。2020年重点行业、重点重金属污染物排放量比2013年下降10%的目标任务超额完成。严禁洋垃圾入境，基本实现固体废物零进口。

生态保护修复有力开展。坚持节约优先、保护优先、自然恢复为主，加强山水林田湖草系统治理，增加生态产品供应。一是深入实施长江、黄河、海岸带等重要生态系统保护和修复重大工程，印发《全国重要生态系统保护和修复重大工程总体规划（2021—2025年）》，明确了"三区四带"的总体布局和9项重大工程、47项具体任务。二是推进自然保护地体系建设，全国自然保护地达到1.18万个，约占我国陆域国土面积的18%。三是深入开展国土绿化行动，全国森林覆盖率达到23.04%，森林蓄积量超过175亿立方米，草原综合植被覆盖度达到56%。四是加强生物多样性保护，生态保护红线已涵盖我国生物多样性保护的35个优先区域，覆盖了国家重点保护物种栖息地。五是扎实开展长江十年禁渔各项准备工作，多措并举保障退捕渔民生计，有序推进捕捞渔船渔民上岸，依法严厉打击非法捕捞、销售非法渔获物等行为。

　　经过接续努力,各地蓝天白云、清水绿地明显增多,鱼翔浅底、鸟语花香更多出现。习近平主席在第75届联合国大会一般性辩论讲话中宣示中国碳达峰和碳中和目标,在气候雄心峰会上宣布中国国家自主贡献新举措。这彰显了我国积极应对气候变化、走绿色低碳发展道路的坚定决心。生态文明建设作为"国之大者"越来越深入人心,美丽中国建设将不断迈出新步伐,中国将为更加美丽的世界作出新贡献。

三、金融等领域重大风险有效防控

　　打好防范化解重大风险攻坚战,需要防范化解金融、地方政府债务、房地产等领域风险。新冠肺炎疫情影响国内国际经济正常运行,给防范化解重大风险带来新的挑战。各地区各有关部门积极稳妥工作,精准分类施策,牢牢守住了不发生系统性风险的底线。

　　金融风险处置取得重要阶段性成果。金融安全是国家安全的重要组成部分,防止发生系统性金融风险是金融工作的永恒主题和关键任务。按照市场化、法制化原则处置金融风险,把握好风险处置节奏力度,有效处置一批金融风险隐患。金融风险趋于收敛、总体可控,金融秩序明显好转,金融运行更加稳健。初步建立系统重要性金融机构、金融控股公司、金融基础设施等统筹监管框架,金融风险处置工作机制建设有序推进。

　　地方政府债务风险总体可控。持续强化地方政府债务管理,规范地方政府举债融资行为,防止因财政困难违规举债制造新的风险。开展地方政府债务风险评估和预警。推进地方政府债务信息公开,以公开促规范、防风险。严堵违法违规举债"后门",持续保持监管高压态势,坚持发现一起、问责一起、通报一起。坚决遏制隐性债务增量,妥善化解隐性债务存量,建立终身问责、倒查责任机制。截至

2020年12月末，全国地方政府债务余额25.66万亿元，控制在全国人大批准的限额之内。地方政府债务加上纳入预算管理的中央政府债务余额共46.55万亿元，与GDP之比为45.8%，低于国际通行的60%警戒线。

房地产市场保持平稳运行。坚守"房子是用来住的，不是用来炒的"定位，实施房地产调控长效机制，因城施策、一城一策，夯实城市主体责任，加强金融土地政策联动，基本实现稳地价、稳房价、稳预期目标。建立对重点房地产企业的资金监测和融资管理规则，引导房地产企业合理安排融资、增强抗风险能力。发布《关于建立银行业金融机构房地产贷款集中度管理制度的通知》，对银行业金融机构房地产贷款和个人住房贷款占比上限提出要求。房地产市场总体稳定，城镇困难群众住房保障不断加强。

经过接续努力，金融等领域重大风险得到有效防范处置，为经济社会稳定提供了有力支撑。当前和今后一个时期是我国各类矛盾和风险易发期，各种可以预见和难以预见的风险因素明显增多。仍需增强风险意识，强化底线思维，注重防范化解重大风险挑战，办好发展安全两件大事，实现发展质量、结构、规模、速度、效益、安全相统一。

改革开放实现重要突破

刘 日 红

改革开放是推动中国发展的根本动力。过去一年,在以习近平同志为核心的党中央坚强领导下,各地区各部门扎实工作,我国改革开放实现重要突破。李克强总理在十三届全国人大四次会议上所作的《政府工作报告》中对此进行了总结回顾。

一、重点领域改革深入推进

过去一年,各地区各部门贯彻落实党中央、国务院决策部署,加大重点领域改革力度,推出务实举措,推动各项改革落地见效。

(一)**完善要素市场化配置体制机制**。着力破除阻碍要素自由流动的体制机制障碍,扩大要素市场化配置范围,健全要素市场体系,推进要素市场制度建设。一是土地要素市场化配置逐步优化。将永久基本农田以外农用地转为建设用地审批事项授权省级政府批准;落实宅基地集体所有权,保障农户资格权和农民房屋财产权,全国104个县(市、区)以及3个地级市纳入新一轮试点。二是推动劳动力要素合理有序流动。城区常住人口300万以下的城市基本取消了户籍限制,城区常住人口300万以上的城市落户条件有序放宽。京津冀、粤港澳、长三角区域等探索推出人才职业资格、职称、继续教育学时等跨区域互认与共享办法。三是技术要素市场进一步发展。分领域选择40家高等院校和科研机构开展为期三年的试点,可赋予科研人员不低于10年的职务科技成果长期使用权。四是数据要素市场加快培育。建设国家公共数据开放平台，推进政务数据有序共享。

（二）深入推进"放管服"改革。各级政府着力推进职能转变，落实《优化营商环境条例》，从简政放权入手，推动放管结合和优化服务，加快打造市场化法治化国际化营商环境。

一是行政审批制度改革加快推进。针对市场主体反映比较突出的各种限制多、门槛高、审批繁问题，大幅精简各类重复和不必要的审批，进一步优化有利于创业创新的制度环境。取消49项重复审批情况的行政许可事项，将4项审批下放至省级部门。开展住所与经营场所分离登记试点，市场主体可登记多个经营场所。实施证明事项和涉企经营许可事项告知承诺制，申请人书面承诺已符合条件，行政机关不再索要证明或当场作出许可决定。推动在浦东新区开展市场准入"一业一证"改革试点，实现"一证准营"，大幅降低行业准入成本。

二是监管方式不断创新完善。加强和完善事中事后监管，以公正监管促进公平竞争。对疫苗、药品、特种设备等实行全主体、全品种、全链条严格监管。围绕养老服务建立健全综合监管机制，提高跨部门协调监管能力，提升养老服务质量安全保障水平。加强对证明事项和涉企经营许可事项告知承诺的事中事后监管，对承诺不实的依法终止办理、责令限期整改、撤销行政决定或予以行政处罚。畅通社会监督渠道，建立问题线索和意见建议征集机制，征集各类市场主体违法行为和监管部门不作为乱作为的问题线索以及加强事中事后监管的意见建议。

三是政务服务水平进一步提升。针对群众普遍关心的重点事项，积极开展政务服务创新。大力推进政务服务事项"跨省通办"，2020年年底前实现市场主体登记注册、养老保险关系转移接续、职业资格证书核验、学历公证、驾驶证公证等58项事项异地办理。深入落实政务服务"好差评"制度，以标准化促进政务服务评价制度化、常态化、长效化。推进优化政务服务便民热线,着力解决号码多杂、接通率低、服务不规范等问题,推动地方政务服务便民热线归并优化,畅通互动渠道,打造政务服务"总客服"。

(三)**出台国企改革三年行动方案**。2020年是国企改革三年行动的开局之年,国企改革取得新进展。一是国有经济布局优化。围绕服务国家战略,聚焦主业主责发展实体经济。加快剥离非主营业务和低效无效资产,深入推进"僵尸企业"处置工作。2020年,基本完成厂办大集体改革,完成退休人员社会化管理主体工作。二是混合所有制改革逐步深化。根据不同企业功能定位,合理设计和调整优化混合所有制企业股权结构。三是市场化经营机制进一步健全。推进用工市场化,完善市场化薪酬分配机制,推动薪酬分配向作出突出贡献的人才和一线岗位倾斜。四是以管资本为主的国有资产监管体制加快形成。优化管资本的方式手段,对不同功能定位、行业领域、发展阶段的企业,实行差异化的分类考核、分类监管、分类授权放权。

(四)**支持民营企业发展**。改善发展环境,激发民营企业活力。一方面,在放宽市场准入、加强金融支持、营造公平竞争环境、加强产权保护、保护企业和企业家合法权益等方面完善政策举措。民营企业进入油气勘探开采的准入限制逐步放开,支持民营企业参与交通基础设施建设发展。清理拖欠民营企业中小企业账款行动取得重要成果,妨碍统一市场和公平竞争的政策措施清理工作深入推进,涉政府产权纠纷问题专项治理取得积极成效。推动建立商业银行对民营企业"敢贷、愿贷、能贷"的长效机制。2020年,新增民营企业贷款5.7万亿元,比上年多增1.5万亿元。另一方面,加大减税降费力度。民营企业大多数是中小微企业。出台实施7批28项有针对性的减税降费措施,对小微企业的帮扶支持力度进一步加大。全国5000多万户小规模纳税人中,在近九成免征增值税的基础上,对余下600多万户征收率从3%降为1%。阶段性减免中小微企业养老、工伤、失业保险费,占到三项社保费全部减免额的近90%。通过"免减缓"等一系列措施,帮助小微企业和个体工商户渡过难关。2020年,民营经济销售收入同比增长8%,高于全国企业总体水平2个百分点。

(五)持续深化财税金融改革。财税体制改革方面,推进实施预算绩效管理,加快构建全方位、全过程、全覆盖的预算绩效管理体系,推进绩效管理和预算管理深度融合。完善财政国库管理制度和政府采购制度,加快预算管理一体化建设等。税收制度改革不断深化,契税、城市维护建设税法顺利出台,加快土地增值税、增值税、消费税、关税等税种立法工作,不断完善与我国经济发展水平相适应的税收制度。相继出台生态环境、应急救援、自然资源、公共文化等分领域中央与地方财政事权和支出责任划分改革方案。进一步健全中央对地方转移支付制度。金融体制改革方面,完善资本市场基础制度,试点注册制改革平稳推进,2020年8月首批24家注册企业在创业板上市交易,同步放宽创业板日涨跌幅限制,优化融资融券制度;多层次资本市场体系进一步完善,创业板对创新创业企业的包容性增强,允许特殊股权结构企业、红筹企业在创业板上市;资本市场制度型开放加快推进,提前取消证券基金期货公司外资股比限制。推动债券市场产品工具创新,推出转股型资本债券试点创新资本工具类型,持续推动债券ETF试点工作,发布标准化债权类资产认定规则,建立非标转标机制。持续推进各项区域金融改革试点工作,做好金融支持上海国际金融中心建设、粤港澳大湾区、长三角区域一体化、海南自由贸易港等区域发展战略相关工作。

(六)扎实推进农业农村领域改革。全面部署、系统推进农业农村改革,基础性关键性制度更加完善,增强了农业农村发展活力。一是农业结构进一步优化。大豆振兴计划加快推进,产量达到1960万吨,创历史新高。畜禽规模养殖比重达到64.5%。新创建39个国家现代农业产业园、259个农业产业强镇,选育出多个亩产超过1000公斤的超级稻新品种。大型畜禽规模养殖场全部配备粪污资源化利用设施。二是农村改革深入推进。农村承包地确权登记颁证工作基本完成,把15亿亩承包地确权给2亿农户。组织16个省开展第二轮土地承包到期后再延长30年试点,启动实施新一轮宅基地制度改革试点。全面完成农村集体资产清产核资,43.8万个村完成股份合作制改革。国有农场办社会职能改革和国有土地确权登记任务实现既定目标。三是乡村建设取得积极进展。扩大农业农村有效投资,落实1665亿元地方债用于农业农村。农村人居环境整治三年行动任务如期完成,农村卫生厕所普及率超过68%。

（七）稳步推进社会事业领域改革。教育体制改革方面,教育评价改革全面推进,坚决克服唯分数、唯升学、唯文凭、唯论文、唯帽子的顽瘴痼疾,推动解决教育评价指挥棒问题。研究生教育改革加快推进,深入推进学科专业调整,建立基础学科、应用学科、交叉学科分类发展和动态调整新机制;完善人才培养体系,更加注重分类培养。教育服务经济社会发展能力进一步提升,调整优化高校区域布局、学科结构、专业设置,推进产学研协同创新。医药卫生体制改革方面,疾病预防控制能力不断提升,健全城市传染病救治网络,开展重大疫情救治基地改造、公共设施平战两用改造。公立医院综合改革进一步深化,推进医疗服务价格改革,加强医疗服务价格和成本监测。分级诊疗持续推进,全面加强社区医院建设。社会保障制度改革方面,所有省份均启动实施养老保险基金省级统收统支,考核验收工作扎实推进。全国统筹相关准备工作稳步推进。工伤保险基金实现省级统筹。调整退休人员基本养老金工作全面完成,惠及超过1.2亿退休人员。失业保险保障范围扩展至所有城乡参保失业人员,全年1337万人领取不同项目的失业保险待遇,比2019年增加841万人。

二、对外开放水平进一步提高

过去一年,我国积极应对国际环境变化和疫情对产业链供应链的影响,坚定不移推进对外开放,努力稳住外贸外资基本盘。

(一)共建"一带一路"稳步推进。我国同有关国家密切合作,推动共建"一带一路"取得新进展、新成效,经贸合作水平提升,一批重大项目进展平稳。一是贸易往来保持增长。全年与沿线国家货物贸易额1.35万亿美元,同比增长0.7%,占我国总体外贸的比重达到29.1%。中欧班列的贸易大通道作用更加突显,全年开行超过1.2万列,同比上升50%,通达境外21个国家的92个城市,比2019年年底增加37个。二是投资合作不断深化。全年对沿线国家非金融类直接投资178亿美元,增长18.3%,占全国对外投资的比重上升到16.2%;在沿线国家承包工程完成营业额911.2亿美元,占全国对外承包工程的58.4%。一大批境外项目和园区建设在克服疫情中稳步推进,中老铁路、雅万铁路等重大项目取得积极进展,中白工业园新入园企业13家。三是机制平台更加健全。截至目前,我国与170多个国家和国际组织,签署了200余份共建"一带一路"合作文件。2020年,与缅甸、墨西哥、智利、白俄罗斯新建了贸易畅通工作组,还推动与更多国家建立投资工作组、服务贸易工作组和电子商务合作机制。同时,还成功举办了进博会、服贸会、广交会、中国—东盟博览会等一系列重要展会,有力促进了与相关国家和地区的经贸往来。

(二)对外贸易再创新高。全年货物进出口32.2万亿元,增长1.9%,其中出口增长4.0%,进口下降0.7%,总量规模和国际市场份额双双创历史新高。一是主体活力持续增强。有进出口实绩企业数量53.1万家,增长6.2%。民营企业进出口15.0万亿元,增长11.1%,占外贸总额比重提升至46.6%。二是贸易伙伴更趋多元。对东盟、APEC成员进出口分别增长7.0%、4.1%。对欧盟、美国、英国、日本进出口分别增长 5.3%、8.8%、7.3%、1.2%。三是商品结构更加优化。机电产品出口占比提升至 59.4%,集成电路、计算机、医疗器械等高附加值产品出口分别增长 15.0%、12.0%、41.5%。特别是,积极发挥抗疫物资最大供应国优势,向各国提供 2200 多亿只口罩、22.5 亿件防护服和 10.2 亿份检测试剂盒,为全球抗疫斗争作出重要贡献。四是服务贸易升级加快。2020 年,剔除旅行服务后,服务进出口实现 2.9% 的正增长。金融等六大类知识密集型服务进出口增长 8.0%,占比升至 44.2%。

(三)**利用外资保持增长**。全年实际利用外资 9999.8 亿元,增长 6.2%,新设外资企业 3.9 万家,成为全球最大外资流入国,实现引资总量、增长幅度、全球占比"三提升"。一是引资结构不断优化。高技术产业利用外资 2963 亿元,增长 11.4%。其中,研发设计、电子商务、信息服务分别增长 78.8%、15.1%、11.6%,医药、航空航天设备、计算机及办公设备制造分别增长 14.1%、44.5%、60.6%。二是大项目加快落地。新设或增资合同外资 1 亿美元以上大项目 938 个,数量增长 12.5%,宝马、戴姆勒、西门子、丰田、LG、埃克森美孚、巴斯夫等一批龙头企业在华增资扩产。三是区域带动作用明显。东部地区实际利用外资增长 8.9%,占比达到 88.4%。引资前六大省份实际利用外资金额增长 8.9%,占比达到 78.2%。

(四)**开放平台建设取得新成效**。《深圳建设中国特色社会主义先行示范区综合改革试点实施方案(2020—2025)》出台实施,一揽子推出 27 条改革举措和 40 条首批授权事项。增设北京等 3 个自贸试验区,推动浙江自贸试验区扩区。向全国复制推广自贸试验区 37 项制度创新成果,累计复制推广 260 项。自贸试验区开放高地效果显现,全年实际利用外资 1790 亿元,新设外资企业 6472 家,占全国比重上升至 16.8%、17.9%。引导国家级经济技术开发区创新和优化招商引资方式,大力推行视频招商、线上推介、网络签约等方式,做好招商、安商、稳商工作。新设 12 个综合保税区,将 7 个其他形式的海关特殊监管区整合优化为综合保税区。海南自由贸易港建设总体方案出台实施,政策制度框架加快建立。成功举办第三届中国国际进口博览会、中国国际服务贸易交易会,进博会意向成交726.2亿美元,服贸会共签订协议类成果240项。

(五)**对外投资合作有序发展**。全年对172个国家和地区非金融类直接投资7597.7亿元、下降0.4%,对外承包工程完成营业额1.1万亿元、新签合同额1.8万亿元,实现规模总体稳定、结构更加优化。一是对重点行业投资较快增长。对装备制造业、信息技术业、科研和技术服务业投资分别增长21.9%、9.6%、18.1%。二是投资方式更趋多元。完成并购397起,交易额1624亿元。股权置换、联合投资等投资方式呈现良好发展态势。三是产业集聚效应显现。截至2020年年底,境外经贸合作区累计投资3094亿元,为当地创造37.3万个就业岗位。四是承包工程平稳发展。新签合同额1亿美元以上项目514个,数量较上年增加8个,以EPC总承包模式承揽的项目合同额占到63.3%,投建营一体化等合作方式不断发展。

(六)**多双边经贸关系取得突破**。成功签署《区域全面经济伙伴关系协定》(RCEP),成为全球规模最大的自贸区。完成中欧投资协定谈判,为中欧经贸合作注入新动力。同时,积极参与全球经济治理,维护多边贸易体制,参与世贸组织改革,推动总干事遴选和建立多方临时上诉仲裁安排。在联合国、G20、金砖国家、APEC等机制平台提出携手抗击疫情、稳定贸易投资的中国方案,推动成为国际共识。构建高标准自贸区网络,签署中柬自贸协定,推进中日韩以及与挪威、以色列、海合会等自贸谈判,积极考虑加入《全面与进步跨太平洋伙伴关系协定》(CPTPP)。深化双边经贸合作,签署《中欧地理标志协定》,推动中美省州合作,加强中俄经贸合作,落实中非合作"八大行动"等。

科技创新和产业转型
升级步伐加快

杜 庆 彬

构建新发展格局,必须全面提升科技创新能力,把科技自立自强作为国家发展的战略支撑。2020 年,面对新冠肺炎疫情冲击和严峻复杂的国际国内形势,党中央、国务院出台一系列重大举措,调动科技和产业资源支撑抗击疫情,持续推动科技创新,强化国家战略科技力量,推进关键核心技术攻关,着力增强企业自主创新能力,加快传统产业转型升级,大力发展新兴产业,科技创新和产业转型升级步伐加快,有力促进了经济社会持续健康发展。

一、加强科技攻关和医疗物资保障,
支撑疫情防控取得重大战略成果

面对疫情严重冲击,我们以"战时状态"加强医药科技攻关和医疗物资保障,为打赢疫情防控阻击战提供强大支撑。

(一)全力开展疫情防控应急科研攻关。聚焦病毒病原学、检测技术和产品、临床救治和药物、疫苗研发、动物模型构建五个方向,我们组织力量实施应急攻关。第一时间分享病毒基因序列,快速筛选有效药物,实施大规模核酸检测,迅速组织疫苗研发,中国疫情防控科研攻关展现出"硬核力量"。为最大限度提高疫苗研发成功率,推进灭活疫苗、核酸疫苗、重组蛋白疫苗、腺病毒载体疫苗和减毒流感病毒载体疫苗 5 条技术路线并行开展研究,目前多个疫苗已附条件上市。

（二）**有力保障医疗物资等供应**。建立较完整的医疗物资应急、生产体系，在最短时间内实现保供能力全面提升。深入实施高端医疗装备补短板行动，加强检测试剂和设备生产保障，快速核酸检测生产供给能力大幅提高。进一步发挥医疗物资调度平台作用，加强产需双方对接，按照医疗机构和海关系统能力建设需求，组织企业抓紧生产各类医疗产品。积极有序推进疫苗规模化生产。协调各方面加强对研发和生产等环节的资金及金融支持。

（三）**依靠新技术开展精准防控**。加快各类检测新技术、新产品研发进度，提升检测准确率和效率，丰富检测筛查技术手段。加强审评注册早期介入，推动更多新产品进入应急审批通道，尽量缩短产品上市时间。帮助企业稳产扩产，引导企业持续优化供应链结构，不断提升检测产品性能。开展"通信大数据行程卡"公益服务，全年累计查询超过 51 亿人次，有效支撑疫情精准防控。

二、强化国家科技布局引导作用，基础研究和关键核心技术攻关取得新突破

创新是引领发展的第一动力。过去一年，我们把原始创新能力提升摆在更加突出的位置，持续加大基础研究投入，集中攻关关键核心技术，科技创新取得新进展，涌现出一批新成果。

（一）**加强基础研究提升原始创新能力**。基础研究是整个科学技术的源头，是所有技术问题的总机关。2020 年，我国继续加大对科技创新投入，全年研究与试验发展（R&D）经费支出 24426 亿元，比上年增长 10.3%，其中基础研究经费 1504 亿元，首次突破 1500 亿元，占研发投入比重超过 6%。认真落实国务院关于全面加强基础科学研究的若干意见，完善基础研究布局，优化国家科技计划基础研究支持体系，推动建立基础研究多元化投入机制。支持北京、上海等

13个地方组建首批国家应用数学中心,围绕产业发展中的重大应用数学问题、基础数学重大前沿问题开展研究。组织开展前沿基础研究综合改革试点。

（二）**持续推进关键核心技术攻关**。全面开展重大专项任务攻坚冲刺,对照国家战略目标加大统筹协调和工作推进,一批重大科技成果项目加快实施。成功完成35次宇航发射。"嫦娥五号"发射成功,首次完成我国月表采样返回。首次火星探测任务"天问一号"探测器成功发射。500米口径球面射电望远镜(FAST)正式开放运行。"北斗三号"全球卫星导航系统正式开通。量子计算原型系统"九章"成功研制。全海深载人潜水器"奋斗者"号完成万米深潜。国产处理器和操作系统技术水平、工程质量大幅提升,5G通信技术商用加快推进,第四代核电技术水平进入世界前列,高速铁路、关键元器件和基础软件研发取得积极进展。

（三）**进一步完善科技创新系统布局**。围绕事关国家长远发展的重大创新领域,组建首批国家实验室,着手重组国家重点实验室体系。加快北京、上海、粤港澳大湾区国际科技创新中心建设,谋划成渝具有全国影响力的科创中心建设,推进北京怀柔、上海张江、安徽合肥等综合性国家科学中心建设,推广全面创新改革试验相关举措。完善国家产业创新中心和国家工程研究中心布局,国家企业技术中心超过1600家。制定促进国家高新技术产业开发区高质量发展的意见,加强国家自主创新示范区与自由贸易试验区"双自联动"发展,加快推进东西部科技创新合作。

三、着力激发企业创新积极性,
发展新动能持续壮大

企业是创新要素集成、科技成果转化的主力军。过去一年,我们持续推动建立产学研深度融合的技术创新体系,加大财税金融支持

力度,纵深推进大众创业、万众创新,有力激发企业活力、壮大创新主体。

(一)**强化企业创新主体培育**。实施国家重点研发计划"科技助力经济2020"重点专项,帮助2000多家科技型中小微企业克服疫情期间特殊困难。围绕推进关键核心技术攻关实行"揭榜挂帅"制度,发挥企业技术创新主体作用,形成产学研深度融合、协同创新攻关机制。支持领军企业组建创新联合体,带动中小企业创新活动。认真落实进一步推进中央企业创新发展的意见。鼓励民营企业参与国家各类创新平台建设,加快民营企业国家企业技术中心认定。开展第二批专精特新"小巨人"企业培育工作,两批培育"小巨人"企业1800多家。

(二)**支持创新平台专业化发展**。加强高端通用科学仪器设计研发和实验材料、数据资源等方面能力建设,研发国产高端设计分析工具软件,着力补强科研仪器设备和资源条件关键短板。大力推进科技基础设施和条件建设,截至2020年年底累计在全国布局57个国家重大科技基础设施,支持建设20个国家科学数据中心、31个国家生物种质和实验材料资源库。推动中央级高等学校和科研院所重大科研基础设施与大型科研仪器开放共享,累计促进4000余家单位10余万台(套)大型科研仪器和82个重大科研基础设施向社会开放。

(三)**增强财税金融政策激励企业研发作用**。认真落实企业研发费用加计扣除政策,2020年企业研发费用加计扣除兑现减免税额超过3500亿元,同比增长约25%。深入实施高新技术企业所得税优惠政策,政策惠及面不断扩大。完善金融支持科技创新的政策体系,统筹运用"投、贷、债、补"等金融工具,形成多层次、多主体、多渠道的金融支持格局。引导银行增加高技术制造业中长期贷款投放。支持承担国家重大科技创新任务的企业发债融资。

(四)**持续推进大众创业万众创新**。加快构建"众创空间—孵化器—加速器—产业园"科技型创新创业生态体系,强化科技孵化的全链条专业化服务。截至 2020 年年底,已建设众创空间超过 2300 家、国家级科技企业孵化器约 1200 家、大学科技园超过 100 家、加速器 700 余家,各类创新孵化器解决在孵企业和团队就业近 450 万人。进一步提升大众创业万众创新示范基地带动作用,支持构建产学研创新联合体。大力推动科技成果转移转化和产业化,扩大国家科技成果转化引导基金规模,截至 2020 年年底已批准设立 30 只子基金,共投资近 400 家企业,投资总额超过 200 亿元。

四、夯实基础提高水平,传统产业转型升级步伐加快

我国制造业转型升级正处于爬坡过坎的关键期。过去一年,面对疫情给企业带来的特殊困难,我国持续加强工作统筹调度,一手保产业链供应链稳定,一手促数字化转型升级,取得积极成效。

(一)**着力稳定产业链供应链**。紧紧围绕加快产业链供应链现代化发展目标,以在关键时候不掉链子为底线,做好产业链精准施策,主要采取四方面措施:一是联通国际产业链供应链循环,保障重要企业和关键环节产品的生产和出口。二是畅通国内产业链供应链循环,激发内需市场活力,发挥"互联网+"作用,加快重点项目开工建设。三是打通产业链供应链堵点痛点,推动龙头企业发挥协同带动作用,促进大中小企业融通发展。四是加强产业链供应链安全建设,建立跨区域、跨部门、跨产业的多方协同机制。同时,统筹推进产业链供应链补短板、锻长板工作。扎实推进产业基础再造工程,努力打牢基础零部件、基础工艺、关键基础材料等基础。

(二)**加快推动制造业数字化转型**。疫情防控期间,新一代信息技术应用需求快速增长,我们以智能制造为主攻方向,加快新型基础设施建设,大力推动新一代信息技术和制造业深度融合,促进制造业

数字化、网络化、智能化发展。制定中小企业数字化赋能专项行动方案，公布大数据产业发展试点示范项目，培育推广一批符合中小企业需求的数字化平台、系统解决方案、产品和服务。推动工业大数据产业发展，加快数据汇聚、推动数据共享、深化数据应用、完善数据治理、强化数据安全、促进产业发展并加强组织保障。

（三）**持续巩固化解过剩产能成果**。坚持巩固、增强、提升、畅通的方针，持续推动系统性去产能、结构性优产能工作，进一步完善钢铁产能置换办法、推动企业兼并重组，持续推进煤炭上大压小、增优汰劣，积极稳妥推进煤电优化升级，加快"僵尸企业"处置，不断提升职工安置和资产处置质量。大力实施城镇人口密集区危化品生产企业搬迁改造，截至 2020 年年底，已搬迁改造危化品生产企业超过1100 家，搬迁改造取得了阶段性成果。统筹考虑去产能与提品质工作，巩固化解过剩产能成果，促进绿色制造水平持续提升。

五、突出重点完善政策，促进
新兴产业蓬勃发展

　　疫情对新兴产业发展既是挑战也是机遇，我国积极应对挑战，努力转危为机，针对重点领域出台一系列支持举措，持续优化发展环境、强化资源供给，有力促进了新产业新业态成长壮大。

　　（一）**完善支持新兴产业发展政策体系**。加快适应、引领、创造新需求，着力扩大战略性新兴产业投资。在疫情严重时期，出台专门指导意见，支持5G、工业互联网、集成电路、新能源汽车等战略性新兴产业加快复工复产。完善支持5G发展政策举措，全年新建5G基站超过 60 万个，实现所有地级以上城市5G网络全覆盖，5G终端连接数突破 2 亿。实施工业互联网创新发展战略，工业互联网工程深入推进，在网络、平台、安全三大体系建设实现规模化发展。制定新时期促进集成电路产业和软件产业高质量发展若干政策。发布《新能源汽车产业发展规划（2021—2035 年）》。

（二）**打造新兴产业聚集发展新高地**。深入推进国家战略性新兴产业集群发展工程,实施先进制造业集群发展专项行动,抓好先进制造业和现代服务业融合发展试点。综合运用财税、土地、金融、科技、人才、知识产权等政策,协同支持产业集群建设、领军企业培育、关键技术研发和人才培养等项目。主要聚焦四个方面:一是增强产业集群创新引领能力,加快布局建设一批产业创新中心等创新平台。二是推进产城深度融合,以产业集群建设推动生产、生活、生态融合发展。三是聚焦应用场景建设,以先行先试的方式推进新兴技术产业化。四是提高产业集群公共服务能力,强化研发设计、计量测试、标准认证等产业公用服务平台支撑。

（三）**加强新兴产业发展的资金保障**。创新政府资金支持方式,强化对战略性新兴产业重大工程项目投资牵引作用。鼓励金融机构开发适应新兴产业特点的金融产品和服务,探索建立新兴产业金融服务中心或事业部。引导市场主体投资,带动各类所有制企业加大新兴产业布局力度,鼓励独立或联合承担国家各类战略性新兴产业研发、创新能力和产业等建设项目。引导银行增加高技术制造业中长期贷款投放,2020 年高技术制造业中长期贷款余额超过 1 万亿元、同比增长超过 40%,科技型企业贷款余额约 5 万亿元、增长 18.5%。

六、深入推进科技体制改革,科技
创新治理体系进一步完善

过去一年,我们持续深化科技领域"放管服"改革,强化宏观统筹职能,大力破除制约科研人员创新积极性的体制机制障碍,努力营造崇尚创造、锐意创新的科研环境。

（一）**创新科技人才培养机制**。面向经济社会发展急需,加大紧

缺专业设置力度,推进人才培养模式改革,大力支持集成电路、网络安全等领域院校和创新平台建设,启动实施紧缺人才培养教学资源战略储备计划,开展新工科、新医科、新农科和新文科建设。深入实施基础学科拔尖学生培养计划,推动高校深化书院制、导师制、学分制改革。加大对关键领域人才和青年人才的长期稳定支持。目前,研发人员全时当量超过480万人年。一批优秀科学家荣获物理学菲列兹奖等国际重要奖项。

(二)**落实扩大科研单位自主权政策**。进一步扩大科研单位科研项目经费使用自主权,持续推进科研管理改革"绿色通道"试点,允许从基本科研业务费、战略性先导科技专项经费中提取不超过20%作为奖励经费,提高智力密集型科研项目间接经费比例。开展赋予科研人员科技成果所有权或长期使用权试点。实施减轻科研人员负担专项行动,在成果转化、科研人员激励、新型研发机构建设等方面推动新一轮减负。

(三)**深入推进科技评价和奖励制度改革**。落实深化项目评审、人才评价、机构评估改革的意见,助力破除科技评价中"唯论文"等不良导向,规范高等学校 SCI 论文相关指标使用。制定中央财政科技计划(专项、基金等)绩效评估规范,针对不同类型科技计划功能定位设定不同绩效考核标准。认真落实修订后的《国家科学技术奖励条例》,强化奖励分类评价,自然科学奖突出前瞻性和理论性,技术发明奖突出原创性和实用性,科学技术进步奖突出创新性和效益性。

(四)**积极融入全球创新网络**。与多个国家建立创新对话机制,同50多个国家和地区开展联合研究。深度参与国际热核聚变实验堆等国际大科学工程。"一带一路"科技创新合作计划支持一批外国青年科学家来华工作,建设19家联合实验室。打通中央财政科技计划经费过境港澳的全流程。推动疫情防控国际科技合作,利用新冠肺炎科研成果共享交流平台,为全球抗疫贡献中国智慧。

（五）**加强科研诚信体系建设和违规行为惩处**。进一步弘扬科学家精神加强作风和学风建设，完善科研诚信案件调查处理、科学技术活动违规行为处理等办法，建立覆盖全国的科研诚信管理信息系统。以"零容忍"态度严肃查处科研不端行为。建立科研诚信问题主动发现机制，对科研不端行为多发的学科领域论文进行监测分析，对各类计划项目、科技奖励、科技人才申报、评审专家遴选等开展诚信审核。

城乡区域发展格局不断优化

杨 诗 宇

畅通国民经济循环,构建新发展格局,需要建设彰显优势、协调联动的城乡区域发展体系,实现区域良性互动、城乡融合发展。2020年,新型城镇化扎实推进,城乡区域发展格局不断优化。

一、新型城镇化有力有序推进

《国家新型城镇化规划(2014—2020年)》圆满收官,1亿农业转移人口和其他常住人口在城镇落户目标顺利实现,城镇化领域改革红利和政策效应加快显现,为全面建成小康社会提供了坚实支撑。

(一)农业转移人口市民化加快推进。以深化改革户籍制度和基本公共服务提供机制为路径,打破阻碍劳动力自由流动的不合理壁垒,促进人力资源优化配置,使更多人口享有城镇基本公共服务。

户籍制度改革持续深化。截至2020年年末,又有一千多万农业转移人口进城落户,提升了就业能力、改善了生活条件。城区常住人口300万以下的城市基本取消了落户限制。城区常住人口300万以上的城市落户条件有序放宽,济南、沈阳、石家庄、福州、南宁等城市已全面取消落户限制;重庆、东莞逐步放宽普通劳动者特别是重点人群的落户限制,均实施了就业居住达到一定年限即可落户的政策。

城镇常住人口基本公共服务提供机制更加健全。居住证制度建立实施,农业转移人口凭借居住证享有更多更好的义务教育、医疗卫生和技能培训等服务。"两免一补"资金和生均公用经费基准定额资金随学生流动可携带政策有序实施,惠及 1400 余万农民工随迁子女。进城农民工参加城镇职工基本医疗保险和基本养老保险比率持续提升,门诊费用直接结算试点工作稳妥推进。农民工职业技能培训广泛开展,2014 年以来累计培训超过 1 亿人次。持续推进农村贫困人口优先享有基本公共服务并有序实现市民化。

农业转移人口市民化配套政策稳步实施。"人地钱挂钩"的配套政策持续释放效应,2016—2020 年中央财政累计下达市民化奖励资金 1250 亿元,广东、河南等省份配套了省级农业转移人口市民化奖励资金;农业转移人口落户数量成为安排城镇新增建设用地规模的因子之一,山东、福建等省份单列"人地挂钩"城镇新增建设用地计划指标。农村"三权"维护和依法自愿有偿退出机制逐步探索建立,如重庆等地区设立了农村产权流转交易平台。

(二)城市群和都市圈稳步发展。完善落实主体功能区战略,发挥各地区比较优势,增强经济发展优势区域承载能力,大中小城市和小城镇协调发展的城镇化空间格局进一步优化。

城市群和都市圈建设稳步推进。城市群一体化发展水平不断提高,对人口经济的集聚能力和承载能力显著增强,京津冀协同发展、粤港澳大湾区建设、长三角一体化发展有序推进,成渝地区双城经济圈建设开局起步、规划纲要及分工方案印发实施,长江中游、关中平原、兰州—西宁等城市群建立跨省协调机制。南京、福州、成都、西安等都市圈规划编制工作加快推进,都市圈内便捷通勤网络逐渐形成,研发在中心城市、制造在周边城市的产业分工协作逐步深化,公共设施共建共享水平明显提升。

县城补短板强弱项有序推进。县城补短板强弱项"1+N+X"系列文件体系初步形成,目标任务、项目范畴和建设标准得到明确。中央预算内投资、企业债券、政策性信贷等各类资金统筹支持力度加大,县城公共服务、环境卫生、市政公用、产业培育等设施加快提档升级。120 个县城建设示范地区积极谋划启动示范性项目。出台《国务院办公厅转发国家发展改革委关于促进特色小镇规范健康发展意见的通知》，推动各省份全面实行清单管理，公布第二轮全国特色小镇典型经验和警示案例。

综合交通运输网络支撑引领作用不断增强。综合交通运输通道和区际交通骨干网络不断完善，对城镇化空间布局形成有力支撑。普通铁路网和高速公路网基本覆盖 20 万人口以上的城市，高速铁路基本覆盖 100 万人口以上的城市，高等级普通公路网全面覆盖县城。运输机场直线 100 公里半径覆盖 91.7%的地级行政单元。

（三）**城市建设质量不断提升**。着眼于增强人口经济承载和资源优化配置等核心功能，健全城市建设体制机制，可持续发展能力持续增强。

城市居住条件持续改善。住房租赁市场稳步发展，2019 年以来在 24 个人口净流入大城市开展中央财政支持住房租赁市场发展试点，新增租赁住房 400 多万套。保障性安居工程有序实施，2020 年，各类棚户区改造开工 209 万套；新开工改造城镇老旧小区 4.03 万个，惠及居民 736 万户。城镇居民人均住房建筑面积增至近 40 平方米。

新型城市建设有序推进。绿色城市建设扎实推进，2020 年地级及以上城市建成区空气质量优良天数比率提高到 87%。新型智慧城市建设再上台阶，地级及以上城市全部建成数字化管理平台，国家数字经济创新发展试验区建设有序推进。人文城市建设逐步深入，已公布国家历史文化名城 134 个、名镇名村 799 个，发布第四批国家工业遗产名单。

城市治理水平不断提升。城市空间治理机制持续健全，生态保护红线、永久基本农田、城镇开发边界三条控制线划定工作基本完成。基层社会治理基础不断夯实，网格化服务管理更为完善，北京等25 个省（市、区）网格化服务管理实现全覆盖；综合服务设施建设力度加大，城市社区综合服务设施覆盖率超过 93%。

（四）**城乡融合发展迈出新步伐**。健全城乡融合发展体制机制，促进城乡生产要素双向自由流动和公共资源合理配置，新型城镇化对乡村振兴的辐射带动作用明显增强。

城乡融合发展体制机制改革有序推进。11个国家城乡融合发展试验区改革顺利起步，分别制定实施方案。宅基地制度改革不断深化，中办、国办印发《深化农村宅基地制度改革试点方案》，明确城镇户籍子女可继承农村宅基地使用权。农村承包地确权登记颁证基本完成，颁发承包经营权证书2亿本。农村集体产权制度改革全面推开，农村抵质押物范围不断拓宽。

农村一二三产业融合发展势头良好。农业供给侧结构性改革逐步深化，2020年农作物耕种收综合机械化率超过71%，建成8亿亩高标准农田，粮食年产量连续稳定在1.3万亿斤以上。农业适度规模经营和新型经营主体健康发展，家庭承包耕地流转面积超过5.55亿亩。印发《关于推动返乡入乡创业高质量发展的意见》，农民工返乡入乡创业蓬勃发展。

农村基础设施和基本公共服务逐步完善。农村自来水普及率和集中供水率分别增至83%、88%，99.6%的乡镇、99.5%的行政村通硬化路，98%以上的行政村通光纤和4G网络。农村人居环境明显改善，农村卫生厕所普及率超过68%，农村生活垃圾收运处置体系覆盖90%以上的行政村。

二、区域协调发展迈出新步伐

2020年，我国持续推进实施西部大开发、东北振兴、中部崛起和东部率先发展，推进京津冀协同发展、长江经济带发展、粤港澳大湾区建设、长三角一体化发展、黄河流域生态保护和高质量发展等区域重大战略，有力推动各地区合理分工、优化发展，区域协调发展体制机制更加健全。

（一）**西部大开发新格局加快形成**。2020 年,西部地区生产总值 21.33 万亿元,占四大板块经济比重为 21%。《成渝地区双城经济圈建设规划纲要》印发实施。对外开放迈出新步伐,陆海新通道目的地已覆盖全球 96 个国家和地区的 250 个港口。基础设施建设向纵深推进,川藏铁路全面开工建设,银西高铁、格尔木至库尔勒铁路等重大项目建成,乌东德等一批重点水电工程投产发电。深入实施退耕还林还草、天然林保护、三北防护林、石漠化综合治理等重点生态工程。"十三五"时期,西部各省区居民人均可支配收入均增长 41% 以上,教育、医疗等条件持续改善,覆盖城乡的社会保障体系初步建立。

（二）**东北振兴战略深入实施**。东北地区经济运行逐步企稳,营商环境进一步优化,结构调整扎实推进,人民生活水平不断提高。东北三省粮食产量 2020 年达 2737 亿斤,占全国粮食总产量的 20.4%,国家粮食安全"压舱石"地位进一步巩固。山水林田湖草治理成效初显。国企"三供一业"分离移交、厂办大集体改革等基本完成。辽宁、黑龙江自贸试验区建设进展顺利。大连金普、长春、哈尔滨国家级新区以及中德(沈阳)高端装备制造产业园、中韩(长春)国际合作示范区等重大平台加快建设。基础设施类项目稳步推进,能源石化类建设项目亮点不断,制造业等转型升级加速推进,新动能培育类项目成效初显。

（三）**中部地区崛起取得新成效**。中部地区经济社会发展水平提升,社会事业全面发展,在全国发展中发挥了重要作用。制造业总产值占全国比重提高到 2019 年的 26%,一批产业基地和产业集群发展壮大。长江中游、中原等城市群合作深化,武汉、郑州国家中心城市和长沙、合肥、南昌、太原等区域中心城市辐射带动能力显著增强。进出口总额由 2015 年年底的 1.57 万亿元提高至 2020 年的 2.67 万亿元,占全国比重由 6.4% 提高至 8.3%,形成了国家级新区、自由贸易试验区等多层次多类型的对内对外开放平台。自然生态系统稳定性提升。基本公共服务均等化水平进一步提高。

（四）东部地区率先发展的引领作用进一步显现。 2020年东部地区生产总值同比增长2.9%，占全国比重为51.7%。一般公共预算收入占全国比重为57.9%。科技创新引领作用不断增强，创新环境和科创实力持续提升，开放潜力进一步释放。2020年，东部10省市进出口总额为25.6万亿元，占全国比重达79.6%。其中，进口和出口总额分别为11.4万亿元和14.2万亿元，占全国比重达80.2%和79.1%。

（五）京津冀协同发展既定目标全面完成。 京津冀协同发展有力有序有效推进，《京津冀协同发展规划纲要》确定的到2020年的目标任务全面顺利完成。北京非首都功能疏解稳妥有序推进，一般制造业企业集中退出、区域性批发市场疏解任务基本完成。高标准高质量规划建设雄安新区。2020年白洋淀水质为近十年最好水平。重点区域高质量发展协同推进，天津滨海新区改革开放深入推进，张家口首都"两区"建设取得明显成效。京沈高铁等建成通车，北京大兴国际机场运行良好。京津冀全面创新改革试验18项改革举措基本完成，北京全国科技创新中心加快建设。

（六）长江经济带发展取得明显成就。 2020年，长江经济带经济总量占全国的比重较5年前提升近5个百分点，新兴产业集群产业规模占全国比重均超过50%。综合运输大通道加速形成，长江干支线高等级航道里程达上万公里，14个港口铁水联运项目全部开工建设，沿江高铁、一批枢纽机场项目加快实施。对外开放水平大幅提高，上海洋山港四期建成全球最大规模、自动化程度最高的集装箱码头，中欧班列线路开行达30余条，西部陆海新通道加快形成。长江保护法施行，为推动长江经济带发展提供了有力保障。绿色发展试点示范走在全国前列，上海崇明、湖北武汉等地探索生态优先绿色发展新路子，为绿水青山转化为金山银山提供有益经验。

（七）粤港澳大湾区建设取得明显成效。 粤港澳大湾区建设有序推进,取得明显成效。科技创新、基础设施互联互通、城际铁路建设等专项规划,以及支持大湾区建设的相关政策文件陆续印发实施。国际科创中心建设稳步推进,以广深港、广珠澳科创走廊(两廊)和深圳河套、珠海横琴创新极点(两点)为主体的架构体系基本建立。要素跨境流动更加高效便捷,人员流动更加快捷,跨境贸易和投融资便利化程度不断提升,粤港澳三地跨境车辆通行更加畅通。港澳居民在内地生活发展更加便利。

（八）长三角一体化发展全面提速提质。长三角一体化规划政策体系加快完善。上海具有全球影响力的科技创新中心基本框架基本建成。长三角生态绿色一体化发展示范区探索出多项一体化制度创新成果。上海自贸区临港新片区政策加快落地,洋山特殊综合保税区顺利揭牌运作。区域通达度和便捷性显著提升。生态环境共保联治深入推进,建设环太湖城乡有机废弃物处理利用示范区,长三角地区固废危废联防联治、跨界水体环境治理、大气污染综合防治等进展顺利。长三角地区 97% 的常住人口已可使用社保卡享受就业创业、社会保险、职业培训等公共服务,58 个政务服务事项已在 41 个地级市实现跨省市"一网通办",异地门诊结算实现全域互联互通。

（九）黄河流域生态保护和高质量发展全面推动。《黄河流域生态保护和高质量发展规划纲要》印发实施。黄河流域生态保护持续加强。黄河流域用水增长过快局面得到有效控制,实现了黄河连续 21 年不断流。祁连山、三江源、大熊猫等国家公园体制试点有序推进,黄河河源区水源涵养、生态修复工作力度明显加大。通过开展标准化堤防等工程建设,下游抵御洪水的能力进一步增强。黄河三角洲湿地面积逐年回升。河南、山东两省实施黄河滩区居民迁建工程,解决了近百万人的防洪安全和安居乐业问题。

依法行政和社会建设
取得新进展

刘　一　鸣

　　过去一年,在以习近平同志为核心的党中央坚强领导下,各级政府坚持依法行政、持续加强自身建设,教育、医疗、文化等社会事业扎实推进,社会治理水平持续提高,人民群众获得感、幸福感、安全感不断增强。

一、政府自身建设扎实推进

　　毫不动摇坚持党中央集中统一领导,增强"两个维护"的政治自觉,围绕做好"六稳"工作、落实"六保"任务,加快转变政府职能、提高效能,改进工作作风,强化责任担当,各项工作取得新成效。

　　法治政府建设迈出新步伐。深入学习贯彻习近平法治思想,坚持依法治国、依法执政、依法行政共同推进,坚持法治国家、法治政府、法治社会一体建设。提请全国人大常委会审议法律议案9件,制定修订行政法规37部。认真办理人大代表建议和政协委员提案,共牵头办理全国人大代表建议8108件、全国政协委员提案4115件。完善公共法律服务体系,全国共办结法律援助案件106万件,办理公证1036万件、司法鉴定业务227万件、仲裁案件40万件。加强宪法、民法典学习宣传教育,"七五"普法工作深入开展。

　　政府职能转变持续深化。坚持为人民服务、对人民负责、受人民监督,创新行政方式,提高行政效能,建设人民满意的服务型政府。

深入推进简政放权、放管结合、优化服务改革，进一步完善行政审批制度，再取消下放一批行政审批事项。继续推进行政执法体制改革，最大限度减少不必要的行政执法事项，规范执法方式。推进办事服务规范化、标准化、便利化，全面推行"不见面"办事，拓展"互联网+政务服务"，推动政务服务"跨省通办"，更多事项实现集成办理。加大政务公开力度，主动回应人民群众和市场主体关切，有效引导社会预期、稳定市场信心。

政策落实体制机制进一步健全。着眼确保党中央、国务院重大决策部署落实，依法规范督查工作。出台《政府督查工作条例》，确定了政府督查工作的定位和职责边界，规定了程序要求和支持保障措施。坚持督促帮助并举，为政策落地破梗阻、为企业群众解难题。在常态化开展"互联网+督查"的同时，组织开展国务院第七次大督查。各地区各部门统筹规范督查检查考核，持续压减数量、创新方式，加强问题曝光和督办，在减轻基层负担的同时增强督查实效。

政府系统党风廉政建设不断加强。深入贯彻落实党中央全面从严治党战略部署，加强党风廉政建设和反腐败斗争。巩固深化"不忘初心、牢记使命"主题教育成果。严格落实中央八项规定精神，持续为基层减负，进一步把广大基层干部干事创业的手脚从形式主义的束缚中解脱出来。发挥审计监督作用，依法全面履行审计监督职责，做好常态化"经济体检"工作，聚焦重大政策落实和财政资金安全规范有效使用，加大审计监督力度，共促进增收节支和挽回损失2200多亿元、推动健全完善制度规定6000多项，较好发挥了审计在党和国家监督体系中的重要作用。

二、教育改革发展迈出新步伐

全面贯彻党的教育方针，坚持优先发展教育事业，坚守为党育人、为国育才，努力办好人民满意的教育。

　　教育教学工作有序开展。疫情严重时,广泛开展线上教学,实现"停课不停教、停课不停学"。疫情防控进入常态化后,细化落实防控方案,实现秋季学期全面复学复课,没有发生聚集性疫情,教育教学秩序全面恢复。及时调整各类考试时间,以最高标准、最严举措确保考试安全,1000多万高中毕业生顺利完成高考。

　　教育领域综合改革全面深化。全面落实立德树人根本任务,德智体美劳全面培养的体系加快构建。坚持用习近平新时代中国特色社会主义思想铸魂育人,推进大中小学思政课程教材一体化建设,深化学校思想政治课改革创新。党中央、国务院出台《深化新时代教育评价改革总体方案》,这是新中国第一个关于教育评价系统性改革的文件,为解决唯分数、唯升学、唯文凭、唯论文、唯帽子的顽瘴痼疾开出药方。召开全国研究生教育会议,印发加快新时代研究生教育改革发展系列文件,全面启动卓越研究生教育建设。召开全国语言文字会议,大力推广普及国家通用语言文字。

　　对教育重点难点问题攻坚力度持续加大。着力解决"入园难、入园贵"问题,加快城镇小区配套幼儿园治理工作,增加普惠性学位超过400万个。加强对民办教育的规范管理,义务教育阶段学校实现公办和民办学校同步招生。推动加强中小学课外服务,持续开展校外培训机构整治。全国96.8%的县级单位实现义务教育基本均衡,九年义务教育巩固率达到95.2%,实现高职院校扩招100万人目标。高等教育毛入学率超过50%,进入世界公认的普及化阶段。

　　教育支撑服务发展能力不断增强。主动对接服务雄安新区、长三角、粤港澳大湾区、海南自贸港及"一带一路"建设,推动区域教育创新发展。完善高校学科专业动态调整机制,引导部分地方普通本科高校向应用型转变、高水平大学向研究型大学发展。职业教育类型定位更加清晰,山东、甘肃、江西及"苏锡常"等地启动职业教育创新发展高地建设,推动现代职业教育体系建设。

　　教育投入和保障水平进一步提高。全国财政性教育经费占国内生产总值比例继续保持在4%以上。深入实施农村义务教育阶段学校教师特设岗位计划、中小学教师国家级培训计划、农村学校教育硕士师资培养计划等。进一步加强中小学教职工编制管理。提升教育信息化水平，扩大优质教育资源覆盖面，中小学联网率达99.7%，拥有多媒体教室学校比例达95.2%。

三、医疗卫生事业实现新突破

全面推进健康中国建设，全身心护佑人民健康，推动卫生健康各方面工作取得新成效。

加大公共卫生体系建设力度。中央预算内投资用于公共卫生相关项目建设的投资总量较往年大幅增加，抗疫特别国债、地方政府专项债券等也支持建设了一批公共卫生项目。推进防控救治能力建设，健全城市传染病救治网络，提升县级医院救治能力，开展重大疫情救治基地改造、公共设施平战两用改造等。推动公共卫生服务与医疗服务协同衔接。提高监测预警能力，指导医疗机构落实首诊负责制，增强发热门诊"哨点"敏感性。健全医疗防治、物资储备、产能动员"三位一体"公共卫生应急物资保障体系。完善高校公共卫生学科专业设置，加大公共卫生与预防医学专业高层次人才培养力度，强化临床医生的公共卫生知识培训。

深化医药卫生体制改革。一是纵深推进公立医院综合改革。全面实施二级以上公立医院绩效考核，强化公立医院成本核算管理。改革卫生专业技术人员职称制度。二是加快构建分级诊疗体系。建设首批10个区域医疗中心，推进国家医学中心设置工作，加强社区医院建设，全国县域内就诊率超过90%。做实做细家庭医生签约服务。加强远程医疗网络能力建设。三是深入开展国家组织药品和耗材集中带量采购。组织开展第三批药品集采，55个中选品种平均降价53%。首次开展国家组织高值医用耗材集中带量采购，预计每年节约医疗费用 117 亿元。四是加快完善医保支付制度。新冠肺炎患者治疗费用全部由国家承担。基本形成医保药品目录动态调整机制。从慢性病开始,逐步扩大医保对"互联网+医疗"服务的支付范围。完善异地就医直接结算,住院费用跨省直接结算定点医疗机构 4.4 万家,开展门诊费用跨省直接结算试点。五是增强药品供应保障能力。完善审评审批制度。做好短缺药品保供稳价,开展临床易短缺药品生产供应监测,建设小品种药(短缺药)集中生产基地。推动基本药物合理使用,督促各地落实基本药物优先配备使用管理措施。

深入实施健康中国行动。深入开展爱国卫生运动,落实农村人居环境整治三年行动方案,强化农贸市场疫情防控。针对重点人群开展形式多样的健康科普活动,新一轮居民营养与慢性病状况向社会发布,青少年近视监测和干预工作不断加强。继续组织实施癌症早诊早治、心脑血管疾病早期筛查干预等重大公共卫生项目,提升基层慢性病医防融合管理能力,推进社会心理服务体系建设试点。加强重大疾病防治力度,做好流感防控和疫苗供应保障,全国连续近 4 年无本地原发疟疾病例报告,所有血吸虫病流行县实现了传播控制、阻断或消除标准。

四、文化事业和文化产业稳步发展

坚定文化自信,发展社会主义先进文化,不断推动文化事业和文化产业繁荣发展,为全面建成小康社会提供有力支撑。

文化事业高质量发展扎实推进。牢固树立以人民为中心的创作导向,庆祝中国共产党成立 100 周年舞台艺术精品创作等工程深入实施,纪念中国人民志愿军抗美援朝出国作战 70 周年等文艺活动成功举办,组织引导文艺工作者创作抗疫题材作品,一批优秀文艺作品温润心灵、广受好评。加强公共文化服务,加大乡镇(街道)综合文化站建设力度,着力提升公共文化服务效能。加强考古工作和石窟寺保护利用,努力建设中国特色、中国风格、中国气派的考古学,加大流失海外文物追索返还力度,深入实施中国传统工艺振兴计划、非遗传承人群研培计划,文物保护利用和非遗保护传承呈现新气象。

文化产业发展稳步复苏向好。制定和发布疫情防控开放指南,推出预约、错峰、限量等针对性措施,支持文化和旅游行业纾困发展,推动各地旅游景区、剧院等演出场所、上网服务场所等恢复开放。出台暂退旅游服务质量保证金、金融扶持和减税降费等政策,实施差异化精准帮扶措施,推动文化和旅游行业稳步复苏,国庆中秋假日旅游人数恢复到往年同期的近八成,旅游收入恢复到近七成;全年国内旅游人数28.79亿人次,实现国内旅游收入2.23万亿元。推进文化和旅游市场信用分级分类监管,深入开展治理跨境赌博等重大专项行动任务,文化市场环境持续优化。

体育事业平稳发展。加快体育强国建设,积极应对疫情带来的严峻挑战,全力做好奥运备战工作,获得18个奥运参赛席位,基本实现"该拿的资格都拿到"目标。积极推动体育产业复工复产,恢复国际国内比赛100余场。全面提升全民健身公共服务水平,支持建设4000个农民体育健身工程行政村项目,提前完成"十三五"期间新增2万块社会足球场的任务。认真做好北京冬奥会和冬残奥会筹办和备战参赛工作,积极推动杭州亚运会等筹办工作。

五、社会治理持续深化

坚持和完善共建共治共享的社会治理制度,加强和创新社会治理,保持社会稳定、维护国家安全,社会治理水平不断提高。

完善城乡基层治理。坚持和发展新时代"枫桥经验",加强城乡社区建设,推广优秀社区工作法,深化党组织领导的基层群众自治。加强社区综合服务设施建设,城市和农村覆盖率稳步提高。开展

"社区万能章"治理。加强社会组织政治建设，提高党的组织和党的工作覆盖率，截至 2020 年年底，全国共有社会组织约 89.4 万个。基本完成行业协会商会与行政机关脱钩改革，规范收费行为。大力培育社区社会组织，发展专业社会工作和志愿服务。深化殡葬改革，开展墓地违规经营排查整治。做好第七次全国人口普查、国家脱贫攻坚普查。审核完成 12 项行政区划调整事项。

扎实做好信访工作。组织开展集中治理重复信访、化解信访积案专项工作和大督查大接访大调研活动。持续推进信访工作体制机制改革，强化信访工作基层基础，充分发挥联席会议机制作用，及时就地解决信访问题、化解突出矛盾，广泛汇集反映社情民意，有力维护了群众合法权益、促进了社会和谐稳定，为服务党和国家工作大局、助力经济社会秩序加快恢复作出了积极贡献。

加强生产安全事故防范和处置。坚持全过程全灾种管控风险，强化关键节点风险防范，加强安全监管执法，压实各方责任，确保全国安全形势总体平稳。生产安全事故起数和死亡人数同比分别下降 15.5％和 8.3％，大部分地区和行业领域安全生产形势持续好转。取得了新中国成立以来"三个历史最低、两个历史首次"的成绩，即自然灾害死亡失踪人数历史最低、生产安全事故起数和死亡人数历史最低、重特大事故起数和死亡人数历史最低，首次未发生特别重大事故，首次化工、烟花爆竹、非煤矿山、工商贸等重点行业领域同时未发生重特大事故。

严格食品药品疫苗监管。继续联合开展落实食品药品安全"四个最严"要求专项行动，有力保障食品药品等安全形势稳中向好。开展食品安全主体责任年行动，深化专项整治，完成食品抽检监测 690 万批次。完成国家药品抽检 1.8 万余批次，持续强化对血液制品等高风险产品重点监管，深入开展网售药品等专项整治。建成运营疫苗信息化追溯体系，完成疫苗生产企业巡查全覆盖。

强化社会治安综合治理。坚持总体国家安全观，在共建共治共享中推进平安中国建设。设立中国人民警察节，隆重举行人民警察警旗授旗仪式，习近平总书记亲自授旗并致重要训词，科学阐述了公安工作和公安队伍建设中带有根本性、原则性、方向性的重大问题，为新时代公安工作高质量发展指明了前进方向、提供了根本遵循。全年刑事案件同比下降1.8%，八类主要刑事案件同比下降8.7%，立现行命案数同比下降9.3%，治安案件同比下降10.4%。持续推进扫黑除恶专项斗争，专项斗争开展以来，打掉黑社会性质组织3392个、恶势力犯罪集团10586个，破获各类刑事案件23.9万起，人民群众安全感更加充实、更有保障、更可持续。

第二部分

"十三五"时期发展成就和 "十四五"时期主要目标任务

"十三五"时期我国经济社会发展取得新的历史性成就

宁　吉　喆

"十三五"时期,面对错综复杂的国际形势、艰巨繁重的国内改革发展稳定任务特别是新冠肺炎疫情严重冲击,在以习近平同志为核心的党中央坚强领导下,各地区各部门统筹推进"五位一体"总体布局、协调推进"四个全面"战略布局,坚持稳中求进工作总基调,坚持新发展理念,坚持以供给侧结构性改革为主线,坚决打好三大攻坚战,着力推动高质量发展,着力深化改革开放,我国经济社会发展取得新突破,"十三五"规划圆满收官,经济实力、科技实力、综合国力和人民生活水平迈上新的大台阶,决胜全面建成小康社会取得决定性成就,为开启第二个百年奋斗目标新征程、实现中华民族伟大复兴中国梦奠定了坚实基础。

一、推动经济高质量发展迈出扎实步伐

统筹实施积极的财政政策和稳健的货币政策,科学实施区间调控、定向调控、精准调控,以提高经济发展质量和效益为中心,切实转变发展方式、优化经济结构、转换增长动力,培育壮大新动能,我国经济实力显著增强,发展质量稳步提升。

经济实力大幅提升。经济平稳较快增长。"十三五"时期,我国国内生产总值年均增长 5.8%,居于主要经济体前列。经济总量迈上新的大台阶。2016—2018 年,国内生产总值相继跨越 70 万亿元、

80万亿元、90万亿元大关,2020年跨越百万亿元大关,达到101.6万亿元。按年平均汇率折算,2020年我国经济总量占世界经济的比重预计超过17%,国际影响力与日俱增。2019—2020年,我国人均国内生产总值连续两年超过1万美元,稳居中等偏上收入国家行列,与高收入国家发展差距继续缩小。社会生产力水平持续提升。2020年,粮食总产量连续6年稳定在1.3万亿斤以上,制造业增加值连续11年居世界首位,220多种工业产品产量居世界第一。

经济效益不断改善。生产效率持续提升。按2015年价格计算,2020年全员劳动生产率预计为117746元/人,比2015年提高32.2%,年均提高5.7%。企业利润增加。2020年,规模以上工业企业利润总额达64516亿元。农民工收入较快增长。2020年,农民工月均收入为4072元,比2015年增长32.6%。财政实力不断增强。2020年,全国一般公共预算收入182895亿元,比2015年增长20.1%,年均增长3.7%。单位GDP能耗继续下降。"十三五"时期,单位GDP能耗年均下降2.8%。

新动能蓬勃发展。市场主体活力不断迸发。2020年,新登记市场主体2502万户,年末市场主体总数达1.4亿户,比2015年年末增长80%。"三新"经济规模持续扩大。2019年,我国"三新"(新产业新业态新模式)经济增加值相当于GDP的比重为16.3%,比2016年提高0.9个百分点。新型消费快速发展,实物商品网上零售额占比持续提高。2020年,实物商品网上零售额97590亿元,占社会消费品零售总额的比重为24.9%,比2015年提高13.6个百分点;完成快递业务量833.6亿件,比2015年增长3.0倍。

二、经济结构持续优化

坚持以供给侧结构性改革为主线,大力推动产业转型升级,坚定实施扩大内需战略,推动形成更高水平的供需动态平衡,我国供给体系质量不断提高,有效需求持续释放,经济发展的协调性和内生动力显著增强。

供给侧结构性改革力度加大。去产能去库存去杠杆落实有力。2020 年,钢铁、煤炭行业产能利用率分别为 78.8%、69.8%,分别比 2015 年提高 7.6、5.9 个百分点。2020 年年末,商品房待售面积 49850 万平方米,比 2015 年年末下降 30.6%;规模以上工业企业资产负债率为 56.1%,下降 0.9 个百分点。降成本补短板成效显著。"十三五"时期,新增减税降费规模超过 7.6 万亿元。2020 年,规模以上工业企业每百元营业收入中的成本比 2015 年减少 1.3 元。教育、卫生、生态环境等短板领域投资力度加大。

产业结构调整优化。服务业占比稳步提升,对经济发展支撑作用显著。"十三五"时期,服务业增加值年均增长 6.7%,快于同期 GDP 年均增速 0.9 个百分点。2020 年,服务业增加值占国内生产总值比重达 54.5%,比 2015 年提高 3.7 个百分点。先进制造业发展向好,工业结构加快迈向中高端。2020 年,高技术制造业、装备制造业增加值占规模以上工业增加值的比重分别为 15.1%、33.7%,分别比 2015 年提高 3.3、1.9 个百分点。现代农业建设步伐加快,主要农作物良种实现全覆盖,2020 年农作物耕种收综合机械化率超过 70%。

国内需求不断拓展。积极构建扩大内需的长效机制,消费基础性作用有效发挥。2016—2019 年,最终消费支出对经济增长的年均贡献率为 61.1%,高于同期资本形成总额 21.8 个百分点,比"十二五"时期高 1.8 个百分点。最终消费支出占国内生产总值比重由 2015 年的 53.7%上升到 2019 年的 55.8%,提高 2.1 个百分点。文旅、体育、健康、养老、家政、信息等服务消费持续提质扩容。投资优化供给结构作用显著。2020 年,高技术产业、社会领域投资占固定资产投资(不含农户)比重分别为 7.9%、5.3%,分别比 2015 年提高 2.0、1.7 个百分点。

三、科技创新能力不断增强

坚持科教兴国、人才强国战略,深入实施创新驱动发展战略,加快完善以企业为主体的技术创新体系,大力推动科技成果转化,创新发展理念深入人心,创新引领作用显著增强,创新型国家建设成果丰硕。

科技投入大幅增加。研发投入快速增长,投入强度继续提高。2020年,我国研究与试验发展经费支出24426亿元,比2015年增长72.4%,年均增长11.5%;与国内生产总值之比达2.40%,比2015年提高0.34个百分点。科技人才队伍持续壮大,研发人员总量稳居世界首位。2019年,按折合全时工作量计算的全国研发人员总量为480.1万人年,比2015年增长27.7%,连续7年稳居世界第一。世界知识产权组织报告显示,我国在全球创新指数中的排名由2015年第29位跃升至2020年第14位,是前30位中唯一的中等收入经济体。

科技实力显著增强。科技产出明显增加。2020年,全国授予专利权363.9万件,比2015年增长1.1倍;年末每万人口发明专利拥有量预计达15.8件,比2015年年末增加9.5件;PCT国际专利申请量连续两年位居世界首位。重大科技成果不断涌现,在载人航天、探月工程、深海工程、量子信息等方面取得一批重大科技成果。首艘国产航母成功下水,C919国产大型客机首飞成功,"悟空"、"墨子"等系列科学实验卫星成功发射,"嫦娥四号"首登月背,"嫦娥五号"首次完成我国月表采样返回,"天问一号"火星探测器成功发射,"奋斗者"号全海深载人潜水器完成万米深潜,量子计算原型系统"九章"成功研制,500米口径球面射电望远镜正式开放运行。首批国家实验室挂牌成立,综合性国家科学中心建设全面加速。

科技产业化步伐加快。工业化和信息化融合不断深化,科技成果转化应用加快,带动新产业快速发展。"十三五"时期,高技术制造业、装备制造业增加值年均分别增长 10.3%、8.4%,明显快于全部规模以上工业增加值。5G 规模化应用提速,2020 年新建开通 5G 基站超过 60 万个,终端连接数突破 2 亿,实现全国所有地级以上城市覆盖。"互联网+"行动计划成效显著,大数据、云计算、物联网、人工智能等广泛应用于经济社会发展,催生出大量新产业新业态新模式,科技创新对经济发展的引领和支撑作用增强。科技进步贡献率由 2015 年的 55.3% 提高至 2020 年的 60% 以上。

四、脱贫攻坚战取得全面胜利

把脱贫攻坚摆在治国理政的突出位置,贯彻精准扶贫、精准脱贫基本方略,创新扶贫工作机制和模式,产业扶贫、就业扶贫、易地搬迁扶贫、生态扶贫、教育扶贫、健康扶贫和社保兜底脱贫全面推进,成功走出了一条中国特色扶贫开发道路,创造了人类减贫史上的中国奇迹。

现行标准下农村贫困人口全部脱贫。"十三五"时期,现行标准下 5575 万农村贫困人口全部脱贫,完成了消除绝对贫困的艰巨任务。党的十八大以来,9899 万农村贫困人口实现脱贫,直接推动全球贫困人口总量显著下降,对全球减贫贡献率超过 70%;平均每年 1000 多万人脱贫,相当于一个中等国家的人口脱贫。

区域性整体贫困得到解决。聚焦贫中之贫、坚中之坚,所有深度贫困地区的最后堡垒被全部攻克,832 个贫困县全部摘帽,12.8 万个贫困村全部出列,区域性整体贫困得到解决。贫困群众收入水平和生活质量显著改善,2020 年贫困地区农村居民人均可支配收入达 12588 元,"十三五"时期年均名义增长 10.4%,快于同期全国农村居民人均可支配收入 2.0 个百分点。脱贫群众全部实现不愁吃、不愁穿,义务教育、基本医疗、住房安全有保障,饮水安全也有保障。

贫困地区生产生活条件明显改善。贫困地区发展步伐显著加快，基础设施建设突飞猛进，行路难、吃水难、用电难、通信难等问题得到历史性解决。具备条件的贫困乡镇和建制村全部通硬化路、通客车、通邮路，2020 年年末贫困地区农村集中供水率提高到 88%，贫困地区农网供电可靠率达 99%，大电网覆盖范围内贫困村通动力电比例达 100%，贫困村通光纤和 4G 比例均超过 98%。易地扶贫搬迁建设任务胜利完成，"十三五"时期共建成集中安置区约 3.5 万个、安置住房 266 万套，960 多万建档立卡贫困人口摆脱了"一方水土难养一方人"的状况。

五、城乡区域发展协调性明显增强

深入实施区域重大战略和区域协调发展战略，协同推进新型城镇化战略和乡村振兴战略，区域发展空间布局持续优化，城镇化水平和质量全面提高，乡村发展新动能加快培育，优势互补、高质量发展的城乡区域发展新格局加快形成。

新型城镇化战略纵深推进。户籍制度改革和居住证制度推进实施，农业转移人口市民化程度不断提升。2020 年年末，常住人口城镇化率超过 60%，户籍人口城镇化率达 45.4%。城市群一体化水平不断提高，现代化都市圈建设步伐加快。乡村振兴扎实推进，农村一二三产业融合发展成效显现，农村基础设施、基本公共服务和人居环境显著改善，农民收入持续较快增长，城乡差距不断缩小。城乡居民人均可支配收入之比由 2015 年的 2.73 缩小至 2020 年的 2.56，人均消费支出之比由 2.32 缩小至 1.97。

区域重大战略加快实施。京津冀协同发展迈出坚实步伐，长江经济带生态环境保护发生了转折性变化，长三角一体化发展进程加快，粤港澳大湾区建设稳步推进，黄河流域生态保护和高质量发展扎实起步。2020 年，京津冀地区生产总值 86393 亿元，比上年增长

2.4%;长江经济带地区生产总值471580亿元,增长2.7%;长江三角洲地区生产总值244714亿元,增长3.3%。

区域协调发展战略迈出新步伐。积极构建西部大开发新格局,推动东北振兴取得新突破,促进中部地区加快崛起,强化创新引领推动东部地区率先发展,加大对革命老区、民族地区、边疆地区、贫困地区、资源枯竭地区及老工业基地的扶持力度,区域协调发展新机制加快构建。"十三五"时期,四大板块中,中部、西部地区生产总值年均分别增长6.4%、6.7%,分别快于东部地区0.3、0.6个百分点。

六、生态环境明显改善

牢固树立"绿水青山就是金山银山"的理念,加快推进生态文明建设,污染防治行动计划深入实施,节能减排扎实推进,可持续发展能力不断增强,环境质量明显改善,生态文明建设成效持续显现。

污染防治攻坚战成效显著。坚决打赢蓝天、碧水、净土保卫战,污染防治行动计划实施有力有效。2020年,全国337个地级及以上城市空气质量平均优良天数比例比2015年提高5.8个百分点,细颗粒物(PM2.5)未达标城市平均浓度下降28.8%,"大气十条"和蓝天保卫战目标全面实现;全国地表水达到或好于Ⅲ类水体比例比2015年提高17.4个百分点,劣Ⅴ类水体比例下降9.1个百分点,均超额完成"十三五"规划目标;土壤污染管控和修复得到加强,基本实现固体废物零进口目标。

生态保护修复全面加强。主体功能区布局和生态安全屏障加快形成,生态保护红线、永久基本农田、城镇开发边界三条控制线划定工作基本完成。耕地资源得到有效保护,耕地保有量控制在规划目标以内。国土绿化行动有序开展。"十三五"时期,新增水土流失综合治理面积30.6万平方公里。目前我国森林覆盖率超过23%,森林蓄积量超过175亿立方米。海洋生态安全屏障进一步巩固,以国家公园为主体的自然保护地体系加快构建。"十三五"时期,整治修复海岸线1200公里左右。2020年年末,全国共有国家级自然保护区474个。

绿色低碳循环发展方式逐步形成。能源消费革命取得突破性进展,节能减排成效明显。2020年,天然气、水电、核电、风电等清洁能源消费占能源消费总量的比重为24.3%,比2015年提高6.5个百分点;单位GDP二氧化碳排放比上年下降1.0%,在2019年提前完成"十三五"规划目标的基础上继续下降。"十三五"时期,化学需氧量、氨氮、二氧化硫等主要污染物排放总量累计分别下降13.8%、15.0%、25.5%。城市废弃物回收和再生利用体系加快建立,环境基础设施不断完善。2020年,生活垃圾无害化处理率超过99%,农村卫生厕所普及率超过68%。

七、全面深化改革取得重大突破

深化改革形成全面发力、多点突破、蹄疾步稳、纵深推进的生动局面,以经济体制改革为牵引,重点领域和关键环节改革取得突破性进展,若干领域实现了历史性变革、系统性重塑、整体性重构。

社会主义市场经济体制不断完善。立法、执法、司法全方位产权保护法治体系初步形成。要素市场化配置改革持续深化,市场化价格机制基本确立,市场定价商品比重超过97%,利率和汇率市场化改革持续推进。国资国企改革持续深化,以管资本为主的国有资产监管体制逐步改善。财税体制改革不断深化,营业税改征增值税全面推开,一系列有利于小微企业和民营经济发展的政策措施出台。"放管服"改革成效明显,市场准入负面清单制度全面实施,商事制度改革全面推开,我国营商环境国际排名大幅提升。

多领域改革协调推进。坚定不移走中国特色社会主义政治发展道路,以宪法为核心的中国特色社会主义法律体系日趋完善,全面依法治国取得重大进展,社会治理方式不断创新,平安中国建设成效明显,"十三五"时期刑事案件立案数、治安案件查处数大幅下降。总揽全局、协调各方的党的领导制度体系不断健全,党的建设制度和纪检监察体制改革取得历史性突破。国防和军队改革开创新局面,军队组织形态实现重大变革。文化、社会、生态文明等领域体制改革不断深化。

防范化解重大风险取得积极成效。一批重大风险隐患"精准拆弹",宏观杠杆率过快上升势头得到抑制,金融风险处置取得重要阶段性成果,金融行业在规范中发展。金融资本盲目扩张得到根本扭转,2017—2020 年,银行业、保险业总资产年均增速仅为 2009—2016年年均增速一半左右;银行业累计处置不良贷款 8.8 万亿元,超过之前 12 年总和。地方政府违法违规举债得到遏制,债务风险总体可控,2020 年年末地方政府债务余额 256615 亿元,控制在全国人大批准的限额之内。房地产调控长效机制不断完善,房地产市场价格总体稳定。

八、对外开放持续扩大

坚定不移全方位扩大对外开放,实施一系列重大对外开放新举措,主动参与和推动经济全球化进程,开放范围不断拓展,开放层次明显提高,高水平对外开放新格局加快构建。

开放型经济新体制加快建立。大力推动自由贸易试验区建设,积极发展跨境电商等新型贸易,我国对外贸易规模稳步攀升,贸易大国地位更加巩固。2020 年,我国货物进出口总额 46463 亿美元,位居世界第一,比 2015 年增长 17.5%;服务进出口总额 6617 亿美元,位居世界第二,增长 1.2%。外商投资法及实施条例出台实施,外商投资准入前国民待遇加负面清单管理制度全面实行,外商投资准入限制大幅减少,利用外资规模再创历史新高。2020 年,我国实际使用外商直接投资近 10000 亿元,成为全球最大外资流入国。全国自由贸易区增至 21 个,海南自由贸易港建设稳步推进。

共建"一带一路"成果丰硕。加强政策沟通、设施联通、贸易畅通、资金融通、民心相通,我国与"一带一路"沿线国家经贸往来日益活跃。2020 年,我国对"一带一路"沿线国家货物进出口总额 9.4 万亿元,占货物进出口总额比重提升至 29.1%;非金融类直接投资 177.9 亿美元,占对外直接投资总额的比重提升至 16.2%。成功举办两届"一带一路"国际合作高峰论坛,累计签署共建"一带一路"合作文件 203 份。第三方市场合作不断拓展,中老铁路、雅万高铁、匈塞铁路、瓜达尔港等重大项目取得积极进展。中欧班列累计开行超过 3.3 万列,中欧陆海快线加快形成。

积极参与全球治理体系改革。构建人类命运共同体的理念主张赢得国际社会普遍认同,二十国集团杭州峰会、金砖国家领导人厦门会晤、上海合作组织青岛峰会、中非合作论坛北京峰会等系列主场外交活动成功举办。区域全面经济伙伴关系协定(RCEP)成功签署,中欧投资协定谈判如期完成,中日韩自由贸易协定等谈判积极推进。人民币正式纳入国际货币基金组织特别提款权(SDR)货币篮子,亚洲基础设施投资银行、金砖国家新开发银行等新国际金融机构正式运营。积极推动国际抗疫合作,推进药物、疫苗研发合作和国际联防联控,加强全球公共卫生治理,推动构建人类卫生健康共同体。

九、人民生活水平显著提高

坚持以人民为中心的发展思想,坚持在发展中保障和改善民生,千方百计增加居民收入,推进基本公共服务均等化,加快补齐民生领域短板,民生福祉持续增进,人民群众的获得感、幸福感不断增强。

居民生活质量稳步提升。居民收入与经济同步增长。"十三五"时期,全国居民人均可支配收入年均实际增长 5.6%,快于同期人均国内生产总值年均增速。2020年,全国居民人均可支配收入达32189元,比2010年增长1倍。居民消费层次不断提升。2020年,全国居民每百户家用汽车、空调、移动电话拥有量分别为37.1辆、117.7台、253.8部,分别比2015年增长63.4%、44.4%、12.9%;全国居民人均服务性消费支出占居民人均消费支出比重为42.6%,比2015年提高1.5个百分点。

公共服务体系更加健全。多层次社会保障体系加快完善,建成世界上规模最大的社会保障体系。2020年年末,全国基本养老保险覆盖近10亿人,基本医疗保险覆盖超过13亿人。住房保障和供应体系建设稳步推进,住房保障能力不断提升。"十三五"时期,全国各类棚户区改造累计开工超过2300万套,帮助5000多万居民实现安居梦。教育公平和质量得到提升。2020年,九年义务教育巩固率达95.2%,高中阶段教育毛入学率达91.2%,高等教育进入普及化阶段。基本医疗和公共卫生服务体系进一步完善。2020年年末,医疗卫生机构床位数比2015年年末增长29.9%。

文化体育事业繁荣发展。坚持中国特色社会主义文化发展道路,大力发展公共文化服务,覆盖城乡的公共文化体系不断完善,公共文化服务设施加快普及。2020年年末,全国文旅系统共有公共图书馆、博物馆3203个、3510个,分别比2015年年末增加64个、529个。文化产业快速发展。2019年,全国文化及相关产业增加值占国内生产总值的比重为4.5%,比2015年提高0.55个百分点。"欢乐春节"、"中国文化年(节)"等文化品牌活动遍及全球,中华文化影响力持续扩大。竞技体育成绩斐然,群众体育蓬勃发展。"十三五"时期,我国运动员共获得463个世界冠军。2020年,全国7岁及以上人口中经常参加体育锻炼人数比例达37.2%。

综合来看,"十三五"时期,我国经济社会发展取得全方位、开创性历史成就,发生深层次、根本性历史变革,中华民族伟大复兴向前迈出了新的一大步。这些成就的取得,是以习近平同志为核心的党中央统揽全局、把舵定向的结果，是中国特色社会主义制度优势生生不息、厚积薄发的结果，是全党全国各族人民同心同德、携手奋进的结果，成绩来之不易，需要倍加珍惜。同时也要清醒认识到，我国发展的外部环境依然复杂严峻，新冠肺炎疫情仍在蔓延，经济全球化面临重大挑战，不稳定不确定因素较多；国内发展不平衡不充分问题仍较突出，结构性、体制性、周期性矛盾交织叠加，民生领域还有不少短板和弱项。"十四五"时期是我国开启全面建设社会主义现代化国家新征程、向第二个百年奋斗目标进军的第一个五年，保持经济持续健康发展意义重大。我们要更加紧密团结在以习近平同志为核心的党中央周围，深入贯彻落实党的十九大和十九届二中、三中、四中、五中全会精神，把立足新发展阶段、贯彻新发展理念、构建新发展格局、推动高质量发展的要求贯穿发展全过程和各领域，坚定不移深化改革，扩大开放，推动经济行稳致远、社会安定和谐，实现更高质量、更有效率、更加公平、更可持续、更为安全的发展，为全面建设社会主义现代化国家开好局、起好步。

"十四五"时期经济社会发展总体思路

金 贤 东

根据党的十九届五中全会审议通过的"十四五"规划《建议》，国务院编制了"十四五"规划《纲要（草案）》，已经十三届全国人大四次会议审查批准。李克强总理所作的《政府工作报告》中，对《纲要》作了深刻阐述。《纲要》深刻分析了我国发展环境面临深刻复杂变化，明确提出了由指导思想、必须遵循的原则和战略导向共同构成的指导方针，进而提出了"十四五"时期我国经济社会发展的主要目标和任务，谋篇布局逻辑环环相扣、工作部署层层细化，指导方针是大政方略，把方向、谋全局，突出体现了立足新发展阶段、贯彻新发展理念、构建新发展格局的核心要义，突出体现了"两个一百年"奋斗目标的有机衔接，我们务必全面理解和准确把握。

一、深刻领会"十四五"时期经济社会发展的指导思想

"十四五"时期经济社会发展指导思想，是党中央在全面总结中国特色社会主义发展实践经验，深入分析当前和今后一个时期国内外发展大势和我国发展环境面临的深刻复杂变化，统筹考虑 2035 年远景目标和"十四五"时期发展目标基础上提出来的，为今后五年做好经济社会发展工作指明了方向、提供了遵循。

"十三五"时期是全面建成小康社会决胜阶段，面对错综复杂的

国际形势、艰巨繁重的国内改革发展稳定任务特别是新冠肺炎疫情严重冲击,以习近平同志为核心的党中央不忘初心、牢记使命,团结带领全党全国各族人民砥砺前行、开拓创新,沉着有力应对各种风险挑战,我国经济社会发展取得重大成就,经济实力、科技实力、综合国力和人民生活水平跃上了新的大台阶,全面建成小康社会取得了伟大历史性成就,为开启全面建设社会主义现代化国家新征程奠定了坚实基础。"十三五"取得的辉煌成就,充分彰显了中国共产党领导和我国社会主义制度的显著优势。在深刻总结实践经验的基础上,"十四五"经济社会发展指导思想突出强调,要高举中国特色社会主义伟大旗帜,坚持以习近平新时代中国特色社会主义思想为指导,全面贯彻党的基本理论、基本路线、基本方略,统筹推进"五位一体"总体布局,协调推进"四个全面"战略布局。

"十四五"时期,我国进入新发展阶段,发展环境面临深刻复杂变化。我国发展仍然处于重要战略机遇期,但机遇和挑战都有新的发展变化,机遇和挑战之大都前所未有,但总体上机遇大于挑战。我们必须统筹中华民族伟大复兴战略全局和世界百年未有之大变局,深刻认识我国社会主要矛盾变化带来的新特征新要求,深刻认识错综复杂的国际环境带来的新矛盾新挑战,维护好运用好我国发展重要战略机遇期,不断开创全面建设社会主义现代化国家新局面。在深入分析发展环境的基础上,"十四五"经济社会发展指导思想突出强调了一系列新要求,明确提出要坚定不移贯彻新发展理念,坚持稳中求进工作总基调,以推动高质量发展为主题,以深化供给侧结构性改革为主线,以改革创新为根本动力,以满足人民日益增长的美好生活需要为根本目的,加快构建以国内大循环为主体、国内国际双循环相互促进的新发展格局。

习近平总书记强调,用五年规划引领经济社会发展,是我国治国理政的重要方式。新中国成立以来,我国已经先后编制实施了13个五年规划,通过一个个规划的分步实施、接力推进、滚动落实,我国一以贯之地朝着建设社会主义现代化国家的既定战略目标前进,在"一穷二白"的基础上迅速建立了比较完整的工业体系和国民经济体系,人民生活实现了由解决温饱到总体小康再到全面小康的历史性跨越,创造了世所罕见的经济快速发展奇迹和社会长期稳定奇迹。党的十九大将实现第二个百年奋斗目标分为两个阶段安排,"十四五"时期是我国开启全面建设社会主义现代化国家新征程的第一个五年,保持经济社会持续健康发展至关重要。为此,指导思想突出强调要实现经济行稳致远、社会安定和谐,为全面建设社会主义现代化国家开好局、起好步。

二、牢牢把握"十四五"时期经济社会发展必须遵循的原则

《纲要》对标对表《建议》,再次突出强调了"十四五"时期经济社会发展必须遵循的原则。这是指导方针中承前启后的重要部分,务必要从更宽视野、更深层次去理解和把握。

坚持党的全面领导。党的领导是做好党和国家各项工作的根本保障。从国际看,当今世界正经历百年未有之大变局,国际力量对比深刻调整,新冠肺炎疫情影响广泛深远,不稳定性不确定性明显增加。从国内看,我国已转向高质量发展阶段,继续发展具有多方面优势和条件,但发展不平衡不充分问题仍然突出。越是形势复杂严峻,就越是要坚持党的全面领导。这就要求,"十四五"时期,必须坚持和完善党领导经济社会发展的体制机制,坚持和完善中国特色社会主义制度,不断提高贯彻新发展理念、构建新发展格局能力和水平,为实现高质量发展提供根本保证。

坚持以人民为中心。民之所望就是施政所向。为中国人民谋幸福、为中华民族谋复兴,是中国共产党人的初心和使命。我们推动经济社会发展,归根结底是要实现全体人民共同富裕。随着全面建成

小康社会,人民对美好生活的需要将更加广泛并且日益多元化,满足人民在教育、医疗、养老、住房、食品药品安全、收入分配等方面的期待还需付出更大努力。这就要求,"十四五"时期,必须坚持人民主体地位,坚持共同富裕方向,始终做到发展为了人民、发展依靠人民、发展成果由人民共享,维护人民根本利益,激发全体人民积极性、主动性、创造性,促进社会公平,增进民生福祉,不断实现人民对美好生活的向往。

坚持新发展理念。理念是行动的先导。新发展理念是一个系统的理论体系,回答了关于发展的目的、动力、方式、路径等一系列理论和实践问题,阐明了我们党关于发展的政治立场、价值导向、发展模式、发展道路等重大政治问题,是指导我国经济、文化、社会、生态文明各领域发展的根本遵循。推动高质量发展是当前和今后一个时期确定发展思路、制定经济政策、实施宏观调控的根本要求,必须把发展质量问题摆在更为突出的位置,着力提升发展质量和效益。这就要求,"十四五"时期,必须把新发展理念完整、准确、全面贯穿发展全过程和各领域,切实转变发展方式,推动质量变革、效率变革、动力变革,实现更高质量、更有效率、更加公平、更可持续、更为安全的发展。

坚持深化改革开放。改革开放是决定当代中国命运的关键一招,也是决定实现"两个一百年"奋斗目标、实现中华民族伟大复兴"中国梦"的关键一招。当前,我国主要领域基础性制度体系已基本形成,但重点领域关键环节改革任务仍然艰巨;在内外部环境深刻变化的背景下,更需要实施更大范围、更宽领域、更深层次对外开放。这就要求,"十四五"时期,必须坚定不移推进改革,坚定不移扩大开放,加强国家治理体系和治理能力现代化建设,破除制约高质量发展、高品质生活的体制机制障碍,强化有利于提高资源配置效率、有利于调动全社会积极性的重大改革开放举措,持续增强发展动力和活力。

坚持系统观念。经济社会发展是一个庞大复杂的系统,解决系统问题,必须运用系统观念。随着科技快速发展和社会不断进步,社会主义现代化建设事业的复杂性系统性更加凸显,经济社会发展中内外部问题、长短期矛盾交织叠加,必须从系统论出发优化经济社会治理方式,在多重目标、多种约束中寻求动态平衡,找出最优解,全面协调推动各领域工作。这就要求,"十四五"时期,必须加强前瞻性思考、全局性谋划、战略性布局、整体性推进,统筹国内国际两个大局,办好发展安全两件大事,坚持全国一盘棋,更好发挥中央、地方和各方面积极性,着力固根基、扬优势、补短板、强弱项,注重防范化解重大风险挑战,实现发展质量、结构、规模、速度、效益、安全相统一。

三、全面贯彻"十四五"时期经济
社会发展的战略导向

为更好贯彻落实经济社会发展的指导思想和必须遵循的原则,《纲要》专门设置战略导向一节,集中阐述了新发展阶段、新发展理念、新发展格局的相互关系。指出:把握新发展阶段是贯彻新发展理念、构建新发展格局的现实依据;贯彻新发展理念为把握新发展阶段、构建新发展格局提供了行动指南;构建新发展格局则是应对新发展阶段机遇和挑战、贯彻新发展理念的战略选择。为便于我们整体把握、系统贯彻和一体落实新发展阶段、新发展理念、新发展格局,战略导向中又专门强调了要做到以下"五个必须"。

必须坚持深化供给侧结构性改革。以创新驱动、高质量供给引领和创造新需求,提升供给体系的韧性和对国内需求的适配性。创新是引领发展的第一动力,在我国现代化建设全局中居于核心地位。"十四五"时期,我们要将创新驱动作为首要任务,把科技自立自强作为国家发展的战略支撑,协同推进科技创新、产业发展和数字化转型。加快建设科技强国,强化国家战略科技力量,健全社会主义市场

经济条件下新型举国体制,提升企业技术创新能力,激发人才创新活力,完善科技创新体制机制。巩固壮大实体经济根基,深入实施制造强国战略,推进产业基础高级化、产业链现代化,推动战略性新兴产业创新发展,扩大服务业有效供给。大力推动数字化发展,建设数字中国。

必须建立扩大内需的有效制度。加快培育完整内需体系,加强需求侧管理,建设强大国内市场。随着国内外发展环境发生深刻变化,必须把发展立足点放在国内,更多依靠国内市场实现经济发展。"十四五"时期,我们要坚持扩大内需这个战略基点,把实施扩大内需战略同深化供给侧结构性改革有机结合起来,建设消费和投资需求旺盛的强大国内市场。增强消费对经济发展的基础性作用,提升传统消费,培育发展新型消费,推动服务消费提质扩容,适当增加公共消费。发挥投资对优化供给结构的关键性作用,加快补齐基础设施、市政工程、农业农村、公共安全、生态环保、公共卫生、物资储备、防灾减灾、民生保障等领域短板,推进新型基础设施、新型城镇化、交通水利等重大工程建设。

必须坚定不移推进改革。破除制约经济循环的制度障碍,推动生产要素循环流转和生产、分配、流通、消费各环节有机衔接。"十四五"时期,我们要坚持"两个毫不动摇",加快国有经济布局优化和结构调整,做强做优做大国有资本和国有企业,健全支持民营企业发展的法治环境、政策环境和市场环境,促进民营企业高质量发展。建设高标准市场体系,全面完善产权制度,推进要素市场化配置改革,强化竞争政策基础地位,形成高效规范、公平竞争的国内统一市场。加快建立现代财政制度,健全现代金融体系。创新和完善宏观调控,提升政府经济治理能力。深化"放管服"改革,构建一流营商环境。

必须坚定不移扩大开放。持续深化要素流动型开放,稳步拓展制度型开放,依托国内经济循环体系形成对全球要素资源的强大引力场。"十四五"时期,我们要加快推进制度型开放,提升对外开放平台功能,优化区域开放布局。推动共建"一带一路"高质量发展,加强发展战略和政策对接,推进互联互通,深化务实合作,加强安全保障,促进共同发展。积极参与全球治理体系改革和建设,推进贸易和投资自由化便利化,构建面向全球的高标准自由贸易区网络,积极发展全球伙伴关系,推进大国协调和合作,深化同周边国家关系,加强同发展中国家团结合作,携手共建人类命运共同体。

必须强化国内大循环的主导作用。以国际循环提升国内大循环效率和水平,实现国内国际双循环互促共进。构建新发展格局是党中央根据我国新发展阶段、新历史任务、新环境条件做出的重大战略决策,是与时俱进提升我国经济发展水平的战略抉择,也是塑造我国国际经济合作和竞争新优势的战略抉择。"十四五"时期,我们要立足国内大循环,协同推进强大国内市场和贸易强国建设,积极完善国内产业配套体系,主动融入世界经济体系。畅通国内大循环,提升供给适应引领创造新需求能力,推动生产模式和产业组织方式创新,促进资源要素顺畅流动,强化流通体系支撑作用,降低全社会交易成本。促进内需和外需、进口和出口、引进外资和对外投资协调发展,加快培育参与国际合作和竞争新优势。

从指导方针出发,《纲要》锚定2035年基本实现社会主义现代化的远景目标,聚焦"十四五"阶段性任务以及"六个新"的主要目标要求,从经济发展、创新驱动、民生福祉、绿色生态、安全保障等5个方面设置了20个主要指标,进而提出了17个方面的战略任务和重大举措,以及为强化目标任务落实提供有力支撑的102项重大工程项目。《报告》从九个方面进行了概述,即着力提升发展质量效益,保持经济持续健康发展;坚持创新驱动发展,加快发展现代产业体系;形成强大国内市场,构建新发展格局;全面推进乡村振兴,完善新型城镇化战略;优化区域经济布局,促进区域协调发展;全面深化改革开放,持续增强发展动力和活力;推动绿色发展,促进人与自然和谐共生;持续增进民生福祉,扎实推动共同富裕;统筹发展和安全,建设更高水平的平安中国。

蓝图已经绘就,关键是抓好落实。我们要更加紧密地团结在以习近平同志为核心的党中央周围,高举中国特色社会主义伟大旗帜,以习近平新时代中国特色社会主义思想为指导,增强"四个意识"、坚定"四个自信"、做到"两个维护",不断提高政治判断力、政治领悟力、政治执行力,齐心协力、开拓进取,完成好"十四五"规划目标任务,确保全面建设社会主义现代化国家新征程开好局起好步,奋力谱写中国特色社会主义事业新篇章!

着力提升发展质量效益
保持经济持续健康发展

马 建 堂

党的十九届五中全会审议通过的"十四五"规划《建议》和十三届全国人大四次会议审查批准的"十四五"规划《纲要》,明确了"十四五"时期经济社会发展主要目标和重大任务。李克强总理在十三届全国人大四次会议上所作的《政府工作报告》中,对此进行了深刻阐述和部署安排,强调要着力提升发展质量效益,保持经济持续健康发展。我们要深刻学习领会、认真贯彻落实。

一、发展是解决我国一切问题的基础和关键

2020年"十三五"规划圆满收官、我国在过去五年里持续谱写经济快速发展奇迹和社会长期稳定奇迹,再次证明了发展是解决我国一切问题的基础和关键。2020年国内生产总值达到101.6万亿元。人均国内生产总值突破1万美元。现行标准下5575万农村贫困人口全面脱贫、832个贫困县全部摘帽,困扰中华民族几千年的绝对贫困问题得到历史性解决。我们党带领全国人民,坚定不移把发展作为党执政兴国第一要务,经过五年接续奋斗,我国经济实力、科技实力、综合国力和人民生活水平跃上新的大台阶,全面建成小康社会胜利在望,中华民族伟大复兴向前迈出了新的一大步。

我国能率先控制住新冠肺炎疫情、取得抗疫斗争重大战略成果,改革开放四十多年来取得的伟大成就提供了坚强的物质基础。面对

第二次世界大战结束以来最严重的全球公共卫生突发事件带来的巨大冲击,在以习近平同志为核心的党中央坚强领导下,充分发挥中国共产党领导和我国社会主义制度的优势,以长期发展积累形成的雄厚物质基础、完整产业体系、强大科技实力等为坚强支撑,在短时间内大幅提升医疗物资生产能力、保障自身供应并出口全球,最大限度保护中国人民生命安全和身体健康,并为保护世界人民生命安全和身体健康作出中国贡献;率先复工复产、率先实现经济增长由负转正,成为全球唯一实现经济正增长的主要经济体,并为推动世界经济恢复作出重要贡献。

进入新发展阶段后,我国仍然要立足社会主义初级阶段基本国情,坚持发展第一要务,凝心聚力推动高质量发展,努力实现更高质量、更有效率、更加公平、更可持续、更为安全的发展。新发展阶段是在全面建成小康社会、实现第一个百年奋斗目标之后,全面建设社会主义现代化国家、开启第二个百年奋斗目标新征程的发展阶段。新发展阶段是社会主义初级阶段中的一个阶段,是我国社会主义发展进程中的一个重要阶段。新发展阶段的任务是全面建设社会主义现代化国家。"十四五"时期是进入新发展阶段的第一个五年,坚持发展第一要务,把高质量发展放到更加突出的位置,实现更高质量、更有效率、更加公平、更可持续、更为安全的发展是适应我国发展阶段、环境、条件变化的必然要求,也是统筹中华民族伟大复兴战略全局和世界百年未有之大变局的必然要求。**从国际看**,我国发展的外部环境日趋复杂,不稳定性不确定性明显增加,新冠肺炎疫情影响广泛深远,经济全球化遭遇逆流,世界进入动荡变革期。同时我国虽然已是世界第二大经济体,但人均经济总量与主要发达国家仍有较大差距,我国要全面接近或者达到发达国家发展水平,还需要付出长期艰苦的努力。要积极应对外部环境变化带来的冲击挑战,确保为全面建设社会主义现代化国家开好局、起好步,关键在于保持战略定力,办好自己的事,推动实现高质量发展。**从国内看**,我国仍处于并将长期处于社会主义初级阶段的基本国情没有变,我国是世界上最大发展中国家的国际地位没有变。我国已转向高质量发展阶段,继续发展具有多方面优势和条件,但同时我国发展任务仍然艰巨繁重,发展不平衡不充分问题仍然突出,重点领域关键环节改革任务仍然艰巨,创新能力不适应高质量发展要求,农业基础还不稳固,城乡区域发展和收入分配差距较大,生态环保任重道远,民生保障存在短板,社会治理还有弱项。这都要求我们坚持以经济建设为中心,坚定不移把发展作为党执政兴国的第一要务,贯彻新发展理念,推动实现高质量发展。

二、必须坚持新发展理念,把新发展理念贯穿发展全过程和各领域,引导各方面把工作重点放在提高发展质量和效益上,促进增长潜力充分发挥

理念是行动的先导,发展理念是否对头,从根本上决定着发展成效乃至成败。以创新、协调、绿色、开放、共享为主要内容的新发展理念是一个系统的理论体系,回答了关于发展的目的、动力、方式、路径等一系列理论和实践问题,阐明了我们党关于发展的政治立场、价值导向、发展模式、发展道路等重大政治问题。贯彻新发展理念,是关系我国发展全局的一场深刻变革,也是十分重要的政治要求。

确保为全面建设社会主义现代化国家开好局、起好步,必须统筹中华民族伟大复兴战略全局和世界百年未有之大变局,完整、准确、全面贯彻新发展理念,把新发展理念贯穿发展全过程和各领域。**第一,这是我们党践行执政为民根本宗旨和初心使命的必然要求**。在全面建成小康社会后,人民美好生活需要日益广泛,不仅对物质文化生活提出了更高要求,而且在民主、法治、公平、正义、安全、环境等方面的要求日益增长。满足人民对美好生活的新期待是发展的根本出

发点和落脚点。这就要求各级政府对创新发展、协调发展、绿色发展、开放发展、共享发展都要予以关注，增强协同、形成合力，不能畸轻畸重，不能以偏概全。**第二，这是解决现阶段突出问题和防范化解重大风险的必然要求。**做好任何工作，都要善于抓住主要矛盾和矛盾的主要方面。"十四五"及今后更长一个时期，必须更加注重共同富裕问题，自觉主动解决地区差距、城乡差距、收入差距等问题，让发展成果更多更公平惠及全体人民，进一步彰显社会主义国家的制度优势。**第三，这是进一步深化改革开放的必然要求。**党的十八届三中全会以来，我国主要领域改革主体框架基本确立，现在要按照把新发展理念贯穿发展全过程和各领域的要求，坚持问题导向，在增强创新能力、推动平衡发展、改善生态环境、提高开放水平、促进共享发展等重点领域和关键环节更有针对性地破解发展难题，更加精准地出台改革方案，更加全面地完善制度体系，为开好局、起好步提供更为坚实的体制基础。**第四，这是坚持系统观念的必然要求。**系统观念是具有基础性的思想和工作方法。"十四五"时期，我国发展环境面临深刻复杂变化，发展不平衡不充分问题仍然突出，经济社会发展中矛盾错综复杂，必须从系统观念出发加以谋划和解决，全面协调推动各领域工作和社会主义现代化建设。归根结底，把新发展理念贯穿发展全过程和各领域，关键是要做到一体把握、全局统筹、协同推进、联动发展。

把工作重点放在提高发展质量和效益上，促进增长潜力充分发挥，是检验是否扎实贯彻新发展理念的一把标尺。我国经济已由高速增长阶段转向高质量发展阶段。高质量发展就是体现新发展理念的发展，是创新成为第一动力、协调成为内生特点、绿色成为普遍形态、开放成为必由之路、共享成为根本目的的发展，也是以质量第一、效益优先为导向和特点的发展。这就需要我们按照《报告》要求，把工作重点放在坚持创新驱动发展，加快发展现代产业体系；形成强大国内市场，构建新发展格局；加快数字化发展，建设数字中国；推进农业农村现代化和新型城镇化建设,促进城乡区域协调发展;全面深化改革,持续增强发展活力;推动绿色发展,促进人与自然和谐共生;持续增进民生福祉,扎实推动共同富裕;统筹发展和安全,建设更高水平的平安中国等方面,不断提高发展质量和效益,促进增长潜力充分发挥。

三、经济运行保持在合理区间,各年度视情况确定经济增长预期目标

党的十九大对我国实现第二个百年奋斗目标作出分两个阶段推进的战略安排,其中第一个阶段是到2035年基本实现社会主义现代化。基本实现社会主义现代化的一个重要标志是,人均国内生产总值达到中等发达国家水平。我国作为一个发展中大国,要实现这样的战略目标,保持一定的经济增速是必须的。《报告》综合考虑我国发展条件和优势及"十四五"期间国内外环境变化,就"十四五"时期发展明确提出,经济运行保持在合理区间,各年度视情提出经济增长预期目标。

把经济运行保持在合理区间,既能较好支撑每年城镇新增就业,又为应对不确定性留有空间,也有利于引导各方面把工作重点放在提高发展质量和效益上。"十四五"时期,我国制度优势显著、物质基础雄厚、市场潜力巨大、人力资源丰富、发展韧性强劲,完全有基础、有能力、有条件把经济运行保持在合理区间。**一是党的坚强领导和中国特色社会主义制度优势。**中国共产党领导是中国特色社会主义最本质的特征,是中国特色社会主义制度的最大优势。有以习近平同志为核心的党中央坚强领导,全国人民就一定能够团结奋斗,在危机中育先机,于变局中开新局,夺取社会主义现代化国家建设的新胜利。**二是超大规模经济体的优势日益凸显。**拥有14亿人口的超大规模市场和巨大需求潜力是我国的独特优势。"十四五"

时期,我国超大规模市场优势会进一步加强,这将有利于实现更充分的规模经济、范围经济、网络经济效应,有利于增强发展韧性和扩大回旋余地,有利于缓释风险和对冲外部压力。**三是我国人口质量红利不断显现和科技创新能力不断增强**。目前,我国技能劳动者已经超过2亿人,其中高技能人才超过5000万人。"十四五"时期,我国人力资本和科技创新能力的进一步提升,有利于抓住新一轮科技革命和产业变革的战略机遇,为推动高质量发展提供更加强劲、更可持续的不竭动力。**四是产业革命变革推动新旧动能转换速度加快**。"十四五"时期,新一轮科技革命和产业变革不断深化和拓展,"互联网+"、"智能+"与已有行业和产业相互融合,传统产业焕发新的生机,新旧动能转换加快,必将推动现代产业体系建设迈出实质性步伐,为全面提升经济效率和国际竞争力,实现更具创新性和生产率引领的高质量发展发挥关键作用。**五是城市群和基础设施的网络效应日益增强**。"十四五"时期,我国以城市群为主体形态的城镇发展格局将加快形成,京津冀、长三角、珠三角、成渝、长江中游等城市群成为推动经济发展的重要引擎,同时广覆盖、多层次、多节点的综合交通和快速通道体系加快形成。这将优化生产要素的流动、聚集和扩散方式,进一步提高资源的空间配置效率,不断增强我国参与国际竞争合作的能力和水平。**六是绿色发展将创造新需求和新供给**。绿色发展是发展方式的革命性变革。"十四五"时期,我国主要污染物排放与经济增长脱钩的态势将进一步巩固,能源强度、碳排放强度将持续下降,资源利用效率将进一步提高。绿色发展必将释放巨大的需求潜力和创造新的供给体系,进而从供需两端推动经济社会的更好发展。

在保持经济运行在合理区间的同时,各年度可视情况确定经济增速预期目标。一方面,这是坚持系统观念的必然要求。确定年度经济增速预期目标,不能仅考虑当年,还要考虑整个"十四五"时期,尽可能避免预期目标忽高忽低和经济增速大起大落,影响市场预期稳定。另一方面,这也是坚持底线思维的必然要求。2020 年我国没有提出全年经济增速具体目标,就是因为当时疫情和经济形势难以预料,我们把工作重点放在"六稳"、"六保"上,千方百计稳住经济基本盘。随着前进道路上各种可以预见和难以预见的风险挑战不断增加,留有余地、适时调整年度经济增速预期目标是必要的。还特别需要强调的是,尽管"十四五"经济增速目标要视各年度情况而提出,但要保持经济运行在合理区间决不是轻轻松松、敲锣打鼓就能实现的。随着我国经济体量规模越来越大,再加上来自外部的风险挑战日益增加,实现"十四五"时期经济持续健康发展需要付出艰苦努力。

四、全员劳动生产率增长高于
国内生产总值增长

全员劳动生产率增速指标,具有十分重要的微观及宏观政策含义。在微观层面,全员劳动生产率是企业生产技术水平、经营管理水平、职工技术熟练程度和劳动积极性的综合表现,是反映微观市场主体经济活动质量和效益水平的重要指标。在宏观层面,全员劳动生产率增速是判断一个经济体未来成长性的标志性指标。从国内外经验看,全员劳动生产率增速与国内生产总值增速之间高度相关,全员劳动生产率增速加快时,国内生产总值增速也会加快;全员劳动生产率增速回落时,国内生产总值增速亦会减缓。

"十三五"时期,我国全员劳动生产率(以 2015 年价格计算)从2016 年的 94825 元/人增长到 2020 年的 117746 元/人。全员劳动生产率增速与国内生产总值增速的比较,呈现先低后高的基本态势。全员劳动生产率增速 2016 年和 2017 年分别比国内生产总值增速低0.3、0.2 个百分点,2018 年持平,2019 年和 2020 年分别比国内生产总值增速高 0.1、0.2 个百分点。这既反映了微观市场主体发展质量

和效益的提升,同时也说明了我国未来仍然有很大的增长潜力。

《报告》提出,"十四五"时期,全员劳动生产率增长高于国内生产总值增长,这是促进增长潜力充分释放,把经济运行保持在合理区间的重要任务。要实现这个既定目标,**一是加快实现科技自立自强**。创新是提高全员劳动生产率的不竭动力。要坚持创新在我国现代化建设全局中的核心地位,把科技自立自强作为国家发展的战略支撑。完善国家创新体系,强化国家战略科技力量,打好关键核心技术攻坚战。加强基础研究,制定实施基础研究十年行动方案。提升企业技术创新能力,强化企业创新主体地位,促进各类创新要素向企业集聚,推动产业链上中下游、大中小企业融通创新。完善科技创新体制机制,推动重点领域项目、基地、人才、资金一体化配置,实行"揭榜挂帅"等制度,加强知识产权保护,保持全社会研发经费投入年均增长 7%以上。**二是加快发展现代产业体系**。推动产业结构及产业体系的优化升级是提高全员劳动生产率的重要路径。要坚持以供给侧结构性改革为主线,充分发挥超大规模国内市场优势,把发展经济着力点放在实体经济上,坚定不移建设制造强国、质量强国、网络强国、数字中国。推进产业基础高级化、产业链现代化,保持制造业比重基本稳定,坚持自主可控、安全高效推动全产业链优化升级。发展壮大战略性新兴产业,构建一批各具特色、优势互补、结构合理的战略性新兴产业增长引擎。促进服务业繁荣发展,加快发展现代服务业,推动生产性服务业向专业化和价值链高端延伸,推动生活性服务业向高品质和多样化升级。统筹推进传统基础设施和新型基础设施建设,构建系统完备、高效实用、智能绿色、安全可靠的现代化基础设施体系。**三是加快释放人口质量红利**。激发人的积极性、主动性、创造性是提高全员劳动生产率的根本所在。要深入实施科教兴国战略、人才强国战略,激发人才创新活力。消除人才发展体制机制障碍,全方位培养、引进、用好人才。健全以创新能力、质量、实效、贡献为导向的科技人才评价体系。加强创新型、应用型、技能型人才培养,实施知识更新工程、技能提升行动,壮大高水平工程师和高技能人才队伍。弘扬科学精神和工匠精神。建设高质量教育体系,使劳动年龄人口平均受教育年限提高到 11.3 年。

五、城镇调查失业率保持在 5.5% 以下

就业是最大的民生。我国是一个拥有 14 亿人口、9 亿劳动力的发展中大国,解决好就业问题,实现更加充分更高质量的就业,始终是经济社会发展的一项重大任务,也是满足人民对美好生活的新期待,坚持以人民为中心的发展思想的直接体现。

"十三五"时期,我国千方百计做好稳定和扩大就业工作,累计城镇新增就业 6500 万人,各年度年末城镇调查失业率长期保持在 5.2% 及以下的较低水平。随着就业规模持续扩大,就业结构不断优化,就业质量稳步提高。特别是 2020 年面对新冠肺炎疫情带来的巨大冲击,中央果断提出全面落实"六保"任务并把"保居民就业"放在首要位置,各地认真贯彻落实中央决策部署并结合地方实际抓好保就业工作,大力促进市场化社会化就业,加大失业保险稳岗返还力度,支持大众创业万众创新带动就业,发展新就业形态和灵活就业,全年城镇新增就业 1186 万人,年末城镇调查失业率为 5.2%,在极为困难的情况下保持了就业大局稳定。

《报告》提出,"十四五"时期要扩大就业容量,城镇调查失业率控制在 5.5% 以内。需要注意的是,之所以没有再提出城镇登记失业率指标,就是为了更客观反映就业基本情况,引导各方面更有针对性地做好就业工作。各级政府需要把解决就业问题放在突出重要位置,继续强化、聚力增效就业优先政策,不断提高政策的针对性和有效性。**一是坚持经济发展就业导向**。推动经济发展是解决好就业问题的根本所在,"十四五"保持经济运行在合理区间,首要的考虑就是这能较好支撑每年城镇新增就业。要进一步强化经济增长和促进

就业两者之间的良性循环,优先发展就业吸纳能力强的经济活动,同时以更高质量就业支撑经济持续增长。财政、货币等各项政策要突出支持扩大就业容量,促进充分就业。健全就业需求调查和失业预警监测机制,及时动态观察研判就业走势及存在的突出问题,为宏观决策提供更有力支撑。**二是健全就业公共服务体系**。这是实现长期就业稳定的重要制度保障。要持续打造覆盖全民、贯穿全程、辐射全域、便捷高效的全方位就业公共服务体系,提高各类岗位供需匹配的精准度和便捷性。要进一步推进基本服务均等化,提升城乡公共服务能力和一体化水平,使劳动者能够在不同地域、部门之间更为便利地流动,提高劳动力总体配置效率。针对重点就业群体,完善就业支持体系。**三是更加注重缓解结构性就业矛盾**。以招工难和就业难并存为主要表现的结构性就业矛盾,近年来已经在很多行业领域出现,在"十四五"时期将更为凸显。要深入实施职业技能提升行动,加快推动落实终身职业技能培训制度,特别是在数字化、智能化转型快速的行业常态化地开展有针对性的技能培训。完善技能人才培养、使用、评价和激励机制,畅通技能人才职业发展通道。**四是完善促进创业带动就业、多渠道灵活就业的保障机制**。随着新一轮科技革命和产业变革的快速演进,就业来源和形态也会发生重大变化,创业将成为更加重要的就业来源,灵活就业将成为更加重要的就业形态。要积极适应和引领这个趋势性变化,持续优化营商环境,为大众创业万众创新提供更肥沃土壤。坚持公正监管、包容审慎监管,支持新就业形态发展,清理取消不合理限制灵活就业的各项规定,适时完善对灵活就业人员劳动权益的保障。

六、实现更高质量、更有效率、更加公平、更可持续、更为安全的发展

立足新发展阶段,坚持新发展理念,构建新发展格局,推动质量

变革、效率变革、动力变革,实现更高质量、更有效率、更加公平、更可持续、更为安全的发展,这是以习近平同志为核心的党中央准确把握当前和今后一个时期国内外发展大势、深入分析我国发展环境面临的深刻复杂变化、统筹考虑2035年远景目标和"十四五"时期发展目标的基础上提出来的,是"十四五"时期必须深刻把握和全面贯彻的。《报告》就此作了部署。

准确把握新发展阶段,深入贯彻新发展理念,加快构建新发展格局,最终就是要实现更高质量、更有效率、更加公平、更可持续、更为安全的发展。**推动实现更高质量的发展**。推动高质量发展是"十四五"时期经济社会发展的主题。更高质量的发展就是从"有没有"到"好不好"的发展。实现更高质量的发展,才能有效满足人民日益增长的美好生活需要,形成供需有效衔接、良性互动的高水平动态平衡,加快构建新发展格局。**推动实现更有效率的发展**。这是实现高质量发展的坚实基础。经济发展就是要提高资源尤其是稀缺资源的配置效率,以尽可能少的资源投入生产尽可能多的产品、获得尽可能大的收益。实现更有效率的发展,就是充分发挥市场在资源配置中的决定性作用,更好发挥政府作用,推动有效市场和有为政府更好结合的发展。**推动实现更加公平的发展**。共同富裕是社会主义的本质要求,是人民群众的共同期盼,我国的现代化是全体人民共同富裕的现代化。实现共同富裕不仅是经济问题,而且是关系党的执政基础的重大政治问题。实现更加公平的发展,才能让发展成果更多更公平惠及全体人民,不断增强人民群众获得感、幸福感、安全感。**推动实现更可持续的发展**。坚持绿水青山就是金山银山理念,促进人与自然和谐共生,是我国现代化的基本特征,更是事关中华民族永续发展和伟大复兴的重大战略问题。实现更可持续的发展,才能有效满足人民日益增长的优美生态环境需要,加快建成美丽中国。**推动实现更为安全的发展**。安全是发展的前提,发展是安全的保障,更为安全的发展是统筹发展和安全、增强机遇意识和风险意识、树立底线思维的必然要求。实现更为安全的发展，就是要把困难估计得更充分一点，把风险思考得更深入一些，注重堵漏洞、强弱项，下好先手旗、打好主动仗，有效防范化解各类风险挑战，确保社会主义现代化事业顺利推进。

实现更高质量、更有效率、更加公平、更可持续、更为安全的发展，需要坚持系统观念，牢牢把握住工作重点：必须坚持供给侧结构性改革战略方向，提升供给体系对国内需求的适配性；必须坚持扩大内需这个战略基点，夯实国内市场主导的国民经济循环；必须坚持以增强科技创新能力为核心，提高产业链供应链稳定性、安全性和竞争力；必须更大力度破除体制机制障碍，使各项改革朝着推动形成新发展格局聚焦发力；必须坚持扩大高水平对外开放，打造国际合作和竞争新优势；必须坚持完善宏观经济治理，实现稳增长和防风险长期均衡。

坚持创新驱动发展，
加快发展现代产业体系

谷 宇 辰

科技自立自强是国家发展的战略支撑，实体经济是建设现代化经济体系的着力点，数字化是引领新一轮科技革命和产业变革的强劲动力。党的十九届五中全会通过的"十四五"规划《建议》和十三届全国人大四次会议审查通过的"十四五"规划《纲要》，对提升创新能力、构建现代产业体系、加快数字化发展等作出了系统全面部署。李克强总理在十三届全国人大四次会议上所作的《政府工作报告》中，对此进行了深刻阐述和部署安排。我们要深入贯彻党中央、国务院决策部署，在"十四五"时期加快动能转换、塑造发展新优势。

一、我国已初步形成创新突破
带动产业升级的良性循环

"十三五"时期，我国创新能力显著提升，产业核心竞争力持续增强，基础设施网络布局持续完善，数字经济活力迸发，彰显出强劲的发展韧性和潜力。

一是创新型国家建设成果丰硕。全社会研发经费投入规模稳居世界第二，研发人员总量、发明专利申请量和 PCT 国际专利申请量均居世界首位，在全球创新指数中的排名从 2015 年的第 29 位跃升至 2020 年的第 14 位。在载人航天、探月工程、深海工程、卫星导航、超级计算、量子信息等领域取得一批重大科技成果。北京、上海科技创新中心建设取得重要进展,粤港澳大湾区国际科技创新中心建设顺利起步,综合性国家科学中心建设全面加速。

二是产业体系持续优化。制造业增加值规模连续 11 年位居世界首位,钢铁、水泥、汽车等主要工业品产量稳居世界首位,高速列车、特高压输变电、第三代核电等一批重大装备取得突破,工业机器人、新能源汽车、集成电路等新兴产业保持快速增长,高技术制造业、装备制造业、战略性新兴产业增加值年均分别增长 10.3%、8.4%、9.5%,部分优势领域呈现与国际先进水平并跑甚至领跑格局。服务业吸纳就业能力更加凸显,先进制造业和现代服务业融合发展步伐加快,成为拉动国民经济增长的重要动力。一批骨干龙头企业脱颖而出,一批创新型高技术企业加快成长,一批"专精特新"中小企业蓬勃发展。

三是基础设施网络布局持续完善。高速铁路营业里程、高速公路通车里程、港口万吨级及以上泊位数、电力装机、电网规模、第四代移动通信(4G)网络规模等均居世界第一,高速铁路、大跨度桥梁、特大型水利工程、新一代互联网等技术实现跨越式发展,离岸深水港、巨型河口航道整治、大型机场工程等建造技术迈入世界先进或领先行列,建成投产了北京大兴国际机场、洋山港四期、港珠澳大桥、乌东德水电站、中俄东线天然气管道等一批世界级标志性重大工程,有力支撑引领经济社会发展。

四是数字化赋能激发新活力。建成全球最大的光纤网络,覆盖所有城市、乡镇及 98% 以上的行政村,4G 基站规模占全球一半以上,5G 商用全球领先。数字经济规模大幅提升,电子商务交易额、网上零售额年均增速分别达到 11.3%、21.9%,跨境电子商务交易额达 1.69 万亿元,大数据、云计算、物联网、人工智能等数字技术广泛应用,催生大量新产业新业态新模式。产业数字化智能化转型明显加快,规模以上工业企业生产设备数字化率、关键工序数控化率、数字化设备联网率分别达到 49.9%、52.1%、43.5%。

二、我国创新发展和产业升级
面临新的机遇和挑战

"十四五"时期，世界百年未有之大变局加速演进，国际力量对比深刻调整，国际竞争焦点将越来越集中于科技创新特别是重大原创性突破。我国创新发展和产业升级具有显著优势，但基础创新能力不强、产业核心竞争力有待提升、关键核心技术受制于人、制造业占比有所下降等问题依然突出，在全球价值链中总体仍处于中低端，亟须把握大势、补齐短板、抢占未来竞争制高点。

一是全球科技革命加速演进，争夺发展制高点竞争空前激烈。新一轮科技革命正处于重大突破的历史关口，呈现出智能化主导、融合式"聚变"、多点突破的态势。以5G、人工智能、物联网、大数据、区块链等为代表的新一代信息技术正在广泛而深入地渗透到经济社会各领域，与生物、新能源、新材料等新兴技术交叉融合，同步推进科技、场景、产业变革。第四次工业革命正在加速广泛展开，传统制造模式和企业形态加速变革，以新技术为支撑的新兴产业快速成长，全球产业形态结构、组织方式、发展生态、竞争条件正在加快重塑。尽管发达国家仍主导全球创新格局，但创新策源地多极化的趋势更加明显，这既可能强化发达国家在科技上长期占优势的局面，又为新兴市场国家在一些关键领域率先取得突破提供了契机。各国抢占科技制高点的竞争空前激烈，竞争已下沉到由基础研究、共性基础技术、基础科学教育、重大科技基础设施等构成的系统能力上。"十四五"时期必须提升国家创新体系整体效能，在关系全局的关键领域集中力量突破，力争取得更多"从0到1"的重大原创成果。

二是经济全球化遭遇逆风，科技和产业自立自强重要性进一步凸显。国际经济政治格局复杂多变，单边主义、保护主义抬头，经济全球化遭遇逆流，新冠肺炎疫情加速全球产业链供应链格局向区域化、多元化调整,全球产业分工加速重构,主要经济体间产业链供应链竞争激化。部分发达国家压制我国产业链升级,新兴经济体对我国追赶步伐加快,我国产业链供应链稳定运行面临的困难明显增多、参与国际经济合作的难度加大,产业安全面临挑战。我国目前创新能力还不适应高质量发展和安全发展的要求,"十四五"时期必须通过提升自主创新能力推动供给升级,构建持久稳固的产业核心竞争力,解决我国生产体系内部循环不畅和供需脱节问题。

三是数字经济成为各国经济转型升级的战略抉择。世界正进入数字化生产力主导的全新阶段,随着智能终端、传感器等设备广泛部署应用,大量数据资源被充分采集、挖掘和利用,数据要素正驱动经济生产主体、生产对象、生产工具和生产方式深刻变革调整,为经济社会发展注入新的强劲动能,能否抓住数字化变革"时间窗口",将成为决定未来国家竞争力的关键"胜负手"。数字化、网络化、智能化发展将弥合全球劳动力成本和生产成本差距,可能引起全球产业链分工和生产组织网络的重大调整,深刻改变国家间比较优势和发展位势。特别是面对新冠肺炎疫情常态化趋势,数字化已经成为关乎生存发展的"必选项",各国都把数字化作为发展重点,纷纷积极布局、抢抓发展机遇。"十四五"时期必须顺应数字时代发展趋势,通过数字技术牵引赋能生产和服务体系升级,充分激发释放消费潜力。

三、"十四五"时期要以数字化为引领,促进创新链和产业链贯通融合、协同提升,为建设现代化经济体系提供坚实基础

党中央、国务院对"十四五"科技创新、产业发展、数字化转型进行了一体部署,强调要坚持创新在我国现代化建设全局中的核心地位,把科技自立自强作为国家发展的战略支撑;坚持把发展经济着力

点放在实体经济上，推进产业基础高级化、产业链现代化；加快数字化发展，建设数字中国。

（一）**强化国家战略科技力量**。健全社会主义市场经济条件下新型举国体制，打好关键核心技术攻坚战，提高创新链整体效能。

一是优化整合科技资源配置。充分发挥国家作为重大科技创新组织者的作用，以国家战略性需求为导向推进创新体系优化组合，加快建立国家实验室、研究型大学、一流科研院所和创新型领军企业高效协同的国家战略科技力量体系。聚焦量子信息、光子与微纳电子、网络通信、人工智能、生物医药、现代能源系统等领域组建一批国家实验室，重组国家重点实验室，形成结构合理、运行高效的实验室体系。支持发展新型研究型大学、新型研发机构等新型创新主体，探索新型研发组织形态。

二是加强原创性引领性科技攻关。在事关国家安全和发展全局的基础核心领域，发挥战略科学家作用，制定实施战略性科学计划和科学工程，适时牵头发起国际大科学计划和大科学工程。瞄准人工智能、量子信息、集成电路、生命健康、脑科学、生物育种、空天科技、深地深海等前沿领域，实施一批具有前瞻性、战略性的国家重大科技项目。推动重点领域项目、基地、人才、资金一体化配置。改进科技项目组织管理方式，实行"揭榜挂帅"、"赛马"等制度。

三是持之以恒加强基础研究。制定实施基础研究十年行动方案，重点布局一批基础学科研究中心，开展数学、物理、化学等基础学科前瞻性、引领性和独创性基础理论研究和前沿方向探索，培养和稳定一批潜心研究的基础学科人才。持续加大中央财政投入力度，拓宽基础研究经费渠道，推动基础研究经费投入占研发经费投入比重提高到8%以上。建立健全符合科学规律的评价体系和激励机制，对自由探索、长期探索的基础研究实行长周期评价机制，创造有利于基础研究的良好科研生态。

四是建设重大支撑性科技创新平台。加快推进北京、上海、粤港澳大湾区国际科技创新中心建设,大力支持北京怀柔、上海张江、大湾区、安徽合肥综合性国家科学中心建设,支持有条件的地方建设区域科技创新中心,加快形成多层次、体系化的区域创新格局。聚焦战略导向、应用支撑、前瞻引领和民生改善,适度超前布局国家重大科技基础设施,完善建设、运行、评价全周期管理机制,推动重大科技基础设施开放共享。集约化建设自然科技资源库、国家野外科学观测研究站(网)和科学大数据中心。

(二)提升企业技术创新能力。完善技术创新市场导向机制,强化企业创新主体地位,促进各类创新要素向企业集聚,形成以企业为主体、市场为导向、产学研用深度融合的技术创新体系。

一是激励企业加大研发投入。实施更大力度的研发经费加计扣除、高新技术企业税收优惠等普惠性政策,研究引导企业加大基础研究投入的政策办法。健全鼓励国有企业研发的考核制度,设立独立核算、免于增值保值考核、容错纠错的研发准备金制度,将企业研发经费投入作为国有企业及其负责人业绩考核的强制性内容,确保中央国有工业企业研发支出年增长率明显超过全国平均水平。

二是支持产业共性基础技术研发。支持行业龙头企业联合高等院校、科研院所和行业上下游企业共建国家产业创新中心,形成大平台、大团队、大网络,强化技术系统集成、中试验证和推广应用能力。支持有条件的企业联合转制科研院所组建行业研究院,打造新型共性技术平台,解决跨行业领域关键共性技术问题。大力发展大企业牵头,产学研用相结合,风险共担、利益共享、稳定协作的创新联合体,促进大中小企业上中下游协作、资源共享和系统集成。

三是完善企业创新服务体系。推动国家科研平台、科技报告、科研数据进一步向企业开放,完善财政资金支持形成科技成果的知识产权使用与权益分配制度,鼓励将符合条件的由财政资金支持形成的科技成果许可给中小企业使用。聚焦破解"死亡之谷"和"达尔文之海"难题,建设专业化市场化技术转移机构和技术经理人队伍,发展研发设计、中试熟化、创业孵化、检验检测认证、知识产权等各类创新创业服务机构。完善金融支持创新体系,鼓励金融机构发展知识产权质押融资、科技保险等科技金融产品,开展科技成果转化贷款风险补偿试点,畅通科技型企业国内上市融资渠道。

(三)构建现代产业体系。 坚持把发展经济着力点放在实体经济上,构建实体经济、科技创新、现代金融、人力资源协同发展的现代产业体系。

一是深入实施制造强国战略。坚持自主可控、安全高效,推进产业基础高级化、产业链现代化,保持制造业比重基本稳定。实施产业基础再造工程,加快补齐基础零部件及元器件、基础软件、基础材料、基础工艺和产业技术基础等瓶颈短板。实施重大技术装备攻关工程,推动首台(套)装备、首批次材料、首版次软件示范应用。巩固提升高铁、电力装备、新能源、船舶等领域全产业链竞争力,从符合未来产业变革方向的整机产品入手打造战略性全局性产业链。优化区域产业链布局,引导产业链关键环节留在国内,强化中西部和东北地区承接产业转移能力建设。实施领航企业培育工程,培育一批具有生态主导力和核心竞争力的龙头企业,培育专精特新"小巨人"企业和制造业单项冠军企业。推动制造业高端化智能化绿色化发展,推动石化、钢铁、有色、建材等原材料产业布局优化和结构调整,完善智能制造标准体系。实施制造业降本减负行动,多措并举降低制造业企业综合成本,提升制造业根植性和竞争力。

二是发展壮大战略性新兴产业。着眼于抢占未来产业发展先机,推动战略性新兴产业融合化、集群化、生态化发展。聚焦新一代信息技术、生物技术、新能源、新材料、高端装备、新能源汽车、绿色环保以及航空航天、海洋装备等战略性新兴产业,加快关键核心技术创新应用。深入推进国家战略性新兴产业集群发展工程,健全产业集群组织管理和专业化推进机制,防止低水平重复建设。前瞻谋划未来产业,在类脑智能、量子信息、基因技术、未来网络、深海空天开发、氢能与储能等前沿科技和产业变革领域,组织实施未来产业孵化与加速计划,谋划布局一批未来产业。

三是促进服务业繁荣发展。聚焦产业转型升级和居民消费升级需要,扩大服务业有效供给。推动生产性服务业融合化发展,以服务制造业高质量发展为导向,推动生产性服务业向专业化和价值链高端延伸,推动现代服务业与先进制造业、现代农业深度融合,培育具有国际竞争力的服务企业。加快生活性服务业品质化发展,加快完善养老、家政等服务标准,健全生活性服务业认证认可制度,推动生活性服务业诚信化职业化发展。深化服务领域改革开放,鼓励社会力量扩大多元化多层次服务供给。

(四)建设数字中国。加快建设数字经济、数字社会、数字政府,以数字化转型整体驱动生产方式、生活方式和治理方式变革。

一是打造数字经济新优势。加强关键数字技术创新应用,加快推进高端芯片、操作系统、人工智能关键算法、传感器、通用处理器等研发突破和迭代应用,加快布局量子计算、量子通信等前沿技术,支持数字技术开源社区等创新联合体发展。加快推动数字产业化,培育壮大新兴数字产业,提升通信设备、核心电子元器件、关键软件等产业水平,构建基于5G的应用场景和产业生态。推进产业数字化转型,实施"上云用数赋智"行动,在重点行业和区域建设国际水准的工业互联网平台和数字化转型促进中心,培育众包设计、智慧物流、新零售等服务业数字化新增长点,加快发展智慧农业。

二是加快数字社会建设新步伐。积极提供智慧便捷的公共服务,推动学校、医院、养老院等公共服务机构资源数字化,加大资源开放共享服务力度,发展在线课堂、互联网医院、数字图书馆等。分级分类推进新型智慧城市建设,将物联网感知设施、通信系统等纳入公共基础设施统一规划建设,推进城市数据大脑建设,构建面向农业农村的综合信息服务体系。构筑美好数字生活新图景,推进智慧社区建设,发展线上线下融合的社区生活服务、社区治理等,加强全民数字技能教育和培训。

三是提升数字政府服务新水平。加强公共数据开放共享，建立健全国家公共数据资源体系，健全数据资源目录和责任清单制度，推进数据跨部门、跨层级、跨地区汇聚融合和深度利用。扩大公共数据有序开放，开展政府数据授权运营试点。加大政务信息化建设统筹力度，集约建设政务云平台和数据中心体系，推进政务信息系统云迁移，增强快速部署能力和弹性扩展能力。全面推进政府运行方式、业务流程和服务模式数字化智能化，深化"互联网+政务服务"，加快构建数字技术辅助决策机制。

四是营造数字化发展新生态。加快建立数据资源产权、交易流通、跨境传输和安全保护等数据要素市场基础制度和标准规范，培育规范的数据交易平台和市场主体。强化数据资源全生命周期安全保护，推动数据跨境安全有序流动。构建与数字经济发展相适应的政策法规体系，健全共享经济、平台经济和新个体经济管理规范，依法依规加强监管，打击垄断和不正当竞争行为。探索建立适应新业态健康发展要求的监管框架。加强网络安全防护，建立健全关键信息基础设施保护体系。推动构建网络空间命运共同体，建立更加公平合理的互联网重要基础资源分配机制，积极参与国际规则标准制定。

（五）建设现代化基础设施体系。统筹推进传统基础设施和新型基础设施建设，打造系统完备、高效实用、智能绿色、安全可靠的现代化基础设施体系。

一是加快建设新型基础设施。建设高速泛在、天地一体、集成互联、安全高效的信息基础设施，增强数据感知、传输、存储和运算能力，加快5G网络规模化部署，用户普及率提高到56%，推广升级千兆光纤网络，打造支持固移融合、宽窄结合的物联接入能力。加快构建全国一体化大数据中心体系，建设若干国家枢纽节点和大数据中心集群，建设E级和10E级超级计算中心。积极稳妥发展工业互联网和车联网。打造全球覆盖、高效运行的通信、导航、遥感空间基础设施体系,建设商业航天发射场。加快交通、能源、市政等传统基础设施数字化改造。

二是加快建设交通强国。完善综合运输大通道,加强出疆入藏、中西部地区、沿江沿海沿边战略骨干通道建设,有序推进能力紧张通道升级扩容,加强与周边国家互联互通。构建快速网,基本贯通"八纵八横"高速铁路,提升国家高速公路网络质量,加快建设京津冀、长三角、粤港澳大湾区等世界级机场群和港口群。率先推进城市群都市圈交通现代化,推动干线铁路、城际铁路、市域(郊)铁路、城市轨道交通"四网融合"。强化综合交通网络一体衔接和全链条服务能力,大力发展旅客联程运输和货物多式联运,完善国家物流枢纽、国家骨干冷链物流基地等重大物流基础设施网络。

三是构建现代能源体系。坚持控煤、稳油、增气、大力发展非化石能源,同步提升电力系统调节能力,构建清洁低碳、安全高效的能源体系。坚持集中式和分布式并举、陆上海上并重,大力提升风电、光伏发电规模。充分利用大型水电调节能力,建设一批风光水储一体化能源基地,推动在役煤电基地升级为风光火(储)一体化基地。安全稳妥建设沿海核电。加快建设适应光伏发电和风电高比例、大规模接入的新一代电力系统,持续推动既有煤电灵活性改造,加快储能规模化、商业化发展,大力建设抽水蓄能电站,增强源网荷储配套能力。加强常规油气和页岩油、页岩气、煤层气等非常规油气勘探开发,完善油气管网布局。

四是实施国家水网工程。加快大江大河干流堤防建设和河道综合整治,恢复河道行洪和生态功能,增强应对流域性大洪水的能力。构建国家骨干输排水通道,建设一批跨流域、跨区域骨干输水通道,推进南水北调东中线后续工程建设。推动综合性水利枢纽和调蓄工程建设,重点在西南等地区建设一批大型水库工程,推进蓄滞洪区建设。

形成强大国内市场
构建新发展格局

张 建 民

构建以国内大循环为主体、国内国际双循环相互促进的新发展格局,是党中央根据我国发展阶段、环境、条件变化,特别是基于我国比较优势变化,审时度势作出的重大决策。李克强总理在十三届全国人大四次会议上所作的《政府工作报告》中,对"形成强大国内市场,构建新发展格局"提出明确要求、作出部署安排。"十四五"时期,要坚持扩大内需这个战略基点,加快培育完整内需体系,把实施扩大内需战略同深化供给侧结构性改革有机结合起来,以创新驱动、高质量供给引领和创造新需求,加快构建以国内大循环为主体、国内国际双循环相互促进的新发展格局。

一、从全局高度深刻认识加快构建
新发展格局的重大意义

加快构建新发展格局,是立足当前、着眼长远的战略谋划,是适应新发展阶段要求、建设现代化经济体系的主动选择,也是适应世界百年未有之大变局加速演进、应对世界格局深刻变化的理性决策。我们要从全局和战略的高度深入理解、准确把握。

(一)构建新发展格局是适应我国新发展阶段要求的主动选择。随着我国进入全面建设社会主义现代化国家、向第二个百年奋斗目标进军的新发展阶段,需求结构、产业结构、技术体系和经济增长动

能等都在发生变化。我国对外贸易依存度从 2006 年峰值的 64.2%
下降到 2020 年的 31.6%,经常项目顺差占国内生产总值比重由最高
时的 10%以上降至目前的 2%左右,经济发展更多依靠内需拉动,国
内经济循环同国际经济循环的关系客观上早有调整的要求。我们要
顺应经济发展趋势和大国发展规律,按照新发展阶段的新要求,主动
优化完善发展战略,增强国内市场对经济发展的主导作用,塑造我国
在国际循环中的新优势。

(二)构建新发展格局是应对国际环境变化的战略举措。近年
来,国际力量对比呈现趋势性变迁,经济全球化遭遇逆流,国际经济
循环格局发生深度调整。同时,新冠肺炎疫情全球大流行影响深远,
全球产业链供应链面临冲击,世界经济复苏动能不足,外需对我国经
济增长的支撑作用面临不确定性,国际经济循环动能弱化。我们要
根据新的形势,着力提升经济发展的自主性、可持续性,保持我国经
济平稳健康发展。

(三)构建新发展格局是发挥我国发展优势的内在要求。我国
有 14 亿人口,其中有 4 亿多中等收入人群,人均国内生产总值突破
1 万美元,是全球最大和最有潜力的消费市场。同时,我国有雄厚的
物质基础、丰富的人力资源、完整的产业体系、强大的科技实力和持
续提升的宏观经济治理能力。这些既是我国增强国内大循环主体地
位的重要保障,也是支撑我国深度融入国际经济循环的底气所在。
我们有条件、有能力充分发挥大国经济的规模效应和集聚效应,更好
利用国内国际两个市场两种资源,有力推动我国经济高质量发展。

二、畅通国内大循环,实现更高水平动态平衡

构建新发展格局的关键在于经济循环的畅通无阻。顺畅的经济
循环,会使物质产品增加、社会财富积聚、人民福祉增进、国家实力增
强,形成一个螺旋式上升的发展过程。如果出现堵点断点、循环受

阻,宏观上会导致经济增长速度下降、失业增加等情况,微观上可能出现产能过剩、企业效益下降、居民收入下降等问题。"十四五"时期,要破除制约要素合理流动的堵点,贯通生产、分配、流通、消费各环节,形成国民经济良性循环。

（一）**提升供给体系适配性**。深化供给侧结构性改革,提高供给适应引领创造新需求能力。一是提升产品和服务供需匹配度。适应个性化、差异化、品质化消费需求,推动生产模式和产业组织方式创新,持续扩大优质消费品、中高端产品供给和教育、医疗、养老等服务供给,提升产品服务质量和客户满意度。二是推进产业供需有效对接。促进农业、制造业、服务业、能源资源等产业协调发展,完善产业配套体系,加快自然垄断行业竞争性环节市场化,实现上下游、产供销有效衔接。三是加大力度化解过剩产能。健全市场化法治化化解过剩产能长效机制,完善企业兼并重组法律法规和配套政策。四是加强质量品牌建设。建立质量分级制度,加快标准升级迭代和国际标准转化应用,开展中国品牌创建行动,提升自主品牌影响力和竞争力。

（二）**促进资源要素顺畅流动**。矫正资源要素失衡错配,从源头上畅通国民经济循环。一是打通金融和实体经济循环堵点。提高金融服务实体经济能力,创新直达实体经济的金融产品和服务,增强多层次资本市场融资功能。二是坚持房子是用来住的、不是用来炒的定位,完善住房市场体系和住房保障体系,促进房地产与实体经济均衡发展。实施房地产市场平稳健康发展长效机制。三是畅通人力资本和产业良性循环。有效提升劳动者技能,提高就业质量和收入水平。四是促进城乡区域良性互动。健全城乡要素自由流动机制,构建区域产业梯度转移格局。

（三）**强化流通体系支撑作用**。深化流通体制改革,畅通商品服务流通渠道,提升流通效率,降低全社会交易成本。一是加快构建国内统一大市场。对标国际先进规则和最佳实践优化市场环境,促进不同地区和行业标准、规则、政策协调统一,有效破除地方保护、行业垄断和市场分割。二是建设现代物流体系。统筹物流枢纽设施、骨干线路、区域分拨中心和末端配送节点建设,健全县乡村三级物流配送体系,加强铁路快捷货运、航空货运和国际海运能力建设,优化国际物流通道。三是完善现代商贸流通体系。支持便利店、农贸市场等商贸流通设施改造升级,发展无接触交易服务,加强商贸流通标准化建设和绿色发展。四是加强应急物流建设。加快建立储备充足、反应迅速、抗冲击能力强的应急物流体系。

(四)**完善促进国内大循环的政策体系**。适应新形势要求,创新完善政策工具,用改革的办法破除瓶颈制约。一是提高财政政策精准性、有效性。保持合理的财政支出力度和赤字率水平,完善减税降费政策,构建有利于企业扩大投资、增加研发投入、调节收入分配、减轻消费者负担的税收制度。二是提高货币政策灵活性、审慎性。保持流动性合理充裕,保持货币供应量和社会融资规模增速同名义经济增速基本匹配,创新结构性政策工具,规范发展消费信贷。三是推动产业政策向普惠化和功能性转型。强化竞争政策基础性地位,支持技术创新和结构升级。四是完善其他配套政策。健全与经济发展水平相适应的收入分配、社会保障和公共服务制度。

三、促进国内国际双循环,培育参与国际合作和竞争新优势

构建新发展格局,实行高水平对外开放,必须具备强大的国内经济循环体系和稳固的基本盘,以此形成对全球要素资源的强大吸引力、在激烈国际竞争中的强大竞争力、在全球资源配置中的强大推动力。"十四五"时期,要协同推进强大国内市场和贸易强国建设,依托国内经济循环体系形成对全球要素资源的强大引力场,促进国内国际双循环。

(一)**推动进出口协同发展**。重视以国际循环提升国内大循环

效率和水平,持续推动贸易自由化便利化。一是完善内外贸一体化调控体系。促进内外贸法律法规、监管体制、经营资质、质量标准、检验检疫、认证认可等相衔接,推进同线同标同质。二是促进进口来源多元化。降低进口关税和制度性成本,扩大优质消费品、先进技术、重要设备、能源资源等进口。三是完善出口政策。优化出口商品质量和结构,稳步提高出口附加值。优化国际市场布局。引导企业深耕传统出口市场、拓展新兴市场,扩大与周边国家贸易规模,稳定国际市场份额。四是提高货物贸易开放水平。加快发展跨境电商、市场采购贸易等新模式,鼓励建设海外仓,保障外贸产业链供应链畅通运转。五是创新发展服务贸易。推进服务贸易创新发展试点开放平台建设,提升贸易数字化水平,实施贸易投资融合工程。

（二）**提高国际双向投资水平**。坚持引进来和走出去并重,以高水平双向投资高效利用全球资源要素和市场空间。一是更大力度吸引和利用外资。有序推进电信、互联网、教育、文化、医疗等领域相关业务开放,加强外商投资促进和保护,支持外资加大中高端制造、高新技术、传统制造转型升级、现代服务等领域和中西部地区投资,鼓励外资企业利润再投资。二是提升境外投资水平。创新境外投资方式,优化境外投资结构和布局,提升风险防范能力和收益水平,完善境外生产服务网络和流通体系,加快金融、咨询、会计、法律等生产性服务业国际化发展,推动中国产品、服务、技术、品牌、标准走出去。三是支持企业融入全球产业链供应链。提高企业跨国经营能力和水平,引导企业加强合规管理,防范化解境外政治、经济、安全等各类风险。四是推进多双边投资合作机制建设。健全促进和保障境外投资政策和服务体系,推动境外投资立法。

四、加快培育完整内需体系,建设强大国内市场

培育完整内需体系是畅通国民经济循环、增强国内大循环主体

地位的重要基础。我们要充分发挥我国超大规模市场优势,深入实施扩大内需战略,形成构建新发展格局的雄厚支撑。"十四五"时期,要建立扩大内需的有效制度,全面促进消费,拓展投资空间,加快培育完整内需体系。

(一)**全面促进消费**。顺应居民消费升级趋势,促进消费向绿色、健康、安全发展,稳步提高居民消费水平,增强消费对经济发展的基础性作用。一是提升传统消费。推动汽车等消费品由购买管理向使用管理转变,健全强制报废制度和废旧家电、消费电子等耐用消费品回收处理体系,促进住房消费健康发展。二是培育新型消费。发展信息消费、数字消费、绿色消费,鼓励定制、体验、智能、时尚消费等新模式新业态发展。三是发展服务消费。放宽服务消费领域市场准入,推动教育培训、医疗健康、养老托育、文旅体育等消费提质扩容,加快线上线下融合发展。四是适当增加公共消费。提高公共服务支出效率。五是完善城乡融合消费网络。培育建设国际消费中心城市,打造一批区域消费中心,扩大电子商务进农村覆盖面,推动农村消费梯次升级,完善市内免税店政策。六是释放居民消费潜力。采取增加居民收入与减负并举等措施,不断扩大中等收入群体,强化消费者权益保护,健全缺陷产品召回、产品伤害监测、产品质量担保等制度。

(二)**拓展投资空间**。优化投资结构,提高投资效率,保持投资合理增长,增强投资对优化供给结构的关键性作用。一是瞄准重点领域加大投资力度。加快补齐基础设施、市政工程、农业农村、公共安全、生态环保、公共卫生、物资储备、防灾减灾、民生保障等领域短板,推动企业设备更新和技术改造,扩大战略性新兴产业投资。二是实施一批重大工程项目。推进既促消费惠民生又调结构增后劲的新型基础设施、新型城镇化、交通水利等重大工程建设。面向服务国家重大战略,实施川藏铁路、西部陆海新通道、国家水网等重大工程,推进重大科研设施、重大生态系统保护修复、公共卫生应急保障等一批强基础、增功能、利长远的重大项目建设。三是深化投融资体制改革。发挥政府投资撬动作用,激发民间投资活力,形成市场主导的投资内生增长机制。健全项目谋划、储备、推进机制,加大资金、用地等要素保障力度。规范有序推进政府和社会资本合作,推动基础设施领域不动产投资信托基金健康发展,有效盘活存量资产。

协调推进乡村振兴和新型城镇化
促进城乡融合发展

相　伟

习近平总书记强调,在现代化进程中,如何处理好工农关系、城乡关系,在一定程度上决定着现代化的成败。全面建设社会主义现代化国家,实现中华民族伟大复兴,最艰巨最繁重的任务依然在农村,最广泛最深厚的基础依然在农村。城镇化是现代化的必由之路,是我国最大的内需潜力所在,是构建新发展格局的重要支撑。李克强总理在十三届全国人大四次会议上所作的《政府工作报告》中,就全面推进乡村振兴、完善新型城镇化战略提出明确要求。我们要按照党中央、国务院决策部署,积极推动形成工农互促、城乡互补、协调发展、共同繁荣的新型工农城乡关系。

一、"十三五"时期推进乡村振兴和新型
城镇化建设取得重大历史性成就

"十三五"时期,党中央启动实施乡村振兴战略,深入推进以人为核心的新型城镇化战略,城乡面貌发生了深刻变化。

(一)乡村振兴实现良好开局

一是脱贫攻坚目标任务如期完成。现行标准下 5575 万农村贫困人口全部脱贫、832 个贫困县全部摘帽、12.8 万个贫困村全部出列,区域性整体贫困得到解决,完成了消除绝对贫困的艰巨任务。贫困县农民人均可支配收入年均增速明显高于全国平均水平,建档立

卡贫困人口人均纯收入由 2015 年的 2982 元增加到 10740 元。贫困群众全部实现"两不愁三保障",贫困人口受教育机会和教育水平大幅提升,义务教育阶段 20 万建档立卡贫困家庭辍学学生实现动态清零,农村贫困人口医疗负担明显减轻,1936 万建档立卡贫困人口纳入社会救助保障范围,2568 万贫困群众的危房得到改造。

二是乡村产业取得新发展。农业综合生产能力进一步提升,划定 10.58 亿亩粮食生产功能区和重要农产品生产保护区,完成 8 亿亩高标准农田建设任务,粮食年产量连续稳定在 1.3 万亿斤以上,14 亿中国人的饭碗牢牢端在自己手中。生猪生产持续恢复,2020 年产能达到正常年份 90% 以上。农业现代化水平逐步提高,农作物耕种收综合机械化率超过 70%。农村产业融合发展加快推进,2020 年农产品加工营业收入 23.5 万亿元。

三是乡村建设开创新局面。农村人居环境整治三年行动目标任务基本完成,农村卫生厕所加快普及,农村生活垃圾收运处置体系覆盖大部分行政村。农业农村绿色发展扎实推进,化肥、农药使用量实现负增长,农作物秸秆、畜禽粪污资源化利用加快推进。农村基础设施建设提档升级,具备条件的建制村基本实现通硬化路、通客车,自来水普及率和集中供水率分别达到 83% 和 88%,新一轮农村电网改造升级提前完成,建成一批"宽带乡村"、"百兆乡村"。

四是乡风文明焕发新气象。中国农民丰收节、"我们的中国梦"文化进万家活动等蓬勃开展,乡村文化生活日益丰富。优秀乡村文化得到保护传承,认定 118 项重要农业文化遗产,传统村落、少数民族特色村寨分别达到 6819 个、1057 个。乡村公共文化服务体系不断优化,建成村级综合性文化服务中心 57 万个。

五是乡村治理谱写新篇章。农村基层党组织带头人队伍整体优化提升,乡村治理示范村镇、民主法治示范村、红色村组织振兴等试点工作扎实推进。农村集体经济不断发展壮大,集体经济年经营性收入 5 万元以下的薄弱村空壳村减少至 30% 以下。"枫桥经验"在各地创新发展,移风易俗成效显著,村规民约覆盖面逐步扩大。

六是农村民生跃上新水平。农村居民收入提前实现比 2010 年翻番的目标,2020 年农村居民人均可支配收入达到 17131 元,城乡居民收入比持续下降到 2.56∶1。乡村教育质量明显提高,全国 95%的县通过了县域义务教育基本均衡发展评估认定。乡村两级医疗机构和人员"空白点"基本消除,普遍建立了城乡居民医保门诊统筹。城乡基本公共服务均等化扎实推进,建立了城乡统一的居民基本养老保险制度、居民基本医保和大病保险制度。

(二)新型城镇化纵深推进

一是农业转移人口市民化成效显著。户籍制度改革深入推进,城区常住人口 300 万以下城市的落户限制基本取消,城区常住人口 300 万以上城市的落户条件大幅放宽,超过 1 亿农业转移人口和其他常住人口在城镇落户。居住证制度建立实施,向未落户常住人口累计发放居住证 1.1 亿张,以居住证为载体的城镇常住人口基本公共服务提供机制基本建立。城镇基本公共服务加快覆盖农业转移人口,85%左右随迁子女在流入地公办学校或政府购买学位的学校接受义务教育,城镇基本公共卫生服务实现常住人口全覆盖,统一的城乡居民基本养老保险和医疗保险制度基本建立,农民工职业技能培训累计超过 1 亿人次。"人地钱挂钩"配套政策不断完善,2016—2020 年共下达中央财政市民化奖励资金 1250 亿元。

二是以城市群为主体的城镇化空间格局总体形成。京津冀协同发展、粤港澳大湾区建设、长三角一体化发展有序推进,成渝地区双城经济圈建设开局起步,长江中游、北部湾、关中平原、兰州—西宁等城市群建立省际协调机制,城市群集聚人口和经济作用持续显现。多地积极推动都市圈发展,南京等都市圈规划出台实施,福州、成都、西安等都市圈规划加快编制,城际铁路、市域(郊)铁路、城际公交加快建设,便捷通勤网络逐渐形成。中心城市辐射带动能力增强,中小城市功能稳步提升,县城补短板强弱项工作稳步推进,特大镇设市取得突破,特色小镇规范有序发展,城市数量增加至 685 个。

三是城市发展质量显著提高。公共设施不断完善,城市污水处理率、生活垃圾无害化处理率分别达到 96.8%、99.3%,光网城市全面建成,5G 基站初步覆盖地级以上城市,城市轨道交通运营里程超过 6000 公里,社区卫生服务中心(站)基本实现街道全覆盖。住房保障工作扎实推进,棚户区改造累计开工建设超过 2300 万套,5000多万城镇居民出棚进楼,老旧小区改造全面推进。城市规划建设管理水平不断提高,绿色、智慧、人文等新型城市建设取得明显成效。

四是城乡融合发展迈出新步伐。《中共中央、国务院关于建立健全城乡融合发展体制机制和政策体系的意见》印发实施,11 个国家城乡融合发展试验区建设正式启动,新型城乡关系迈出关键一步。城乡基本公共服务加快接轨,城乡统一、重在农村的义务教育经费保障机制建立实施。城乡一体化基础设施建设取得积极进展,城镇与乡村道路联通程度加快提高。

二、推进乡村振兴和新型城镇化面临的形势

当前和今后一个时期,是推进乡村振兴和新型城镇化更高质量发展的关键时期,必须深刻把握新发展阶段推进乡村振兴和新型城镇化的新内涵、新要求,谋划好未来发展路径。

(一)推进乡村振兴机遇和挑战并存。挑战方面,今后一个时期粮食需求将继续增加,供求紧平衡的格局没有改变,影响粮食安全的隐患仍然存在;农村补短板任务十分艰巨,农村民生领域欠账较多,城乡基础设施、公共服务和收入水平差较大;农村土地制度等改革在基层实践中面临一些困难,乡村振兴面临的人才、土地、资金等要素瓶颈突出;受疫情冲击等因素影响,农民工外出就业空间有所缩小,持续增收压力较大。机遇方面,党中央高度重视"三农"工作,不断加大强农重农惠农力度,为乡村振兴提供坚强保障;我国超大规模市

场优势不断显现,优质农产品消费需求增加,农村消费潜力持续激发,为乡村振兴提供了广阔空间;新一轮科技革命和产业变革深入发展,生物技术、信息技术等加快向农业农村领域渗透,乡村产业加快转型升级,乡村振兴的科技支撑更加有力。

（二）**我国城镇化处于全面深度转型的关键时期**。近年来,我国城镇化进程加快,但仍存在一些突出问题。城镇化与工业化、农业现代化不同步,产城融合不紧密,产业集聚与人口集聚不协同,农业转移人口难以完全融入城市,部分中小城市和农村地区过快收缩,同时,新冠肺炎疫情冲击暴露出城市规划建设管理存在一些短板。总体看,我国农业与非农产业劳动生产率仍有较大差距,农民进城仍是大趋势,人民群众对高品质城市生活的追求将进一步驱动城镇化加速提质,深度城镇化的空间依然广阔。必须加快深入推进新型城镇化,破除体制机制障碍、补齐各类短板弱项,持续提升城镇化质量和水平。

三、"十四五"时期推进乡村振兴和新型城镇化的重点举措

推进乡村振兴和新型城镇化是立足新发展阶段、贯彻新发展理念、构建新发展格局的重大战略部署,是全面建设社会主义现代化国家的内在要求,两者有机统一、相互促进、相互支撑。"十四五"时期,要坚持走中国特色社会主义乡村振兴道路和新型城镇化道路,以健全城乡融合发展体制机制为关键,协调推进乡村振兴战略和新型城镇化战略。

（一）**提高农业质量效益和竞争力**。一是保障重要农产品有效供给。夯实粮食生产能力基础,坚持最严格的耕地保护制度,强化耕地数量保护和质量提升,严守 18 亿亩耕地红线,建成 10.75 亿亩集中连片高标准农田,实施黑土地保护工程,建设国家粮食安全产业

带,确保粮食产量在1.3万亿斤以上。二是强化农业科技和物质装备支撑。推进大中型灌区节水改造和精细化管理,加强大中型、智能化、复合型农业机械研发应用,农作物耕种收综合机械化率提高到75%。加强种质资源保护利用和种子库建设,确保种源安全。三是加快农业转型升级。建设优势农产品产业带和特色农产品优势区,大力发展现代畜牧业,促进水产生态健康养殖。推进农业绿色转型,深入实施农药化肥减量行动,治理农膜污染,推进秸秆综合利用和畜禽粪污资源化利用。

（二）**实施乡村建设行动**。一是强化乡村建设的规划引领。科学编制县域村庄布局规划,因地制宜、分类推进村庄建设,保护传统村落、民族村寨和乡村风貌,严禁随意撤并村庄搞大社区、违背农民意愿大拆大建。优化布局乡村生活空间,严格保护农业生产空间和乡村生态空间。二是提升乡村基础设施和公共服务水平。推动市政公用设施向郊区乡村和规模较大中心镇延伸,完善乡村基础设施,提升农房建设质量。推进城乡基本公共服务标准统一、制度并轨,增加农村教育、医疗、养老、文化等服务供给,推进县域内教师医生交流轮岗。三是改善农村人居环境。开展农村人居环境整治提升行动,稳步解决"垃圾围村"和乡村黑臭水体等突出环境问题。推进农村生活垃圾就地分类和资源化利用,以乡镇政府驻地和中心村为重点梯次推进农村生活污水治理。支持因地制宜推进农村厕所革命。

（三）**实现巩固拓展脱贫攻坚成果同乡村振兴有效衔接**。一是巩固提升脱贫攻坚成果。严格落实"摘帽不摘责任、摘帽不摘政策、摘帽不摘帮扶、摘帽不摘监管"要求,健全防止返贫动态监测和精准帮扶机制,对易返贫致贫人口实施常态化监测,建立健全快速发现和响应机制。完善农村社会保障和救助制度,健全农村低收入人口常态化帮扶机制。做好易地扶贫搬迁后续帮扶,加强大型搬迁安置区新型城镇化建设。二是提升脱贫地区整体发展水平。在西部地区脱贫县中集中支持一批乡村振兴重点帮扶县,从财政、金融、土地、人才、基础设施、公共服务等方面给予集中支持,增强其巩固脱贫成果及内生发展能力,调整优化东西部协作结对帮扶关系和帮扶方式。

（四）加快农业转移人口市民化。坚持存量优先、带动增量,统筹推进户籍制度改革和城镇基本公共服务常住人口全覆盖,加快推动农业转移人口全面融入城市。一是深化户籍制度改革。放开放宽除个别超大城市外的城市落户限制,试行以经常居住地登记户口制度。健全以居住证为载体、与居住年限等条件相挂钩的基本公共服务提供机制,鼓励地方政府提供更多基本公共服务和办事便利,提高居住证持有人城镇义务教育、住房保障等服务的实际享有水平。二是健全农业转移人口市民化机制。围绕提高城市政府吸纳农业转移人口落户的积极性,推动中央财政农业转移人口市民化奖励资金主要用于支持跨省农业转移人口市民化,提高均衡性转移支付与常住人口挂钩力度。强化对农业转移人口落户较多省份及城市的市政基础设施、教育医疗、保障性住房等公共服务设施用地保障。依法坚决维护进城落户农民的农村"三权",健全农户"三权"市场化退出机制和配套政策。

（五）完善城镇化空间格局。发展壮大城市群和都市圈,分类引导大中小城市发展方向和建设重点,形成疏密有致、分工协作、功能完善的城镇化空间格局。一是支持城市群和现代化都市圈发展。加快形成"两横三纵"城镇化战略格局,完善城市群成本共担和利益共享机制。依托辐射带动能力较强的中心城市,提高1小时通勤圈协同发展水平,培育发展一批同城化程度高的现代化都市圈。二是优化提升超大特大城市中心城区功能。有序疏解与城市发展方向不适应、比较优势弱化的产业及功能设施,引导过度集中的公共资源向外转移,合理降低中心城区开发强度和人口密度。三是完善大中城市宜居宜业功能。主动承接超大特大城市产业转移和功能疏解,因地制宜建设先进制造业基地、商贸物流中心和区域专业服务中心。优化市政公用设施布局和功能,提升城市生活品质。四是推进以县城为重要载体的城镇化建设。加快县城补短板强弱项,推进公共服务、环境卫生、市政公用、产业配套等设施提级扩能,增强综合承载能力和治理能力。因地制宜发展小城镇,促进特色小镇规范健康发展。

（六）**全面提升城市品质。**加快转变城市发展方式,统筹城市规划建设管理,推动城市空间结构优化和品质提升。一是转变城市发展方式。按照资源环境承载能力合理确定城市规模和空间结构,统筹安排城市建设、产业发展、生态涵养、基础设施和公共服务。推行功能复合、立体开发、公交导向的集约紧凑型发展模式。推行城市设计和风貌管控,加强新建高层建筑管控。改造提升老旧小区、老旧厂区、老旧街区和城中村等存量片区功能。二是推进新型城市建设。开展城市现代化试点示范,建设宜居、创新、智慧、绿色、人文、韧性城市,建立期限匹配、渠道多元、财务可持续的融资机制。三是提高城市治理水平。坚持党建引领、重心下移、科技赋能,不断提升城市治理科学化精细化智能化水平,推动资源、管理、服务向街道社区下沉,加快建设现代社区。运用数字技术推动城市管理手段、管理模式、管理理念创新。四是完善住房市场体系和住房保障体系。坚持房子是用来住的、不是用来炒的定位,加快建立多主体供给、多渠道保障、租购并举的住房制度。加快培育和发展住房租赁市场,完善长租房政策。扩大保障性租赁住房供给,着力解决困难群体和新市民住房问题。

（七）**健全城乡融合发展体制机制。**建立健全城乡要素平等交换、双向流动政策体系,为推进乡村振兴和新型城镇化注入新动能。一是加快完善土地制度。落实第二轮土地承包到期后再延长30年政策,完善农村承包地所有权、承包权、经营权分置制度,进一步放活经营权。深化农村宅基地制度改革试点,积极探索实施农村集体经营性建设用地入市制度。允许农村集体在农民自愿前提下,依法把有偿收回的闲置宅基地、废弃的集体公益性建设用地转变为集体经营性建设用地入市。建立土地征收公共利益认定机制,缩小土地征收范围。二是加强农业农村发展要素保障。加大中央财政转移支付、土地出让收入、地方政府债券支持农业农村力度。健全农业支持保护制度,完善粮食主产区利益补偿机制,完善粮食最低收购价政策。深化供销合作社改革。保障设施农业和乡村产业发展合理用地需求。完善金融支农激励机制,扩大农村资产抵押担保融资范围。允许入乡就业创业人员在原籍地或就业创业地落户并享受相关权益,建立科研人员入乡兼职兼薪和离岗创业制度。

优化区域经济布局
促进区域协调发展

王　巍

党的十九届五中全会审议通过的"十四五"规划《建议》提出,坚持实施区域重大战略、区域协调发展战略、主体功能区战略,健全区域协调发展体制机制,完善新型城镇化战略,构建高质量发展的国土空间布局和支撑体系。李克强总理在十三届全国人大四次会议上所作的《政府工作报告》中,就优化区域经济布局、促进区域协调发展提出明确要求。我们要切实提高认识,把党中央、国务院各项部署落到实处。

一、立足新发展阶段,深刻认识优化区域经济布局、促进区域协调发展的重大意义

习近平总书记指出,"我国幅员辽阔,人口众多,各地区自然资源禀赋差别之大在世界上是少有的,统筹区域发展从来都是一个重大问题。"当前,面对新技术革命和产业变革演进趋势,面对国内外发展环境的深刻复杂变化,面对人民日益增长的美好生活需要,优化区域经济布局、促进区域协调发展,对于解决我国发展不平衡不充分问题、推动高质量发展至关重要。

（一）**有利于高效利用国土空间,推动各区域逐步走合理分工、优化发展的路子**。近年来,我国经济社会持续健康发展,但地区间差距依然较大,区域板块也在分化重组。比如,尽管中、西部地区

经济总量占全国比重逐步上升,但从人均地区生产总值看,2020年东部地区仍然比中、西部高出六七成。"南升北降"现象凸显,北方不少地区的要素水平和发展质量都落后于南方。部分区域内部也不均衡,国土空间布局不合理,产业发展低效趋同,市场一体化建设等还存在不到位的地方。解决区域发展的这些不平衡问题,需要深入贯彻新发展理念,推动高质量发展,尤其是着眼全国一盘棋,加强空间发展统筹协调。从现实情况看,有的区域能源资源富集,有的区域有条件承载更多人口和产业,还有的区域由于生态脆弱亟待保护修复。必须进一步完善和落实主体功能区战略,制定差异化政策并分类精准实施,这样才能更大调动各方积极性,因地制宜发挥比较优势,促进区域更高水平协调发展。

(二)有利于进一步提高供给效率、释放内需潜力,形成供需之间更高水平动态平衡。从供给层面看,优化区域分工、深化区域合作,能够有效破除资源流动障碍,改善我国生产要素质量和配置水平,推动产业转型升级并增强产业链供应链自主可控能力,进而整体提高供给能力和效率。同时,实施区域重大战略,建设现代化都市圈,形成一批新增长极,将进一步提升我国在全球资源配置中的影响力,更有效吸引人才、资本和技术,塑造我国参与国际合作和竞争新优势。从需求层面看,我国经济纵深广阔,拥有 14 亿人口、4 亿多中等收入群体的巨大市场,促进区域间融合互动、融通补充,能够更好发挥规模效应和集聚效应。区域协调发展水平高了、壁垒少了,建设全国统一大市场才有坚实基础,实现经济畅通循环才有可靠保障,同时,通过补短板促进欠发达地区加快发展和推进城镇化,可以进一步扩大消费和有效投资,释放内需潜力,并带动进口增加,为加快构建以国内大循环为主体、国内国际双循环相互促进的新发展格局提供有力支撑。

(三)有利于扎实推动共同富裕,不断改善人民生活品质。当前,不同区域的就业和增收机会不均等,群众享有的教育、医疗、养老、文化等公共服务供给也不均衡。比如,2020年京津冀三地居民人均可支配收入分别为69434元、43854元和27136元,收入比约为5∶3∶2;再比如,同属长三角地区的浙江和安徽,2019年每千老年人口养老床位数分别为53.7张和34.9张,前者比后者多出50%以上。优化区域经济布局、促进区域协调发展可以更好保障和改善民生,不断增强人民群众获得感、幸福感、安全感。其中,深化改革破除地域歧视和体制壁垒,有助于更好维护劳动者平等就业权利,改善收入和财富分配格局;通过完善转移支付等制度,欠发达地区能够获得更大自主发展能力;对于经济发展优势地区,在尊重规律基础上合理促进要素资源集聚,可以有效防止出现极化现象,避免区域差距进一步扩大;通过提高区域间基本公共服务均等化水平,人民群众能够更大程度共享发展成果。

二、深入实施区域重大战略,开拓 高质量发展的重要动力源

"十四五"时期,要立足资源环境承载能力和功能定位,合理促进人口和产业集聚,接续实施重大工程项目建设,形成一批高质量发展的重要区域,增强对全国的辐射带动作用。

(一)加快推动京津冀协同发展。要紧紧抓住疏解北京非首都功能"牛鼻子",完善激励约束政策体系,促进北京城市副中心与河北省三河、香河、大厂三县市一体化发展。高标准高质量建设雄安新区,加快启动区和起步区建设,稳妥有序推进一批具有较强影响力和带动性的北京非首都功能向雄安新区疏解。落实好推动天津滨海新区高质量发展的相关政策。推动区域产业链和创新链深度融合,深化大气污染联防联控联治,加快城际交通、航运枢纽等重大项目建设。实现京津冀协同发展取得新突破,关键是要深化协同创新和体

制改革,优化区域营商环境,完善监管机制,着眼区域整体发展、立足各自禀赋条件促进优势互补,实现"1+1+1>3"的总体效果。

(二)**全面推动长江经济带发展**。长江是我国水量最丰富的河流。2020年,长江经济带地区生产总值约占全国的46%,接近半壁江山。要坚持生态优先、绿色发展和共抓大保护、不搞大开发,协同推动生态环境保护和经济发展,打造人与自然和谐共生的美丽中国样板。当前,维护流域生态系统原真性和完整性对促进可持续发展尤为关键,要标本兼治加强生态环境污染治理和保护修复,实施长江十年禁渔,统筹优化产业布局,健全生态补偿制度和综合管控机制,强化法律支撑保障,引导沿岸重化工产业转型升级。要加快综合交通网络建设,畅通劳动力、技术等要素流动,充分发挥区域创新活力足、开放基础好的优势,在转变发展方式、优化经济结构、转换增长动力方面更好起到引领示范作用。

(三)**积极稳妥推进粤港澳大湾区建设**。粤港澳大湾区建设意义重大,要不断提升市场一体化水平,增强大湾区经济和科技实力,提高居民生活品质,促进港澳融入国家发展大局。要深化通关模式改革,更好实现人员、货物、车辆便捷高效流动。扩大内地与港澳专业资格互认范围,深入推进重点领域规则衔接、机制对接。发挥好前海、河套、横琴等重点平台功能,带动粤港澳深化合作。立足大湾区科技要素丰富的特征,持续激发创新活力,推进综合性国家科学中心建设,加强粤港澳产学研协同发展。打造优质生活圈,让港澳青年在大湾区内地城市就学就业创业更加便利。

(四)**提升长三角一体化发展水平**。长三角地区生产总值约占全国的四分之一。2020年,在疫情等因素冲击下,经济仍然增长3.3%,高出全国增速1个百分点,展现出良好的发展韧性。作为我国经济发展最活跃、开放程度最高、创新能力最强的区域之一,长三角地区要继续做足"一体化"和"高质量"文章,进一步释放发展潜力。要打破行政壁垒、提高政策协同,完善轨道交通、内河运输等网络体系,推进港口群一体化治理,高水平建设长三角生态绿色一体化发展示范区,加快优质教育和医疗资源便利共享。要推进上海自贸试验区临港新片区和虹桥国际开放枢纽建设,打造沿沪宁产业创新带,促进科创产业融合发展,不断增强配置全球资源和辐射带动全国发展的能力。

（五）**扎实推进黄河流域生态保护和高质量发展**。重要的是保护好中华民族的母亲河,坚持以水定城、以水定地、以水定人、以水定产。要分区施策加强生态建设,上游加大重点生态系统保护和修复力度,更好涵养水源,中游积极开展黄土高原水土流失治理,下游统筹推进二级悬河、滩区综合治理和湿地保护修复。要推进深度节水控水,限制高耗水产业发展,抑制各类不合理用水需求。要加强干支流防洪体系规划建设,加强灾害监测和预警预报,确保黄河长治久安。要推动沿黄城市、县城和乡村升级产业和基础设施,推进兰州—西宁城市群、黄河"几"字湾都市圈协同发展,提升区域宜居宜业水平。要保护传承黄河文化遗产,讲好新时代的黄河故事。

三、深入实施区域协调发展战略,在推动
高质量发展中激活力、促均衡

习近平总书记指出,"不平衡是普遍的,要在发展中促进相对平衡。这是区域协调发展的辩证法。""十四五"时期,要区分不同自然条件和经济社会发展状况,细化区域发展政策,健全区域协调发展体制机制,更好发挥各地比较优势,加大对重点地区帮扶力度,促进东中西、南北方协调均衡发展。

（一）**推进西部大开发形成新格局**。过去五年,西部地区经济年均增长领跑四大板块,尤其是脱贫攻坚取得全面胜利,稳固了未来发展的底盘。要结合区位特征,补上发展短板,形成大保护、大开放、高质量发展的新格局,促进经济发展与人口、资源、环境相协调。要加

快发展特色优势产业,持续巩固脱贫攻坚成果。发挥成渝地区双城经济圈带动作用,提升关中平原城市群建设水平,促进西北地区与西南地区合作互动。积极融入"一带一路"建设,促进沿边地区开放发展。加强横贯东西、纵贯南北的运输通道建设。保护好祁连山等重要生态功能区。解决好教育、医疗、就业等领域群众期盼,完善社会保障体系,提高重大灾害和公共卫生应急能力,不断增进民生福祉。

（二）**推动东北振兴取得新突破**。东北地区资源禀赋和基础设施都有优势,实现发展振兴的关键是要破解体制机制障碍,激发市场主体活力。东北国资基础雄厚,要加快推进混合所有制改革,调整国有经济布局,同时要下大力气优化营商环境,稳定市场预期,推动民营经济发展壮大。东北地缘条件有利,要打造辽宁沿海经济带,建设长吉图开发开放先导区,深入推进与周边国家经贸合作。东北是我国重要的工农业基地,要提升创新支撑能力,推动装备制造、汽车、石化等传统优势产业改造升级,大力发展寒地冰雪、生态旅游等特色产业;加快发展现代农业,打造保障国家粮食安全的"压舱石"。要加大生态资源保护力度,筑牢祖国北疆生态安全屏障。

（三）**开创中部地区崛起新局面**。中部地区连接东西、贯通南北,优势独特、潜力巨大。要加强省际协作,进一步优化空间格局,推动长江中游城市群协同发展,加快武汉、长株潭都市圈建设,支持淮河、汉江生态经济带上下游合作联动发展,更好释放聚合效应,推动高质量发展。人口众多、产业密集是中部地区崛起的有利条件,要加快交通等基础设施建设,提升公共服务保障能力和水平,推进新型城镇化和乡村振兴,为加快形成强大国内市场提供支撑。要提高关键领域自主创新能力,做大做强先进制造业,在长江、京广等沿线建设一批中高端产业集群,积极承接新兴产业布局和转移。

（四）**鼓励东部地区加快推进现代化**。2020年,东部地区生产总值超过全国一半,发展的"稳定器"和"领航员"作用突出。在全国率先实现现代化,东部地区最有条件,在改革开放创新上打造高地、树立标杆,东部地区最有优势。要发挥创新要素集聚优势,加快培育世界级先进制造业集群,引领新兴产业和现代服务业发展,提升要素产出效率,提高产业链供应链现代化水平。要在建立全方位开放型经济体系上继续走在全国前列,更高层次参与国际经济合作和竞争。要支持深圳建设中国特色社会主义先行示范区、浦东打造社会主义现代化建设引领区、浙江高质量发展建设共同富裕示范区。深入推进山东新旧动能转换综合试验区建设。

（五）支持特殊类型地区发展。革命老区大部分位于多省交界地区,很多仍属于欠发达地区,要巩固拓展脱贫攻坚成果,培育壮大特色产业,提升基础设施和基本公共服务水平,支持赣闽粤原中央苏区高质量发展示范,推进陕甘宁、大别山、左右江、川陕、沂蒙等革命老区绿色创新发展,让老区人民逐步过上更加富裕幸福的生活。要塑造资源型地区发展新优势,推进生态退化地区综合治理和生态脆弱地区保护修复,以产业转型升级助力相关区域长远可持续发展。要大力改善边境地区生产生活条件,加大对重点边境地区发展精准支持力度,完善沿边城镇体系,推动边境贸易创新发展,推进兴边富民、稳边固边。

四、积极拓展海洋经济发展空间

从经济基础、区位条件、资源禀赋看,我国已形成了北部、东部、南部三大各具特色的海洋经济圈,这既是推动高质量发展的新增长点,也是建设海洋强国的重要支撑。"十四五"时期,要建设现代海洋产业体系,加快关键核心技术突破,培育壮大海洋工程装备和海洋生物医药产业,发展可持续远洋渔业,规模化利用海洋能源,科学开发海洋文化旅游。要打造可持续海洋生态环境,严格围填海管控,加强海岸带综合管理与滨海湿地保护,加快推进重点海域综合治理,拓展入海污染物排放总量控制范围。要深度参与全球海洋治理,坚决维护国家海洋权益,积极发展蓝色伙伴关系,深化与沿海国家多领域务实合作,推动建设公正合理的国际海洋秩序。

全面深化改革开放
持续增强发展动力和活力

史 德 信

改革开放是坚持和发展中国特色社会主义的必由之路。立足新发展阶段,贯彻新发展理念,构建新发展格局,推动高质量发展,必须坚定不移把改革开放不断推向深入。党的十九届五中全会通过的"十四五"规划《建议》和十三届全国人大四次会议审查通过的"十四五"规划《纲要》,对全面深化改革、实行高水平对外开放作出系统部署。李克强总理在十三届全国人大四次会议上所作的《政府工作报告》中,对"十四五"全面深化改革开放、持续增强发展动力和活力进行了深刻阐述。我们要按照党中央、国务院决策部署,推动构建高水平社会主义市场经济体制,建设更高水平开放型经济新体制。

一、激发各类市场主体活力

市场主体是经济社会发展的重要载体。"十三五"期间,我国市场主体数量由 0.77 亿户增加到 1.4 亿户,市场活力得到极大释放。"十四五"时期要着眼于构建高水平社会主义市场经济体制,进一步激发亿万市场主体活力,持续增强发展动能。

加快国有经济布局优化和结构调整。过去五年,国有企业改革发展取得重大进展,规模实力明显提升。为更好发挥国有经济的战略支撑作用,要推动国有资本更多向关系国家安全、国民经济命脉的重要行业和关键领域集中,向提供公共服务、应急能力建设和公益性等关系国计民生的重要行业和关键领域集中,向前瞻性战略性新兴产业集中。要按照市场化原则推进国有企业战略性重组和专业化整合,提高国有资本配置效率,推进能源、铁路、电信、公用事业等行业竞争性环节市场化改革。国有企业要聚焦主责主业,成为创新要素集成、科技成果转化的生力军。

推动国有企业完善中国特色现代企业制度。这是激发国有企业活力的重要基础。要促进加强党的领导和完善公司治理相统一,加快建立权责法定、权责透明、协调运转、有效制衡的公司治理机制。落实董事会职权,使董事会成为企业经营决策主体。坚持因地施策、因业施策、因企施策,宜独则独、宜控则控、宜参则参,不搞拉郎配,不搞全覆盖,不设时间表,分层分类深化国有企业混合所有制改革,既支持民营企业等社会资本参与国有企业混合所有制改革,又鼓励国有资本投资入股民营企业。着力深化劳动、人事、分配三项制度改革,优先支持商业类子企业加快推行职业经理人制度,建立健全按业绩贡献决定薪酬的分配机制,灵活开展多种方式的中长期激励。

优化民营企业发展环境。民营经济贡献了我国50%以上的税收,60%以上的国内生产总值,70%以上的技术创新成果,80%以上的城镇劳动就业,90%以上的企业数量,在经济社会发展中发挥着越来越重要的作用。要全面落实放宽民营企业准入政策措施,加快清理市场准入、审批许可、经营运行、招投标等方面的各类显性和隐性壁垒。完善民营企业参与国家重大战略实施机制。当前民营企业融资难融资贵问题还比较突出,要拓展民营企业融资渠道,引导金融机构为民营企业提供更好金融服务。要进一步完善清理和防止拖欠账款工作长效机制,从根本上解决政府和国有企业拖欠民营企业账款问题。

二、建设高标准市场体系

加快建设高标准市场体系,既是深化改革开放、完善社会主义市场经济体制的必然选择,也是构建以国内大循环为主体、国内国际双循环相互促进新发展格局的紧迫要求。要通过五年左右努力,基本建成统一开放、竞争有序、制度完备、治理完善的高标准市场体系。

全面完善产权制度。产权保护是市场体系的基本构件。面向未来,应着力完善更严格的产权保护制度,提升知识产权保护能力和水平。要加强对非公有制经济财产权的刑法保护,健全产权执法司法保护制度,完善涉企产权保护案件的申诉、复核、重审机制。强化知识产权保护,探索建立侵权快速反应机制,对恶意侵权、长时间持续侵权、商标侵权等行为,严格执行侵权惩罚性赔偿制度。全面推开农村集体产权制度改革试点,完善农村集体产权确权和保护制度,规范农村产权流转交易。

推进要素市场化配置改革。近年来,我们围绕充分发挥市场在资源配置中的决定性作用和更好发挥政府作用大力推进改革,取得积极成效,但仍存在要素流动不畅、配置效率不高等问题,亟须深入推进要素市场化配置改革。要建立健全城乡统一的建设用地市场,统筹推进农村土地征收、集体经营性建设用地入市、宅基地制度改革。健全统一规范的人力资源市场体系,促进劳动力要素有序流动。稳步推进股票发行注册制改革,建立常态化退市机制。发展知识、技术和数据要素市场,创新促进科技成果转化机制,健全职务科技成果产权制度,设立知识产权和科技成果产权交易机构。

强化竞争政策基础地位。公平竞争是市场经济的核心,也是当今世界各国经济治理的重点。针对制约公平竞争的突出矛盾和问题,必须加强改革探索,完善制度机制,推动竞争政策落实落地。要增强公平竞争审查制度刚性约束,探索建立公平竞争审查举报处理和回应机制。加强和改进反垄断与反不正当竞争执法,推动完善平台企业垄断认定、数据收集使用管理、消费者权益保护等方面的法律规范。鼓励各地区构建跨区域的统一市场准入服务系统,构建跨区域的市场监管案件移送、执法协助、联合执法机制,畅通案件会商渠道,互通裁量标准。

三、建立现代财税金融体制

党的十八届三中全会以来,我国财税体制改革全面发力,现代财政制度框架基本确立,金融改革不断向纵深推进,服务实体经济、防范金融风险能力增强。要在巩固已有制度建设成果基础上,推动建立现代财税金融体制,进一步发挥宏观政策的协同效应。

加快建立现代财政制度。"十四五"时期,要进一步完善预算管理制度,在挖掘潜力、规范管理、提高效率、释放活力上下更大功夫。强化对预算编制的宏观指导和审查监督,加强对财政资源的统筹。推进财政支出标准化,建立国家基础标准和地方标准相结合的基本公共服务保障标准体系。强化预算约束和绩效管理,健全以绩效为导向的预算分配体系。加强中期财政规划管理,完善跨年度预算平衡机制,增强国家重大战略任务财力保障。要明确中央和地方政府事权与支出责任,将涉及生产要素全国流动和市场统一的事务以及跨区域外部性强的事务,明确为中央财政事权;按照地方优先原则,将涉及区域性公共产品和服务的事务明确为地方财政事权。健全省以下财政体制,加强省级在维护本地经济社会协调发展、防范化解债务风险等方面的责任,增强基层公共服务保障能力。完善财政转移支付制度。建立健全规范的政府举债融资机制。

完善现代税收制度。税收是国家实施宏观调控、调节收入分配的重要工具。要着眼建立健全有利于高质量发展、社会公平、市场统一的税收制度体系,优化税制结构,提高税收征管效能。健全以所得税和财产税为主体的直接税体系,逐步提高其占税收收入的比重。进一步完善综合与分类相结合的个人所得税制度,合理扩大纳入综合征税的所得范围,完善专项附加扣除项目。积极稳妥推进房地产税立法和改革。建立健全个人收入和财产信息系统。按照中央与地方收入划分改革方案,后移消费税征收环节并稳步下划地方。在中央统一立法和税种开征权的前提下,通过立法授权,适当扩大省级税收管理权限。分步推进建成全国统一的新一代智能化电子税务局,建设标准统一、数据集中的全国税收征管信息库,持续推进涉税信息共享平台建设,促进各部门信息共享。

深化金融供给侧结构性改革。近年来,我国金融业发展取得重要成就,但金融业市场结构、服务水平与经济高质量发展要求和人民群众需求还有一定差距。要坚定不移贯彻新发展理念,构建金融有效支持实体经济的体制机制。完善货币供应调控机制,健全市场化利率形成和传导机制,更好发挥贷款市场报价利率基准作用。深化国有商业银行改革,加快完善中小银行和农村信用社治理结构,规范发展非银行金融机构,增强政策性金融服务国家战略和规划的能力。完善资本市场基础制度,全面实行股票发行注册制,建立常态化退市机制。加强对各类金融活动的监管,有效防范化解金融风险。

四、提升政府经济治理能力

科学有效的经济治理是国家治理体系和治理能力现代化的客观要求。我们要构建高水平社会主义市场经济体制、推动高质量发展,必须聚焦市场主体关切,加快转变政府职能,建设职责明确、依法行政的政府治理体系,创新和完善宏观调控,提高政府治理效能。

完善宏观经济治理。经过多年探索,我们在宏观经济治理方面积累了丰富的经验,同时各种新情况、新问题也对宏观经济治理能力提出了更高要求。要进一步健全以国家发展规划为战略导向,以财政政策和货币政策为主要手段,就业、产业、投资、消费、环保、区域等政策紧密配合的宏观经济治理体系。要重视预期管理和引导,合理把握宏观调控目标,在区间调控基础上加强定向调控、相机调控、精准调控。完善宏观调控政策体系,提高逆周期调节能力。提升运用现代技术手段辅助治理的能力。健全宏观经济政策评估评价制度和重大风险识别预警制度,提高决策的科学化、民主化、法治化水平。

构建一流营商环境。我国在全球的营商环境排名近年来上升较快,但与市场主体期待相比仍存在不足。针对市场反映强烈的限制多、门槛高、审批繁等问题,要深化"放管服"改革,全面实行政府权责清单制度,持续优化市场化法治化国际化营商环境。实施全国统一的市场准入负面清单制度,以服务业为重点进一步放宽准入限制。全面推行"证照分离"、"照后减证"改革,在生产许可、项目投资审批、证明事项等领域广泛推行承诺制。建立便利、高效、有序的市场主体退出制度,简化普通注销程序,建立健全企业破产和自然人破产制度。全面推行"不见面"办事,拓展"互联网+政务服务"。完善全国一体化平台,在更大范围实现"一网通办"。推动更多事项集成办理和"跨省通办",加快实现一窗受理、限时办结、最多跑一次。

推进监管能力现代化。在放宽市场准入的同时,如何加强事中事后监管,不断提升监管能力现代化,是一项重大课题。要健全以"双随机、一公开"监管和"互联网+监管"为基本手段、以重点监管为补充、以信用监管为基础的新型监管机制,推动线上线下一体化监管。严格市场监管、质量监管、安全监管,强化要素市场交易监管,对新产业新业态实施包容审慎监管。完善跨领域跨部门联动执法、协同监管机制,注重企业自治、行业自律、社会监督、政府监管相结合,发挥社会力量在市场监管中的作用,使企业"一处违法、处处受限"。

五、建设更高水平开放型经济新体制

建设更高水平开放型经济新体制,既是我们顺应发展环境变化作出的战略选择,也是完善社会主义市场经济体制的内在要求。要全面提高对外开放水平,深化商品和要素流动型开放,拓展规则、规制、管理、标准等制度型开放,推进贸易和投资自由化便利化。

　　加快推进制度型开放。随着我国外部环境和比较优势的发展变化,迫切需要加快从商品、要素开放向制度型开放的转变。要构建与国际通行规则相衔接的制度体系和监管模式,健全外商投资准入前国民待遇加负面清单管理制度,落实准入后国民待遇。建立健全跨境服务贸易负面清单管理制度,健全技术贸易促进体系。稳妥推进金融领域开放,深化境内外资本市场互联互通。稳慎推进人民币国际化,坚持市场驱动和企业自主选择,营造以人民币自由使用为基础的新型互利合作关系。健全与更高水平开放相适应的开放安全保障体系。

　　提升对外开放平台功能。经过多年努力,我国已形成了不同层次和定位的开放平台,要支持各类平台提升功能、更好发挥作用。在已设立的21个自贸试验区基础上,要进一步完善布局,赋予更大改革自主权,加强差别化探索,积极复制推广制度创新成果。稳步推进海南自由贸易港建设,以货物贸易"零关税"、服务贸易"既准入又准营"为方向推进贸易自由化便利化,全面推行"极简审批"投资制度,开展跨境证券投融资改革试点和数据跨境传输安全管理试点,实施更加开放的人才、出入境、运输等政策。创新提升国家级新区和开发区,促进综合保税区高水平开放,完善沿边重点开发开放试验区、边境经济合作区、跨境经济合作区功能,发挥好进博会、广交会、服贸会等重要展会平台的作用。

　　优化区域开放布局。党的十九大提出,形成陆海内外联动、东西双向互济的开放格局,十九届五中全会对此作出进一步部署。要围绕这一目标持续用力,鼓励各地立足比较优势扩大开放,强化区域间开放联动。巩固东部沿海地区和超大特大城市开放先导地位,率先推动全方位高水平开放。加快中西部和东北地区开放步伐,支持承接国内外产业转移,培育全球重要加工制造基地和新的增长极。推动沿边开发开放高质量发展,加快边境贸易创新发展,更好发挥重点口岸和边境城市的作用。

六、推动共建"一带一路"高质量发展

"一带一路"倡议提出以来,已由谋篇布局的"大写意"迈向精谨细腻的"工笔画",越来越多国家和国际组织积极响应。要坚持共商共建共享原则,秉持开放、绿色、廉洁理念,推动不断提升共建"一带一路"的质量和水平。

加强发展战略和政策对接。我国已与171个国家和国际组织签署了共建"一带一路"合作文件,凝聚了广泛的国际合作共识。要进一步完善多双边经贸合作机制,继续推动与各国发展战略、区域和国际发展议程有效衔接,发掘合作新机会。推动与更多国家商签投资保护协定、避免双重征税协定等,实施更高水平的通关一体化。拓展规则对接领域,加强融资、贸易、能源、数字信息、农业等领域规则对接合作。按照高标准、惠民生、可持续目标,对接普遍接受的国际规则标准,提升软联通水平。

推进基础设施互联互通。基础设施联通拉近了"一带一路"沿线各国的空间距离。要以"六廊六路多国多港"为基本框架,推动陆海天网"四位一体"联通,打造国际贸易新通道。充分发挥各国资源禀赋优势,建设更多高质量、可持续、包容可及的基础设施。加快建设和升级中欧班列、陆海新通道等国际物流和贸易大通道,帮助更多国家提升互联互通水平。坚持以企业为主体、市场为导向,遵循国际惯例和债务可持续原则,建立健全多元化投融资体系,充分发挥专项贷款、丝路基金、专项投资基金等的作用,支持多边开发融资合作中心有效运作。

深化经贸投资务实合作。2020年我国对"一带一路"沿线国家进出口总额9.37万亿元,同比增长1%;双向投资合作取得新的积极进展,一大批新项目建成并投入使用。"十四五"时期,要进一步扩大与"一带一路"沿线国家的贸易规模,优化贸易结构。深化国际产能合作,提升产能和装备走出去水平,建设一批综合效益好、各方都欢迎的大项目,构筑互利共赢的产业链供应链体系。打造一批产业定位清晰、区位优势突出、运营管理先进、生态效应明显的境外经贸合作区。支持我国企业和各国企业优势互补,完善第三方市场合作机制,实现"1+1+1>3"的共赢效果。完善"一带一路"风险防控和安全保障体系,有效防范化解各类风险。

七、构建面向全球的高标准自贸区网络

当前,国际经贸格局正在发生深刻复杂变化,以世贸组织为代表的多边贸易体制面临危机,主要经济体纷纷转向高标准自贸安排,试图打造符合自身利益的经贸规则体系。面对全球范围内自贸区建设提速、新一代国际经贸规则加快形成的趋势,我们必须迎头赶上,否则就有被边缘化甚至丧失规则话语权的风险。2020年RCEP完成签署,这是世界上规模最大、最具发展潜力的自贸协定,涵盖了全球30%的人口、30%的经济总量和30%的对外贸易,下一步要推动各成员国相向而行,争取协定尽快生效实施。同时,要不断优化自贸区布局,加快中日韩等自贸协定谈判,推动亚太自贸区进程,同更多国家和地区开展自贸协定谈判。要持续提高货物贸易自由化便利化水平,推进高标准服务投资负面清单谈判,积极参与新议题谈判。做好自贸协定推广与实施,进一步提高自贸协定利用率,帮助企业用足用好相关优惠政策。

推动绿色发展

贺　达　水

绿色是美好生活的基础、人民群众的期盼,推动绿色发展是完整准确全面贯彻新发展理念的必然要求。以习近平同志为核心的党中央明确提出了推动绿色发展的大政方针。李克强总理在十三届全国人大四次会议上所作的《政府工作报告》中,对"十四五"时期推动绿色发展、促进人与自然和谐共生提出明确要求。我们要坚持绿水青山就是金山银山理念,推动生态文明建设实现新进步,促进经济社会发展全面绿色转型,建设人与自然和谐共生的现代化。

一、提升生态系统质量和稳定性

坚持尊重自然、顺应自然、保护自然,坚持节约优先、保护优先、自然恢复为主,坚持山水林田湖草沙系统治理,守住自然生态安全边界,维护生态平衡和生态服务功能,促进自然生态系统质量整体改善。

构筑更加牢固的生态安全屏障。以国家重点生态功能区、生态保护红线、国家级自然保护地等为重点,实施重要生态系统保护和修复重大工程,加快推进"三区四带"(青藏高原生态屏障区、黄河重点生态区、长江重点生态区和东北森林带、北方防沙带、南方丘陵山地带、海岸带)等生态屏障建设。以增绿增质增效为主攻方向,开展大规模国土绿化行动,推行林长制,全面加强天然林保护,到2025年森林覆盖率提高到24.1%。以维护江河湖泊健康生命为着力点,加强大江大河和重要湖泊湿地生态保护治理,强化河湖长制,到2025年湿地保护率提高到55%。实施好长江十年禁渔,扭转长江生态环境恶化趋势。加快华北地区及其他重点区域地下水超采综合治理和黄河河口综合治理。遵循生态系统内在机理和规律,科学推进水土流失和荒漠化、石漠化综合治理,推行草原森林河流湖泊休养生息,健全耕地休耕轮作制度,巩固退耕还林还草、退田还湖还湿、退围还滩还海成果。

构建以国家公园为主体的自然保护地体系。自然保护地是生态建设的核心载体,在维护国家生态安全中居于首要地位。"十三五"时期,全国自然保护地数量增加700多个,面积增加2500多万公顷,总数量达到1.18万个,总面积约占我国陆域国土面积的18%。"十四五"时期将加快整合归并优化各类自然保护地,科学划定保护范围及功能分区,构建以国家公园为主体、自然保护区为基础、各类自然公园为补充的自然保护地体系。严格管控自然保护地范围内非生态活动,稳妥推进核心区内居民、耕地、矿权有序退出。加强自然保护地建设,分区分类开展受损自然生态系统修复。完善国家公园管理体制和运营机制,提升三江源、东北虎豹、大熊猫等国家公园建设水平,新整合设立秦岭、黄河口等一批国家公园。

实施生物多样性保护重大工程。生物多样性是维系生态系统稳定性的主要因素,是人类赖以生存和发展、人与自然和谐共生的重要基础。"十三五"时期,全国划定32个陆地、3个海域共35个生物多样性保护优先区域,90%的陆地生态系统类型和85%的重点野生动物种群得到有效保护,生物遗传资源收集保藏量位居世界前列。"十四五"时期将实施生物多样性保护重大工程,以生物多样性保护优先区域为重点,开展调查观测评估,构筑保护网络,加强国家重点保护和珍稀濒危野生动植物及其栖息地的保护修复,加强外来物种管控,保障生物生存繁衍。

健全市场化多元化生态保护补偿机制。由生态受益者付费、生态保护者得到合理补偿的机制,是生态优先、绿色发展的重要制度支撑。加大重点生态功能区、重要水系源头地区、自然保护地转移支付力度,鼓励受益地区和保护地区、流域上下游通过资金补偿、产业扶持等多种形式开展横向生态补偿,让生态保护者得到实实在在的利益。完善森林、草原和湿地生态补偿制度,推动长江、黄河等重要流域建立全流域生态补偿机制,强化以经济手段保护生态环境。建立生态产品价值实现机制,在长江流域和三江源国家公园等开展试点,探索可复制可推广模式,促进把生态价值更好转化为经济价值和社会价值。

二、持续改善环境质量

推进精准、科学、依法、系统治污,协同推进减污降碳,不断改善空气、水环境质量,有效管控土壤污染风险,建设青山常在、绿水长流、空气常新的美丽中国,让绿色发展成果更多更好惠及人民群众。

深入打好污染防治攻坚战。"十三五"时期生态环境保护9项约束性指标全面完成,污染防治取得重要阶段性成果,但生态环境质量改善成效尚不稳固,仍处于压力叠加、不进则退的关键期。必须聚力接续攻坚,坚持源头防治、综合施策,强化多污染物协同控制和区域协同治理,深入打好蓝天、碧水、净土保卫战。大气治理方面,加强城市大气质量达标管理,推进细颗粒物($PM_{2.5}$)和臭氧(O_3)协同控制,到2025年地级及以上城市细颗粒物浓度下降10%,有效遏制臭氧浓度增长趋势,空气质量优良天数比率提高到87.5%,基本消除重污染天气。持续改善京津冀及周边地区、汾渭平原、长三角地区空气质量,因地制宜推动北方地区清洁取暖、工业窑炉治理、非电行业超低排放改造,加快挥发性有机物排放综合整治,到2025年氮氧化物和挥发性有机物排放总量分别下降10%以上。水体治理方面,完善水污染防治流域协同机制,加强重点流域、重点湖泊、城市水体和近岸海域综合治理,推进美丽河湖保护与建设,到2025年化学需氧量和氨氮排放总量分别下降8%,地表水达到或好于Ⅲ类水体比例提高到85%,基本消除劣Ⅴ类国控断面和城市黑臭水体。土壤治理方面,推进受污染耕地和建设用地管控修复,在土壤污染面积较大的100个县推进农用地安全利用示范,以化工、有色金属行业为重点实施100个土壤污染源头管控项目,实施水土环境风险协同防控,加强塑料污染全链条防治,保障土壤环境安全。此外,加强环境噪声污染治理,重视新污染物治理。

全面提升环境基础设施水平。环境基础设施是防治污染、改善环境质量的基本保障,必须加快构建集污水、垃圾、固废、危废、医废处理处置和监测监管能力于一体的环境基础设施体系,形成由城市向建制镇和乡村延伸覆盖的环境基础设施网络。推进城镇污水管网全覆盖,开展污水处理差别化精准提标,推广污泥集中焚烧无害化处理,到2025年城市污泥无害化处置率达到90%,地级及以上缺水城市污水资源化利用率超过25%。推进垃圾分类和减量化、资源化,建设分类投放、分类收集、分类运输、分类处理的生活垃圾处理系统。提升危险废物利用处置能力,以主要产业基地为重点布局危废集中利用处置设施,建设国家和6个区域性危废风险防控技术中心、20个区域性特殊危废集中处置中心。补齐医疗废物处置设施短板,加快建设地级及以上城市医废集中处理设施,健全县域医废收集转运处置体系。

加快改善城乡人居环境。优化城市空间布局,合理确定开发强度,鼓励城市留白增绿,科学规划布局城市绿环绿廊绿楔。建立"美丽城市"评价体系,推进"美丽城市"建设试点。开展绿色社区创建行动,推广绿色建材、装配式建筑和钢结构住宅,结合城镇老旧小区改造推动社区基础设施绿色化和建筑节能改造。加快改善农村人居环境,因地制宜推进农村改厕、生活垃圾处理和污水治理、村容村貌提升、乡村绿化美化等。继续做好农村清洁供暖改造、老旧危房改造,打造干净整洁有序美丽的村庄环境。

严密防控环境风险。生态环境安全是国家安全的重要组成部分,是经济社会持续健康发展的重要保障。建立健全重点风险源评估预警和应急处置机制。全面整治固体废物非法堆存,提升危险废弃物监管和风险防范能力。强化重点区域、重点行业重金属污染监控预警。健全有毒有害化学物质环境风险管理体制,完成重点地区危险化学品生产企业搬迁改造。严格核与辐射安全监管,推进放射性污染防治。建立生态环境突发事件后评估机制和公众健康影响评估制度。在高风险领域推行环境污染强制责任保险。

积极应对气候变化。落实 2030 年应对气候变化国家自主贡献目标,制定 2030 年前碳排放达峰行动方案。完善能源消费总量和强度双控制度,重点控制化石能源消费。实施以碳强度控制为主、碳排放总量控制为辅的制度,推动能源清洁低碳安全高效利用,深入推进工业、建筑、交通等领域低碳转型,到 2025 年单位国内生产总值二氧化碳排放降低 18%。因地制宜确定减排战略重点和实施路径,实现差别化和包容式低碳转型,支持有条件的地方率先达到碳排放峰值。加大甲烷、氢氟碳化物、全氟化碳等其他温室气体控制力度。提升生态系统碳汇能力,支持植树造林,恢复植被。锚定努力争取 2060 年前实现碳中和,制定长期低碳发展战略,采取更加有力的政策和措施。加强全球气候变暖对我国承受力脆弱地区影响的观测和评估,提升城乡建设、农业生产、基础设施适应气候变化能力。秉持人类命运共同体理念,坚持公平、共同但有区别的责任及各自能力原则,建设性参与和引领应对气候变化国际合作,推动落实联合国气候变化框架公约及其巴黎协定,积极开展气候变化南南合作,为全球气候治理贡献中国智慧、提供中国方案。

三、加快发展方式绿色转型

坚持生态优先、绿色发展,推进资源总量管理、科学配置、全面节约、循环利用,着力转变发展方式和生活方式,协同推进经济高质量发展和生态环境高水平保护。

全面提高资源利用效率。深入推进节能、节水、节地、节矿等,提升资源节约集约利用水平。坚持节能优先方针,深化工业、建筑、交通等领域和公共机构节能,推动5G、大数据中心等新兴领域能效提升,强化重点用能单位节能管理,实施能量系统优化、节能技术改造等重点工程,到2025年单位国内生产总值能源消耗下降13.5%。实施国家节水行动,建立水资源刚性约束制度,严格用水总量控制,统筹生产、生活、生态用水,强化农业节水增效、工业节水减排和城镇节水降损,鼓励再生水利用,到2025年单位国内生产总值用水量下降16%左右。坚持最严格的耕地保护和节约用地制度,加大批而未供和闲置土地处置力度,盘活城镇低效用地,支持工矿废弃土地恢复利用,完善土地复合利用、立体开发支持政策,推动单位国内生产总值建设用地使用面积稳步下降。科学合理有序开发海洋资源,加强海岸带保护和开发,推进现代化海洋牧场建设,深化海洋生态建设和整治修复。提高矿产资源开发保护水平,发展绿色矿业,建设绿色矿山。

构建资源循环利用体系。全面推行循环经济理念,构建多层次资源高效循环利用体系。深入推进园区和产业集群循环化改造,补齐和延伸产业链,推进公共设施共建共享、能源资源梯级利用、废物循环利用和污染物集中安全处置。加强废旧物品回收设施规划建设,完善城市废旧物品回收分拣体系。拓展生产者责任延伸制度覆盖范围,推行生产企业"逆向回收"等模式,建立健全线上线下融合、流向可控的资源回收体系。加快发展种养有机结合的循环农业,推进农作物秸秆综合利用,提高畜禽粪污资源化利用水平。推进快递包装"绿色革命",加快实现快递包装减量化、标准化、循环化。

大力发展绿色经济。全方位全过程推行绿色规划、绿色设计、绿色投资、绿色建设、绿色生产、绿色流通、绿色生活、绿色消费,建立健全绿色低碳循环发展的经济体系。壮大绿色环保产业，加快培育节能环保、清洁生产、清洁能源、生态环境、基础设施绿色升级、绿色服务等市场主体，推广合同能源管理、合同节水管理、环境污染第三方治理等服务模式，推行以环境治理效果为导向的环境托管服务。促进工业绿色转型，坚决遏制高耗能、高排放项目盲目发展，推进钢铁、石化、建材等行业绿色化改造。打造绿色物流，加快大宗货物和中长途货物运输"公转铁"、"公转水"，推广绿色低碳运输工具。构建市场导向的绿色技术创新体系，实施绿色技术创新攻关行动，加速绿色技术创新成果转化应用。建立统一的绿色产品标准、认证、标识体系，完善节能家电、高效照明产品、节水器具推广机制。深入开展绿色生活创建行动，倡导绿色低碳的消费模式和生活方式。

四、健全绿色发展治理体系

完善顶层设计，以刚性约束倒逼绿色发展，以正向激励促进绿色发展，提升生态环境治理效能，推动全社会自觉践行绿色发展理念、共建共享生态文明，汇聚强大的绿色发展合力。

强化绿色发展的法律法规标准保障。保护生态环境必须依靠制度、依靠法治。制定实施生态保护补偿条例，推动完善促进绿色设计、强化清洁生产、提高资源利用效率、发展循环经济、严格污染治理、推动绿色产业发展、扩大绿色消费、实行环境信息公开、应对气候变化等方面法律法规制度。强化生态环境执法监督，加大违法行为查处和问责力度，加强行政执法机关与监察机关、司法机关的工作衔接配合。开展绿色标准体系顶层设计和系统规划，加快标准化支撑机构建设，加快绿色产品认证制度建设，培育一批专业绿色认证机构。

健全地上地下、陆海统筹的现代环境治理体系。完善自然保护地、生态保护红线监管制度，开展生态系统保护成效监测评估。全面实行排污许可制,实现所有固定污染源排污许可证核发,推动工业污染源限期达标排放。完善环境保护、节能减排约束性指标管理,推进固定资产投资项目节能审查、节能监察、重点用能单位管理制度改革,加强领导干部自然资源资产离任审计。完善中央生态环境保护督察制度,完善省以下生态环境机构监测监察执法垂直管理制度,推进生态环境保护综合执法改革,完善生态环境公益诉讼制度。加大环保信息公开力度,加强企业环境治理责任制度建设,完善公众监督和举报反馈机制。

实施有利于节能环保和资源综合利用的财税政策。继续利用财政资金和预算内投资支持环境基础设施补短板强弱项、绿色环保产业发展、能源高效利用、资源循环利用等。继续落实节能节水环保、资源综合利用以及合同能源管理、环境污染第三方治理等方面的所得税、增值税等优惠政策。做好资源税征收和水资源费改税试点工作。

大力发展绿色金融。引导金融资源向绿色发展领域倾斜,发展绿色信贷和绿色直接融资,加大对金融机构绿色金融业绩评价考核力度。统一绿色债券标准,建立绿色债券评级标准。发展绿色保险,发挥保险费率调节机制作用。支持符合条件的绿色产业企业上市融资。有序推进绿色金融市场双向开放,支持金融机构和相关企业在国际市场开展绿色融资。培育绿色交易市场机制,进一步健全排污权、用能权、用水权、碳排放权等交易机制,加快建立初始分配、有偿使用、市场交易、纠纷解决、配套服务等制度。

完善自然资源有偿使用制度。按照覆盖污水处理设施运营和污泥处理处置成本并合理盈利的原则,完善污水处理收费政策,合理制定污水处理收费标准,健全标准动态调整机制。按照产生者付费原则,建立健全生活垃圾处理收费制度,实行分类计价、计量收费等差别化管理。完善节能环保电价政策,推进农业水价综合改革,继续落实好居民阶梯电价、气价、水价制度,促进和引导全社会节约资源。

持续增进民生福祉
扎实推动共同富裕

刘 军 民

发展的根本目的是增进民生福祉,共同富裕是社会主义的本质要求。党的十九届五中全会通过的"十四五"规划《建议》和十三届全国人大四次会议审查通过的"十四五"规划《纲要》,对增进民生福祉、促进共同富裕作出系统部署。李克强总理在《政府工作报告》中强调,要加强普惠性、基础性、兜底性民生建设,制定促进共同富裕行动纲要,让发展成果更多更公平惠及全体人民。

一、提高人民收入水平

提高人民收入水平,是改善人民生活品质、不断满足人民对美好生活新期待的基本前提。"十四五"时期,要坚持居民收入增长和经济增长基本同步、劳动报酬和劳动生产率提高基本同步,着力提高低收入群体收入,扩大中等收入群体,促进共同富裕。

稳定和扩大就业。就业是居民实现收入的主渠道。"十四五"时期我国劳动年龄人口仍保持在高位,必须把促进就业摆在经济社会发展的优先位置,努力实现更加充分更高质量的就业。解决就业问题根本要靠发展经济,要坚持经济发展的就业导向,完善与就业容量挂钩的产业政策,在保持经济总量稳定增长、经济结构不断优化升级的同时,积极发展吸纳就业能力强的行业产业,促进就业容量扩大、就业结构优化、就业质量提升,实现经济增长和促进就业的良性循环。突出抓好重点群体就业工作,完善高校毕业生、农民工、退役军人等就业支持体系。健全终身技能培训制度,持续大规模开展职业技能培训,全面提升劳动者就业创业能力。支持和规范发展新就业形态,促进创业带动就业、多渠道灵活就业。健全覆盖城乡的公共就业服务体系,促进劳动力市场供需匹配,为稳定和扩大就业提供有力保障。通过有力有效的政策举措,将"十四五"时期城镇调查失业率控制在5.5%以内。

拓展居民收入增长渠道。坚持按劳分配为主体、多种分配方式并存,提高劳动报酬在初次分配中的比重。健全工资决定、合理增长和支付保障机制,完善最低工资标准和工资指导线形成机制,积极推行工资集体协商制度。完善按要素分配政策制度,健全各类生产要素由市场决定报酬的机制,探索通过土地、资本等要素使用权、收益权增加居民要素收入,实施以增加知识价值为导向的分配政策。多渠道增加城乡居民财产性收入,提高农民土地增值收益分享比例,完善上市公司分红制度,创新更多适应家庭财富管理需求的金融产品。

着力提高低收入群体收入,扩大中等收入群体。我国脱贫攻坚战取得全面胜利,消除了绝对贫困问题,但低收入困难群众还将长期存在。低收入人员越来越多地上升到中等收入群体,就能大幅拉动我国人民收入水平的提升。要切实巩固拓展脱贫攻坚成果,建立健全农村低收入人口和欠发达地区帮扶机制,对易返贫致贫人口加强监测,做到早发现、早干预、早帮扶,坚决守住不发生规模性返贫的底线。进一步打破城乡、地区、行业分割和身份、性别歧视,维护劳动者平等就业权利,强化对困难人群的就业支持,扩大公益性岗位安置,帮扶残疾人、零就业家庭成员实现就业,强化最低生活保障等社会救助兜底保障力度。扩大中等收入群体对于促进社会和谐稳定、形成强大国内市场、拉动经济结构升级具有基础作用。要实施扩大中等收入群体行动计划,以高校和职业院校毕业生、技能型劳动者、农民工等为重点,不断提高中等收入群体比重。拓宽技术工人上升通道,畅通各类专业技术人员职称申报和技能等级认定渠道,提高技能型人才待遇水平和社会地位。实施高素质农民培育计划,运用农业农村资源和现代经营方式增加收入。完善小微创业者扶持政策,支持个体工商户、灵活就业人员等群体勤劳致富。

完善再分配机制。做好收入再分配调节,是促进社会公平、推动共同富裕的客观要求。目前我国城乡、区域、不同群体间的收入差距还比较大,要加大税收、社会保障、转移支付等调节力度,提升精准性,发挥慈善等第三次分配作用,改善收入和财富分配。健全直接税体系,完善综合与分类相结合的个人所得税制度,加强对高收入者的税收调节和监管。增强社会保障待遇和服务的公平性和可及性,完善兜底保障标准动态调整机制。规范收入分配秩序,保护合法收入,合理调节过高收入,取缔非法收入,遏制以垄断和不正当竞争行为获取收入。

二、建设高质量教育体系

教育事关国家发展和民族未来。"十四五"时期,要全面贯彻党的教育方针,坚持优先发展教育事业,不断提升国民素质和人的全面发展能力,实现劳动年龄人口平均受教育年限从目前的 10.8 年提高到 2025 年的 11.3 年。

促进教育公平。坚持教育公益性原则,构建更加优质均衡的基本公共教育服务体系,创造更为公平的受教育机会。推动义务教育优质均衡发展和城乡一体化,加快城镇学校扩容增位,改善乡村小规模学校和乡镇寄宿制学校条件。巩固提升高中阶段教育普及水平,毛入学率提高到 92% 以上。进一步改善中西部欠发达地区办学条件,提高民族地区教育质量和水平。增强职业技术教育适应性,大力培养技术技能人才。提高高等教育质量,高等教育毛入学率提高到

60%，分类推进"双一流"建设。

深化教育改革。深化教育评价改革，建立健全教育评价制度和机制，发展素质教育，更加注重学生创新能力和健康人格培养。落实和扩大学校办学自主权，完善学校内部治理结构，有序引导社会参与学校治理。深化考试招生综合改革。支持和规范民办教育发展，规范校外培训机构，开展高水平中外合作办学。发挥在线教育优势，构建方式更加灵活、资源更加丰富、学习更加便捷的终身学习体系，建设学习型社会。推进高水平大学开放教育资源，完善注册学习和弹性学习制度，畅通不同类型学习成果的互认和转换渠道。

实施教育提质扩容工程。以人口集中流入地、农村地区和"三区三州"为重点，新建改扩建普惠性幼儿园2万所，增加普惠学位400万个以上。以教育基础薄弱县和人口流入地为重点，新建改扩建中小学校4000所以上。支持建设200所以上高水平高职学校和600个以上高水平专业，支持建设一批优秀中职学校和优质专业。加强"双一流"建设高校基础研究和协同创新能力建设，提升100所中西部本科高校办学条件，布局建设一批高水平公共卫生学院和高水平师范院校。围绕集成电路、人工智能、工业互联网、储能等重点领域，布局建设一批国家产教融合创新平台和研究生联合培养基地。

三、增进人民健康福祉

健康是促进人的全面发展的必然要求，是经济社会发展的基础条件。"十四五"时期，要把保障人民健康放在优先发展的战略位置，坚持预防为主的方针，深入实施健康中国行动，人均预期寿命再提高1岁。

把保障人民健康放在优先发展的战略位置。切实把增进人民健康福祉作为发展的重要目的、全面建设社会主义现代化国家的重要任务,把保障人民健康融入经济社会发展各项政策,发展理念体现健康优先,发展规划突出健康目标,公共政策制定要评估对健康的影响,完善国民健康促进政策,不断提高卫生健康服务供给水平,推动形成有利于健康的生活方式、生产方式、生态环境和制度体系,实现健康与经济社会协调发展。

全面推进健康中国建设。坚持预防为主方针,针对居民主要健康问题和影响因素,聚焦重点人群,完善国民健康促进政策,优化重大疾病防控策略措施,广泛开展全民共建共享的健康行动,倡导文明健康绿色环保的生活方式,重视精神卫生和心理健康,为人民提供全方位全周期健康服务。要构建强大公共卫生体系,织牢公共卫生防护网,完善疾病预防控制体系,在理顺体制机制、明确功能定位、提升专业能力等方面加大改革力度。落实医疗机构公共卫生责任,创新医防协同机制。健全医疗救治、科技支撑、物资保障体系,提高应对突发公共卫生事件能力。要持续深化医药卫生体制改革,加快建设分级诊疗体系,优化医疗卫生资源布局,推动优质医疗资源扩容和区域均衡布局,推进国家医学中心和区域医疗中心建设,强化医联体网格化布局,持续提升县域服务能力。深化公立医院改革,加强公立医院建设和管理考核,完善公立医院补偿和运行机制,推动公立医院高质量发展。加强基本药物配备使用,推进国家组织药品和耗材集中带量采购使用改革。落实中医药特色发展的政策措施,推动中医药传承创新发展。支持社会办医,推广远程医疗,加快发展健康产业。

广泛开展全民健身运动。体育锻炼不仅提高身体素质和健康水平,还能丰富群众精神文化生活。要广泛开展全民健身运动,普及科学健身知识,加强全民健身指导。完善全民健身公共服务体系,推进社会体育场地设施建设和学校场馆开放共享,提高健身步道等便民健身场所覆盖面,因地制宜发展体育公园。扩大体育消费,大力发展群众健身休闲项目、户外运动等体育产业。

四、实施积极应对人口老龄化国家战略

人口是影响经济社会发展的基础性、全局性、战略性问题。我国是当今世界老年人数最多、老龄化快速发展的国家,目前 60 岁以上老年人口有 2.6 亿,预计 2025 年将突破 3 亿,必须统筹谋划、系统施策,及早应对、科学应对、综合应对。

以"一老一小"为重点完善人口服务体系。老年人能安度晚年,孩子们有幸福的童年,是亿万家庭的共同期待。一方面,要加快构建居家社区机构相协调、医养康养相结合的养老服务体系。通过新建、改造、置换、租赁等多种途径,因地制宜补足社区养老服务设施,落实税费减免、资金支持、水电气热价格优惠等政策,鼓励社会力量参与,为老年人提供就近就便、"家门口"的服务。健全医疗卫生机构与养老机构合作机制,支持社会力量兴办医养结合机构,为老年人提供治疗期住院、康复期护理、稳定期生活照料、安宁疗护一体化的健康养老服务,扩大养老机构护理型床位供给。大力实施老年健康促进行动,推动医疗卫生服务向社区、家庭延伸,强化老年失能、老年痴呆等预防干预。另一方面,要大力发展普惠托育服务体系,支持地方政府新建、改扩建一批婴幼儿照护机构和设施,鼓励有资质的社会力量以多种形式举办托育服务机构,支持企事业单位在自有场地内为职工提供福利性婴幼儿照护服务。

推动实现适度生育水平。当前我国适龄人口生育意愿偏低,总和生育率降至较低水平。促进人口长期均衡发展,必须优化生育政策,增强生育政策包容性,推动生育政策与经济社会政策配套衔接,减轻家庭生育、养育、教育负担。要完善幼儿养育、青少年发展、老人赡养、病残照料等政策和产假制度,探索实施父母育儿假。改善优生优育全程服务,提高优生优育服务水平,加强孕前孕产期健康服务,提高出生人口质量。要充分保障育龄妇女在就业创业、事业发展等方面的权利,加大生育支持和保障力度。

五、健全多层次社会保障体系

社会保障是治国安邦的大事。"十三五"期间,我国持续加大资金投入和改革力度,建成世界上规模最大的社会保障网,基本医疗保险覆盖13.6亿人,基本养老保险参保接近10亿人,形成了以社会保险、社会救助、社会福利为基础,以基本养老、基本医疗、最低生活保障制度为重点,以慈善事业、商业保险等为补充的多层次社会保障体系。"十四五"时期,我国社会保障体系建设已进入系统集成、协调高效的新发展阶段,要进一步健全覆盖全民、统筹城乡、公平统一、可持续的多层次社会保障体系,加固"民生安全网",做强"社会稳定器"。

改革完善社会保险制度。健全社会养老保险体系,健全农民工、灵活就业人员、新业态就业人员参加社会保险制度,实现社会保险法定人群全覆盖,基本养老保险参保率提高到95%,把更多人纳入社会保障体系。发展多层次、多支柱养老保险体系,提高年金覆盖率,规范发展第三支柱养老保险,更好满足人民群众多样化需求。完善城镇职工基本养老金合理调整机制,逐步提高城乡居民基础养老金标准。提高社会保险统筹层次,实现基本养老保险全国统筹,基本医疗保险、失业保险、工伤保险省级统筹。健全重大疾病医疗保险和救助制度,稳步建立长期护理保险制度,积极发展商业医疗保险。健全社会保障管理体系和服务网络,完善全国统一的社会保险公共服务平台,提高精细化程度和服务水平。

优化社会救助和慈善制度。社会救助是保障基本民生、促进社会公平、维护社会稳定的兜底性、基础性制度安排。要以低保对象、特殊困难人员、低收入家庭为重点,以基本生活救助、专项社会救助、急难社会救助为主体,社会力量参与为补充,加快构建综合救助格局。完善基本生活救助和专项救助制度,健全临时救助政策措施,强化急难社会救助功能,建立健全分层分类的救助制度体系。把农村社会救助纳入乡村振兴战略统筹谋划,完善日常性帮扶措施。慈善等社会公益事业是弘扬社会文明、保障改善民生、促进社会和谐的崇高事业,也是社会保障体系的重要组成部分。要完善财税等激励政策,大力培育各类慈善组织,规范发展网络慈善平台,加强彩票和公益金管理,促进慈善事业健康发展。

六、发展社会主义先进文化

文化是满足人民精神需求、丰富人民精神世界、增强人民精神力量的重要支撑,也是一个国家的重要软实力。党的十九届五中全会站在党和国家事业发展全局高度,明确提出到2035年建成文化强国。要坚持马克思主义在意识形态领域的指导地位,坚定文化自信,坚持以社会主义核心价值观为引领,扎实推进"十四五"时期社会主义文化强国建设。

提高社会文明程度。文明是现代化国家的显著标志,要努力推动形成适应新时代要求的思想观念、精神面貌、文明风尚、行为规范。深入开展习近平新时代中国特色社会主义思想学习教育,坚持不懈用这一思想武装全党、教育人民。推动理想信念教育常态化制度化,加强党史、新中国史、改革开放史、社会主义发展史教育,加强爱国主义、集体主义、社会主义教育。实施文明创建工程,深化群众性精神文明创建活动。还要健全志愿服务体系,弘扬诚信文化,加强网络文明建设,加强家庭、家教、家风建设,促进形成社会主义家庭文明新风尚。

提升公共文化服务水平。坚持文化发展为了人民、文化发展依靠人民、文化发展成果由人民共享,全面繁荣新闻出版、广播影视、文学艺术、哲学社会科学事业,把公共文化服务提高到一个新水平,增强人民文化获得感、幸福感，促进人的全面发展。推进城乡公共文化服务体系一体建设，创新实施文化惠民工程，广泛开展群众性文化活动，推动公共文化数字化建设，促进城乡文化协调发展、共同繁荣。实施文艺作品质量提升工程，推进媒体深度融合。加强国家重大文化设施和文化项目建设，传承弘扬中华优秀传统文化。

健全现代文化产业体系。文化产业是满足人民多样化、高品位文化需求的重要基础。目前我国文化及相关产业增加值占国内生产总值超过4%，还有很大的发展空间。要坚持把社会效益放在首位、社会效益和经济效益相统一，深化文化体制改革，完善文化产业规划和政策，加强文化市场体系建设，扩大优质文化产品供给，着力推出更多文艺精品。实施文化产业数字化战略，推动文化和旅游融合发展，加强对外文化交流和多层次文明对话。

统筹发展和安全
建设更高水平的平安中国

张　俏

安全是发展的前提,发展是安全的保障。党的十九届五中全会通过的"十四五"规划《建议》和十三届全国人大四次会议审查通过的"十四五"规划《纲要》,对统筹发展和安全、建设更高水平的平安中国作出系统部署。李克强总理在十三届全国人大四次会议上所作的《政府工作报告》中,对统筹发展和安全的重点任务作出深刻阐述。必须坚持总体国家安全观,实施国家安全战略,把安全发展贯穿国家发展各领域和全过程,防范和化解影响我国现代化进程的各种风险,筑牢国家安全屏障。

一、我国安全发展形势总体稳定

"十三五"以来,保障我国经济社会安全发展各项工作稳步推进,公共安全保障能力显著提升,基层社会治理取得明显成效,我国成功抵御内外部各种冲击与威胁,国家安全全面加强,社会保持和谐稳定。

(一)**粮食安全持续巩固**。粮食连年丰产,产量稳定超过6.5亿吨,粮食播种面积由2015年的17亿亩上升至2020年的17.5亿亩,单位面积产量由2015年的365.5公斤/亩上升至2020年的382公斤/亩,谷物自给率超过95%,口粮自给率达100%,人均粮食占有量超出世界平均水平30%以上,将中国人的饭碗牢牢端在自己手上。

粮食储备和应急体系逐步健全,政府粮食储备数量充足,质量良好,储存安全。粮食流通体系持续完善,公路、铁路、水路多式联运格局基本形成。

(二)**能源资源安全得到有效保障**。2020 年原煤、原油、天然气产量分别达 38.4 亿吨、1.9 亿吨、1888.5 亿立方米,发电量达到 7.4 万亿千瓦时,基本形成煤、油、气、电、核和可再生能源多轮驱动的能源生产体系,是世界上能源自主保障程度较高的国家之一。能源输送能力显著提高,建成天然气主干管道超过 8.7 万公里、石油主干管道 5.5 万公里、330 千伏及以上输电线路 30.2 万公里。能源储备体系不断健全,综合应急保障能力显著增强。矿产资源开发利用水平不断提高,产品产量居世界前列。

(三)**金融体系抗风险能力显著增强**。防范化解重大风险,宏观杠杆率过快上升势头得到遏制,影子银行无序发展得到有效治理,高风险中小金融机构处置取得阶段性成果,互联网金融和非法集资等涉众金融风险得到全面治理,经受住了各种挑战特别是新冠肺炎疫情冲击带来的考验,金融风险总体可控。货币政策和宏观审慎政策双支柱调控框架建立健全,宏观审慎管理与微观审慎监管、行为监管相结合的金融监管体系建设持续推进。

(四)**公共安全保障能力进一步提升**。食品药品安全、生物安全防控能力显著提升,国家应急管理体制机制进一步完善,为保障人民生命安全提供了坚实基础。2020 年全国生产安全事故起数和死亡人数较 2015 年分别下降 43.8% 和 39.5%,重特大事故起数和死亡人数较 2015 年分别下降 57.9% 和 48.3%。基本建立起覆盖生产流通消费全过程的食品安全法治体系及与国际食品法典标准接轨的食品安全标准体系,基本满足临床用药需求。面对突如其来的新冠肺炎疫情,以习近平同志为核心的党中央坚持人民至上、生命至上,坚持把人民生命安全和身体健康放在第一位,团结带领全党全国打响疫情防控的人民战争、总体战、阻击战,疫情防控取得重大战略成果。

（五）**平安中国建设迈出新步伐**。在国际乱局和变局交织，局部冲突和动荡不断的大背景下，保持了政局稳定、人心安定、社会有序、治安平稳，成为世界上最有安全感的国家之一。2020年，全国刑事案件数比2019年下降1.8%，八类主要刑事案件同比下降8.7%，治安案件同比下降10.4%，人民群众获得感、幸福感、安全感明显增强。

二、新发展阶段我国安全发展
面临新情况新挑战

"十四五"时期，我国发展面临的外部环境更趋复杂，不稳定性不确定性明显增加，国内发展不平衡不充分问题依然突出，国家安全保障仍然存在不少薄弱环节。

（一）**粮食安全不能丝毫放松**。随着人民群众生活水平提升，我国粮食消费总量还将刚性增长，粮食产需仍将维持紧平衡状态，稳产增产面临资源环境约束、自然灾害频发、科技支撑不足、种粮效益相对较低等多重压力，产购储加销发展不畅、跨区域粮食流通和应急保障能力不足、粮食加工质量效益和竞争力不强、市场体系不健全、粮食损耗浪费严重、供应效率偏低等问题亟待解决。"十四五"时期，我国粮食安全面临新的挑战，外部传导性风险压力增大，不稳定不确定因素显著增多，防风险、守底线、保安全的任务更加艰巨。

（二）**能源资源安全面临不少挑战**。我国深度工业化和城镇化空间依然广阔，未来一段时间对优质资源的需求仍将攀升。与此同时，石油、天然气、铁矿石、铜等重要大宗矿产以及多种稀有金属对外依存度居高不下，稳定供应容易受到各种外部因素冲击影响。同时，一些优势矿产资源过度开发，综合效益没有得到充分发挥，二次资源利用还存在不少问题，资源浪费现象仍然普遍存在。

（三）**金融领域风险隐患较多**。金融体系一些长期形成的隐患

并未完全消除,疫情下新老问题相互交织叠加,有的中小金融机构资本缺口加速暴露。不法金融机构依然存在,非法金融活动屡禁不止。金融机构常态化风险处置机制尚待完善,非正规金融体系交易活动有效约束还不完善。社会信用体系尚不健全,市场透明度需进一步提高。同时,要高度警惕平台企业垄断和资本无序扩张的影响。新冠肺炎疫情全球蔓延,一些国家采取超常规货币政策,国际金融市场波动加剧也可能对我国金融安全形成外部冲击。

(四)**公共安全形势依然严峻**。深入推进公共安全保障能力建设面临风险隐患增多、诸多矛盾叠加的挑战。危险化学品、矿山等传统高危行业安全风险隐患仍然存在,交通运输、建筑施工、旅游、消防、危废处置等公共服务行业不稳定不确定风险因素增多。我国医药科技创新支撑不足,药品供应保障存在短板。微生物和重金属污染、农药兽药残留超标、添加剂使用不规范、制假售假等食品安全问题时有发生。应急管理体制机制有待进一步健全,应急物资保障能力有待进一步提高。

(五)**社会治理现代化有待进一步提升**。与国家治理体系和治理能力现代化目标要求相比,与新发展阶段的群众期盼和新发展理念的贯彻要求相比,我国社会治理能力仍需改进提升。社会矛盾纠纷化解机制仍需进一步完善,社会治安防控体系立体化、信息化水平有待提升。

三、"十四五"时期提升安全发展
能力的主要任务举措

"十四五"时期要强化经济安全风险预警、防控机制和能力建设,提高风险预见、预判能力,完善应急处置体系,实现重要产业、基础设施、战略资源、重大科技等关键领域安全可控,着力保障粮食、能源、金融等领域安全发展。

（一）**实施粮食安全战略**。实施分品种保障策略,完善重要农产品供给保障体系和粮食产购储加销体系,确保口粮绝对安全、谷物基本自给、重要农副产品供应充足。一是提升粮食安全保障能力。强化粮食安全省长责任制和"菜篮子"市长负责制,实行党政同责。制定粮食安全保障法。二是增强粮食有效供给能力。毫不放松抓好粮食生产,深入实施藏粮于地、藏粮于技战略,开展种源关键技术攻关,提高良种供应保障能力。严守耕地红线和永久基本农田控制线,稳定并增加粮食播种面积和产量,合理布局区域性农产品应急保供基地。积极开展重要农产品国际合作,健全农产品进口管理机制,推动进口来源多元化。三是提升粮食储备能力和防范化解重大风险能力。深化农产品收储制度改革,加快培育多元市场购销主体,改革完善中央储备粮管理体制,提高粮食储备调控能力。有效降低粮食生产、储存、运输、加工环节损耗,开展粮食节约行动。

（二）**实施能源资源安全战略**。坚持立足国内、补齐短板、多元保障、强化储备,完善产供储销体系,增强能源持续稳定供应和风险管控能力,实现煤炭供应安全兜底、油气核心需求依靠自保、电力供应稳定可靠。一是提升油气安全保障能力。夯实国内产量基础,保持原油和天然气稳产增产,做好煤制油气战略基地规划布局和管控。扩大油气储备规模,健全政府储备和企业社会责任储备有机结合、互为补充的油气储备体系。多元拓展油气进口来源。二是提升煤炭安全保障能力。加强煤炭储备能力建设。三是提升电力安全保障能力。完善能源风险应急管控体系,加强重点城市和用户电力供应保障,强化重要能源设施、能源网络安全防护。四是提升战略性资源安全保障能力。加强战略性矿产资源规划管控,提升储备安全保障能力,实施新一轮找矿突破战略行动。

（三）**实施金融安全战略**。健全金融风险预防、预警、处置、问责制度体系,落实监管责任和属地责任,对违法违规行为零容忍,守住不发生系统性风险的底线。一是完善宏观审慎管理体系。保持宏观杠杆率稳中有降。二是建立权威、高效、专业的金融风险处置机制。加强系统重要性金融机构和金融控股公司监管,强化不良资产认定和处置,防范化解影子银行风险,有序处置高风险金融机构,严厉打击非法金融活动,健全互联网金融监管长效机制。三是完善债务风险识别、评估预警和有效防控机制。健全债券市场违约处置机制,推动债券市场统一执法,稳妥化解地方政府隐性债务,严惩逃废债行为。四是加强境内外监管协同。完善跨境资本流动管理框架,加强监管合作,提高开放条件下风险防控和应对能力。五是提高开放条件下金融安全保障能力。推进金融双向开放,维护金融基础设施安全,提高参与国际金融治理能力。

(四)全面提高公共安全保障能力。坚持人民至上、生命至上,健全公共安全体制机制,保障人民生命安全。一是提高安全生产水平。完善和落实安全生产责任制,建立企业全员安全生产责任制度,压实企业安全生产主体责任。加强安全生产监测预警和监管监察执法,深入推进危险化学品、矿山、建筑施工、交通、消防、民爆、特种设备等重点领域安全整治。二是严格食品药品安全监管。加强和改进食品药品安全监管制度,完善食品药品安全法律法规和标准体系。深入实施食品安全战略,加强食品全链条质量安全监管,推进食品安全放心工程建设攻坚行动。严防严控药品安全风险,构建药品和疫苗全生命周期管理机制,完善药品电子追溯体系,实现重点类别药品全过程来源可溯、去向可追。三是加强生物安全风险防控。建立健全生物安全风险防控和治理体系,全面提高国家生物安全治理能力。加快推进生物安全立法。四是完善国家应急管理体系。构建统一指挥、专常兼备、反应灵敏、上下联动的应急管理体制,优化国家应急管理能力体系建设,提高防灾减灾抗灾救灾能力。

(五)维护社会稳定和安全。正确处理新形势下人民内部矛盾,加强社会治安防控,编织全方位、立体化、智能化社会安全网。一是健全社会矛盾综合治理机制。坚持和发展新时代"枫桥经验",构建源头防控、排查梳理、纠纷化解、应急处置的社会矛盾综合治理机制。畅通和规范群众诉求表达、利益协调、权益保障通道，完善人民调解、行政调解、司法调解联动工作体系。健全矛盾纠纷多元化解机制，充分发挥调解、仲裁、行政裁决、行政复议、诉讼等防范化解社会矛盾的作用。完善信访制度，依法及时就地解决群众合理诉求。健全社会矛盾风险防控协同机制。健全社会心理服务体系和危机干预机制。

二是推进社会治安防控体系现代化。坚持专群结合、群防群治，提高社会治安立体化、法治化、专业化、智能化水平，形成问题联治、工作联动、平安联创的工作机制，健全社会治安防控体系。继续开展好禁毒人民战争和反恐怖斗争，推动扫黑除恶常态化，严厉打击各类违法犯罪活动，提升打击新型网络犯罪和跨国跨区域犯罪能力。坚持打防结合、整体防控，强化社会治安重点地区排查整治，健全社会治安协调联动机制。推进公安大数据智能化平台建设。完善执法司法权力运行监督和制约机制，健全执法司法人员权益保障机制。建设国门安全防控体系。深化国际执法安全务实合作。

第 三 部 分

2021年重点工作

2021年经济社会发展
主要预期目标

陈 祖 新

李克强总理在十三届全国人大四次会议上所作的《政府工作报告》中,提出了今年经济社会发展的主要预期目标。这些目标考虑了今年经济恢复增长的实际,考虑了国内外多种不确定因素,还考虑了与"十四五"目标相衔接,是实事求是、符合规律的。

一、保持经济运行在合理区间,
推动高质量发展

国内生产总值(GDP)衡量着一个经济体当期创造的社会财富,是经济运行的基础性、综合性指标。无论是确定就业、物价、居民收入等宏观调控目的性指标,还是确定财政收支及赤字、货币信贷规模、国际收支等宏观调控政策性指标,GDP增速都是重要依据。2020年我国遭受新冠肺炎疫情等多重严重冲击,经济运行存在很大不确定性,因此没有设定GDP增长的具体量化目标,而是提出"优先稳就业保民生,坚决打赢脱贫攻坚战,努力实现全面建成小康社会目标任务"。在实际工作中,是朝着经济正增长目标迈进的。我国疫情防控已取得重大战略成果,今年经济在稳定恢复,鉴于GDP增速指标的重要性,有必要明确具体量化目标。《报告》提出,今年"国内生产总值增长6%以上",这是经过反复权衡的。

第一，这个目标体现了保持经济运行在合理区间的要求。2019年及以前的若干年，尽管我国经济面临不小的下行压力，但始终保持在合理区间。2020年一季度受疫情冲击，GDP同比下降6.8%，但疫情得到基本控制后经济逐季恢复，二季度增长3.2%，三季度增长4.9%，四季度增长6.5%，全年实现2.3%的正增长。我国经济的基本面并没有大的改变，今年有望在2020年正增长的基础上进一步回稳。全年经济增长6%以上，可以说是现阶段我国经济运行在合理区间的增长速度。需要关注的是6%后面的两个字"以上"，这个"以上"具有弹性空间。各方面乐见经济回稳向好。

第二，这个目标体现了经济持续平稳发展的要求。经济运行难免出现波动，但对于我国这样一个规模巨大经济体来讲，应当努力保持经济平稳发展、持续平稳发展。经济波动过大，会影响经济运行的内在机理，影响就业、收入和市场预期、居民消费、企业投资等方方面面。对今年我国和世界经济增长速度，国内外不少机构预测得比较高：国际货币基金组织（IMF）预测，全球经济增速将反弹到5.5%，中国经济增速将达到8.1%；世界银行预测，全球经济增速为4%，中国经济增速为7.9%；OECD预测中国经济增速将达到7.8%。《报告》提出6%以上的预期增长目标，既为今年经济增速稍高一些留有了弹性和余地，又考虑了经济的持续平稳发展。

第三，这个目标体现了底线思维。今年我国经济发展仍面临不少不确定因素。疫情是经济发展的最大变量。目前，全球疫情形势仍然复杂，疫苗接种的进程和效果有待进一步检验。不少专家认为，达到全球群体免疫还为时尚早。国内疫情也不排除再次发生散发病例、局部聚集性病例的可能。同时，世界许多经济体2020年以来采取了大规模救助政策，在主权债务、资本市场、金融信贷等方面积累了诸多风险，贸易保护主义、地缘政治等风险依然存在，如果发生影响重大的"灰犀牛"、"黑天鹅"事件，必然会对我国造成冲击。我们国内，经济恢复增长的基础还不牢固，企业特别是中小微企业仍然存在较多困难，一些风险隐患也不容忽视。这些不确定因素，是提出今年经济增长预期目标必须考虑的。

确定 GDP 增长 6% 以上的预期目标，还考虑了政策调整因素。2020 年为应对疫情等多重严重冲击，我们国家实施了规模性纾困政策，新增了 2 万亿元中央财政资金，对市场主体减税降费超过 2.6 万亿元，其中减免社保费 1.7 万亿元。今年宏观政策保持了连续性稳定性，同时鉴于我国经济已稳步恢复，为了实现宏观政策资源的可持续性，对政策工具进行了调整优化，不再发行抗疫特别国债，同时恢复了社保费的正常征缴。这些政策调整，也是确定今年经济增长预期目标必须考虑的。当然，今年宏观政策的调整没有搞急转弯、急刹车。由于财政收入会恢复增长，财政支出的总盘子比 2020 年还要大。中央本级支出是负增长，对地方的一般性转移支付明显高于2020 年。虽然恢复了社保缴费，但同时出台了新的结构性减税降费举措，可以对冲部分政策调整带来的影响。

第四，这个目标体现了高质量发展的要求。今年对 GDP 增长没有提出过高的目标任务，有利于各方面把更多精力放到以创新引领发展、推动经济优化升级、培育经济新动能上，从而更加有力有效地推进高质量发展。

第五，多维度看待今年经济增速可能存在的较大季度性波动。国内外不少研究机构预测，今年一季度经济增速会较高甚至可能达到两位数，随后逐步回稳。出现这种情况，主要是 2020 年特殊形势下经济增速季度性波动的摆尾影响。2020 年一季度负增长 6.8%，经济运行可以说是留下了一个增速的"大坑"，今年一季度同比大概率是增速明显加快。要看到，出现这种情况，并不表明经济运行轨迹发生了明显变化，而只是一种数字上的"高程差"。这就像建在山谷间的高速铁路，铁路路面是平稳的，但路面离地面在不同的地方会有不同的"高程差"。对今年季度间的经济增速，需要多角度观察分析，既要看与 2020 年的同比，又要看与 2019 年的同比，还可以借鉴其他一些国家的做法看季度间的环比,以进行综合评判。

二、继续强化就业优先政策,
保持就业大局稳定

就业是民生之本、收入之源,有就业才能创造财富。世界各国普遍把就业作为宏观调控的重要目标,有些甚至把就业作为最主要的目标。2020年,在特殊困难的情况下,我们国家强化了就业优先政策,"六稳"、"六保"第一位的都是就业。经过艰苦努力,实现了全年就业目标,这也为居民收入的增长、下半年消费的恢复、全年经济正增长奠定了基础。今年《报告》仍然把就业优先政策放在突出位置。

《报告》提出,今年"城镇新增就业1100万人以上"。从实际情况看,今年就业形势仍然面临较大压力。据有关部门测算,今年需要在城镇就业的新成长劳动力接近1500万人。其中,高校毕业生总规模达到909万人,再创新高,同时还有一些2020年未就业毕业生、部分下岗再就业群体、新增农民工等需要就业。《报告》提出上述目标,从需求来讲,综合考虑了这些因素,并考虑了退休等腾挪的就业岗位。《报告》提出上述目标,也考虑就业岗位供给的可能。2019年及以前,我国城镇新增就业实际规模每年都超过1300万人。2020年就业受疫情冲击大,但仍然千方百计实现了城镇新增就业1186万人。综合考虑当前我国经济总体向好等各种因素,确定今年城镇新增就业1100万人以上的预期目标是合理的。

《报告》还提出了今年"城镇调查失业率5.5%左右"的目标。2018年之前我国一直采用城镇登记失业率来衡量失业状况,从2018年开始同时采用城镇调查失业率、登记失业率两项指标。相比城镇登记失业率,城镇调查失业率统计范围涵盖了包括农民工等所有城镇常住人口,更能准确反映失业状况,也符合国际通行做法。经过三年实践,城镇调查失业率统计制度趋于完善,所以从今年开始只单独采用这一指标。从这几年的实际情况看,2019 年及前几年城镇调查失业率都保持在 5% 左右,2020 年受疫情冲击 2 月达到 6.2%,此后逐步回落到年底的 5.2%。今年把预期目标定在 5.5% 左右,是恰当的。

做好就业工作,要坚持市场化稳就业扩就业,让市场主体唱主角。首先,通过稳住现有市场主体来稳住现有就业岗位。要抓实抓细减税降费、降低融资成本等政策举措,支持企业恢复元气。住宿餐饮、交通运输、文化旅游等服务行业的企业受疫情影响较大,特别是其中的一些中小微企业、小铺小店仍然生存困难。这些行业有近 1.7 亿从业人员,要特别做好帮扶工作,促进其恢复经营、稳定就业岗位。其次,要通过催生更多新的市场主体来扩大就业岗位。2020年在那么困难的情况下,我国新设市场主体 2500 万户,这对保就业功不可没。要继续深化改革、优化营商环境,更大激发市场主体活力和社会创造力,支持群众创业创新,发展壮大新产业新模式,以创业带动就业,以发展扩大就业。同时,还要积极支持各种形式的灵活就业。目前灵活就业人数已达 2 亿人,是就业大局稳定的重要支撑。各地应结合实际,有针对性做好灵活就业促进和服务、从业人员相关保障等工作。

做好就业工作,要突出抓好重点群体就业。高校毕业生是家庭的希望,国家发展的生力军。疫情给高校毕业生找工作带来不少新困难,要创新工作方式,强化就业服务,努力提高就业率。对离校未就业毕业生特别是困难毕业生建立实名服务清单,接续做好帮扶。继续做好农民工就业工作,特别要确保脱贫劳动力的稳定就业,坚决防止因失业导致返贫。今年还有一定数量的退伍军人,对他们的就业保障和服务工作也要做实做到位。对残疾人、零就业家庭、城市困难群体,要扎实做好就业帮扶和援助。

三、实现居民收入稳步增长

收入增长是福祉增进的基础,是发展成果让人民共享的重要体现。在2020年特殊困难的情况下,全国居民人均可支配收入仍然实际增长2.1%,这殊为不易。特别需要强调的是,广大人民群众明大理顾大局,在抗击疫情中以韧劲来拼搏和奉献,在推动发展中以勤劳来实干和创造,不少职工与企业同甘共苦、共渡难关。《报告》提出,今年"居民收入稳步增长"。当前提高居民收入仍面临不少挑战。主要是一些企业特别是中小微企业、个体工商户生产经营仍然困难,有些甚至仍处深度困境之中,同时总体来讲就业压力仍然较大。往年我国居民收入增长与经济增长基本同步,今年由于前述原因,加之经济增长可能出现的季度间数字"高程差",做到两者基本同步有不少不确定性。要按照《报告》的要求,在推动经济稳定恢复的同时,推动居民收入稳步增加。

四、保持市场价格基本稳定

价格是宏观调控的重要目标之一。价格过高,形成通货膨胀,会影响投资、消费和民生等方方面面。价格过低,形成通货紧缩,不利于经济增长,治理起来难度更大。

《报告》提出了今年"居民消费价格涨幅3%左右"的预期目标,这综合考虑了国内外多种因素。从各国实践看,居民消费价格(CPI)保持1%—3%的上涨水平,是一种比较理想的状况。2020年,我国CPI年初同比增速一度上升到5.4%,随后逐步回落,全年同比上涨2.5%。今年国内CPI面临比较复杂形势。一方面,2020年年初基数高,对今年的翘尾影响小;生猪生产加快恢复,"猪周期"呈下行态势。另一方面,也应看到CPI上涨的压力。1月鲜菜价格环比上涨 19%、蛋类价格环比上涨 9.4%。同时,国际粮食、能源等价格可能涨幅较大。截至 3 月 3 日,今年以来布伦特原油期货价格累计上涨 24.7%,达到每桶 63.9 美元。世界银行报告预计,当前拉尼娜现象已经形成并将持续一段时间,会给全球带来大面积干旱和低温气候,全球大豆、玉米、小麦等农产品供应将受限,价格可能有较大上涨空间。国际市场这些商品价格的变化,不可避免会通过多种途径传导到我国。对今年我国 CPI 的稳定,必须高度重视,密切跟踪最新态势,及时做好价格调控、市场预期引导等工作。

稳定价格,既要稳定 CPI,又要稳定生产者价格指数(PPI)。近期,我国钢铁、有色金属、乙烯、特种纸等工业原材料价格出现大幅上涨势头,部分产品价格创历史新高。国际上,铁矿石等大宗商品价格也快速上涨。要防范国际市场的外溢影响,做好国内原材料生产和价格的调节工作。

五、保持国际收支基本平衡,保持人民币 汇率在合理均衡水平上的基本稳定

像我国这样一个经济深度融入世界的发展中大国,保持外贸外资平稳发展、国际收支基本平衡、合理规模的外汇储备,对于稳定经济金融、稳定市场预期十分重要。2020 年,我国进出口在经历年初的严重冲击后,从第二季度开始逐步回稳向好,国际收支基本平衡。《报告》提出,今年"进出口量稳质升,国际收支基本平衡"。国际收支主要包括经常账户收支和资本账户收支,前者包括货物贸易、服务贸易收支,后者主要包括直接投资、资金跨境流入流出等。要保持国际收支基本平衡,应做好外贸、外资和保持人民币汇率稳定等工作。

一是进出口量稳质升。2020 年,我国货物进出口 32.2 万亿元人民币,同比增长 1.9%,是全球唯一实现贸易正增长的主要经济体,外贸规模和国际份额创了历史新高。综合考虑全球疫情、世界经

济形势等因素,今年稳定外贸工作是比较有把握的。我国不少行业在全球产业链价值链中仍处于中低端,外贸总体上大而不强。受多种因素影响,全球产业链布局正在发生变化,产业链变短、区域化特征明显。要在稳定外贸规模的同时,着力依靠创新来优化贸易结构、稳固产业链,在提升贸易商品和服务质量效益上狠下功夫。

二是提高利用外资水平。2020 年在全球跨国投资"遇冷"的情况下,我国实际使用外资 1 万亿元人民币,同比增长 6.2%,在全球占比持续增加。林茂鸟自来。今年,要继续实施好《外商投资法》,继续压缩外商投资准入负面清单,加快打造市场化、法治化、国际化营商环境,保持我国作为外商投资热土的地位。

三是保持人民币汇率在合理均衡水平上的基本稳定、保持合理的外汇储备。2020 年受美国等一些主要经济体大规模宽松货币政策、经济衰退等因素的影响,美元指数大幅下跌,年末人民币兑美元汇率中间价距最低点上升近 10%。各方面对此都高度关注,一些出口企业利润受到挤压,汇率市场预期也不稳。近期,人民币汇率趋于稳定,呈小幅双向波动。人民币汇率下一步走势如何,也存在一些不确定性。一方面,一些主要经济体持续推出大规模刺激政策,不少研究机构认为美元指数仍有下跌空间,可能引发各国汇率竞争性贬值。另一方面,如果主要经济体恢复较快、货币政策转向,跨境资本流向可能发生改变。汇率变化也会影响到外汇储备。2020 年我国外汇储备有所增加,年末规模为 3.22 万亿美元。综合分析,今年稳定人民币汇率和外汇储备有不少有利因素,但也要防范国际资本市场变化等带来的不利影响。

六、推动生态环境质量进一步改善

生态环境没有替代品,用之不觉,失之难存。《报告》提出,"生态环境质量进一步改善,单位国内生产总值能耗降低 3%左右,主要污染物排放量继续下降"。这是今年生态环境保护的目标任务。

降低能耗事关节能减排,也事关我国履行碳达峰的承诺。"十四五"规划纲要确定,单位国内生产总值能耗五年累计降低13.5%,年均需降低2.8%左右。根据一般规律,能耗下降越往后难度越大。《报告》提出单位国内生产总值能耗降低3%左右的目标,体现了积极主动作为,也为今后留有空间。

环境质量与人民生活息息相关。2020年全国大气主要污染物平均浓度同比都明显下降。今年要继续加大污染防治力度,巩固蓝天、碧水、净土保卫战成果,促进生产生活方式绿色转型,确保完成《报告》提出的主要污染物排放量继续下降的目标。

七、确保粮食安全

《报告》将粮食产量纳入主要目标任务,提出今年"粮食产量保持在1.3万亿斤以上"。这体现了对粮食安全的高度重视,综合考虑了国内粮食消费需求、综合生产能力、国际粮食市场变化等因素。

我国作为14亿人口的大国,必须把饭碗牢牢端在自己手里。近年来,我国粮食连年丰收,产量持续保持在1.3万亿斤以上。目前,我国稻谷、小麦、玉米三大主粮基本能够自给,但有的品种如大豆国内供需缺口较大。根据相关统计,正常年景下全球谷物贸易量约4亿吨,其中粮食贸易量约7000亿—8000亿斤,相当于我国粮食需求量的一半多点。近期,国际粮食价格涨幅较大,也对国内粮食市场带来一定影响。必须始终绷紧粮食安全这根弦,高度重视粮食生产,确保完成今年粮食产量目标。

积极的财政政策要提质
增效、更可持续

肖 炎 舜

积极的财政政策要提质增效、更可持续，是以习近平同志为核心的党中央作出的重大决策。李克强总理在十三届全国人大四次会议上所作的《政府工作报告》中，就实施好积极的财政政策作出明确部署，体现了宏观政策的连续性、稳定性、可持续性，将有力促进经济运行保持在合理区间。

一、积极的财政政策要提质增效、更可持续，统筹考虑了推动经济稳定恢复需要和财政运行状况

科学精准实施宏观政策，努力保持经济运行在合理区间，确保"十四五"开好局，是以习近平同志为核心的党中央作出的重要决策部署。今年我国发展面临的形势依然复杂严峻，全球疫情还在蔓延，世界经济复苏仍面临诸多不稳定性不确定性，我国经济恢复基础尚不牢固。这就要求宏观政策不能急转弯，必须把握好宏观政策的方向，既要保持必要支持力度，又要加强政策储备，巩固经济恢复增长的基础，使经济运行回归并保持在合理区间，推动构建新发展格局迈好第一步、见到新气象。

今年我国财政收支矛盾仍然突出，财政风险不容忽视。从财政收入看，2021年有些阶段性减税降费政策到期后要调整，加上经济

恢复的带动,财政收入将出现恢复性增长,全国一般公共预算收入安排同比增长8.1%。这个速度看起来比较高,但与2019年相比,只增长3.8%。从财政支出看,今年是"十四五"规划的开局之年,财政政策要支持构建新发展格局,在乡村振兴、污染防治、教育科技、应急救灾、基层"三保"等重点领域和刚性支出都需要加强保障。总体来看,2021年财政收支形势还很严峻,收支平衡难度还很大,加上一些地方政府债券集中到期,部分地方政府债务付息压力不小,影响财政可持续性。

统筹考虑推动经济稳定恢复和保持财政稳健运行,2021年积极的财政政策要提质增效、更可持续。"提质增效",主要是从优化结构和加强管理着眼,进一步完善政策实施机制,切实提升政策效能和资金效益。要建立实施常态化的财政资金直达机制,提高财政资金使用效益;注重节用为民,落实好"过紧日子"要求,确保民生支出只增不减,助力市场主体青山常在、生机盎然;同时还要加快建立全方位全过程全覆盖的预算绩效管理体系,做到花钱要问效、无效要问责。"更可持续",主要是支出规模和政策力度要保持基本稳定,为今后应对可能出现的新的风险挑战留出政策操作空间。要兼顾稳增长和防风险需要,合理确定赤字率和地方政府专项债券规模,保持适度支出强度,保持宏观杠杆率基本稳定。同时,加大预算统筹力度,增强国家重大战略任务财力保障,支持做好"六稳"工作、全面落实"六保"任务。

二、合理确定赤字率和地方政府专项债券规模

赤字是财政收支差额,赤字率是体现财政政策取向的重要指标。今年财政赤字率拟按3.2%左右安排、赤字规模比2020年少1900亿元,其中中央和地方赤字规模分别为2.75万亿元和8200亿元。3.2%的赤字率继续高于3%,并不算低,是体现积极的财政政策取向

的一个重要方面,有利于稳定社会和市场预期。同时赤字率比2020年有所降低,体现了非常时期非常政策有序退出的信号,也反映了坚持不搞"大水漫灌"式强刺激的要求。今年财政赤字主要列入中央预算,中央赤字占全国赤字的77%,比2020年高3.1个百分点。中央赤字形成的资金用来转移支付给地方,在增加地方财力的同时缓解地方利息支出压力,这也是保持财政政策积极取向的重要体现。

发行地方政府专项债券对扩大有效投资、促进经济平稳运行具有重要作用。今年安排新增地方政府专项债3.65万亿元,比2020年减少1000亿元。2020年没有用完的专项债券规模较大,今年还可以继续发挥作用,综合算下来这个力度并不小。确定今年地方政府专项债券规模,还考虑到保持政府总体杠杆率基本稳定,防范政府债务风险。今年要进一步把专项债券资金用好用出效益,扩大使用范围,指导地方做好项目储备,发挥好专项债撬动有效投资作用。

发行抗疫特别国债是特殊时期的特殊举措。目前国内疫情得到有效控制、经济稳定恢复,今年抗疫等一次性支出大幅减少,地方公共卫生等基础设施建设、保基本民生等支出可以通过正常支出渠道给予保障,因此不再发行抗疫特别国债。特殊转移支付是在2020年较大幅度提高赤字率和发行抗疫特别国债背景下,为不形成以后年度转移支付基数采取的特殊安排,在财政运行恢复常态情况下,也应回归执行正常转移支付制度。

三、优化财政支出结构,提高财政资金使用绩效

今年要保持适度支出强度,全国一般公共预算支出安排超过25万亿元,增长1.8%,着力保障国家重大战略任务资金需求,促进经济运行保持在合理区间。同时,要下更大力气优化支出结构,加大重点领域和刚性支出保障力度,继续严控一般性支出,把钱花在刀刃上。

一方面,加大重点领域支出力度。在促进科技创新、加快经济结构调整、调节收入分配上主动作为。具体包括:一是推动创新发展和产业升级。今年要加大基础前沿研究投入,中央本级基础研究支出安排同比增长10.6%,支持关键核心技术攻关,集中力量投向"卡脖子"领域。整合设立产业基础再造和制造业高质量发展专项资金,支持实施产业基础再造工程,加快构建自主可控、安全稳定的产业链供应链。二是支持实施扩大内需战略。在支持稳定和扩大居民消费方面,加大税收、社保、转移支付等调节力度,着力优化收入分配结构;支持健全教育、养老、医疗、育幼等政策体系,促进解决居民消费后顾之忧。在支持扩大有效投资方面,用好新增地方政府专项债券,优先支持在建工程后续融资;中央预算内投资安排6100亿元,增加100亿元,重点推进"两新一重"等重大工程建设。三是支持推进区域协调发展和新型城镇化。继续支持推进京津冀协同发展、粤港澳大湾区建设、长三角一体化发展,加快出台长江经济带发展、黄河流域生态保护和高质量发展财政支持政策。中央财政农业转移人口市民化奖励资金安排350亿元,支持保障农业转移人口基本公共服务需求。支持实施城市更新行动,推动城镇老旧小区改造和住房租赁市场发展。四是支持全面实施乡村振兴战略。稳定和加强种粮农民补贴。加大先进、高端、智能化农机购置补贴力度。农业保险费补贴安排284亿元、增长10.2%。将原中央财政专项扶贫资金调整为衔接推进乡村振兴补助资金,安排1561亿元、增加100亿元,重点向巩固拓展脱贫攻坚成果任务重、乡村振兴底子差的地区倾斜。五是支持加强污染防治和生态建设。大气、水、土壤污染防治资金分别安排275亿元、217亿元、44亿元,增速均不低于10%。重点生态功能区转移支付安排882亿元、增长11%,引导重点生态功能区保护生态环境、提供生态产品。六是加强基本民生保障。就业补助资金安排559亿元、增加20亿元,支持开展职业培训、就业创业服务等。城乡义务教育补助经费安排1770亿元。学前教育发展资金、现代职业教育质量提升计划资金稳定增长。学生资助补助经费安排660亿元、增长16.3%。继续提高退休人员基本养老金。进一步提高企业职工基本养老保险基金中央调剂比例至4.5%。困难群众救助补助资金安排1473亿元,支持地方做好困难群众兜底保障。继续支持做好疫情防控相关工作,对医保基金负担的新冠病毒疫苗及接种费用给予补助,支持实施居民免费接种政策。居民医保人均财政补助标准增加30元,达到每人每年580元,同步提高个人缴费标准40元,达到每人每年320元。基本公共卫生服务经费人均财政补助标准提高5元,达到每人每年79元,支持地方更好开展基本公共卫生服务。

另一方面,落实过紧日子要求,大力压减一般性支出。坚持艰苦奋斗、勤俭节约,把党政机关过紧日子作为长期方针政策。把预算管理作为过紧日子的重要抓手,科学核定预算,该砍的砍、该减的减,预算执行中要强化约束。压实预算单位主体责任,推动部门在预算编制、执行、政府采购、资产配置使用等方面,做到厉行节约。今年中央本级支出35015亿元,下降0.2%,其中,中央部门非刚性非重点项目支出大幅压减,对一些重点项目和政策性补贴按照从严从紧、能压则压的原则进行压减。地方财政也要进一步压减一般性支出,腾出更多宝贵财政资源,用于改善基本民生和支持市场主体发展。同时,要更加突出绩效导向,加快建立全方位全过程全覆盖的预算绩效管理体系,切实做到花钱要问效、无效要问责,把有限的财政资金用好用到位。

四、持续推进减税降费,助力市场主体特别是小微企业和个体工商户纾困发展

综合考虑财政承受能力和实施助企纾困政策需要,今年要持续推进减税降费,激发市场主体活力。继续实施制度性减税降费政策,合理把握阶段性减税降费政策退出力度和节奏,适时推进结构性减

税,着力优化落实机制和政策安排,继续向小微企业和个体工商户倾斜,加大对科技创新和重点领域的政策扶持,努力减轻企业税费负担。

一是继续实施制度性减税降费政策。近年来实施的减税降费政策中,相当一部分是制度性安排,包括小微企业普惠性减税、个人所得税专项附加扣除、降低增值税税率、增值税留抵退税、提高部分产品出口退税率、降低企业基本养老保险单位缴费比例、调整社保缴费基数等政策。今年将继续实施这些政策,减税降费政策叠加效应将持续释放。

二是对 2020 年疫情期间出台的阶段性减税降费政策分类调整、有退有留。对这些阶段性政策逐项研究评估,分类处理:一类退坡执行。主要是对 2020 年实施的涉及小微企业等部分税费政策适当延长执行期限,稳妥处理政策退出力度与对市场主体影响关系,不搞"急刹车"。另一类停止执行。鉴于疫情防控已进入常态化,对涉及防控保供等临时性、应急性政策,到期后停止执行。2020 年出台的阶段性减免养老保险费政策对社保基金可持续运行影响较大,今年不再延续。同时,一些阶段性政策继续执行,主要包括:小规模纳税人减征增值税等。

三是适时出台新的减税降费措施。党中央、国务院高度重视小微企业和个体工商户发展。小微企业和个体工商户数量大、分布广、类型多,是发展的生力军、就业的主渠道,是历次减税降费支持的重点。2019 年 1 月 1 日起,曾经将小规模纳税人起征点从月销售额 3 万元提高到 10 万元,今年进一步提高到 15 万元,将有更多小微企业和个体工商户不用再缴纳增值税。对小微企业和个体工商户年应纳税所得额不到 100 万元的部分,在现行优惠政策基础上,再减半征收所得税,实际税负只有 2.5%,相当于企业所得税税率的八分之一。同时,继续推动降低企业用电、用网、物流等生产经营成本。年内允许所有制造业企业参与电力市场化交易,进一步清理用电不合理加价,切实降低企业实际用能成本。中小企业宽带和专线平均资费再降10%。全面推广高速公路差异化收费,坚决整治违规设置妨碍货车通行的道路限高限宽设施和检查卡点。鼓励受疫情影响较大的地方,对承租国有房屋的服务业小微企业和个体工商户减免租金。取消港口建设费,降低民航发展基金航空公司征收标准。要狠抓减税降费政策落实,严控非税收入不合理增长,严厉整治乱收费、乱罚款、乱摊派,不得扰民渔利,让市场主体安心经营、轻装前行。

五、加大对地方财力支持力度,
兜牢兜实基层"三保"底线

今年一些地方财政收支矛盾突出,"三保"面临的压力加大,必须加大对地方财力支持。

中央加大对地方转移支付力度。今年中央在实际新增财力有限的情况下,对地方转移支付安排83370亿元,剔除特殊转移支付后实际增长7.8%。一般性转移支付75018.34亿元,增长7.8%,其中,共同财政事权转移支付34159亿元,增长6.1%,主要是支持地方落实教育、养老、医保等领域共同财政事权有关政策,促进基本公共服务均等化;其他一般性转移支付40859亿元,增长9.2%,高于中央本级支出增幅9.4个百分点,体现了中央财政加大对地方财力支持力度、增强困难地区财政保障能力的政策导向。专项转移支付(包含中央预算内投资)8352亿元,增长7.5%,集中资金引导地方落实党中央、国务院重大决策部署,继续对生态环保、区域协调发展等重点支出给予必要支持。

支持地方兜牢"三保"底线。2021年中央财政均衡性转移支付安排19087亿元,增长11%;县级基本财力保障机制奖补资金安排3379亿元,增长13.4%;革命老区、民族地区、边境地区转移支付安排1466亿元,增长10.1%;落实对西藏和四省涉藏州县、新疆的一揽

子财税支持政策,重点保障"三保"支出需要。中央财政将及时跟踪监测各级库款水平,精细测算并差异化调度资金,加强对困难地区的支持。督促省级财政切实履行主体责任,优化财力分配格局,加大财力下沉力度,加强县级"三保"运行监控,精准高效安排使用资金。严格落实县级财政保障责任,对违法违规挪用"三保"资金的,严肃问责、处理到人。各级都要牢固树立底线思维,强化责任落实,坚决杜绝出现拖欠教师工资等问题,确保基层"三保"不出问题。

六、常态化实施直达机制,提高财政资金效率

实行财政资金直达机制是财政宏观调控方式的重大创新。去年新冠肺炎疫情暴发后,各地财政收入普遍出现大幅下降,大量市场主体经营遭遇严重困难,各方面都急切盼望有关财政资金能够尽早拨付到位,尽快发挥作用。面对这种情况,党中央、国务院决定对新增财政赤字和抗疫特别国债2万亿元建立特殊转移支付机制,使资金直达市县基层、直接惠企利民。同时,加强对资金分配、下达和使用的全过程监管,确保资金下达和资金监管同步"一竿子插到底",提高资金使用的规范性、有效性。省级财政既当好"过路财神"又不当"甩手掌柜",为基层保就业、保民生、保市场主体提供有力支撑。据了解,纳入直达机制的资金从中央落地市县基层仅需20天,使用进度整体上比往年加快了一个季度以上,且投向更准,用到了基层急需处。实践证明,直达机制极大丰富了"精准滴灌"的政策工具箱,推动宏观政策与微观需求紧密结合,显著降低了交易成本和制度成本,确保了财政资金用到基层急需以及惠企利民领域。

今年要将财政资金直达机制这一行之有效的做法上升为制度性安排。核心是建立实施常态化的财政资金直达机制,拓展直达资金范围,改进完善直达机制,同时加强直达资金管理,着力提升管理的科学性、规范性和有效性。一是合理扩大直达资金的范围。在保持

中央和地方财政关系基本不变的前提下,将直接用于基层财力保障的一般性转移支付、年初可直接分配的中央和地方共同财政事权转移支付、具备条件的专项转移支付纳入直达范围。今年中央财政直达资金规模达到2.8万亿元,基本实现中央财政民生补助资金全覆盖。二是完善直达资金管理制度。优化资金分配流程,落实地方政府主体责任,充分调动地方积极性,提高资金分配的科学性。三是健全直达资金监控体系。细化监管措施,完善监控系统,加大监管力度,强化全过程、全链条、全方位监控,盯紧盯牢直达资金的分配、拨付和使用,防止资金被挤占挪用,并切实提高财政资金绩效。

稳健的货币政策要灵活
精准、合理适度

宋　立

2020 年中央经济工作会议要求今年宏观政策要保持连续性、稳定性、可持续性,继续实施稳健的货币政策。李克强总理在十三届人大四次会议上所作的《政府工作报告》中,就如何落实稳健的货币政策作出专门部署,强调稳健的货币政策要灵活精准、合理适度。要认真学习领会,深入贯彻落实,进一步加强和改进对实体经济的金融服务,务必做到小微企业融资更便利、综合融资成本稳中有降。

一、坚持灵活精准,把服务实体
经济放到更加突出的位置

2020 年在严峻复杂的国内外形势下,我国实现了率先控制疫情、率先复工复产和率先实现经济增长由负转正的"三个率先"。当前,我国经济总体上仍处于恢复期。从国际看,新冠肺炎疫情仍在全球蔓延,世界经济复苏不稳定不平衡。从国内看,疫情防控仍有薄弱环节,经济恢复基础还不牢固,居民消费仍受制约,投资后劲不足,中小微企业和个体工商户困难较多,稳就业压力较大。同时,金融等领域风险需要高度关注。今年是中国共产党成立 100 周年,也是"十四五"规划开局之年,保持经济运行在合理区间,推动经济社会持续健康发展至为重要。《报告》提出在区间调控基础上加强定向调控、相机调控、精准调控。宏观政策要继续为市场主体纾困,保持必要支持力度，不急转弯，根据形势变化适时调整完善，进一步巩固经济基本盘。货币政策要按照中央经济工作会议精神，坚持稳健取向不变。在政策操作中要相机抉择、定向发力，增强灵活性和针对性，做到既灵活应变又精准施策，为实体经济提供及时高效的金融服务；在政策力度与节奏上要合理掌握，松紧适度，把握好政策时度效，保持货币信贷合理增长和流动性合理充裕。

加大对科技创新、小微企业、绿色发展的金融支持。进一步加强和改进对实体经济的金融服务，要按照中央经济工作会议的要求，加大对科技创新、小微企业、绿色发展的金融支持。具体操作中，要突出重点，既支持新的增长点，又着力解决突出难点堵点。在支持新的增长点上，要使资金更多流向科技创新、绿色发展。科创金融是支持科技自立自强、促进创新创业的重要手段，要加快完善金融支持创新体系，发展知识产权质押融资、科技保险，开展科技成果转化贷款风险补偿试点，探索信贷支持科技发展新模式。完善创业投资监管体制和发展政策，鼓励天使投资、创业投资发展。增强科创板"硬科技"特点、提升创业板功能，深化新三板改革，推动科创企业上市融资，拓宽直接融资渠道。绿色低碳发展必然要求绿色金融的有力支持，我国绿色金融起步早，绿色贷款余额连续多年位居世界第一，绿色债券发行位居世界第二。《报告》提出要实施金融支持绿色低碳发展专项政策，设立碳减排支持工具。要切实抓好落实，为实现2030年碳达峰、2060年碳中和目标、推动绿色低碳发展提供有力金融支持。在解决难点堵点上，要使资金更多流向小微企业、个体工商户、新型农业经营主体。小微企业是发展的生力军、就业的主渠道、创新的重要源泉，在保居民就业保基本民生中发挥着重要作用，但也是实体经济的薄弱环节，要精准解决小微企业、个体工商户等融资难融资贵问题。新型农业经营主体是推动乡村振兴和农业现代化的重要力量，培育新型农业经营主体离不开金融支持。今年要积极探索适合新型农业经营主体特点的金融支持模式，更好满足其经营发展中的合理资金需求。

处理好恢复经济和防范风险的关系。当前,我国经济运行逐季改善,金融风险处置取得了重要阶段性成果,巩固发展来之不易的成果,必须按照中央经济工作会议要求,处理好恢复经济和防范风险关系,既要有力支持经济恢复发展,也要做好风险防控工作。在宏观层面,要保持宏观杠杆率基本稳定。疫情发生以来,受冲击较大国家普遍实施宽松政策,扩大货币投放和财政支出。据国际金融协会(IIF)的数据,2020 年全球宏观杠杆率(债务/GDP)较上年提高 35 个百分点,达到了创纪录的 355%。我国在应对疫情冲击中没有搞"大水漫灌",而是以合理的代价稳住了经济基本盘。宏观杠杆率有所提高,但不仅低于全球水平,也低于我国 2009 年应对国际金融危机时的水平,且增幅逐季回落,2020 年四季度已呈现出去杠杆的势头。《报告》强调保持宏观杠杆率基本稳定,今年要在支持实体经济的同时,把握好杠杆率水平和结构,防止带来风险"后遗症"。在中微观层面,要在服务实体经济的同时做好风险防控。要合理区分政策性金融与商业金融的分工,该运用政策性金融工具的要用好政策性工具,该发挥商业金融作用的要更好发挥商业金融作用。无论是政策性金融还是商业金融,都要努力实现改进实体经济金融服务与防范风险的平衡,既要防止为了防风险而牺牲对实体经济的必要支持,也要防止金融无序投放产生难以控制的风险,避免陷入消极防范金融风险或片面强调金融服务的两个极端。

二、坚持合理适度,保持流动性合理充裕

保持货币政策合理适度,从资金供给看,要保持货币信贷和其他社会融资规模合理增长,流动性合理充裕。从资金价格看,要推动企业综合融资成本稳中有降,保持人民币汇率在合理均衡水平上的基本稳定。

货币供应量和社会融资规模增速与名义经济增速基本匹配。保持宏观政策连续性稳定性可持续性,体现在货币政策上,必然要求保持货币信贷和社会融资规模合理增长。货币供应量和社会融资规模增速的把握,是货币政策合理适度需要把握好的首要问题。从理论上来说,货币供应量与经济增长和物价水平的数量关系,来自于货币数量论的数学推导,在货币流通速度相对稳定的情况下,货币供应量增速可以视为经济增速与物价涨幅之和。本届政府成立以来,我国进行了有无货币供应量化要求的两方面探索,形成了目前的基本做法。由于国际社会、学术界和有关方面对此问题存在不同看法,2018年的《报告》没有提出广义货币供应量和社会融资规模增速预期目标,代之以"保持广义货币M2、信贷和社会融资规模合理增长"的定性表述。从实际情况看,没有数量目标虽然有利于增强调控的灵活性,但也使调控缺乏数量依据、市场失去参照,容易弱化宏观调控的逆周期效果。为了更好满足经济运行保持在合理区间的需要,2019年的《报告》提出了"广义货币M2和社会融资规模增速要与国内生产总值名义增速相匹配"的要求,相对于过去直接、明确的数量目标,可以说这是"相对"的量化要求。2020年由于面对突如其来的疫情冲击,一季度经济出现罕见的负增长,且未来仍存在较大不确定性,当年《报告》没有提GDP具体预期目标,但对货币供应量和社会融资规模增速做了定量阐述,明确要求当年广义货币供应量和社会融资规模增速明显高于上年,主要考虑是经济要从急剧"停摆"中恢复过来,必须有合理充裕的货币金融环境,需要以货币供应量的增加来对冲货币流通速度的下降。2020年中央经济工作会议提出保持货币供应量和社会融资规模增速同名义经济增速基本匹配,今年《报告》再次加以明确,相当于回归了2019年的做法。广义货币供应量M2可以按照经济增长预期目标加物价涨幅控制目标、再适当加点的方式把握。这既是近年来金融调控实践得到的原则性经验,也是保持流动性合理充裕的定量保障。把握货币信贷供应量是否与经济增速匹配,不能从个别月份或季度看,而要从全年整体看。《报告》提出今年经济增长预期目标为6%以上,居民消费价格涨幅3%左右,要保持年度货币供应量和社会融资规模增速与名义经济增速基本匹配,为经济持续恢复发展提供合理适度的金融支持。

推动实际贷款利率进一步降低。保持资金价格合理,对内要推动利率水平稳中有降。近年来银行与企业利润悬殊,社会各界不时呼吁金融机构让利于企。《报告》肯定了2020年金融系统向实体经济让利的做法,提出要继续引导金融系统向实体经济让利。金融向实体经济让利,主要通过降低贷款利率和相关收费来实现。由于存款利率在一定程度上限定了贷款利率的下行幅度,并且银行之间存款竞争变相拉高了存款实际利率。当前,存款利率上限已基本放开,但并不意味着不再进行监管。《报告》提出优化存款利率监管,要改革优化监管方式,加强存款利率自律机制的自律作用,为降低实际贷款利率创造条件。要进一步完善贷款市场报价利率(LPR)形成机制,畅通"政策操作利率—市场报价利率—银行贷款利率"的传导链条,推动企业实际贷款利率进一步下行。同时,要继续规范、降低贷款中间环节相关收费,推动小微企业综合融资成本稳中有降。当前企业账款支付需求较大,《报告》强调适当降低小微企业支付手续费,要抓紧落实,保持支付行业必要的竞争,促进收费水平适度降低。

保持人民币汇率在合理均衡水平上的基本稳定。保持资金价格水平合理,对外要保持人民币汇率水平基本稳定。当前,人民币汇率稳定面临的内外部形势比2020年更加复杂、挑战更多。2020年二季度以来,由于我国率先控制疫情、率先复工复产,而欧美发达国家防疫举棋不定、疫情仍在蔓延,在世界贸易总体萎缩的情况下,出现了防疫物资和必需品需求向我国集中的现象,并因防疫派生出了"宅经济"等新需求,我国出口逆势增长。加上我国经济增长率先实现"由负转正",我国资本市场涨幅大于欧美主要市场,人民币资产对外吸引力增强。2020年年末人民币对美元汇率中间价较上年末升值6.92%,也对出口贸易和出口企业收益形成了一定影响。当前,这种势头还在延续,人民币汇率波动压力仍然比较大。未来随着主要发达国家疫情得到控制、宽松货币政策转向,国际资本有可能向发达国家回流,人民币汇率可能面临再调整压力。要按照中央经济工作会议关于保持人民币汇率在合理均衡水平上的基本稳定的要求,稳步深化汇率市场化改革,完善以市场供求为基础、参考一篮子货币进行调节、有管理的浮动汇率制度。同时,要加强跨境资本流动宏观审慎管理与微观审慎监管,协调好本外币、跨境资本流动审慎管理和国际宏观经济政策平衡,稳定市场预期,努力保持人民币汇率在合理均衡水平上的基本稳定。

三、加大支持普惠金融力度,进一步解决中小微企业融资难题

当前,金融服务实体经济的难点和堵点仍然在于中小微企业。《报告》提出加大再贷款再贴现支持普惠金融力度,进一步解决中小微企业融资难题,特别强调要对受疫情持续影响行业企业给予定向支持。

延续普惠小微企业贷款延期还本付息政策。为了帮助受疫情影响较大的企业渡过难关,2020年推出了小微企业贷款延期还本付息政策,要求对普惠型小微企业贷款应延尽延,对其他企业贷款由银行和企业协商延期。有关部门出台了专门政策支持银行对企业延期还本付息,对地方法人银行实行普惠小微企业贷款阶段性延期还本付息予以一定激励。按照原来规定,小微企业延期还本付息政策最长可延至今年3月底,具体操作中要求银行办理一次延期要跨过年关,为了避免3月底集中到期可做平滑安排。按照国务院常务会最新精神,普惠小微企业贷款延期还本付息政策要与社保缴费等政策做好协调,适当延长政策期限。有关部门对办理贷款延期还本付息且期限不少于6个月的地方法人银行,继续按贷款本金1%给予激励。

《报告》明确要求延续小微企业贷款延期还本付息政策,要抓好落实,支持小微企业恢复发展,避免出现偿债高峰。

加大再贷款再贴现支持普惠金融力度。为了支持复工复产和小微企业恢复发展,2020年有关方面先后设立了三项再贷款再贴现专项资金,累计投入1.8万亿元再贷款再贴现资金。一是设立3000亿元专项保供再贷款,支持防疫物资生产供应。二是安排5000亿元复工复产再贷款再贴现,支持小微企业等受疫情冲击明显的市场主体。三是面向中小银行新增1万亿元再贷款,向小微企业提供优惠利率贷款。另外,还设立了小微企业贷款延期还本付息政策支持工具和普惠小微企业信用贷款支持工具两项专门政策。同时,对受疫情影响严重地区单列了信贷计划,给予了再贷款支持。实践证明,再贷款再贴现政策对于支持银行加大普惠金融力度十分必要和有效,今年要认真总结经验加以改进,适当增加支持普惠金融的再贷款再贴现规模,更好帮助小微企业应对国内外环境变化,实现生产经营稳定恢复。同时,要对受疫情持续影响的行业企业给予定向支持,帮助他们克服困难、恢复发展。

引导银行扩大信用贷款、持续增加首贷户、推广随借随还贷款。受疫情影响,企业特别是小微企业资金普遍紧张,有贷款的企业对信用贷款、随借随还贷款等需求增加,没有贷款的企业迫切需要获得首次贷款。银行要牢固树立银企共同体意识,在把握好商业可持续原则、平衡好改进金融服务与防控金融风险关系的前提下,增加企业急需的贷款投放,把有限的信贷资源用到实体经济最需要的企业。一是努力扩大信用贷款。为了支持银行发放信用贷款,国务院常务会议此前决定将普惠小微企业信用贷款支持工具实施期限适当延长。对符合条件的地方法人银行发放普惠小微企业信用贷款,继续按贷款本金40%给予优惠资金支持。要引导银行顺应企业对信用贷款需求上升的客观趋势,改进信贷投放模式,优化信贷流程,扩大信用贷款投放,逐步提高信用贷款比例。二是持续增加首次贷款客户。

为了解决银行开发首贷户与发放其他贷款之间的矛盾,并防止银行相互竞争首贷户,今年不再单纯要求提高首贷率,而是引导银行持续扩大首贷户数量。无论大型商业银行还是中小型银行,今年都应继续下功夫开发小微企业首次贷款客户,着力解决小微企业贷款难特别是首贷难问题。三是推广随借随还贷款。小微企业和个体工商户生产经营不像大企业那样稳定有规律,为了应对订单激增等突发情况,不时需要临时周转的随借随还贷款。银行要在总结随借随还消费贷款等经验基础上,探索适合小微企业和个体工商户的随借随还贷款,更好服务市场主体生产经营的资金需求。

大型商业银行普惠小微企业贷款增长30%以上。大型商业银行是我国金融体系的主导力量,也是服务小微企业的主力军。但从银保监会统计的金融机构资产份额与小微企业贷款占比对比看,2019年大型商业银行资产占比为40.3%,小微企业贷款份额仅占27.9%,表明大型银行增加小微企业贷款还有余地。近年来,通过设定小微企业贷款增速,激发了大型银行服务小微企业的潜力。2019年的《报告》首次提出大型商业银行小微企业贷款要增长30%以上的目标,当年实际增长50%以上。2020年针对疫情冲击下小微企业的突出困难,《报告》适当调高了大型商业银行小微企业贷款增速要求,提出了40%的新目标,同样超额完成了任务。考虑到大型银行进一步挖潜空间已经有限,今年《报告》没有提高大型银行小微企业贷款增长目标,而是维持30%以上的要求。大型银行要发挥好头雁作用,再接再厉做好小微企业贷款投放,为中小银行作出表率,带动银行业金融机构共同服务小微企业。

四、加快构建金融有效支持
实体经济的体制机制

做好小微企业金融服务是一个复杂的系统工程。党的十九届五中全会明确提出构建金融有效支持实体经济的体制机制,一方面,需要银行发挥主力作用,努力改进普惠金融服务;另一方面,也需要相关各方共同发力,为改善小微企业融资环境创造良好条件。

完善金融机构考核、评价和尽职免责制度。对于银行来说,解决小微企业融资难题,首先要解决敢贷、愿贷、能贷问题。《报告》提出完善金融机构考核、评价和尽职免责制度,应加快细化实化具体化。一是完善对金融机构的监管考核机制,监管部门对银行的考核评估、银行对分支机构和员工的绩效考核,都应向普惠金融倾斜,适当提高不良贷款容忍度。二是完善对银行特别是国有大型银行的绩效评价机制,国有银行不同于一般的商业银行,应在做好经营发展的同时,带头履行社会责任。财政部门对国有银行的业绩考核,不仅考核经营效益和风险防控,更注重考核服务国家发展目标和实体经济情况,可适当提高小微企业金融服务绩效权重。三是完善银行内部的尽职免责制度。监管部门对于尽职免责的政策导向是明确的,各家银行也都建立了相应的制度,关键是细化实化,提高可操作性,让基层机构和信贷业务人员真正敢贷、愿贷。

完善贷款风险分担补偿机制。解决小微企业贷款难题,需要银行、企业和政府共同发力,形成有效的风险分担补偿机制。在疫情冲击背景下,企业的可抵押资产普遍减值,愿为小微企业提供担保的机构减少,完善风险分担补偿机制、进一步发挥政府性融资担保作用十分必要和紧迫。当前,政府性融资担保的放大倍数比较低、收费偏高,反担保要求严苛,需要明显提高放大倍数,降低担保费率,取消反担保等要求。为了鼓励担保机构降低担保费率,此前有关部门出台了小微企业融资担保降费奖补政策。《报告》明确提出延长小微企业融资担保降费奖补政策,要抓好落实,助力解决小微企业融资难融资贵问题。

加快信用信息共享步伐。小微企业融资难的一个重要原因是缺信息、缺信用。为了解决这一难题,银行探索运用企业用电、用气、纳税,以及营业登记等信息替代信用信息,但这些信息分散在各个部门或机构,大部分需要一对一去商谈,单靠银行的力量难以有效解决,需要也只能由政府部门出面协调。近年来一些地方进行了先行探索,积累了一些经验,要及时加以总结推广。《报告》要求加快信用信息共享步伐,有关部门要从大局出发,以助力解决小微企业融资难题为己任,主动作为帮助银行解决信息难题,加快推动替代性涉企信息共享,今年力争有突破性进展。

创新供应链金融服务模式。供应链金融是改善小微企业融资的新模式。《报告》提出创新供应链金融服务模式。要引导市场推出更多供应链金融产品,围绕产业链供应链打造资金链,支持产业链上下游小微企业融资,为解决小微企业融资难题探索更多新途径。

就业优先政策要继续
强化、聚力增效

乔 尚 奎

就业是最大的民生。党中央、国务院对就业工作高度重视，习近平总书记作出一系列重要论述和指示批示。李克强总理在十三届全国人大四次会议上所作的《政府工作报告》中强调，"就业优先政策要继续强化、聚力增效"，并对做好今年就业重点工作作出部署。我们要深入学习领会，抓好贯彻落实，确保完成全年就业目标任务和就业大局稳定。

一、应对严峻复杂形势、保持就业大局稳定，就业优先政策必须继续强化、聚力增效

2020年，我国经济社会发展遭遇世纪罕见的多重严重冲击，就业形势异常严峻复杂。党中央、国务院把就业放在突出重要位置，全面强化就业优先政策，加大稳就业举措，助企纾困稳岗、扩大新增就业并举，推动圆满完成全年就业目标任务。当前新冠肺炎疫情仍在全球蔓延，世界经济复苏不稳定不平衡。我国国内疫情防控仍存在较大压力，经济恢复基础尚不牢固，今年就业工作面临的困难和挑战仍然较多。完成全年就业目标任务、实现更加充分更高质量就业，必须持续强化就业优先政策，推动各项政策聚力增效，形成稳就业的强大合力。

今年就业总量大、任务重,保持就业大局稳定必须继续强化就业优先政策。2021年需要在城镇就业的新成长劳动力仍有近1500万人,其中高校毕业生达到909万人,就业总量仍处于高位。特别是2020年失业人数有所增多、帮扶难度加大,随着疫情形势好转,农民工外出务工可能较大增加,导致今年就业需求明显上升,总量压力可能超过往年。为更好满足新增劳动力就业需要,今年就业预期目标调整到常年水平,其中城镇新增就业1100万人以上,比2020年多200万人,城镇调查失业率5.5%左右,比2020年低0.5个百分点。这两项主要预期指标的一升一降,充分体现了优先保就业、稳就业的鲜明导向。但另一方面,目标调高了,也增加了完成任务的难度,特别是当前经济仍在恢复性发展,经济增长带动就业能力还难以完全回到常年水平,完成就业目标面临不少挑战。必须通过进一步强化就业优先政策,把各方面政策资源充分调动起来,为稳就业提供更有力的支撑。

当前稳就业的基础还不牢固,巩固就业成效必须继续强化就业优先政策。2020年尽管没有发生大规模失业,但调查失业率2月一度达到6.2%的历史高位,从9月开始才降到5.4%以下的水平。为稳定扩大就业,有关部门和地方通过采取大规模阶段性减税降费等办法,支持企业不裁员少裁员,把职工稳定在就业岗位上。今年市场主体特别是量大面广的中小微企业和个体工商户还没有完全恢复元气,部分阶段性纾困政策退出,可能加剧他们的生产经营困难,稳岗扩岗的可持续性面临挑战。同时,企业加快推进转型升级,对技能人才需求增加,而大龄低技能劳动者就业难度加大。受疫情等因素影响,农民工就地就近就业意愿增强,但中西部一些劳务输出地就业空间较窄,部分区域和行业存在失业风险。今年前两个月城镇调查失业率仍然较高,一定程度上也反映了当前就业市场的脆弱性。巩固和拓展稳就业成效,必须继续强化就业优先政策,保持必要政策支持力度,对稳岗扩岗给予更精准有效的政策激励。

应对就业面临的困难和挑战,必须继续强化就业优先政策。当前全球疫情形势仍然严峻复杂,国内"外防输入、内防反弹"的压力仍然存在,对经济和就业的影响仍在持续,特别是受冲击严重的服务行业恢复较慢,一些中小微企业和个体工商户生产经营还比较困难。而他们是重要的就业"蓄水池",常态化疫情防控形势下,不可避免出现用工招聘需求减少等问题,对就业的影响不容小视。外贸发展和稳就业也存在不确定性、面临不少挑战,部分劳动密集型行业企业吸纳就业能力受到一定影响。此外,随着我国灵活就业规模不断扩大,特别是平台就业等新就业形态快速发展,现有的劳动法规制度难以有效覆盖,不利于新就业形态的健康发展。应对这些新的情况和挑战,必须保持强有力的政策支持,以政策的聚力增效对冲不利影响,顶住就业压力,助力就业大局稳定。

二、继续强化就业优先政策,必须准确把握施策方向和重点、在聚力增效上下更大功夫

《报告》提出就业优先政策要继续强化、聚力增效,对今年如何实施就业优先政策提出了要求,对相关政策措施作了优化和完善。这既考虑了 2020 年就业优先政策的实施情况,也充分考虑了当前就业形势和稳就业需要。必须准确把握好政策实施的方向和发力点,更好地释放政策效果。

要充分发挥宏观政策对稳就业的聚力支持效用。今年财政、货币、投资等宏观政策的制定,聚力为市场主体增活力、促发展,充分考虑了稳定和扩大就业的需要。特别是在 2020 年出台的部分阶段性稳就业政策到期调整情况下,要保持整体支持强度与稳就业的需要相匹配,更加注重政策集成和实际效果,在工作中抓政策落实。财政预算安排注重支持市县基层稳就业保民生。今年中央财政就业补助资金安排 559 亿元,比 2020 年增加 20 亿元。继续用好失业保险

基金、职业技能提升行动专账资金以及与就业相关的资金和项目。结构性减税举措继续把支持中小微企业和个体工商户作为重点，普惠金融政策突出支持中小微企业和受疫情影响行业企业稳岗扩岗，有利于扩大就业的投资项目能上要快上。各地要强化资金保障，加大政策支持力度，切实做到稳就业举措快出尽出，增岗位办法能用尽用，并根据形势变化完善政策储备。

要持续聚焦通过保市场主体来稳定和拓宽就业渠道。稳就业关键是稳住市场主体。今年继续执行部分阶段性稳就业政策，扩大政策惠及面，这有利于增强市场主体稳岗能力、巩固就业成效。降低失业和工伤保险费率政策今年 4 月 30 日到期后，继续延长一年至2022 年 4 月 30 日。截至 2020 年年底，全国失业和工伤保险参保人数分别达到 2.17 亿人、2.68 亿人，降低费率可为参保企业减轻上千亿元缴费负担。继续实施失业保险稳岗返还政策，保持力度不变并加以完善，适当降低申请门槛，支持更多企业不裁员或少裁员。延长以工代训政策实施期限，对企业特别是中小微企业吸纳失业人员等群体就业且符合条件的，继续给予以工代训补贴，简化申请流程，促进企业以训稳岗拓岗。对吸纳重点群体就业、见习的企业，继续给予相应补贴。这些都将为稳定和扩大就业强化政策支撑。同时，要做好疫情常态化精准防控，及时纠正一些地方防疫层层加码的做法，推进受疫情影响较大的行业企业特别是住宿餐饮、交通运输、批发零售等加快恢复运营，鼓励推出更多非接触服务项目，创造新的就业岗位。要注重支持中小微企业和劳动密集型企业恢复发展、吸纳就业，在产业转型升级中创造更多就业岗位，提升带动就业能力。

要更加注重优化就业环境激发就业创业活力。当前就业创业仍面临一些障碍，与就业形态多元化、自主创业不断增多的趋势不相适应，必须适应就业方式变化，及时调整相关政策，降低就业门槛，营造良好的就业创业环境。市场监管、城市管理等要充分考虑对就业的影响,加快清理各种就业障碍、行业壁垒和影响就业的不合理做法,减少对就业的限制。今年要把优化职业资格管理作为重要任务,进一步降低就业门槛。目前,国家职业资格目录共有139项职业资格,其中专业技术人员职业资格58项、技能人员职业资格81项。今年要将专业技术人员职业资格中的乡村兽医、会计从业资格等调出目录,把部分准入类职业资格调整为水平评价类。要持续动态优化国家职业资格目录,继续梳理压减准入类职业资格数量,降低或取消部分准入类职业资格考试工作年限要求,更大激发就业创业活力。

三、把抓好重点群体就业作为实施就业优先政策的重要着力点,以重点群体就业稳推动就业大局稳

高校毕业生、退役军人、农民工、城市困难群体等,是就业工作的重点和难点。必须把帮扶他们就业作为实施就业优先政策的重要着力点,坚持问题导向和目标导向,不断完善支持重点群体就业的政策体系,充分发挥稳就业政策和资金的聚力效用,根据不同群体实际有针对性地加强就业帮扶。

要多措并举促进高校毕业生就业创业。高校毕业生是宝贵的人才资源。2020年面对疫情冲击带来的用工需求下滑、就业招聘延迟等影响,有关部门和各地加大政策激励并狠抓落实,促进市场主体、基层单位扩大就业,积极推动创业带动就业,通过各方面共同努力,高校毕业生就业率超过90%。今年高校毕业生再创历史新高,加上留学归国人员和部分未就业的往届毕业生,需要就业的毕业生总量较大。今年高职还将扩招100万人,今后几年高校毕业生会持续面临较大就业压力。要拓展市场化就业渠道,对招用毕业生的企业加大税费减免、社保补贴、培训补贴等政策支持,鼓励企业扩大招聘规

模,引导更多毕业生到中小企业就业。深化高校毕业生就业创业促进计划和基层成长计划,稳定国有企事业单位招聘、升学扩招、基层项目招募、参军入伍规模,鼓励更多毕业生到城乡基层、中西部地区和边远地区建功立业,服务国家重大战略。发挥高校毕业生就业服务平台、24365 智慧就业平台等作用,协同推进就业创业指导、百万青年技能培训行动等。对离校未就业毕业生实行"不断线"的就业服务,健全实名服务机制,有针对性加强就业帮扶,完善困难毕业生就业援助机制。加强规范引导,切实防止和纠正对往届、非全日制毕业生等就业歧视问题。

要扎实做好退役军人就业创业工作。2020 年面对疫情冲击等因素影响,有关部门和地方采取有力举措支持退役军人多渠道就业创业,通过合作就业模式等为退役军人提供 20 余万个就业岗位,还举办了首届全国退役军人创业创新大赛,取得积极成效。今年要进一步落实完善退役军人就业创业政策,发挥退役军人就业创业网、各类就业服务机构等作用,全方位、有针对性做好就业创业服务,巩固和提升就业成效。要继续拓宽退役军人就业渠道,引导退役军人到重点行业、支柱产业就业,发挥开发区等就业创业平台作用,强化对企业吸纳退役军人就业的政策支持,加大自主创业扶持,扩大就业空间。要加大教育培训力度,畅通退役军人技能提升通道,鼓励支持退役军人参与职业技能提升行动,高职院校继续面向退役军人扩大招生,不断提高他们的就业创业能力。

要强化对农民工稳岗就业的支持。我国现有农民工 2.86 亿人,实现农民工稳定就业和增收,是就业大局稳定的重要支撑。当前要继续实施好稳岗留工等专项行动,引导支持仍未返城的农民工安全有序返岗。落实好常住地就业服务政策,促进输入地对外来农民工和本地农民工给予同等的就业服务和保障,支持农民工外出就业。结合农民工就近就业增多的实际情况,着力扩大省内特别是县域内农民工就业,把新型城镇化建设项目向县城倾斜,支持提升县城综合承载能力和吸纳就业能力。把全面推进乡村振兴、发展特色优势产业与促进农民工就业结合起来,建设一批创业园和产业集聚区,用好创业担保贷款、一次性创业补贴等扶持政策,促进更多农民工留乡就业、成功创业。要优先支持脱贫劳动力稳岗就业。截至2020年年底,原建档立卡贫困劳动力务工规模达到3243万人。今年要把加强脱贫劳动力稳岗帮扶作为农民工就业工作的重点,稳定就业水平、促进收入增加,助力巩固脱贫攻坚成果。

要完善对困难群体等的就业帮扶政策。零就业家庭成员、低保对象、残疾人、失业人员等困难群体在就业市场上处于弱势地位,要对他们就业进行重点帮扶。加强困难人员就业援助,完善动态跟踪调整机制,把真正需要帮扶的群体全部纳入援助范围,提供精准扶持政策和就业服务。统筹用好公益性岗位托底安置,确保零就业家庭动态清零。扎实做好线上和线下失业登记工作,全面准确把握失业人员情况,强化失业登记、职业介绍、职业培训、职业指导、生活保障联动,帮助他们尽快实现再就业。

四、大力支持灵活就业,以扩大
就业渠道促增效稳就业

我国灵活就业总规模达2亿人,已成为十分重要的就业渠道。这其中既有个体经营、小店商铺等传统方式,也有平台就业、共享用工等新就业形态,疫情发生又使得灵活就业大幅度增加。支持灵活就业是实施就业优先政策的题中应有之义,必须创造有利于灵活就业发展的条件,加快解决灵活就业面临的保障不足、服务不到位等问题,多渠道拓宽灵活就业空间。

要支持和规范发展新就业形态。有关报告显示,截至2019年年底,依托平台企业就业人数达7800万人,疫情以来又催生新就业形态规模大幅增加,共享用工等新就业方式不断涌现,平台就业

等新就业形态正日益成为多渠道就业的新增长点。要按照《报告》和国务院办公厅 2020 年印发的支持多渠道灵活就业的意见等部署要求,支持新业态新模式发展,拓宽个体经营、非全日制、新就业形态等灵活就业渠道,增加灵活就业机会。支持各地因地制宜制定差异化的扶持政策,引导互联网平台企业、中介服务机构等降低服务费、加盟管理费等费用,创造更多灵活就业岗位,吸纳劳动者就业。对恶意规避劳动保护责任、侵犯劳动者合法权益的,依法加强监管和执法,推动实现企业发展、扩大就业与权益保障的多重效果。针对部分新就业形态人员职业安全风险高、保障不足问题,探索建立适应新就业形态人员特点的职业伤害保障制度,加快推进职业伤害保障试点,逐步扩大保障范围,提高保障水平。

要完善灵活就业人员就业服务和社保政策。针对目前就业帮扶政策主要面向重点群体和单位就业人员、灵活就业人员难以充分享受问题,将现有就业帮扶政策逐步向各类灵活就业人员扩展,扩大政策的受益面。把灵活就业岗位供求信息纳入公共就业服务范围,鼓励市场机构为灵活就业人员提供求职、培训等服务,进一步畅通灵活就业信息渠道。持续做好新职业发布和应用,科学引导劳动者求职。由于户籍限制、未建立劳动关系等原因,目前不少灵活就业人员参保仍存在一些不便,未能及时纳入社会保障。各地已经取消了对灵活就业人员在省内参加社会保险的城乡户籍限制,今年要推动放开在就业地异地参保的户籍限制,使更多灵活就业人员可持居住证在就业地参保。同时进一步完善全国统一的社会保险公共服务平台,简化办事流程,便利灵活就业人员异地参保缴费,提供多种参保选择。继续执行困难灵活就业人员等重点群体社保补贴政策,减轻他们的缴费负担。在解决保障性住房、子女入学等方面,统筹考虑灵活就业人员需要,不断扩大服务项目和范围,帮助他们安心就业、更好发展。

五、提升就业服务和职业技能培训质量，以服务优化增强政策实施效果

就业服务和培训有助于提高供需对接效率、缓解就业结构性矛盾，是强化就业优先政策的重要载体和工具。近年来，就业服务和培训质量不断改进，特别是疫情以来有不少创新举措、取得明显效果，但仍难以适应就业需求变化。必须在稳岗扩岗促就业同时，更好发挥就业服务和培训作用，为实现高质量就业提供保障。

要健全就业公共服务体系、实施提升就业服务质量工程。截至2019年年底，全国共有各类就业服务机构3.96万家，其中公共就业服务机构约5300个、经营性人力资源服务机构超过3.4万个。要加强公共就业服务机构建设，完善服务事项规范和标准，提高就业服务基础能力。适应劳动者差异化服务需求，通过使用就业补助资金等，支持各类劳动力市场、人才市场、零工市场建设，加强面向中小微企业招聘和困难人员就业的服务，借助信息化、专业化手段提升公共就业服务效率。用好并完善公共招聘网等服务平台，集成各类就业信息，为劳动者提供更多就业选择。大力发展人力资源服务业，充分发挥经营性人力资源服务机构贴近市场、专业性强的优势，支持他们为重点就业群体开展教育培训、职业指导、职业介绍等，提高服务精准性和实际效果，广开就业门路，为有意愿有能力的人创造更多公平就业机会。

要开展大规模、多层次职业技能培训。目前我国有各类技能人才超过2亿人，占全国就业人员总数的26%，其中高技能人才超过5000万人，占技能劳动者的28%。着眼于缓解结构性就业矛盾和技能人才短缺等问题，我国自2019年起实施职业技能提升和高职扩招两个三年行动。今年是职业技能提升三年行动的最后一年，要继续扎实推进，确保完成既定目标。要聚焦促进劳动者稳定就业和提高

就业质量,增强培训的针对性和实效性,瞄准市场紧缺、产业发展急需的人才,提高中高级技能培训的比重,推行终身职业技能培训制度和企业新型学徒制。拓宽职业技能培训资金使用范围,充分发挥行业协会、企业、职业院校和培训机构的作用,支持公共实训基地、高技能人才培训基地等建设,推进职业技能培训资源共建共享、融合发展。完成高职扩招目标任务,同时结合生源多元化、需求多样化特点,创新招生专业设置,灵活组织教学,完善教学管理,促进职业教育与其他类型教育衔接,畅通劳动者学习和职业发展通道,不断提升就业创业能力。

进一步转变政府职能

王 晓 丹

转变政府职能,是深化行政体制改革的核心,也是激发市场活力和社会创造力的关键之举。习近平总书记多次就加快转变政府职能作出重要论述、提出明确要求。李克强总理在十三届全国人大四次会议上所作的《政府工作报告》中,对进一步转变政府职能进行了部署。我们要认真学习领会,抓好贯彻落实,推动政府职能转变不断取得新成效。

一、进一步转变政府职能是推动有效市场和有为政府更好结合的重要抓手

全面深化改革,构建高水平社会主义市场经济体制,必须充分发挥市场在资源配置中的决定性作用,更好发挥政府作用。面对新阶段新使命,要深入贯彻落实党中央决策部署,纵深推进改革,进一步转变政府职能,不断增强发展活力和内生动力。

第一,实现国家治理体系和治理能力现代化,要求进一步转变政府职能。政府是国家治理的主体之一。推进国家治理体系和治理能力现代化,必须优化政府职责体系、理顺部门职责关系,不断完善政府经济调节、市场监管、社会管理、公共服务、生态环境保护等职能,坚决克服政府职能错位、越位、缺位等问题,全面提高政府效能。只有进一步转变政府职能,加快建设职责明确、依法行政的政府治理体系,才能更好承担起推动经济发展、管理社会事务、服务人民群众的

重大职责。

第二，构建高水平社会主义市场经济体制，要求进一步转变政府职能。在市场经济条件下，市场参与者主要是依据市场规则、市场价格、市场竞争实现资源优化配置，政府则通过提供必要公共产品等来弥补市场失灵。推动构建高水平市场经济体制，必然要求政府职能进一步从事前审批转到事中事后监管和公共服务上来，最大限度减少政府对市场资源的直接配置和对微观经济活动的直接干预，切实维护公平竞争的市场秩序，从而为加快转变经济发展方式、促进经济持续健康发展提供有力支撑。

第三，更大激发市场活力和社会创造力，要求进一步转变政府职能。这些年我们深入推进政府职能转变，极大激发了市场主体活力，不仅促进了已有市场主体发展，还催生了大量新的市场主体。2012年我国各类市场主体不到6千万户，到2020年年底数量翻了1倍多，达到1.4亿户。2020年尽管受疫情影响，我国新增市场主体在一季度短暂下降，但随后就恢复增长，全年新登记市场主体2502万户，日均新登记企业2.2万户，展现出巨大的潜力和韧性，成为稳住就业和经济基本盘的坚实基础。只有以更大力度推动政府职能转变，才能培育更加活跃更有创造力的市场主体，更大调动亿万群众干事创业的积极性和创造性，为经济发展注入源源不断的新动力。

二、推进完善市场体系基础制度，
加快建设高标准市场体系

建设高标准市场体系是完善社会主义市场经济体制的重要内容，也是构建新发展格局的必然要求。当前我国市场体系尚不健全，市场准入、竞争等基础性制度保障还不到位，部分领域存在市场激励不足、要素流动不畅、微观活力不强等问题。这就需要政府在规则制定和监督执行等方面切实发挥作用，加快建成统一开放、竞争有序、制度完备、治理完善的高标准市场体系。

一要进一步放宽市场准入。近年来,我们持续放宽市场准入、破除准入隐性壁垒,2018 年起正式实施全国统一的市场准入负面清单制度,清单事项逐年缩减,由最初的 151 项减少到 2020 年的 123 项,有力促进了市场主体兴业投资。下一步要健全市场准入负面清单动态调整机制,以服务业为重点进一步放宽准入限制。同时全面落实"全国一张清单"管理模式,严禁各地区各部门自行发布具有市场准入性质的负面清单,维护清单统一性和权威性。畅通市场主体对准入壁垒的意见反馈渠道和处理回应机制,逐步建立覆盖省、市、县三级的市场准入隐性壁垒台账,对各种显性和隐性壁垒进行定期评估、排查和清理,确保"非禁即入"真正落实。

二要加强各类市场主体产权保护。产权制度是市场经济运行的基石,保护产权是激发市场主体活力的有效手段,也是促进社会公平正义的应有之义。近年来,企业产权保护得到加强,但在个别地方,违法查封扣押冻结企业资产、随意干扰企业正常生产经营等现象仍然存在。要健全归属清晰、权责明确、保护严格、流转顺畅的现代产权制度,依法平等保护国有、民营、外资等各种所有制企业产权,让市场主体拥有稳定预期、增强发展信心。要健全保护产权的法律法规体系,明晰产权归属、完善产权权能。健全产权执法司法保护制度,完善涉企产权保护案件申诉、复核、重审等机制,推动涉产权冤错案件依法甄别纠正常态化机制化,畅通涉政府产权纠纷反映和处理渠道。加强数据、知识、环境等领域产权制度建设,进一步健全自然资源资产产权制度和法律法规。

三要推进要素资源高效配置。目前,我国要素市场建设相对滞后于产品市场,无论是传统的土地、劳动力、资本市场,还是近年来兴起的知识、技术、数据市场,都不同程度存在规则标准缺失、要素流动受限、价格传导不畅等突出问题。推进要素市场化配置改革,是建设高标准市场体系补短板的重要举措。今年要开展要素市场化配置综合改革试点。要推进城乡统一的建设用地市场建设,统筹推进农村土地征收、集体经营性建设用地入市、宅基地制度改革。进一步改革土地计划管理方式,推进委托用地审批权试点,健全重大项目用地保障机制。在符合国土空间规划和用途管制要求前提下,推动不同产业用地类型合理转换,探索增加混合产业用地供给。要健全统一规范的人力资源市场体系,大力破除劳动力和人才在城乡、区域和不同所有制单位间的流动障碍,减少人事档案管理中的不合理限制。要加快培育知识、技术和数据要素市场,抓紧完善包括确权、共享、流通、交易、收益分配等一系列标准规范和制度体系,把新型生产要素的价值充分发挥出来。

三、持续深化"放管服"改革,加快营造市场化、法治化、国际化营商环境

营商环境是市场主体生存发展的土壤。习近平总书记多次强调要优化市场化、法治化、国际化营商环境。近些年来,我们通过推进"放管服"等改革,推动营商环境明显改善。但也要看到,与市场主体期待相比,与国际先进水平相比,我国营商环境仍存在一定差距,还有不少短板和薄弱环节。必须坚持不懈深化"放管服"改革,在优化营商环境上取得更大进展。

一要继续深化简政放权。针对市场主体反映比较突出的各种限制多、门槛高、审批繁问题,要进一步精简各类重复和不必要的审批,推进涉企审批减环节、减材料、减时限、减费用,持续为市场主体松绑减负。

将行政许可事项纳入清单管理。制定清单是从源头上限制和规范行政权力的有效举措。近年来,我们在压减行政许可事项上下了很大功夫,但许可事项边减边增、明减暗增的现象时有发生,还有的擅自扩大许可实施范围。为杜绝这种现象,今年要编制公布中央层

面设定的行政许可事项清单,推动地方各级政府编制本级行政许可事项清单,逐项明确设定依据、实施机关、许可条件、办理程序、办理时限、申请材料、适用范围、有效期限、中介服务等要素,凡是没有纳入清单的,一律不得违规实施。同时建立健全行政许可设定审查机制,严格控制新设行政许可,加强对行政许可实施情况的监督,实现从严审查、从严把关。

便利市场主体进入和退出。这是市场规律充分发挥作用、择优汰劣的重要前提。要继续深化"证照分离"改革,加快解决企业"准入不准营"问题。今年年底前要在全国实现"证照分离"改革全覆盖,并对所有涉企经营许可事项加大分类改革力度,其中取消审批、改为备案或实行告知承诺的事项力争达到100项以上,自由贸易试验区力争达到150项。在浦东新区开展"一业一证"改革试点,选取与人民群众生活和消费息息相关的电商、建设工程施工、便利店、小餐饮、健身房、书店、电影院等31个行业,建立综合许可制度,将企业需要办理的多张许可证整合为一张行业综合许可证,实现市场主体"一证准营"、全国范围有效。要加快建立便利、高效、有序的市场主体退出制度,简化普通注销程序,完善中小微企业简易注销制度,建立健全企业破产和自然人破产制度。要完善企业注销网上服务平台,优化办理流程,实现办理进度和结果实时共享。探索开展长期吊销营业执照但未注销企业强制注销试点,明确适用情形、具体条件和办理程序,依法保障当事人合法权益,进一步提高市场主体退出效率。

推进工业产品准入、流通等全流程改革。目前在汽车、电子电器等领域,新产品重复检验检测、重复审批认证等问题还比较突出。要实施工业产品准入制度改革,继续压减涉及工业产品的行政许可事项,严格控制强制性认证目录,整合划分过细的认证单元,探索推行产品系族管理和企业自检自证,对不涉及产品安全的变更无须申报再次认证,增加认证机构数量,压缩认证时间和成本。要精简优化涉及汽车、电子电器等产品流通的管理措施。加强机动车生产、销售、登记、维修、保险、报废等信息共享和应用,提升机动车流通透明度。放宽二手车经营条件,彻底清理各地区违规设置的二手车迁入限制,切实消除产品跨区域流通障碍。

二要全面加强事中事后监管。简政不可减责,放权不是放任,只有管得好才能放得开。习近平总书记多次作出重要指示批示强调,要坚持放管结合、并重推进。要把有效监管作为简政放权的必要保障,全面落实监管责任,完善监管机制,提升监管能力,以公正监管促进公平竞争、优胜劣汰。

加强对取消或下放审批事项的事中事后监管。在行政许可事项取消或下放的过程中,都会同时出台相应的事中事后监管措施,但有的部门和地方因监管意识或能力不足,并没有将这些措施落实到位,甚至出现监管真空。下一步,要对所有取消或下放事项进行梳理,由主管部门会同相关部门逐项制定和完善事中事后监管措施,明确监管层级、监管部门、监管方式,健全监管规则和标准。要理顺各部门监管职责,推进跨部门综合监管,强化与地方监管执法的衔接,建立相互协作、齐抓共管的高效监管机制;同时要根据不同层级政府事权和职能,优化配置执法力量,从而有效避免重复监管、多头监管,堵塞监管漏洞。

进一步创新和完善监管方式。这些年我们不断探索完善市场监管方式,基本建立了以"双随机、一公开"监管为基本手段、以重点监管为补充、以信用监管为基础的新型监管机制。下一步要继续推进监管创新、提升监管效能。要将"双随机、一公开"监管与企业信用风险分类管理等结合起来,根据监管对象信用状况和风险等级,完善分级分类监管政策,减少对守法诚信经营企业的检查频次。拓展部门联合"双随机、一公开"监管覆盖范围,将更多事项纳入联合抽查范围。进一步充实执法检查人员名录库,缓解基层"双随机、一公开"监管执法人员不足问题。大力推行"互联网+监管",加强部分重点监管领域数据归集共享,加快形成统一的监管大数据,进一步完善国家"互联网+监管"系统风险预警模型,健全风险预警线索推送、处置和反馈机制,提升监管精准化、智能化水平。完善市场主体信用承诺、失信行为认定、失信联合惩戒、信用修复等机制,有效约束失信行为、规范市场秩序。当前,假冒伪劣、侵犯知识产权等违法行为还屡有发生,要进一步严格市场监管、质量监管、安全监管,加大对违法行为的惩戒力度。在涉及人民群众生命健康安全的领域,必须严格实行全覆盖的重点监管,大幅提高违法成本,让生产经营者不敢越雷池一步。

依法规范平台企业发展。近年来,我国平台经济迅速发展,对于稳定经济增长、促进产业升级、创造就业机会、便利群众生活等发挥了重要作用。但与此同时,也有一些大型平台企业凭借优势地位限制或排斥竞争,出现大数据杀熟、强制"二选一"、扼杀式并购等乱象,严重损害了消费者利益,破坏了公平竞争。要支持平台企业创新发展、增强国际竞争力,同时也要依法规范发展,坚决反对垄断和不正当竞争行为,防止资本无序扩张。要完善平台企业垄断认定、数据收集使用管理、消费者权益保护等方面的法律规范,探索建立完善电子商务、无人驾驶、在线医疗、金融科技、智能配送等监管框架,依法查处互联网领域滥用市场支配地位限制交易、不正当竞争等违法行为,引导平台企业健康有序发展。

三要不断优化政务服务。政务服务与企业生产、群众生活密切相关,直接体现着服务型政府建设的成效。要创新服务方式,提高服务效率,在审批和监管中也要充分体现服务理念,不断提升企业和群众办事的便利度和满意度。

加强数字政府建设。我国网民数量已超过9亿,互联网正广泛渗透生产生活各个领域,迫切要求政府同步提高网上服务能力。近年来,我们持续深化"互联网+政务服务",政务服务事项网上可办率已超过90%,特别是疫情发生以来,"无接触"、"不见面"等服务方式加快普及,给企业和群众带来很大便利。要进一步加强数字政府建设,完善全国一体化政务服务平台,规范各地区各部门政务服务移动应用程序建设,推动更多服务事项网上办、掌上办,提供24小时"不打烊"的政务服务。积极利用大数据、人工智能等技术,建立智能识别、信息推送、在线反馈等政策落实机制,推动惠企利民政策"免申即享"。政府数据系统不联通、信息不共享,仍然是"一网通办"的最大障碍。要尽快建立健全政务数据共享协调机制,统一数据标准,开放数据接口,明确数据服务权责,健全数据安全和隐私保护机制,推进国务院部门垂直管理业务信息系统与地方政务服务平台对接,加快编制落实国家层面政务服务数据目录清单;同时扩大电子证照应用领域、推动全国互通互认,加快解决"信息孤岛"问题。推进数字化、智能化服务过程中,必须充分考虑老年人、残疾人等群体需要,要在各类日常生活场景中保留他们熟悉的传统服务方式、帮助解决遇到的实际困难,为他们提供更周全、更贴心、更直接的便利化服务。

推进政务服务标准化、规范化、便利化。加快推进政务服务标准统一,推动同一事项名称、编码、依据、类型等要素在国家、省、市、县"四级四同",实现同一事项无差别受理、同标准办理。深化"只进一扇门"、"最多跑一次"改革,完善政务大厅集中服务模式,改进窗口服务,普遍推行首问负责、一次告知、限时办结等制度。实施证明事项清单管理制度,全面推行告知承诺制,推动减少各类证明事项。针对目前企业和群众办事多头跑问题,推进"一件事一次办",将涉及的相关审批服务事项打包,为企业和群众提供套餐式服务。比如办理新生儿出生"一件事",办事人就可以在政务服务中心或医院等一次性办理完成预防接种、出生证明、落户、参保登记、社保卡申领等全部事项。优化政务服务便民热线,对部门和地方设立的各类非紧急政务服务热线,号码能归并的尽量归并,推动实现企业和群众诉求"一号响应"。

加快实现政务服务"跨省通办"。目前我国有2.8亿人处于"人户分离"状态,人员异地工作生活、企业跨区经营活动日益频繁。要从人民群众需求出发,推进政务服务事项"跨省通办",这既能免除企业和群众办事往来奔波之苦,也有利于促进各类要素自由流动、建立全国统一大市场。今年年底前要完成工业产品生产许可证申请、就医结算备案、社保卡申领、户口迁移等74项事项异地办理,基本实现企业和群众经常办理的高频事项"跨省通办"。与此同时,还要建立清单化管理制度和更新机制,逐步纳入其他事项、不断扩大"跨省通办"范围,有效满足企业和群众异地办事需求。

降低企业税费负担

潘 国 俊

减税降费是减轻企业负担、激发市场活力的重大举措。以习近平同志为核心的党中央高度重视减税降费,在 2020 年年底的中央经济工作会议上明确提出要继续实施积极的财政政策,减税降费是财政政策的重要内容。李克强总理在十三届全国人大四次会议上所作的《政府工作报告》中指出,要优化和落实减税政策,用改革办法推动降低企业生产经营成本,并明确了具体减税降费政策。今年的减税降费政策设计,体现了连续性、稳定性、可持续性,既保证了减税降费力度,助力市场主体纾困,又优化了政策结构,更加注重向小微企业和个体工商户倾斜,更加强调支持科技创新。

一、继续执行制度性减税降费政策

近年来我国实施的减税降费政策中,有相当一部分与改革完善税制相结合,形成了制度性安排。这些政策会长期执行下去,减税降费效应将在今年持续释放。具体看,制度性减税降费政策包括深化增值税改革、个人所得税改革等。

一是持续深化增值税改革。增值税是我国第一大税种,覆盖全部货物、服务领域,贯通一、二、三产业,也是近几年减税的主力税种。2020 年我国国内增值税收入达到 5.7 万亿元左右,占全国税收收入的比重为 36.8%。增值税对大部分企业生产经营影响重大,每次改革都引起社会高度关注。近年来,我国多次下调增值税税率,持续完善增值税税制,增值税纳税人的负担明显降低。2016 年 5 月 1 日,全面推开营改增试点,实现增值税对货物和服务的全覆盖。2017 年 7 月 1 日,实施税率"四并三"改革,将 17%、13%、11%、6%四档简并至 17%、11%、6%三档。2018 年 5 月 1 日,推出三项改革措施:降低税率,将 17%和 11%两档税率各下调 1 个点,形成 16%、10%、6%三档税率结构;统一小规模纳税人标准,将小规模纳税人的年销售额标准统一提高到 500 万元;对部分行业企业试行一次性留抵退税。2019 年 4 月 1 日,推出四项措施:进一步降低税率水平,将 16%税率降至 13%,将 10%税率降至 9%;扩大进项税抵扣范围,将购进国内旅客运输服务纳入抵扣;进一步完善留抵退税制度;推出阶段性加计抵减政策。增值税改革与减轻企业税负结合,在激发市场活力、稳定市场预期、扩大企业投资、支持产业升级等方面,发挥了重要作用。据有关部门统计,2016 年全面推开营改增试点以来,增值税一般纳税人户数稳步增加,从 2015 年年底的 601 万户增加到 2020 年 11 月末的 1119 万户,净增 518 万户,几乎翻倍。作为最大的制度性安排,增值税改革的减负效应在今年会继续发挥出来,有利于巩固经济稳定恢复的基础。

二是实施个人所得税改革。个人所得税是直接税,是调节收入分配的重要税种。2020 年个人所得税收入近 1.16 万亿元,占全国税收收入的 7.5%。个人所得税直接关系群众的利益,税制改革往往成为社会关注的焦点。2018 年,我国实施了全面的个人所得税改革,初步建立了综合与分类相结合的个人所得税制度。首先,将工资薪金、劳务报酬、稿酬和特许权使用费等四项所得纳入综合征税范围,更好地体现量能负担、税收公平原则。其次,合理提高基本减除费用标准。根据城镇居民基本生活消费支出水平变化情况,将标准由每月 3500 元提高到 5000 元。同时,设立了子女教育、继续教育、大病医疗、住房贷款利息、住房租金、赡养老人等六项专项附加扣除项目,优化税率结构,完善征管制度。个人所得税改革后,大部分群体的税负降低,受益人数超过 2.5 亿人,尤其是中等收入以下群体降幅更大,进一步发挥了调节收入分配的作用。个人所得税改革的减负效应是持久的,今年也有助于稳定和增加居民可支配收入,进而刺激消费,推动经济发展。

三是降低企业社保缴费负担。2019 年 5 月 1 日起,全国各地可将城镇职工基本养老保险单位缴费比例从原规定的 20% 降至 16%。同时,各地由过去依据城镇非私营单位在岗职工平均工资,改为以本省城镇非私营单位和私营单位加权计算的全口径就业人员平均工资,核定缴费基数上下限,使缴费基数降低。个体工商户和灵活就业人员可在本省平均工资 60%—300% 之间自愿选择缴费基数。这些措施出台后,有力降低了企业社保缴费负担,企业在今年也还会享受这个减负红利。

四是延续执行到期的具有制度性特点的减税降费政策。前些年出台的支持企业创新和改制重组、保障和改善民生、减轻小微企业融资负担、支持“三农”以及鼓励特定行业企业发展的减税政策等,有的也具有制度性特点,包括企业研发费用加计扣除等。这些减税降费政策今年将陆续到期,根据不同情况将分别延续执行一段时期,继续发挥减负效应。

二、延长部分阶段性减税降费政策执行期限

2020 年,面对突如其来的新冠肺炎疫情,我国先后出台实施了 7 批 28 项阶段性减税降费政策,全力支持做好“六稳”工作、落实“六保”任务,对冲疫情影响。其中,既有支持防疫物资保供的应急措施,也有帮扶受疫情影响较大困难行业的政策,还有为企业纾困、支持复工复产的措施,特别是聚焦帮扶小微企业和个体工商户渡难关出台了系列税费减免政策。今年要对部分到期或即将到期的阶段性政策延长执行期限,不搞“急刹车”,避免政策过快退坡影

响企业恢复发展。

一方面,延续对小规模纳税人减免增值税政策。2020年为应对疫情冲击,决定从3月1日至5月31日,对湖北省小规模纳税人免征增值税,其他省份小规模纳税人征收率由3%下降到1%。2020年5月,为进一步支持小微企业和个体工商户发展,决定将这项减免小规模纳税人增值税政策执行期限延长到年底。为帮助广大小微企业和个体工商户恢复元气、增强活力,今年将继续执行这项政策,持续减轻小规模纳税人增值税负担。

另一方面,对剩余的阶段性减税降费政策分类调整、有退有留。2020年对受疫情影响较大的困难行业企业当年度发生的亏损,最长结转年限由5年延长至8年;对纳税人提供公共交通运输服务、生活服务,以及为居民提供必需生活物资快递收派服务取得的收入,免征增值税;免征航空公司应缴纳的民航发展基金。此外,聚焦疫情防控重点保障物资生产供应加大税收支持,包括:对疫情防控重点保障物资生产企业为扩大产能新购置的相关设备,允许一次性计入当期成本费用在企业所得税税前扣除;疫情防控重点保障物资生产企业,可以按月向主管税务机关申请全额退还2020年1月1日后新增加的增值税期末留抵税额;对纳税人运输疫情防控重点保障物资取得的收入,免征增值税;对进入医疗器械应急审批程序并与新型冠状病毒相关的防控产品,免征医疗器械产品注册费;对进入药品特别审批程序、治疗和预防新型冠状病毒感染肺炎的药品,免征药品注册费。为体现对医务人员和抗疫人员的关爱,对医务人员和防疫工作者补助和奖金及单位发给个人的预防药品等实物免征个人所得税。对电影放映免征增值税政策,减轻电影放映行业负担。为支持娱乐和广告行业纾困发展,免征文化事业建设费。这里面的部分政策今年要根据情况继续执行,同时,考虑到我国疫情防控已进入常态化,经济稳定恢复,对恢复较好行业的一些临时性、应急性税费政策等,到期后停止执行。

三、实施新的结构性减税举措

结构性减税的重点是两个领域:继续帮扶小微企业和个体工商户;鼓励企业研发创新。

一方面,为巩固经济恢复增长基础,进一步加大小微企业和个体工商户的税收优惠力度。2020年在应对疫情冲击过程中,习近平总书记多次强调要帮扶中小微企业渡过难关。今年要继续从减税上帮扶中小微企业特别是小微企业。一是提高增值税小规模纳税人起征点。增值税小规模纳税人主要是小微企业和个体工商户。2019年1月1日起,曾经将小规模纳税人起征点从月销售额3万元提高到10万元,今年进一步提高到15万元,将有更多小微企业和个体工商户不用再缴纳增值税。二是加大所得税优惠力度。2019年实施新的小微企业所得税优惠政策,对年应纳税所得额不超过100万元的部分,减按25%计入应纳税所得额,并按20%的税率缴纳企业所得税,实际税负5%。《报告》提出,对小微企业和个体工商户年应纳税所得额不到100万元的部分,在现行优惠政策基础上,再减半征收所得税,实际税负只有2.5%,相当于所得税税率20%的八分之一。同时,将个体工商户纳入优惠政策范围。调整后的优惠政策,将覆盖更多市场主体特别是民营企业。

另一方面,进一步鼓励企业研发创新。研发费用加计扣除是一项企业所得税优惠政策,目的是鼓励企业增加研发投入。我国于1996年开始实施这项政策,至今已经历了数次调整和完善。2017年,我国将科技型中小企业研发费用加计扣除比例由50%提高至75%,2018年将这个政策扩大至所有企业。今年将制造业企业加计扣除比例由75%进一步提高到100%,将有力促进企业增加研发投入,推动企业以创新引领发展,进而提升我国科技创新能力。同时,对先进制造业企业按月全额退还增值税增量留抵税额,增加了先进制造业企业现金流,助力企业缓解资金压力。

四、用改革办法推动降低企业生产经营成本

用能、用网、物流、房租等费用是企业普遍需要支付的成本,也是降成本政策的重点。

一是降低基础性行业收费水平。能源、交通、电信等是基础性行业,要推进这些行业改革,提高服务效率,降低收费水平。要让更多市场主体参与公平竞争,增强基础性行业的服务供给能力。在能源行业,进一步放开经营性发用电计划,实施好石油天然气管网运营机制改革。在交通行业,深化铁路行业改革,促进铁路运输业务市场主体多元化和适度竞争。在电信行业,更好支持民营企业参股基础电信运营企业,推进电信网络独立运营和各业务领域开放竞争。

二是继续推动降低一般工商业电价。电价是制造业企业最为敏感的生产要素之一。根据相关机构测算,规模以上工业企业用电量约占全社会用电量六成,电价成本在企业总生产成本中的比重约为2.8%。年内允许所有制造业企业参与电力市场化交易,将大幅增加参与市场主体的数量,扩大市场化交易规模,通过市场机制来降低用电成本。从国际比较看,我国一般工商业用电价格偏高。近几年,我们陆续出台降低一般工商业平均电价的政策,2020年又实施了将除高耗能行业外的工商业用户电价降低5%的政策,惠及众多企业。但政策落地的"最后一公里"还存在梗阻。国务院第七次大督查在多地抽查发现,约八成转供电主体未执行优惠政策。下一步,需要进一步清理用电各种不合理加价,确保企业享受到降电价的红利。

三是降低中小企业宽带和专线平均资费。推进网络提速降费是一项利当前、惠长远的举措,不仅有利于当前降低企业经营成本,也能更好地释放数字经济潜能。这几年,持续推进网络提速降费,有力

促进了中小企业数字化改造,提高了中小企业的生产效率。今年要在这几年资费大幅降低的基础上,将中小企业宽带和专线平均资费再降10%。

四是取消港口建设费,将民航发展基金航空公司征收标准降低20%。港口建设费是一种政府性基金,重点向对外开放口岸港口辖区范围内货物的托运人或收货人征收。中央与地方按8∶2的比例分成基金收入,主要用于沿海港口公共基础设施建设、内河水运建设、支持保障系统建设等。2020年港口建设费收入77.8亿元。根据有关文件规定,港口建设费征收期限为2020年12月31日。为减轻物流企业负担,该项基金自2021年1月1日起到期取消,不再征收。

民航发展基金主要用于支持民航事业发展,包括机场飞行区、航站区、机场围界、民航安全、空中交通管制系统等基础设施建设;对支线航空、中小型民用运输机场进行补贴;加强持续安全能力和适航审定能力建设等。2020年民航发展基金收入208.1亿元,收入有两个来源:一是向中国境内乘坐国内、国际和地区航班的旅客征收,乘坐除支线航班以外的国内的航班旅客每人次50元,乘坐国际和地区航班出境的旅客每人次70元。二是向中国境内注册设立并使用中国航线资源从事客货运输业务的航空运输企业和从事公务飞行的通用航空企业征收,标准按照飞行航线分类、飞机最大起飞全重、飞行里程进行设定。从2020年7月1日起该部分征收标准降低50%;在此基础上,2021年降低20%,即降为原标准的40%。

五是鼓励减免房租。房租在小微企业和个体工商户经营成本中所占的比重较高。目前,部分地区出现房价上涨苗头,带动了租金上涨。因此,继续缓解房屋租金压力,对帮扶服务业小微企业和个体工商户意义重大。今年要鼓励受疫情影响较大的地方对承租国有房屋的服务业小微企业和个体工商户减免租金。国有企业尤其是央企和高校、研究院所等企事业单位要继续带头。

五、严厉整治乱收费、乱罚款、乱摊派

《报告》指出,市场主体恢复元气、增强活力,需要再帮一把。在关键时期,如果有的地方和部门还在乱收费、乱罚款、乱摊派(以下简称"三乱"),就会对冲减税降费等助企纾困政策的效用,甚至打击企业信心,使企业生产经营"雪上加霜"。今年要严厉整治"三乱"行为,不得扰民渔利,让市场主体安心经营、轻装前行。

一是对"三乱"现象不可掉以轻心。"三乱"现象由来已久,我们曾多次开展过整治。近些年,有关部门也多次清理规范涉企收费。但也要看到,当前"三乱"现象仍然存在,特别是在一些基层和领域还时有发生。比如,有些部门和机构,在自己不收费的情况下,变着法儿指定中介机构以"咨询费"等名义收费,实质是隐性的乱收费,企业敢怒不敢言。

二是多措并举坚决制止"三乱"行为。"三乱"是多种因素造成的,既有财力紧张的原因,也是部门利益甚至是个人利益在作祟,还有制度机制的因素。必须从多方面入手,疏堵结合、综合施策,有效予以解决。要完善相关制度,继续清理取消不合理的收费项目,降低偏高的收费标准。要做好收费"一张网"动态管理,严格执行收费目录清单管理,确保统一性、规范性、权威性,让企业明明白白缴费。在一些突出领域,比如企业融资、进出口环节、公用事业、物流、行政审批等相关中介服务,持续开展专项治理。要加强审计监督,完善乱收费投诉举报查处机制,对投诉的线索要高效查处、联合惩戒,提高监管效率。要加强财力保障,中央和省级财政要加大转移支付力度,缓解基层财力困难。各级政府都要坚持过紧日子,优化财政支出结构,缓解财政收支压力。

三是加大规范罚没收入的力度。罚没收入是特殊的政府非税收入,罚没具有一定的偶然性,年度收入规模应该有升有降。这几年,我国地方罚没收入持续较快增长，有的地方和领域甚至高速增长。2019年罚没收入同比增长15.1%，比同期财政收入增速高11.3个百分点。罚没收入具有较大的自由裁量权，而且有法律法规作支撑，加上罚没收入"收支两条线"实行不彻底，罚没财物和收入的使用管理不到位，有的甚至"去向不明"，一些地方转而依赖罚没收入凑税收。为规范行业行为而实施罚没是必要的，但出于筹集收入而实施罚没就必须整治。要落实完善罚没管理制度、规范重点领域执法行为、开展专项治理等，切实规范罚没行为，使罚没收入增长合法有序，既维护政府形象，也减轻企业和群众负担。

四是规范中介机构收费。近年来，着力治理各种中介服务乱收费，社会反响较好。但也要看到，一些中介机构服务条件不明确、服务管理不规范、收费缺乏标准等。要推动各类中介机构公开服务条件、流程、时限和收费标准，规范各种服务和收费，增加公开透明性，减少企业交易成本。同时，要加强监管，更好监督中介机构服务和收费行为。

促进多种所有制经济共同发展

马 志 刚

促进多种所有制经济共同发展,培育更有活力、创造力和竞争力的市场主体,是激发各类市场主体活力,积极应对当前国内外严峻复杂经济形势的必然要求。李克强总理在十三届全国人大四次会议上所作的《政府工作报告》中,专门针对此项工作作出部署,我们一定要深刻学习领会,切实抓好贯彻落实。

一、坚持和完善社会主义基本经济制度

坚持和完善社会主义基本经济制度是习近平新时代中国特色社会主义思想的重要内容,对于更好发挥社会主义制度优越性、不断解放和发展社会生产力、推动经济高质量发展意义重大。党的十九届四中全会审议通过的《中共中央关于坚持和完善中国特色社会主义制度、推进国家治理体系和治理能力现代化若干重大问题的决定》明确指出,公有制为主体、多种所有制经济共同发展,按劳分配为主体、多种分配方式并存,社会主义市场经济体制等社会主义基本经济制度,既体现了社会主义制度优越性,又同我国社会主义初级阶段社会生产力发展水平相适应,是党和人民的伟大创造。

坚持和完善社会主义基本经济制度,就要毫不动摇巩固和发展公有制经济,毫不动摇鼓励、支持、引导非公有制经济发展,充分激发各类市场主体活力。我国非公有制经济,是改革开放以来在我们党的方针政策指引下发展起来的。党的十五大把"公有制为主体、多

种所有制经济共同发展"确立为我国的基本经济制度。党的十六大提出"毫不动摇地巩固和发展公有制经济","毫不动摇地鼓励、支持和引导非公有制经济发展"。党的十八大进一步提出"毫不动摇鼓励、支持、引导非公有制经济发展,保证各种所有制经济依法平等使用生产要素、公平参与市场竞争、同等受到法律保护"。党的十九大把"两个毫不动摇"写入新时代坚持和发展中国特色社会主义的基本方略,作为党和国家一项大政方针进一步确定下来。党的十九届五中全会通过的《中共中央关于制定国民经济和社会发展第十四个五年规划和二○三五年远景目标的建议》再次强调,毫不动摇巩固和发展公有制经济,毫不动摇鼓励、支持、引导非公有制经济发展。我国公有制经济是长期以来在国家发展历程中形成的,这是全体人民的共同财富。强调把公有制经济巩固好、发展好,同鼓励、支持、引导非公有制经济发展不是对立的,而是有机统一的。我们国家这么大、人口这么多,又处于并将长期处于社会主义初级阶段,要把经济社会发展搞上去,就要各方面齐心协力来干。公有制经济、非公有制经济都是社会主义市场经济的重要组成部分,应该相辅相成、相得益彰,而不是相互排斥、相互抵消。

回顾改革开放以来的历史,我们正是因为坚持和完善社会主义基本经济制度,坚持和完善公有制为主体、多种所有制经济共同发展,各类市场主体才得以蓬勃成长。截至2020年年底,我国市场主体总数达1.4亿户。这些市场主体无论是公有制经济的还是非公有制经济的,都是国家现代化的建设者,在经济社会发展中都发挥了十分重要的作用。

当然,公有制经济也好,非公有制经济也好,在发展过程中都有一些矛盾和问题,也面临着一些困难和挑战。特别是在当前,新冠肺炎疫情变化和外部环境存在诸多不确定性,我国经济恢复的基础尚不牢固,一些市场主体仍面临不小的生产经营压力。保市场主体就是保社会生产力,激发各类市场主体活力就是增强经济发展动力。

我们要持续深化改革、优化环境,促进多种所有制经济共同发展,让各类市场主体活力不断增强、持续迸发。

二、做强做优做大国有资本和国有企业

国有企业是中国特色社会主义的重要物质基础和政治基础,是党执政兴国的重要支柱和依靠力量,地位重要、作用关键、不可替代。今年是国企改革三年行动的关键之年。要认真贯彻落实党中央、国务院决策部署,深入实施国企改革三年行动,加快优化国有资本布局结构,全力以赴提质增效稳增长,不断增强国有经济竞争力、创新力、控制力、影响力、抗风险能力,进一步激发国有企业活力。今年年底力争完成国企改革三年攻坚任务的70%,推动改革三年行动取得决定性成效。

加快完善中国特色现代企业制度。这是激发国有企业活力的重要基础。要全面落实两个"一以贯之",把加强党的领导与完善公司治理统一起来,充分发挥党组织把方向、管大局、保落实的领导作用,支持董事会、经理层依法履职。健全市场化经营机制,深化国有企业劳动、人事和分配制度三项制度改革,优先支持商业类子企业加快推行职业经理人制度,全面推行经理层任期制和契约化管理。建立健全按业绩贡献决定薪酬的分配机制,灵活开展多种形式的中长期激励,加强关键核心人才中长期激励机制建设。强化国有企业独立市场主体地位,深入推进公司制股份制改革,让国有企业在市场竞争中实现优胜劣汰。

深化国有企业混合所有制改革。这是激发国有企业活力的重要途径。要坚持因地施策、因业施策、因企施策,宜独则独、宜控则控、宜参则参,分层分类深化混合所有制改革,不搞全覆盖,避免盲目性。以国有资本投资、运营公司所出资企业和商业子企业为重点深化混改,既支持民营企业等社会资本参与国有企业混合所有制改革,也鼓

励国有资本投资入股民营企业,取长补短、相互促进。合理设计和调整优化混合所有制企业股权结构,拓宽社会资本参与渠道,进一步发挥各类基金的支持和促进作用,积极引入高匹配度、高认同感、高协同性的战略投资者参与公司治理。推动混合所有制企业深度转换经营机制,在股东充分协商基础上依法制定章程,切实维护各方股东的合法权益,严格落实董事会各项法定权利,支持对公司治理健全的国有相对控股混合所有制企业依法实施更加市场化的差异化管控。

加快国有经济布局优化和结构调整。这是激发国有企业活力的重要前提。要以落实"十四五"规划为抓手,围绕服务国家战略,持续优化国有经济布局优化、结构调整和战略性重组,聚焦主责主业发展实体经济。一是优化国有资本区域布局。围绕区域协调发展战略加大央地对接力度,加快重点区域布局,带动各类资本支撑区域联动发展,助力畅通国内大循环。二是优化产业发展布局。推动国有资本进一步聚焦战略安全、产业引领、国计民生、公共服务等功能,向关系国家安全、国民经济命脉的重要行业和关键领域集中,向提供公共服务、应急能力建设和公益性等关系国计民生的重要行业和关键领域集中,向前瞻性战略性新兴产业集中。加大对新型基础设施等领域的投入。补齐产业链供应链短板,提升供应链保障能力和产业体系抗冲击能力。三是强化科技创新。把科技创新作为"头号任务",强化企业创新主体作用,积极与国家科技计划、攻关计划对接,加大关键核心技术攻关力度,努力打造一批科技攻关重地、原创技术策源地、科技人才高地。四是稳步推进重组整合。深化供给侧结构性改革,按照市场化原则推进战略性重组和专业化整合,提高国有资本配置效率,推进能源、铁路、电信、公用事业等行业竞争性环节市场化改革,持续推动非主业、非优势"两非"和低效、无效资产"两资"的退出,解决部分央企之间的产品相似、资源分散、重复建设等问题,形成资源合力。

健全以管资本为主的国有资产监管体制。这是激发国有企业活力的重要保障。要深化政企分开、政资分开，推进经营性国有资产集中统一监管，推动社会公共管理部门不行使国有资产出资人职责，国资监管机构不行使公共管理职能。推动国资监管机构职能转变，坚持授权与监管相结合、放活与管好相统一，优化监管方式手段，注重通过公司章程、法人治理结构履职尽责，对不同企业实行差异化分类考核、分类监管。深化国有资本投资、运营公司改革，调整优化管控模式，国有资本投资公司更加注重服务国家战略、提升产业竞争力，国有资本运营公司更加注重提升资本运营效率、提高资本回报水平。

着力强化各类风险防范。这是激发国有企业活力必须坚持的一条底线。今年要推动中央企业净利润、利润总额增速高于国民经济增速，营业收入利润率、研发投入强度、全员劳动生产率明显提高，同时保持资产负债率的稳健可控。为了更好防控国有企业债务风险，今年要把握好"三个结合"，即"点面结合、长短结合、防禁结合"，突出一个"严"字。"点面结合"，就是面上严控企业负债率，分行业确定负债率的警戒线、管控线，一企一策确定负债率的年度目标，保持整体债务水平的稳健可控。"长短结合"就是长期抓资金安全，严禁企业超越财务承受能力盲目举债投资，强化集团资金集中管理，严控非主业投资预算；短期防债券违约，对企业债券占带息负债比例，短期债券占全部债券比例实施分类管理。"防禁结合"，就是既严防风险积累，加强金融衍生品、信托、基金、担保等金融业务的日常监测和专项检查，主动控制新增金融业务，防止脱实向虚；又严禁高风险业务，对开展融资性贸易的露头就打、严肃问责，全面清理"空转"、"走单"贸易业务。相关部门要建立国有企业债券风险预测预警工作机制，指导督促地方精准识别高风险企业，加强资产负债率分类管控和资金投向管理。

三、持续优化民营企业发展环境

　　良好的发展环境，能够让民营企业专心创业、放心经营、安心发展。这些年来，党中央、国务院出台了一系列支持非公有制经济发展的政策措施，但也要看到，有些政策的配套措施至今还不是很实，政策落地效果还不是很好，影响了政策的有效性。各地区各部门要从实际出发，切实推动各项政策落地、落细、落实，努力破除制约民营企业发展的各种壁垒，打破各种"卷帘门"、"玻璃门"、"旋转门"，为企业健康发展营造更好环境。

　　一是市场环境。重点在市场准入、审批许可、要素获得、招投标等方面下功夫。在市场准入方面，要进一步放开民营企业市场准入，全面排查、系统清理各类显性和隐性壁垒，落实放宽民营企业市场准入的各项政策措施。加快电网企业剥离装备制造等竞争性业务，进一步放开设计施工市场，推动油气基础设施向企业公平开放。进一步放开石油、化工、电力、天然气等领域节能环保竞争性业务。支持民营企业参与重大铁路项目建设以及铁路客货站场经营开发、快递物流等业务经营。依法支持社会资本进入银行、证券、资产管理、债券市场等金融服务业。推动检验检测机构市场化改革，鼓励社会力量进入检验检测市场。在审批许可方面，要深化"放管服"改革，进一步精简市场准入行政审批事项，不得额外对民营企业设置准入条件。强化公平竞争审查制度刚性约束，持续清理和废除妨碍统一市场和公平竞争的各种规定和做法，加快清理与企业性质挂钩的行业准入、资质标准、产业补贴等规定和做法。在要素获得方面，要健全市场化要素价格形成和传导机制，实施公平统一的市场监管制度，保障民营企业平等获得资源要素。比如，保障民营企业依法平等取得政府供应或园区转让的工业用地权利，允许中小民营企业联合参与工业用地招拍挂。又如，破除要素流动的区域分割和地方保护，除法律法规明确规定外,不得要求企业必须在某地登记注册,不得为企业在不同区域间的自由迁移设置障碍。在招投标方面,要破除招投标隐性壁垒,对具备相应资质条件的企业,不得设置与业务能力无关的企业规模门槛和明显超过招标项目要求的业绩门槛等。对在政府和社会资本合作(PPP)项目中设置针对民营资本差别待遇或歧视性条款的,各级财政部门按照规定不予资金支持。

二是政策环境。这些年我们制定出台的许多税费优惠和信贷支持等政策,都是围绕怎么进一步精准有效支持发展民营企业的。今年再次明确了进一步减轻企业相关生产经营负担的一系列举措,各地区各部门要抓好贯彻落实,畅通政策传导机制。要继续简化优惠政策适用程序,深入开展有针对性的政策宣传辅导,帮助民营企业准确掌握和及时享受各项优惠政策。

中小微企业和个体工商户是非公有制经济中的"大头",也是市场主体中的"大头",当前面临的实际困难也相对较多。今年要继续完善促进中小微企业和个体工商户发展的法律环境和政策体系,实施好提高小规模纳税人增值税起征点、减免租金等政策,确保各项支持措施直达基层、直接惠及市场主体。对小微企业工会经费实行全额返还支持政策。落实好《保障中小企业款项支付条例》,健全防范和化解拖欠中小企业账款长效机制,提高政府部门和国有企业的拖欠失信成本,对相关责任人,该问责的要严肃问责。

三是法治环境。法治是最好的营商环境。要健全执法司法对民营企业的平等保护机制,依法平等保护民营企业产权和企业家权益。提高司法审判和执行效率,防止因诉讼拖延影响企业生产经营。严格按照法定程序采取查封、扣押、冻结等措施,依法严格区分违法所得、其他涉案财产与合法财产,严格区分企业法人财产与股东个人财产,严格区分涉案人员个人财产与家庭成员财产。持续甄别纠正侵犯民营企业和企业家人身财产权的冤错案件。建立健全涉政府产权纠纷治理长效机制。

　　构建亲清政商关系，是营造更好发展环境的内在应有之义。"亲清"要求各级领导干部同民营企业家打交道要守住底线、把好分寸，但绝不意味着领导干部可以对民营企业家的正当要求置若罔闻，对他们的合法权益不予保护，而是要积极主动为民营企业服务。2020年习近平总书记在企业家座谈会上强调，各级领导干部要光明磊落同企业交往，了解企业家所思所想、所困所惑。今年要继续重点在四个方面发力。一是要建立规范化机制化政企沟通渠道。鼓励各地建立统一的民营企业政策信息服务平台，畅通企业提出意见诉求直通渠道。鼓励行业协会商会、人民团体在畅通民营企业与政府沟通等方面发挥建设性作用，支持优秀民营企业家在群团组织中兼职。二是要完善涉企政策制定和执行机制。制定实施涉企政策时，要充分听取相关企业意见建议。保持政策连续性稳定性，健全涉企政策全流程评估制度，完善涉企政策调整程序，根据实际设置合理过渡期，给企业留出必要的适应调整时间。政策执行要坚持实事求是，不搞"一刀切"。三是要创新民营企业服务模式。进一步提升政府服务意识和能力，鼓励各级政府编制政务服务事项清单并向社会公布。四是要建立政府诚信履约机制。各级政府要认真履行在招商引资、政府与社会资本合作等活动中与民营企业依法签订的各类合同，建立政府失信责任追溯和承担机制，对民营企业因国家利益、公共利益或其他法定事由需要改变政府承诺和合同约定而受到的损失，要依法予以补偿。

　　弘扬企业家精神、发挥企业家作用，是建设世界一流企业的重要条件。要引导企业家增强爱国情怀，主动为国担当、为国分忧，带领企业奋力拼搏、争创一流。引导企业家勇于创新，做创新发展的探索者、组织者、引领者，努力把企业打造成为强大的创新主体。引导企业家诚信守法，牢固树立法治意识、契约精神、守约观念，自觉做诚信守法的表率。引导企业家承担社会责任，稳定就业岗位，关心关爱员工，重视生态环境，推动绿色发展，积极参与社会公益、慈善事业，真诚回报社会。引导企业家拓展国际视野,立足中国、放眼世界,带领企业在更高水平的对外开放中实现更好发展。

四、更好维护市场公平竞争

近年来,我国新业态、新模式、新产业层出不穷,给经济社会发展注入了新动能,对推动高质量发展、满足人民日益增长的美好生活需要发挥了重要作用。国家一直以来都高度重视新业态、新模式、新产业创新发展,并为此出台了一系列政策措施,有效激发了全社会创新创造活力。

但与此同时也要注意到,新业态、新模式、新产业在发展过程中,出现了一些影响公平竞争的情况。比如,关于平台经济领域经营者要求商家"二选一"、大数据杀熟、拒绝交易等涉嫌垄断问题的反映和举报日益增加,平台经济领域"强者愈强"、"赢者通吃"的马太效应加剧。这些情况的存在,在很大程度上损害了市场公平竞争和消费者合法权益,不利于充分激发全社会创新创造活力、促进平台经济创新发展。

反垄断、反不正当竞争,是完善社会主义市场经济体制、激发各类市场主体活力、推动高质量发展的内在要求。为了营造竞争有序开放包容发展环境,维护消费者利益和社会公共利益,今年2月国务院反垄断委员会印发《国务院反垄断委员会关于平台经济领域的反垄断指南》,对常见的"二选一"、大数据杀熟等一系列可能构成滥用市场支配地位限定交易行为作出了规定。《报告》明确指出,国家支持平台企业创新发展、增强国际竞争力,同时要依法规范发展、健全数字规则。强化反垄断和防止资本无序扩张,坚决维护公平竞争市场环境。各地方和相关部门要切实贯彻落实好《报告》的相关要求,深入把握平台经济发展规律和特点,完善平台企业垄断认定、数据收集使用管理、消费者权益保护,引导和激励平台经营者将更多资源用于技术革新、质量改进、服务提升和模式创新,防止和制止排除、限制竞争行为抑制平台经济创新发展和经济活力。相关企业要加强自律,为后进入的小公司、小网站留有良性竞争的机会。

一枝独秀不是春,百花齐放春满园。企业发展必须是依法规范的发展,企业竞争必须是公平有序的竞争。对于平台经济来说,强化反垄断和防止资本无序扩张,带来的也绝非行业的"冬天",而恰恰是创新发展、有序发展、更好更健康发展的新起点。

深化财税金融体制改革

袁　鹰

深化财税金融体制改革,是构建高水平社会主义市场经济体制,充分发挥市场在资源配置中的决定性作用,更好发挥政府作用,激发市场主体活力、增强经济发展动力的重要举措。党的十九届五中全会明确提出了建立现代财税金融体制的目标要求。2020年中央经济工作会明确了财税金融体制改革的年度重点。李克强总理在十三届全国人大四次会议上所作的《政府工作报告》中,对今年深化财税金融体制改革工作进行了专门部署。我们要认真贯彻落实,推动建立现代财税金融体制。

一、深化财税金融体制改革的重要意义

近些年来,我国财税体制改革全面发力、多点突破、纵深推进,预算管理制度更加完善,税收制度改革取得重大进展,财政管理体制进一步健全,现代财政制度框架基本建立;金融改革开放有序推进,金融机构在健全公司治理、加强风险内控和处置不良资产方面迈出较大步伐,金融服务普惠性增强,资本市场基础制度建设实现重大突破,金融监管得到加强和改进,金融双向开放进一步扩大。下一步,必须坚持一张蓝图绘到底,按照系统集成、协同高效的要求,既巩固已取得的制度建设成果,又在此基础上进一步深化和拓展。

深化财税金融体制改革是全面深化改革的重要任务。今年是"十四五"开局之年,必须服从国家发展战略,针对宏观调控、资源配

置、财力保障和服务实体经济等方面存在的突出问题,持续深化改革,推动建立现代财税金融体制,为深化供给侧结构性改革,加快形成以国内大循环为主体、国内国际双循环相互促进的新发展格局提供有效支撑。

深化财税金融体制改革是推动高质量发展的必然要求。随着我国迈入高质量发展阶段,必须拿出更大的勇气、更多的举措破除制约高质量发展、高品质生活的体制机制障碍,推动提升预算配置财政资源的科学性、规范性、有效性,充分发挥财税政策在支持科技创新、促进社会保障和就业、推动区域协调发展、加快结构转型升级等方面的作用;坚持以服务实体经济为方向,对金融体系进行结构性调整,完善金融支持创新的政策,发挥资本市场对于推动科技、资本和实体经济高水平循环的枢纽作用。总之,通过深化财税金融体制改革,推动实现更高质量、更有效率、更加公平、更可持续、更为安全的发展。

深化财税金融体制改革是推进国家治理体系和治理能力现代化的应有之义。财政是国家治理的基础和重要支柱。金融是国家重要的核心竞争力,金融安全是国家安全的重要组成部分,金融制度是经济社会发展中重要的基础性制度。要立足推进国家治理现代化的实际需要,深化财税金融体制改革。财税体制改革要突出预算公开和绩效管理,理顺财政事权和支出边界,健全地方税体系,为科学规范政府与市场、政府与社会、中央与地方关系进一步夯实制度基础,更好发挥各方面积极性。金融体制改革要突出优化完善金融机构体系和公司治理、多层次资本市场、金融监管和风险防范处置机制,推动健全具有高度适应性、竞争力、普惠性的现代金融体系。

二、深化财税体制改革,加强财政资源统筹

政府预算体现国家战略和政策,反映政府的活动范围和方向。税收是国家实施宏观调控、调节收入分配的重要工具。中央和地方

财政关系是政府间权责划分的基本组成部分。按照党的十九届五中全会的部署,《报告》围绕四个方面提出了今年财税体制改革的重点。

强化预算约束和绩效管理,加大预算公开力度。按照预算理要求和程序编制预算和安排重点支出。严格执行人大批准的预算,坚持先有预算后有支出,强化预算对执行的控制。严格规范预算调剂行为。将绩效理念和方法融入预算编制、执行和监督全过程,充分运用绩效手段,深化绩效管理改革,推进预算和绩效管理一体化,提高资金效能。推进绩效指标体系建设,完善预算绩效管理考核,层层传导压实绩效责任。健全以绩效为导向的预算分配体系,加强事前绩效评估,严格绩效目标管理,提高绩效评价质量,健全预算安排与绩效结果挂钩的激励约束机制。进一步加大预算公开力度,提高财政透明度,强化对权力运行的制约监督。

精简税费优惠政策的办理流程和手续。这是为了更好落实党中央、国务院关于减税降费的决策部署,持续优化纳税服务,提升企业和群众获得感。对延续实施和新出台的税费优惠政策,有关部门应及时优化调整信息系统,加大内部培训力度,简化办理操作程序,畅通减税降费"最后一公里"。强化政策宣传和解读,提高政策知晓度,帮助纳税人、缴费人用好用足政策,实现应享尽享、应享快享。

落实中央与地方事权和支出责任划分改革方案。一是明确中央和地方政府事权和支出责任。适当上移并强化中央财政事权和支出责任,重点将涉及生产要素全国流动和市场统一的事务,以及跨区域外部性强的事务明确为中央财政事权,加强中央直接履行的事权和支出责任;按照地方优先的原则,将涉及区域性公共产品和服务的事务明确为地方财政事权。合理确定中央和地方共同财政事权,由中央和地方按照规范的办法共同承担支出责任,进一步明晰中央和地方职责范围。二是健全省以下财政体制。在进一步理顺中央和地方收入划分的基础上,指导各地按照分税制原则科学确定地方各级政府收入划分,调动地方各级政府积极性,保证基层财政有稳定收入来源。推进省以下财政事权和支出责任划分改革,适度加强省级在维护本地经济社会协调发展、防范化解债务风险等方面的责任。督促省级政府切实担负起保基本民生、保工资、保运转"三保"主体责任,加快完善省以下转移支付制度,推动财力向困难地区和基层倾斜,逐步建立基层"三保"长效保障机制。三是增强基层公共服务保障能力。根据财政事权属性,厘清各类转移支付的功能定位,加大对财力薄弱地区的支持力度,健全转移支付定期评估机制。结合落实政策需要与财力可能,合理安排共同财政事权转移支付和专项转移支付规模,重点加强对基本民生、脱贫攻坚、污染防治、基层"三保"等重点领域的资金保障。完善地区间支出成本差异体系,转移支付资金分配与政府提供公共服务的成本相衔接,加大常住人口因素的权重,增强资金分配的科学性、合理性。

健全地方税体系。当前地方税体系中的主体税种存在短板、税制结构不合理、税权配置不健全等问题日益显现。要按照党的十九届五中全会提出的健全地方税体系的总体要求,进一步完善地方税税制,培育地方主体税种,合理配置地方税权,理顺税费关系。按照中央与地方收入划分改革方案,后移消费税征收环节并稳步下划地方,结合消费税立法统筹研究推进改革。积极稳妥推进房地产税立法和改革。在中央统一立法和税种开征权的前提下,通过立法授权,适当扩大省级税收管理权限,授权省级根据本地经济社会发展实际和需要,依法确定地方税具体税率、税收优惠政策等事项。统筹推进非税收入改革。

三、优化银行保险机构体系,
增强金融普惠性

要围绕增强金融普惠性,着力优化金融机构体系,构建多层次、广覆盖、有差异的金融机构体系。按照中央经济工作会议精神,《报告》强调抓好四件大事。

继续多渠道补充中小银行资本、强化公司治理。中小银行在服务中小微企业方面发挥着十分重要的作用。当前部分中小银行面临较大困难,资本缺口较大,抵御风险和服务实体经济的能力受到限制。与此同时,这些银行资本补充渠道狭窄,完全依靠市场手段补充资本比较困难。为此,2020 年国务院常务会议安排 2000 亿元额度的地方专项债券,支持中小银行补充资本、化解风险。今年中小银行资本补充压力仍然较大,除银行自身通过资本市场再融资、发行永续债等资本工具补充资本外,还需要继续安排一定额度的地方专项债券支持中小银行补充资本金。专项债支持中小银行补充资本金,重在助力其增强"造血"功能,必须优先支持具备可持续市场化经营能力的中小银行,增强其服务中小微企业、支持保就业能力。要推动中小银行在获取资金支持的同时,注重"强身健体",在公司治理、内控机制方面来个根本性的转变。要强化股东股权管理,加强对管理层特别是"一把手"的选用和管理,加强问责、透明、制衡制度建设,防止大股东操纵和内部人控制。要完善激励约束机制,科学设定考核指标,推动中小银行回归本源、聚焦主业、特色经营、错位发展。

深化农村信用社改革。2003 年以来的农村信用社改革成效显著,系统性风险得到化解,公司治理逐步建立,支农金融主力军地位巩固提升。但随着改革深入推进,农村信用社法人治理不完善、部分机构偏离定位、行业管理体制矛盾加剧、一些机构风险回潮等问题显现,难以适应新形势下县域经济社会高质量发展要求。要在坚持县域法人地位基本稳定的前提下,因地制宜进一步深化农村信用社及省联社改革,统筹推进完善治理结构、管理体制改革和高风险机构处置,支持农村信用社持续健康发展。

推进政策性银行分类分账改革。政策性金融改革是金融供给侧结构性改革的重要内容。近年来,我国政策性金融改革取得积极进展,但仍存在政策性金融界定不清、部分机构开展商业性业务意愿较强、资本约束机制不健全、信贷规模扩张快、风险防控压力较大等一些问题,与经济转型和高质量发展的要求还存在差距,进一步深化改革势在必行。推进政策性业务与商业性业务分类核算、分账管理,是改革优化政策性金融的关键一环。这项改革有利于明确政策性金融功能定位及其与财政、商业金融的分工,有利于规范政策性业务认定标准和程序,提升支持国家战略的能力。下一步,要按"一行一策"原则,加快推进落实。

提升保险保障和服务功能,规范发展第三支柱养老保险。近年来,保险业聚焦主责主业,在创新服务产品,增加养老、健康产品供给方面,开展了很多探索。但总体看,仍存在优质产品供给不足、保障和服务功能发挥不充分、覆盖面较窄等问题。下一步,要推动发展养老、健康、责任、巨灾等保险,持续深化意外险和健康险改革,促进人身保险扩面提质稳健发展。要按照统一规范的要求,将商业养老保险纳入养老保障"第三支柱"加快建设。发展专业化经营市场主体,扩大商业养老保险领域对外开放,加大养老保险产品创新,提升养老保险第三支柱的保障水平。

四、促进资本市场健康发展,
提高上市公司质量

近年来,我国资本市场改革明显加速,设立科创板并试点注册制成功落地,创业板改革并试点注册制迈出了增量改革转向存量改革的关键一步,新三板改革稳步推进,直接融资呈现加快发展的积极态势。但资本市场基础制度不成熟不完备的问题仍比较突出,制度稳定性、平衡性、覆盖面不足。下一步,要按照党的十九届五中全会和中央经济工作会议精神,围绕打造一个规范、透明、开放、有活力、有韧性的资本市场,坚持"建制度、不干预、零容忍"的方针,推动建立更加成熟更加定型的基础制度体系,增加市场包容度和覆盖面,支持更多优质公司在资本市场上市,更好发挥多层次资本市场作用。

稳步推进注册制改革。注册制改革是这轮资本市场改革的"牛鼻子",是"牵一发而动全身"的重大改革,必须坚持稳中求进,分步实施。总体上要坚持尊重注册制的基本内涵,借鉴国际最佳实践,体现中国特色和发展阶段特征。从科创板、创业板试点注册制看,取得了预期效果,各方面总体比较认可,但试点过程中也暴露出配套制度规则不完善、中介机构能力不匹配、监管组织架构不适应等问题。要按照《报告》要求,及时做好试点总结评估和改进优化,加快构建发行承销、交易、持续监管、退市和投资者保护等一整套基础制度安排,进一步强化发行人和中介机构责任,实施更加严格的事中事后监管和更加严厉的违法违规惩戒,为全市场实行注册制、真正把选择权交给市场创造必要条件。

完善常态化退市机制。这是促进资本市场健康发展、提高上市公司质量的内在要求。2020年国家已批准健全退市机制实施方案,退市新规发布实施。今年要按照《报告》部署,认真贯彻落实退市改革方案,严格退市监管,坚决打击各类违法违规规避退市的行为,坚决做到"应退尽退"。同时也要认识到,退市本身不是目的,要与解决存量上市公司问题紧密结合起来,拓展多元退出渠道,除强制退市外,推动重整一批、重组一批、主动退市一批,确保退得了、退得稳,逐步形成体现高质量发展要求的上市公司群体,提升资本市场直接融资质效。

加强债券市场建设,打击各种逃废债行为。2020年年底有的大企业债券违约事件暴露出债券市场在法制建设、统一执法、信息披露、信用评级、违约处置机制等方面存在的不足。今年债券到期兑付规模较大。要按照《报告》要求,继续加大债券市场基础制度和法治供给,持续优化债券违约市场化处置机制,加强统一执法,加大对逃废债等违法违规行为的查处力度,严肃市场纪律。

更好发挥多层次资本市场作用,拓展市场主体融资渠道。深市主板、中小板合并后,目前已基本形成包括主板、科创板、创业板、新三板和地方区域性股权市场的多层次资本市场体系。下一步,要进一步深化新三板改革,做精做细精选层,统筹发展好创新层和基础层,落地转板上市制度,强化新三板服务"小特精专"企业的平台功能。各个板块要各有侧重、互为补充,共同满足不同阶段不同类型企业发展的融资需求,为各类市场主体提供更多融资渠道。

五、加强金融监管,确保金融创新
在审慎监管的前提下进行

当前金融监管面临的突出短板之一,就是不能适应金融创新的需要,一些金融机构、业务和产品游离于监管之外。要按照党的十九届五中全会和中央经济工作会议精神,抓紧补齐制度短板,加强金融监管能力建设,建立健全适应创新需要的金融监管体制机制,及时将新业态、新产品纳入监管。依法将金融活动全面纳入监管,坚持持牌经营、特许经营原则,严厉打击非法金融活动以及"无照驾驶"行为。

完善金融控股公司监管。一个时期以来,一些由非金融企业、自然人投资形成的事实上的金融控股公司长期游离于监管之外,无序发展、野蛮生长,积聚了较大金融风险。第五次全国金融工作会议明确要求加强对金融控股公司的监管,尽快消除监管短板和薄弱环节,实现金融监管全覆盖、无例外。2020年在加强金融控股公司监管方面取得重大进展,出台《金融控股公司监督管理试行办法》,明确对非金融企业投资形成的金融控股公司,依法开展准入管理并实施持续事中事后监管。今年要按照《报告》部署,完善金融控股公司监管制度体系,依法开展准入管理,做好申请受理、审核和许可证发放工作,引导存量企业在过渡期有序调整。

加强对金融科技特别是互联网平台公司金融活动的审慎监管。金融科技在赋能金融提质增效、惠民利企的同时,也给金融体系带来新的风险。如部分平台机构利用网络效应和虹吸效应使数字服务高度集中,形成"赢家通吃",侵蚀创新和竞争活力,"大树底下不长草"。一些平台公司打着"创新"的旗号逃避监管,搞跨界混业经营、交叉性业务套利。有的机构未经授权过度采集用户信息,或滥用数据、算法进行大数据杀熟、诱导消费。针对这些新的风险,《报告》要求加强对金融科技的监管,确保金融创新在审慎监管前提下进行。对以科技服务为名变相从事金融活动的,要督促其整改规范,回归科技服务本质。加强个人金融信息和隐私保护。加强金融消费者适当性管理,严禁金融产品过度营销,诱导过度负债。坚决遏制垄断和不正当竞争行为,防止资本在金融领域的无序扩张和野蛮生长,防范新型"大而不能倒"的风险。

六、持续防范化解金融风险,坚决守住不发生系统性风险的底线

经过近年来的集中攻坚,一批重大风险隐患"精准拆弹",金融风险处置取得重要阶段性成果。金融脱实向虚、盲目扩张得到扭转。金融秩序明显好转。金融风险趋于收敛、总体可控。同时也要看到,当前国内外经济金融形势复杂多变,金融领域仍面临不少风险挑战。要坚持底线思维,把防止发生系统性金融风险作为金融工作的永恒主题,毫不松懈地防范化解各类金融风险。

完善风险处置工作机制。要总结防范化解金融风险攻坚战的经验,进一步完善风险处置工作机制。一是加大风险排查力度,坚持"横向到边、纵向到底",对金融风险进行全景式扫描,细致扎实摸清风险底数、区分存量和增量,找准最突出的风险点,明确处置重点和优先序,及早预警处置。二是完善重大风险应对指挥体系,明确授

权、报告路径、决策机制、责任对象。各地特别是高风险地区和领域要建立风险处置专项工作机制。三是强化资金资源保障,明确风险处置资金来源、使用顺序和偿还责任。四是建立健全风险应对评估反馈机制,促进各项应对预案的动态调整完善。五是建立健全激励问责机制。对重大金融风险严肃追责问责,坚决查处金融风险形成背后的腐败问题。对在防范化解金融风险中担当作为的给予激励,落实不到位的坚决问责。

压实各方责任。《报告》对此提出明确要求,要细化实化。一是金融机构及其股东要强化主体责任。金融机构是提供金融服务的主体,防范化解金融风险的第一道防线,必须切实担负起优化金融服务、防控金融风险的主体责任,一手抓服务实体经济,一手抓各类风险的化解,使风险态势趋于收敛。二是地方政府要强化属地责任。地方担负着辖区内金融机构负责人的管理责任,还直接间接控股和参股了地方法人金融机构,承担小额贷款公司、融资担保公司、区域性股权市场等"7+4"类机构的监管工作,要担负起属地风险处置责任和维稳第一责任。要提高政治站位,牢固树立守土有责、守土尽责的意识,主动做好各项工作,做到"自己的孩子自己抱",坚守不发生区域性金融风险的底线。三是金融管理部门要强化监管责任。国务院金融稳定发展委员会将进一步强化决策议事、统筹协调和监督问责职能。各金融管理部门既要各司其职、各尽其责,又要充分沟通、强化协同,切实做到"管住人、看住钱、扎牢制度防火墙"。对地方金融发展改革与风险防控,要加强指导、协调和监督,有效发挥中央地方两个积极性,形成全国"一盘棋"。

总之,金融与实体经济一荣俱荣、一损俱损。金融机构要坚守服务实体经济的本分,更好把握经济规律和金融规律,努力推动实现强化金融服务、防控金融风险、深化金融改革的有机统一,为经济高质量发展提供高水平金融服务。

提升科技创新能力

王 敏 瑶

创新是引领发展的第一动力。无论是推动高质量发展、建设现代化经济体系，还是满足人民日益增长的美好生活需要，都对加快科技创新提出了更为迫切的要求。李克强总理在十三届全国人大四次会议上所作的《政府工作报告》中，对提升科技创新能力作出专门部署，要求促进科技创新与实体经济深度融合，更好发挥创新驱动发展作用。我们要深入学习领会，抓好贯彻落实。

一、强化国家战略科技力量

这是实现科技自立自强、支撑全面建设社会主义现代化国家的必然选择。从科技发展规律看，现代科学研究的复杂程度大大提高，特别是随着新一轮科技革命与产业变革深入发展，气候变化、能源利用、先进制造、深海深空探测等领域的研发攻关，不仅具有长周期、高风险、大投资等特征，而且需要多学科协同和多技术领域协作，必须依靠国家力量系统谋划、整合资源，提高科技创新的体系化能力。从我国科技发展历程看，新中国成立之初，我们能够在极端困难的情况下，实现"两弹一星"等重大成就，正是由国家组织大批科学家协同攻关、自主创新取得的。改革开放后，无论是在载人航天、探月工程等领域取得的成果，还是在应对新冠肺炎疫情中较快实现药物筛选、疫苗研发等突破，都充分发挥了国家战略科技力量建制化优势。当前，我国科技事业取得长足进步，但创新能力还不适应高质量发展要求,必须建设好体现国家意志、服务国家战略需求、代表国家水平的"国家队",完善市场经济条件下新型举国体制,加快推进关键核心技术攻关,把创新发展主动权牢牢掌握在自己手中。

要推进国家实验室建设。提高创新能力,必须夯实自主创新的物质技术基础,加快建设以国家实验室为引领的创新基础平台。当今世界,国家实验室已成为发达国家围绕国家使命、抢占创新制高点的重要载体,如美国阿贡、洛斯阿拉莫斯、劳伦斯伯克利等国家实验室和德国亥姆霍兹研究中心等,均是依靠跨学科、大协作和高强度支持开展协同创新的研究基地。我国已成功组建首批国家实验室,要发挥引领作用、创新体制机制,聚集和培养高水平人才和创新团队,加强重点领域产学研协同攻关。我国还有 500 余家国家重点实验室,下一步要重组、整合、优化,在重大创新领域和基础学科、新兴交叉学科等前沿方向新建一批国家重点实验室。

要实施好关键核心技术攻关工程。加快突破关键核心技术,努力在关键领域实现自主可控。按照 2006 年颁布的国家中长期科技发展规划纲要部署,我们启动实施了 16 个科技重大专项,要统筹做好梯次接续有关工作。同时,瞄准人工智能、量子信息、生物育种等前沿领域,深入谋划推进"科技创新 2030—重大项目"。围绕保障人民生命健康,加强重大疾病防治、创新药物、医疗器械等的研发应用。围绕实现碳达峰、碳中和目标,大力推进污染防治、能源资源高效利用、应对气候变化等技术攻关和应用推广。近年来,关键核心技术攻关方面探索了不少创新做法,让愿创新、能创新者都有机会一展身手。要改革科技重大专项实施方式,推广"揭榜挂帅"等机制,以需求为牵引、以能够解决问题为评价标准,给予揭榜者充分信任和授权,明确目标责任、完善激励机制,不断提高关键核心技术攻关效率。

要推动科研力量优化配置和资源共享。我国有数量众多的科研院所、普通高校和科技型企业,科技力量雄厚,但资源配置一定程度还存在重复、分散、封闭、低效的问题。要优化高校科研体系布局,加快学科专业调整,强化基础学科,完善科教协同机制,促进人才培养、学科建设、科研水平系统提升。推进现代科研院所改革,支持国家级科研机构强化国家战略需求导向,引导地方科研机构面向区域经济和社会发展需要开展科研活动,扩大基于绩效、诚信和能力的科研管理改革试点范围,分类支持社会研发机构。要加强项目、基地、人才、资金一体化配置,强化部门协同、部省联动,完善各部门"共同凝练科技需求、共同设计研发任务、共同组织项目实施"的机制。我们已经投资建设了一大批大科学装置和科研基础设施,今后还要以突破重大前沿科学问题为目标、适度前瞻布局,同时扩大科研基础设施和仪器设备开放共享。

要支持有条件的地方建设国际和区域科技创新中心。从国际经验看,美国硅谷等科技创新中心,不仅汇集了大批高水平科研人员,而且催生出众多一流科创企业,在促进区域经济社会发展的同时,为提高国家创新能力提供了有力支撑。要加快建设北京、上海、粤港澳国际科技创新中心,发展综合性国家科学中心,以创新型城市和创新型城市群为载体打造一批区域创新共同体,形成高质量发展动力源。目前,我国已设立了21个国家自主创新示范区和169个高新区,要把握发展定位,完善从科技研发、成果孵化到产业培育的创新服务体系,鼓励改革先行先试,推动区域间政策协调联动,更好发挥辐射带动作用。

二、全面加强基础研究

基础研究是科技创新的源头,没有雄厚的基础研究能力,技术突破就是无源之水、无本之木。现在,基础研究与应用研究的边界日益模糊,我国面临的科技突出短板,说到底也在于基础研究的支撑不足。要全面加强基础研究,既鼓励科研人员自由探索,产生更多好奇心驱动的创新成果;又注重解决重大应用研究中抽象出的理论问题,使基础研究和应用研究相互促进。

要大幅增加基础研究投入。从规模上看，我国研发经费总量稳居世界第二，但基础研究经费占比长期偏低，2020年预计为6.16%，与发达国家15%以上的占比差距较大。基础研究投入不足，直接制约了原创性突破的产生。财政科技投入要向基础研究倾斜，今年中央本级基础研究支出增长10.6%，通过部省联合组织实施国家重大科技任务和共建科研基地等方式，推动地方加大基础研究投入。与此同时，要引导鼓励企业和社会力量投入。主要发达国家企业基础研究经费占基础研究总经费比例大都在20%以上，而我国不到4%。要对企业投入基础研究实行税收优惠，同时鼓励社会以捐赠和建立基金等方式多渠道增加投入。基础研究需要长期稳定的支持。目前对我国高校和科研院所的支持还是以竞争性科研经费为主，稳定支持经费占比较低。要创新经费投入机制，加大对长期重点基础研究项目、重点团队和科研基地的稳定支持，探索实行非竞争性、竞争性"双轨制"投入机制，支持科研人员"十年磨一剑"。

要完善与基础研究特点相适应的政策措施。基础研究是个"慢变量"、需要久久为功，支持基础研究的政策措施都要遵循这个规律，保持定力和耐心，不能急于求成。要完善经费管理制度，落实科研人员在立项选题、经费使用以及资源配置等方面的自主权，强化对承担基础研究国家重大任务的人才和团队的激励，加快推进经费使用"包干制"的落实落地。改革项目形成机制和管理制度，努力消除科研人员不合理负担，建立定期评估与弹性评估相结合的评估制度、减少评估频率，对于非共识和颠覆性项目要创新遴选方式，完善项目动态调整机制。要根据自由探索类和目标导向类基础研究的特点，实行分类评价，前者主要评价研究的原创性和学术贡献，探索长周期评价和国际同行评价；后者主要评价解决重大科学问题的效能，加强过程评估，建立长效监管机制。对自由探索和颠覆性创新活动建立容错机制，在鼓励创新的同时宽容失败。

三、运用市场化机制激励企业创新

企业是创新的主体。企业充满创新活力,经济才有勃勃生机。近年来,我国企业创新能力明显提升,涌现出一批具有国际竞争力的创新型企业,但从总体上看,还存在不少薄弱环节,比如规模以上工业企业研发投入强度显著低于发达国家水平、产学研协同不够紧密等。要多措并举,促进各类创新要素向企业集聚,提升企业技术创新能力。

要拓展产学研用融合通道。一方面,要促进市场需求牵引创新供给,形成良性循环。我国市场规模位居世界前列,不断升级的新型消费和多元多样的市场需求相互交织,为创新创造提供了强大动力和广阔舞台。企业直接面向市场,天然具有连结科技与产业的动力。要支持领军企业联合行业上下游、产学研力量,组建体系化、任务型的创新联合体,带动中小企业创新活动。提高企业对重大科技项目的决策参与度,对其中产业化目标明确的攻关任务,要优先由创新联合体实施。另一方面,要推动实验室的研发成果更快转化为现实生产力。与发达国家相比,我国科技成果转化率不高,不少成果束之高阁,一个重要原因在于对科研人员成果转化的激励不足。2020年启动了赋予科研人员职务科技成果所有权或长期使用权试点,就是要通过产权激励调动科研人员创新积极性,促进科技成果转移转化。要规范赋权流程,探索符合科技成果转化规律的国有资产管理模式,建立尽职免责机制,力争尽快形成可复制、可推广的经验和做法,构建有利于科技创新和成果转化的长效机制。实践证明,共性技术平台是推进产学研用融合的重要桥梁纽带。要加强技术创新基地建设,完善国家技术创新中心、工程研究中心、制造业创新中心、临床医学研究中心等布局,集中力量整合、提升一批共性技术平台,在投资主体、管理模式、运行机制、引才用人等方面采取市场化的灵活机制,完善资源和利益共享机制，发挥好共性技术平台在促进科技成果中试熟化、应用技术研发升级等方面的重要作用。

要完善激励创新的税收优惠机制。这是推动企业加大创新投入的重要举措。近年来，研发费用加计扣除政策产生的激励作用日益显著。这项政策于1996年开始实施，经过数次调整和完善。2017年，将科技型中小企业研发费用加计扣除比例由50%提高至75%，2018年将这项政策扩大至所有企业，2020年兑现减免税额超过3500亿元，同比增长约25%。今年要延续执行这一政策，并将制造业企业加计扣除比例进一步提高到100%，也就是按照研发费用的两倍抵扣应纳税所得额，企业研发投入越大、享受的税收优惠越多。要抓好政策落实，确保企业"应享尽享"，推动企业以创新引领发展。

要纵深推进大众创业万众创新。新一轮科技革命与产业变革呈现出参与主体多元、用户群体分散、应用场景多样的特点，中小微企业、社会创客等都成为创新活动的重要参与者。双创的快速发展契合了这一趋势，让"人人皆可创新"成为现实，让"创新惠及人人"更加便利。近年来，已建设了三批共计212个双创示范基地，要充分发挥带动作用，加强"校+园+企"创新创业合作，改善科技成果转化服务，增强中试服务和产业孵化能力，结合产业优势建设大中小企业融通发展平台，支持将中小企业首创高科技产品纳入大企业采购体系，在资源共享、产业协同、知识产权保护和运营等方面开展跨区域融通合作。要全面提升双创服务水平，引导科技企业孵化器、众创空间、大学科技园等打造市场化、专业化、全链条服务平台，鼓励地方采用创新券等政策工具支持科技资源向中小企业开放共享。新技术的产业化规模化应用离不开金融支持，近年来国家先后推广了三批全面创新改革试验成果，其中不少都是科技金融方面的创新举措。要大力发展科技信贷服务，建立支持科技企业的信贷产品体系，制定专门的信贷政策，鼓励发展适应科技型企业特点的融资担保体系。国内外经验表明，创业投资是推动双创的重要资本力量。要鼓励更多社会资本设立创业投资,推动政府投资引导基金向市场化母基金转化,完善创投支持政策和监管机制,促进创投加大对创新成果在种子期、初创期的投入力度。

四、持续深化科技体制机制改革

当前,我国科技创新总体上处于从量的积累向质的飞跃、点的突破向系统能力提升的重要时期,必须适应新形势新要求,完善科技创新体制机制,提升国家创新体系整体效能,有力保障科技自立自强。

要完善评价奖励机制。评价制度是科技创新的"风向标"、"指挥棒"。近年来,国家深入推进项目评审、人才评价、机构评估改革,扭转"唯论文、唯职称、唯学历、唯奖项"的不良倾向,取得积极成效。要进一步深化改革,根据基础研究、应用研究、技术创新、成果转化等不同活动的规律和特点,实行分类评价,注重标志性成果的质量、贡献和影响。对国家科技计划项目的评审评价要突出创新质量和综合绩效,对国家技术创新中心、科技资源共享服务平台等创新基地的评估要突出支撑服务能力,对中央级科研事业单位绩效评价要突出使命完成情况。深化人才评价改革,健全与岗位特点、学科特色、研究性质等相适应的分类评价标准,落实用人单位评价自主权,发挥好政府、市场、专业组织、行业协会等多元主体作用。完善国家科技奖励评奖机制,探索建立奖励工作后评估制度,规范社会力量设奖。

要充分激发人才创新活力。无论是重大发明创造、还是颠覆性技术创新,关键都在人才。科技体制改革的着力点要更多体现在对人的激励方面。要完善人才培养支持体系,统筹人才遴选使用、跟踪服务和考核评价,把人才培养纳入科技计划组织实施和创新基地建设,加大战略科技人才、领军人才支持力度。构建充分体现知识、技术等创新要素价值的收益分配机制,推动建立科研人员绩效工资总额正常增长机制。青年是科学创造的"最佳年龄段",是出成果的

"黄金时期"。对青年人要用心培养、大力支持、大胆使用,健全早发现早使用机制,采取更有针对性的举措支持青年科研人员挑大梁、担重任,在国家科技计划中全面推行青年科学家项目,创造条件让更多青年人才脱颖而出。学风作风是科研的基石。要充分信任和激励科研人员,同时完善约束机制,破除科研不端和学术行政化痼疾,健全科技伦理体系,引导形成良好学风作风。要加强国家科普能力建设,创新传播手段,牢牢把握科普工作的科学性、时代性、群众性、社会性,努力激发青少年科学兴趣,提高公民科学文化素养,推动在全社会形成爱科学、讲科学、学科学、用科学的文化氛围。

要加强知识产权保护。2020年,我国知识产权法律制度进一步完善,民法典确立了知识产权保护的重大法律原则,专利法在修改中建立了国际上高标准的侵权惩罚性赔偿制度。要进一步提高知识产权保护工作法治化水平,做好专利法实施细则的修订,建立在全国有重大影响的专利侵权纠纷处理工作机制,稳步实施药品专利纠纷早期解决机制。强化知识产权全链条保护,从审查授权、行政执法、司法保护、仲裁调解、行业自律、公民诚信等环节完善保护体系,增强系统保护能力。健全大数据、人工智能、基因技术等新领域知识产权保护制度,促进新产业新业态发展。我国知识产权工作正在从追求数量向提高质量转变,要突出知识产权高质量创造导向,提升知识产权审查质量和效率,不断提高知识产权转化运用效益,更好支撑创新发展。

要促进科技开放合作。中国的科技进步得益于国际合作,也将以更大力度的开放惠及世界。我国已经与160多个国家建立科技合作关系,参加国际组织和多边机制超过200个,同50多个国家和地区开展联合研究。要提升多双边科技合作层次和水平,促进科技发展理念交流互鉴,加强科技人文交流,推动构建良好创新合作伙伴关系。继续推动疫情防控国际合作,聚焦气候变化、人类健康等关系到全球可持续发展的共性问题,开展联合研发攻关,牵头组织和参与国际大科学计划。研究设立面向全球的科学研究基金,依托国家战略科技力量建设高水平合作平台,探索面向全球公开征集选取科研团队参与科技研发,支持各国优秀科学家和团队围绕全球共同挑战开展研究,推动科技合作成果为促进各国发展和增进人类福祉服务。

优化和稳定产业链供应链

刘 若 霞

产业链供应链水平是国家现代化的重要标志。习近平总书记深刻指出,"产业链、供应链在关键时刻不能掉链子,这是大国经济必须具备的重要特征"。当前和今后一个时期,优化和稳定产业链供应链,既是畅通经济循环的内在要求,也是促进经济转型升级的应有之义。李克强总理在十三届全国人大四次会议上所作的《政府工作报告》中,对优化和稳定产业链供应链作出具体部署。我们要认真贯彻落实党中央、国务院决策部署,提高产业链供应链稳定性和竞争力,加快发展现代产业体系。

一、增强产业链供应链自主可控能力

经过几十年的发展,我国建成了门类齐全的工业体系,连续 11 年保持世界制造业第一大国地位,在全球产业链供应链分工中占据重要位置。但制造业大而不强,产品质量效益不高,关键核心技术和装备受制于人,总体上仍处于全球价值链中低端。近几年,发达国家加快"产业回流"步伐,发展中国家纷纷出台政策承接产业转移,国际竞争日趋激烈。受新冠肺炎疫情冲击影响,产业链供应链区域化、本地化倾向明显,我国产业链供应链存在"被脱钩"的风险,在全球产业链中的竞争力面临挑战。作为一个大国,必须在关系国计民生和国家经济命脉的重点产业领域形成完整而有韧性的产业链供应链,巩固和提升中国制造竞争力和影响力。2020 年 12 月召开的中央经济工作会议,将"增强产业链供应链自主可控能力"作为今年工作的重点任务,要突出抓好以下几个方面。

打通堵点,保持产业链供应链稳定。保持产业链供应链稳定是扎实做好"六稳"工作、全面落实"六保"任务的重要内容。产业链供应链贯穿生产制造上下游、链接各类主体和要素,只有产业链供应链稳定了,要素才能"连起来",企业才能"动起来",经济才能"循环起来"。面对新冠肺炎疫情造成的巨大冲击,我国发挥完备的产业体系、强大的动员组织和产业转换能力优势,采取有力措施调度保障核心企业,推动产业链上下游协同复工复产,为疫情防控提供了重要物质保障,为经济实现正增长奠定了坚实基础。当前新冠肺炎疫情仍在全球蔓延,国际形势中不稳定不确定因素增多,我国经济恢复基础尚不牢固。产业链供应链是经济循环畅通的关键,必须打通断点堵点,实现上下游、产供销有效衔接、高效运转,贯通生产、分配、流通、消费各个环节,形成需求牵引供给、供给创造需求的更高水平动态平衡。只有产业链供应链保住了,才能稳住经济基本盘,保持经济运行在合理区间,促进经济恢复稳中加固,为构建新发展格局开好局起好步。

筑牢基础,补齐产业链供应链短板。产业基础能力薄弱是我国产业链供应链的突出短板。改革开放以来,我国制造业从整机、成套设备等最终产品入手,采取技术引进、生产许可等方式,快速解决了从无到有问题。但企业普遍注重规模扩张,存在追求短平快倾向,对产业基础领域投入明显不足,造成产业基础能力不牢、不实、不高级。增强产业链供应链自主可控能力,必须实施好产业基础再造工程。围绕核心基础零部件(元器件)、先进基础工艺、关键基础材料、产业技术基础等工业基础领域,加强应用牵引、整机带动,持续开展关键技术和产品攻关突破。建立产业基础能力评估制度,准确把握和评估我国产业链供应链现状,分行业做好战略设计和精准施策,开展强链补链行动。创造自主创新产品应用的良好市场环境,千方百计把产业基础能力提上去。

激发活力,培育一批优质市场主体。企业是增强产业链供应链自主可控能力的中坚力量。要加大企业培育力度,激发各类企业发展活力和创造力。统筹推进补齐短板和锻造长板,重视"链主"企业培养,打造一批产业链领航企业,增强对产业链关键节点的控制力和产业生态的主导力,推动全产业链优化升级。中小企业是提升产业链供应链现代化水平不可缺少的重要力量。要加强对中小微企业、初创企业的政策支持,培育一批专精特新"小巨人"企业和单项冠军企业,引导中小企业根据自身条件把握好定位,加大研发投入,提升创新能力,打造比较优势。要强化知识产权保护,加大执法力度,保障中小企业创新合法权益。加快国家中小企业公共服务示范平台和小型微型企业创业创新示范基地建设,推动落实《保障中小企业款项支付条例》,营造中小企业发展良好环境,更好发挥大企业引领支撑和中小微企业协作配套作用。

扩大开放,深化产业链供应链国际合作。更好利用国际国内两个市场、两种资源,积极融入全球产业链供应链体系,促进国内国际双循环。扩大高水平对外开放,鼓励更多外资企业来华投资兴业,以国内大循环积极吸引国外高端产业配套环节和先进要素资源在国内集聚发展,优化营商环境,保护外资合法权益,落实要素市场化配置改革措施,抓好一批重大外资项目落地。要用好 G20、中欧、中国—东盟、金砖、中俄等双边多边合作平台,建立多渠道、多层次的产业链国际合作机制。推动建立全球产业链供应链应急协调和管理机制,畅通抗疫重点物资和产品绿色通关通道,为全球抗疫和经济恢复作出贡献。加强国际产业安全合作,推动产业链供应链多元化,共同维护全球产业链供应链稳定。

二、促进制造业高质量发展

制造业是实体经济的根基。优化和稳定产业链供应链,必须把制造业做实做优做强，保持制造业比重基本稳定，推动制造业从数量扩张向质量提高的战略性转变，加快把我国建设成为制造强国。

加快转型升级步伐。今年《报告》提出，扩大制造业设备更新和技术改造投资，目的是要推广先进适用技术，加快传统产业高端化智能化绿色化改造，推动制造业转型升级。近几年，我国制造业投资增速持续下降。受新冠肺炎疫情影响，2020年制造业投资同比下降2.2%，全国工业企业技术改造投资降幅更大。今天的投资是明天的产出。扩大制造业设备更新和技术改造投资，是推动制造业高质量发展的重要途径，也是扩大内需的重要支撑。要实施制造业数字化转型行动，发展智能制造、绿色制造和服务型制造，建设一批智能工厂、智能车间，推动制造业数字化、网络化、智能化发展。在智能制造、绿色制造等领域培育系统解决方案供应商，搭建数字化转型服务平台，针对制造业中小企业，重点支持立足业务需要，部署信息化系统，推动设备上云、系统上云、业务上云。鼓励龙头企业牵头组建数字化转型联盟，带动上下游中小企业协同推进数字化转型。与此同时，要坚持深化供给侧结构性改革这一主线，继续完成"三去一降一补"重要任务，推动石化、钢铁、有色、建材等原材料行业布局优化和结构调整，扩大轻工、纺织等优质产品供给，全面优化升级产业结构，提升供给体系质量，增强创新能力、竞争力和综合实力。

强化共性技术供给。共性技术平台是制造业创新网络的重要组成部分。由于缺乏对数据、知识的长期积累，我国制造业共性技术平台建设滞后，各类产业技术公共服务平台配套较差，专业化水平不高。要搭建更多共性技术研发平台，支持行业龙头企业联合高等院校、科研院所和行业上下游企业共建国家产业创新中心，承担国家重大科技项目，更好发挥大企业引领作用，加强上下游企业产业协同和技术合作攻关。要统筹建设检验检测、中试熟化、试验验证、成果转化等公共服务平台，提高科技成果转化效率和配套服务能力。要打造新型共性技术平台，在重点领域再布局一批制造业创新中心，解决跨行业、跨领域的关键共性技术问题,提高制造业创新能力水平。

提升中国制造品质。全面提高产品和服务质量是优化供给体系的重要任务。今年要重点抓好三方面工作。一是加强质量基础设施建设。质量基础设施包括标准化、计量、检验检测和认证认可等方面制度框架和软硬件设施。目前我国质量基础设施存在服务能力欠缺,应用水平不高,特别是标准交叉、认证重复、互认困难等诸多问题,造成质量基础设施运行成本高、实效性差,难以满足多层次的创新需求和差异化需求。要加快建设适配现代化经济体系建设的质量基础设施,聚焦服务国家重大战略、服务市场监管职能,拿出一批示范带动作用强、对经济社会发展影响力大、对市场监管支撑作用突出的标准,推动标准体系提档升级,促进产业链上下游标准有效衔接。二是深入实施质量提升行动。围绕重点产品、重点行业、重点区域,加强全面质量管理,推动制造业产品"增品种、提品质、创品牌",不断提高质量整体水平。加强支持中小企业质量提升服务,扎实开展"计量服务中小企业行动"、"对标达标提升行动"、"小微企业质量管理体系认证提升行动"、"质量技术帮扶巡回问诊"等活动。三是弘扬工匠精神。在全社会营造尊重工匠的价值导向和发展环境,加强质量主题宣传,提升全民质量意识。培养一大批在态度上专心致志、在质量上一丝不苟、在技术上精益求精的技能型人才,让他们成为制造强国建设的生力军。

加大财税金融支持。引导要素更多流向制造业领域,完善支持制造业高质量发展的政策环境。2020 年《报告》提出"大幅增加制造业中长期贷款",引导金融机构加大对制造业金融支持力度,为促进实体经济恢复发挥了重要作用。2020 年,制造业中长期贷款余额增长 35.2%,比上年高 20.3 个百分点。制造业信贷覆盖面进一步扩大,产业链供应链金融服务力度进一步增强,但与制造业融资实际需求还有一定差距,与制造业增加值占 GDP 的比重仍不匹配。今年《报告》提出,"提高制造业贷款比重",更加强调金融服务实体经济的本分,加大对制造业高质量发展的金融支持力度。要推动各类银行根据自身特点找准定位,创新金融服务方式,深化信用信息共享整合,提升"能贷会贷"水平。重点支持先进制造业发展,推动产业链供应链金融发展,为制造业产业链核心企业和上下游企业量身定制综合性金融服务方案。在税收政策方面,针对制造业企业增值税留抵占压资金较为严重的问题,今年提出对先进制造业企业按月全额退还增值税增量留抵税额,缓解企业资金链压力,提高周转效率。

三、打造新兴产业链

稳定和优化产业链供应链,要立足我国产业规模优势、配套优势和部分领域先发优势,锻造产业链供应链长板,在产业优势领域精耕细作,搞出更多独门绝技,培育壮大新动能,塑造发展新优势。

系统布局新一代信息基础设施。新型基础设施是数字经济发展的重要支撑,要坚持需求导向,加强系统谋划和统筹协调。一是加快5G网络建设。截至2020年年底,我国已开通5G基站超过60万个,实现5G终端连接数超过2亿,位居全球首位。未来三年是5G发展的关键时期,需保持战略定力,遵循行业发展规律,有序推动5G网络转向按需建设、深度覆盖。持续深化共建共享,研究推广5G节能新技术,促进网络建设运维降本增效。加大政策支持力度,切实解决5G建设中选址、进场、用电等方面困难。二是稳步推进千兆光网建设。千兆光网和5G网络是新一代信息基础设施的"两大支柱",共同赋能行业数字化转型。要持续扩大千兆光网覆盖范围,在城市及重点乡镇进行规模部署,持续开展老旧小区、工业园区等光纤到户薄弱区域网络改造升级,促进全光接入网进一步向用户端延伸。要按需开展支持千兆业务的家庭和企业网关设备升级,提供端到端千兆业务体验。三是丰富应用场景。目前,5G网络和千兆光网均面临应用驱动不足的问题。特别是不同行业、不同应用场景的个性化需求和高品质要求,对网络运营模式和架构提出新的挑战。要推动通信运营、设备、芯片和行业企业深化交流合作,在 AR/VR、超高清视频、直播电商、远程医疗、在线教育等消费领域拓展应用空间,在制造、电力、交通、金融等生产领域的创新应用模式,为赋能行业转型升级奠定基础。四是完善网络安全保障体系。大力推动网络安全产业发展,持续完善安全标准体系,夯实网络基础设施安全保障能力。加快推广 5G 安全解决方案。加强 5G 网络安全国际合作,推动实现 5G设备安全测评结果国际互认。

发展工业互联网。工业互联网通过人、机、物的全面互联,实现全要素、全产业链、全价值链的全面连接,将推动形成全新工业生产制造和服务体系。目前,我国工业互联网发展融合应用创新活跃,产业生态不断完善,发展环境持续向好,但整体仍处于发展初期,在产业供给、模式推广和要素保障等方面存在一系列挑战,要继续深入实施工业互联网创新发展战略。一是加强工业互联网基础设施建设。完善网络、平台、安全三大体系,力争在标识解析体系、"5G+工业互联网"等领域建立一定优势,更好地发挥基础设施建设的带动效应。二是提升融合应用普及水平。加速推广工业互联网融合应用,形成可持续的产业生态是未来产业发展的重中之重。要分业分企施策,引导各方加快探索特色化应用路径。鼓励有能力的供给企业与有基础、有需求的应用企业加强对接,帮扶中小企业应用工业互联网提升生产力水平,加快业务优化、流程再造、商业模式创新。三是加快关键技术研发应用。推动实施工业互联网核心技术国家重点研发计划,着力突破关键基础技术短板,加快智能网关、边缘计算、工业APP 等新型应用技术研发与应用推广。四是优化产业创新发展环境。加快完善工业互联网产业政策体系,健全工业数据确权、流转、安全等制度规则,强化资金、人才、数据等要素资源保障,不断深化国际合作,构建开放合作发展格局。

统筹新兴产业布局。新兴产业代表未来科技和产业发展方向。

要着眼于抢占未来发展先机,培育先导性和支柱性产业,培育壮大产业发展新动能。一方面要深入推进国家战略性新兴产业集群发展工程,健全产业集群组织管理和专业化推进机制,发挥产业投资基金引导作用,加快壮大新一代信息技术、生物技术、新能源、新材料、高端装备、新能源汽车、绿色环保以及航空航天、海洋装备等产业,构建一批各具特色、优势互补、结构合理的战略性新兴产业增长引擎。在类脑智能、量子信息、基因技术、未来网络、深海空天开发等前沿科技和产业变革领域,组织实施未来产业孵化与加速计划,谋划布局一批未来产业,打造引领高质量发展的重要增长极。与此同时,要加强统一规划和宏观指导,遵循产业属性和发展规律,鼓励企业兼并重组,防止"一哄而上"盲目投资和低水平重复建设。

稳定和扩大消费

黄　涛

消费是拉动经济增长的主引擎。受新冠肺炎疫情影响,2020 年消费罕见出现下降。今年以来,消费虽有恢复,但总体仍较低迷,成为影响经济持续稳定恢复的突出因素。李克强总理在十三届全国人大四次会议上所作的《政府工作报告》中,对稳定和扩大消费作出了明确部署。

一、稳步提高消费能力

收入是消费的决定性因素。只有收入增长了,消费能力提高了,消费扩大才有坚实的基础。受疫情影响,2020 年我国居民收入增长明显放缓,不少中低收入人群收入甚至出现绝对下降,直接制约了消费规模扩大。全年全国居民人均可支配收入实际增长 2.1%,增速比上年回落 3.7 个百分点;相应地,全国居民人均消费支出实际下降 4.0%。稳定和扩大消费,必须想办法增加居民收入,稳步提高消费能力。

实现更加充分更高质量就业。工资性收入占居民收入的比重在 6 成左右,是居民收入主要来源。增加居民收入,首先要促进就业。今年要继续强化就业优先政策,扩大阶段性稳岗政策惠及范围。开展大规模、多层次职业技能培训,完善职业技术教育体系,提升劳动者就业创业能力。健全就业公共服务体系,做好重点群体就业工作,完善就业困难人员就业帮扶政策,促进失业人员再就业。拓宽市场化就业渠道,促进创业带动就业,支持和规范发展新就业形态,支持各类劳动力市场、人才市场、零工市场建设。坚决防止和纠正就业歧视,营造公平就业制度环境。市场主体是吸纳就业的主渠道。目前,广大市场主体尤其是中小微企业和个体工商户生产经营仍比较困难,尚没有完全恢复元气。要继续为市场主体纾困,优化和落实各项减税降费政策,进一步帮助解决融资难题,推动降低生产经营成本,深化改革优化营商环境,助其健康发展、生机盎然,进而吸纳更多就业。

多渠道增加居民收入。健全工资决定、合理增长和支付保障机制,完善最低工资标准和工资指导线形成机制。完善国有企业市场化薪酬分配机制,改革完善体现岗位绩效和分级分类管理的事业单位薪酬制度。全面实施乡村振兴战略,促进农业稳定发展和农民增收。加快发展乡村产业,壮大县域经济。接续推进脱贫地区发展,对脱贫县在5年过渡期内保持主要帮扶政策总体稳定。有效保障农民土地承包权、宅基地使用权、集体收益分配权。丰富和规范居民投资理财产品,稳定资本市场财产性收入预期,完善分红激励制度。

优化收入分配结构。低收入者的消费倾向更高。改善收入分配、缩小贫富差距,同样能够带来消费能力的提高和消费规模的扩大。要坚持按劳分配为主体、多种分配方式并存,提高劳动报酬在初次分配中的比重,着力提高低收入群体收入,扩大中等收入群体。完善按要素分配政策制度,健全各类生产要素由市场决定报酬的机制,探索通过土地、资本等要素使用权、收益权增加中低收入群体要素收入。完善再分配机制,加大税收、社会保障、转移支付等调节力度和精准性,合理调节过高收入,取缔非法收入。发挥第三次分配作用,发展慈善事业,改善收入和财富分配格局。

加强基本民生保障。这既能增加居民收入、增强消费能力,又能解除居民后顾之忧、提高消费意愿。今年要继续提高退休人员基本养老金,保障按时足额发放,让老年人生活有着落、更体面。居民医保和基本公共卫生服务经费人均补助标准要再增加,多措并举进一步缓解群众看病难看病贵问题。继续实施失业保险保障扩围政策,简化失业保险金领取手续,让符合领取条件的失业人员能领尽领。提高优抚对象抚恤和生活补助标准。健全帮扶残疾人、孤儿等社会福利制度。分层分类做好社会救助工作,及时帮扶受疫情灾情影响的困难群众。

二、扩大县乡消费

　　促消费既要促进大中城市居民消费,也要重视扩大县乡居民消费,这也有利于提高人民生活水平。近年来,县乡消费增速持续快于大中城市,成为推动消费增长的重要力量。2013—2019年,乡村消费品零售额年均增速比城镇快1.3个百分点。2020年受疫情影响,乡村消费品零售额出现下降,降幅仍比城镇低0.8个百分点。县乡人均消费能力虽然不如大中城市,但人口众多、消费倾向高、注重产品性价比,蕴藏着很大发展潜力。同时也要看到,流通体系存在短板,优质商品供给不足,生活服务设施不完善等,也对县乡消费形成制约。目前,农村常住人口仍占到全国的近40%,而消费品零售额仅占全国的13.5%;三分之一的乡镇没有商品交易市场,近一半的村没有50平方米以上的综合日用商店。如何释放县乡市场消费潜力,大有文章可做。

　　要健全城乡流通体系,提升农村流通基础设施,加快电商、快递进农村,发展县乡村三级物流配送体系,畅通工业品下乡和农产品进城双向流通渠道,提高流通效率,降低流通成本。加快农产品产地市场体系建设,发展农产品冷链物流,加大对农产品分拣、加工、包装、预冷等一体化集配设施建设支持力度,帮助拓宽销售渠道,丰富城乡市场农产品供给。发展乡镇商贸中心,引导大型商贸企业在乡镇布点,扩大适合农村消费者的优质商品供给,提供购物、餐饮、休闲娱乐等多种生活服务,打造农村消费集聚平台。

三、稳定增加大宗消费

汽车、家电等大宗消费在居民消费中占比较高,是影响整体消费走势的重要因素。近年来,随着我国居民汽车、家电等的保有量快速上升,相关消费增速放缓甚至出现下降。尽管如此,大宗消费潜力仍然巨大。目前,我国每千人汽车保有量仅为 186 辆,不仅远低于美国910 辆的水平,与日本 590 辆、韩国 460 辆的水平相比也存在不小差距,有很大提升空间。同时,巨大的存量市场也蕴含着庞大的更新升级需求。以家电为例,据估计我国每年应报废家电超过 2 亿台,不少家电是"带病"超期服役,既不安全也不节能。稳定增加大宗消费,不仅能立竿见影地带动整体消费,也能提升消费的安全性、经济性,可谓一举多得。

促进汽车消费。推动限购地区对现行非营运小客车指标摇号、拍卖等制度进行优化完善,进一步增加号牌指标投放,优先满足无车家庭需要。要有序取消一些行政性限制消费购买的规定,推动由购买管理向使用管理转变。改善汽车使用条件,增加停车场、充电桩、换电站等设施,加快建设动力电池回收利用体系。开展汽车下乡和以旧换新,鼓励有条件的地区对农村居民购买满足一定标准的货车和乘用车给予补贴。促进新能源汽车消费。健全报废机动车回收利用体系,促进老旧汽车报废更新。加快完善二手车流通体系,取消对二手车交易不合理限制,活跃二手车市场。

推动家电更新消费。鼓励家电生产、销售企业及电商平台等,开展覆盖城乡的家电以旧换新等更新消费活动。引导消费者按照安全年限使用和更新家电,及时淘汰能耗高、安全性差的家电产品,更多使用网络化、智能化、绿色化产品。支持有条件的地方对消费者淘汰旧家电并购置绿色智能家电给予补贴。完善废旧家电回收处理体系,鼓励回收企业建立多元化回收渠道,支持处理企业增强处理能力,提高处理产物附加值。

四、发展服务消费

近年来,伴随着收入水平提升,我国居民对服务的需求快速增加,服务消费增速持续快于商品消费,在消费中的比重不断提高。2019年,在居民人均消费支出中,服务消费占到45.9%,接近"半壁江山"。然而,受疫情影响,2020年服务消费罕见下降且降幅大于商品消费,特别是一些接触性、体验式服务消费更是出现深度下跌。全年餐饮收入下降16.6%,居民人均教育文化娱乐支出下降19.1%,国内旅游收入下降61.1%,电影票房收入下降近7成。服务消费不仅是至关重要的消费生力军,也与居民日常生活息息相关,必须想办法推动服务消费尽快恢复并保持平稳增长。

保障小店商铺等便民服务业有序运营。疫情直接冲击小店商铺等便民服务业。目前,全国疫情防控形势总体平稳。但要看到,全球疫情仍在持续、病毒变异的可能性仍然存在,输入性风险依然较高。要继续科学精准做好常态化疫情防控,为小店商铺等便民服务业全面恢复创造条件。要优化完善疫情防控措施,允许小店商铺正常开门营业,避免只要发生疫情就简单"一关了之"。要继续给予小店商铺等便民服务业税费、金融、社保等政策支持,鼓励推出更多标准化、无接触交易服务,最大限度减轻疫情不利影响。

发展健康、文化、旅游、体育等服务消费。这既是推动消费尽快恢复的当务之急,又是促进消费持续较快增长的长远之策。要大力发展健康、文化、旅游、体育等服务业,继续深化"放管服"改革,加大政策支持力度,加强土地、资金等要素保障,吸引社会资本参与建设运营,鼓励创新服务方式、丰富服务内容,推动服务消费向高品质和多元化升级。引导全社会树立健康休闲理念,培养全民健身阅读、终身运动等良好习惯,出台鼓励政策,丰富消费场景,提升消费体验,推动服务消费和服务供给相互促进、良性互动。

引导平台企业合理降低商户服务费。为应对疫情影响,2020 年不少商户积极拓展线上业务,以屏对屏、点对点方式增加销售、维持经营。其中,大型互联网平台企业发挥了重要作用。但与此同时,一些商户也反映大型平台企业存在排他性协议、抽成比例高、回款慢等问题,导致拓展线上业务效果打了折扣。对此,一方面要促进平台企业和商户加强合作,引导平台企业在困难时期主动让利,降低佣金扣点比例,缩短结算时间,支持商户渡过难关;另一方面要加强对平台企业"独家签约享低佣金"等行为的监管,促进规范经营。

五、培育新型消费

互联网和数字技术催生了层出不穷的新业态新模式,打破了消费时空限制和要素流动壁垒,提升了商品、服务消费的可及性、便利性和效率,促进了消费扩容升级。2015—2019 年,我国实物商品网上零售额年均增长 26%,比社会消费品零售总额增速快 16.3 个百分点。2020 年疫情发生以来,网上零售、在线外卖、无接触配送、线上教育、远程医疗等新型消费快速发展,为保障居民生活、促进经济企稳回升提供了有力支撑。当前,疫情影响仍在持续,稳定和扩大消费,要更加重视新型消费,以新业态新模式引领新型消费加快发展。

推进线上线下更广更深融合。支持互联网平台企业向线下延伸拓展,加快传统线下业态数字化改造和转型升级,发展个性化定制、柔性化生产,推动线上线下消费高效融合、大中小企业协同联动、上下游全链条一体发展。引导实体企业更多开发数字化产品和服务,鼓励实体商业通过直播电子商务、社交营销开启"云逛街"等。推广"生鲜电子商务+冷链宅配"、"中央厨房+食材冷链配送"等服务。鼓励企业开展形式多样的网络促销活动,扩大销售规模,提升品牌形象。

发展新业态新模式。有序发展在线教育,推广大规模在线开放课程等网络学习模式,推动各类数字教育资源共建共享。积极发展互联网健康医疗服务,大力推进分时段预约诊疗、互联网诊疗、电子处方流转等服务。深入发展在线文娱,鼓励传统线下文化娱乐业态线上化,支持互联网企业打造数字精品内容创作和新兴数字资源传播平台。进一步支持依托互联网的外卖配送、网约车、即时递送、住宿共享等新业态。加快智慧广电生态体系建设,培育打造5G条件下更高技术格式、更新应用场景、更美视听体验的高新视频新业态,形成多元化的商业模式。创新无接触式消费模式,探索发展智慧超市、智慧商店、智慧餐厅等新零售业态。鼓励各地积极发展智慧旅游。

六、提升供给质量和水平

近年来,我国居民消费结构加快升级,但供给结构调整没有跟上,不能完全适应消费需求变化,导致一方面不少传统、低端领域产能和供给过剩、乏人问津,另一方面很多高品质商品和服务供不应求,居民消费潜力不能充分释放或流向了国际市场。要把扩大消费和提升供给有机结合起来,以创新驱动、高质量供给引领和创造新需求。

要适应消费结构升级趋势,调整优化供给结构,提升供给体系对国内需求的适配性。改造提升传统产业,推动同互联网、大数据、人工智能等深度融合,助推高端化、智能化、绿色化转型,促进产业链再造和价值链提升。大力发展新兴产业,顺应新一轮科技革命和产业变革趋势,加快壮大新一代信息技术、生物技术、新能源、新材料、高端装备、新能源汽车、绿色环保以及航空航天、海洋装备等产业,推动先进制造业集群发展。发展数字经济,推进产业数字化和数字产业化,打造具有国际竞争力的数字产业集群。

要把扩大消费同改善人民生活品质结合起来,适应不同收入群体实际需要,以高质量供给提高居民消费能力和意愿。强化企业质量意识,严格落实企业质量主体责任,健全质量管理体系,推动消费品标准和质量提升。鼓励企业创新产品和服务,提升产品功效、性能、适用性、可靠性和外观设计水平等,更好满足消费者多样化多层次需求。便利新产品市场准入,对市场急需、消费需求大的新技术新产品,优先适用国家标准制定快速程序。推进内外贸产品同线同标同质,统一出口商品和内贸商品在工艺流程、流通规则等方面的规定。加强消费品品牌建设,提高知名度和美誉度。

七、改善消费环境

消费环境对居民消费意愿有直接影响。良好的消费环境能够激发消费意愿,促进消费增长。反过来,消费环境不好,消费者可能担心权益受损、"花钱买不痛快"而不愿消费。近年来,我国消费环境总体上不断改善,但也存在侵犯知识产权、制售假冒伪劣、店大欺客等问题。要加强监管监督,加大消费者权益保护力度,营造安全放心诚信的消费环境。

规范消费市场秩序。加强反不正当竞争执法,维护公平竞争市场环境。严厉打击各类侵犯知识产权和制售假冒伪劣商品等违法犯罪活动,彻查生产源头和销售网络,开展全链条打击。严厉打击不按规定明码标价、价格欺诈、串通涨价、哄抬价格等违法行为。开展网络市场监管,加强线上线下一体化监管,落实平台主体责任。完善广告监测机制,加强药品、保健食品等重点领域广告监管。

加强质量安全监管。按照必要性和最小化原则对涉及安全、健康、环保等方面的产品依法实施 CCC 认证,进一步完善认证目录、优化认证程序。加强食品安全监管。完善与人民群众生活密切相关的工业产品安全标准。强化服务质量监测工作,针对性扩大服务质量监测领域和范围。加强进口产品安全追溯体系建设，提高进口产品及渠道透明度。鼓励地方监管平台、电商平台、第三方追溯平台与国家重要产品追溯平台信息互通。

推进消费信用体系建设。完善个人信息保护制度和消费后评价制度。充分运用全国信用信息共享平台、金融信用信息基础数据库等，建立健全企业和相关人员信用记录。强化"信用中国"网站和国家企业信用信息公示系统的公开功能，逐步实现行政许可、行政处罚、产品抽检结果、缺陷产品召回等信息依法向全社会公开，为公众提供信用信息一站式查询服务。不断扩大消费投诉公示范围，强化信用约束和社会监督，针对消费投诉高发行业和领域，完善服务信用标准，及时发布消费提示和警示。

加强消费者权益保护。完善消费者权益保护法律制度，尽快出台《消费者权益保护法实施条例》。加强12315行政执法体系和消费者维权信息化建设，形成线上线下相结合的消费者维权服务体系。大力推进消费纠纷多元化解机制，支持公益诉讼和集体诉讼。严格落实网络购买商品七日无理由退货制度，鼓励线下实体店自主承诺无理由退货。积极落实经营者首问和赔偿先付制度。加强缺陷产品召回管理，扩大召回范围，督促企业履行召回主体责任。加强消费教育宣传，引导消费者增强自身法律意识，提升维权意识和维权能力。充分发挥新闻媒体舆论监督作用，加大对侵害消费者合法权益违法行为的曝光力度。

扩大有效投资

牛 发 亮

投资对优化供给结构、拉动经济增长具有关键作用。李克强总理在十三届全国人大四次会议上所作的《政府工作报告》中，对扩大有效投资作出部署。我们要认真学习，准确把握，全面抓好贯彻落实。

一、紧紧围绕贯彻新发展理念、构建新发展格局、推动高质量发展扩大有效投资

投资短期体现为需求，长期决定了供给体系质量和效益，是供需两端协同发力的结合点。"十四五"时期，我国进入新发展阶段，必须贯彻新发展理念、构建新发展格局，以推动高质量发展为主题，以深化供给侧结构性改革为主线，在质量效益明显提升的基础上实现经济持续健康发展。这是以习近平同志为核心的党中央着眼我国现代化建设全局作出的重大战略部署。要认识到，我国仍是发展中国家，发展不平衡不充分问题突出，要把实施扩大内需战略同深化供给侧结构性改革有机结合起来，发挥投资对优化供给结构的关键作用，着力优化投资结构，提高投资效率，形成更高效率和更高质量的投入产出关系。同时，投资作为经济发展的快变量，也是当前应对疫情等严重冲击的重要抓手。从2020年情况看，我国经济增长2.3%，其中投资增长2.9%，拉动经济增长2.2个百分点，对经济增长的贡献率高达94.1%。当前，国内外形势依然复杂严峻，我国经济恢复基础

尚不牢固,居民消费仍受制约,需要继续扩大有效投资,增强对经济恢复向好的拉动力。《报告》贯彻党中央决策部署,强调要坚持扩大内需这个战略基点,充分挖掘国内市场潜力。要科学把握新发展阶段有效投资的结构性变化,找准投资方向和重点,以高质量投资助推高质量发展、创造高品质生活。具体突出以下几个方面:

(一)**围绕"两新一重"建设扩大有效投资**。"两新一重"是2020年政府工作报告确定的投资重点,今年要继续大力推进。新型基础设施方面,重点推进5G、物联网、工业互联网等网络基础设施,人工智能、云计算、区块链等新技术基础设施,数据中心、智能计算中心等算力基础设施建设。顺应电动汽车发展需要,加大充电桩、换电站等建设。新型城镇化方面,县城是新型城镇化的重要载体,目前我国县城人均市政公用设施投资仅为地级及以上城市城区的50%左右,要加快县城特别是城市群地区县城补短板强弱项,增强人口承载能力。推动城市更新改造是提升居民生活品质的重要举措,《报告》提出今年新开工改造老旧小区5.3万个,比2020年多1.4万个,要尊重居民意愿,因地制宜推进。要针对城市排涝不畅问题,支持防洪排涝设施建设。重大工程方面,要继续支持促进区域协调发展的重大工程,稳步推进川藏铁路、西部陆海新通道等建设,加强高铁货运能力建设,实施一批高速公路、普通国道待贯通路段和拥挤路段扩容改造、枢纽机场改扩建工程,推进沿海进港航道、内河高等级航道提档升级;完善天然气产供销储体系,推动"百亿方"级储气库群建设,打造新一代电力系统;加快黄河古贤水利枢纽等150项重大水利工程建设。

(二)**围绕优化和稳定产业链供应链扩大有效投资**。贯彻新发展理念、构建新发展格局、推动高质量发展,必须围绕增强创新能力、补链强链扩大有效投资。要着眼实现科技自立自强,完善科技项目和创新基地布局,加快建设国家实验室,重组国家重点实验室体系,建设综合性国家科学中心和区域性创新高地。要加快启动"科技创新2030—重大项目",在人工智能、量子信息、集成电路、生命健康等领域实施一批重大科技工程。要实施产业基础再造工程,扩大制造业设备更新和技术改造投资,发展工业互联网,搭建更多共性技术研发平台,加快传统产业智能化数字化绿色化改造,增强产业链供应链自主可控能力。企业是创新的主体,今年《报告》提出把制造业企业研发投入加计扣除比例从75%提高到100%,对先进制造业企业按月全额退还增值税增量留抵税额,这些制度化普惠化税收激励政策含金量较高,是今年结构性减税的重要内容,要落实到位,增强制造业企业扩大研发投入和有效投资的内生动力。

(三)**围绕实施乡村振兴战略扩大有效投资。**脱贫攻坚取得全面胜利后,"三农"工作重心转到全面推进乡村振兴上,这方面蕴藏着巨大投资空间。要围绕保障粮食安全,加大种业领域投资,加快实施农业生物育种重大科技项目;实施新一轮高标准农田建设规划,资金项目向粮食主产区倾斜支持,提高建设标准、确保建设质量,今年要保质保量完成1亿亩旱涝保收、高产稳产高标准农田建设任务。要完善易地搬迁安置区配套设施、产业园区配套设施等,支持在脱贫地区建设一批区域性和跨区域基础设施工程,实现巩固拓展脱贫攻坚成果同乡村振兴有效衔接。要围绕建设美丽宜人、业兴人和的社会主义新乡村,大力实施乡村建设行动,启动农村人居环境整治提升五年行动,完善农村水电路气网以及物流等基础设施,因地制宜推动农村改厕、污水垃圾处理等。要尊重规律,尊重农民意愿,稳妥推进村庄规划建设。

(四)**围绕推动全面绿色转型扩大有效投资。**绿色发展是新发展理念的重要组成部分。《报告》提出,要加强污染防治和生态建设,这是事关高质量发展、可持续发展的基础性、战略性投资。要围绕巩固蓝天、碧水、净土保卫战成果,继续推动钢铁、水泥等行业设备改造,整治入河入海排污口和城市黑臭水体,加强城镇生活污水收集和园区工业废水处理能力建设。要加强生态系统保护和修复,持续开展大规模国土绿化行动,实施生物多样性保护重大工程,推进国家级自然保护地建设等。我国已作出2030年前实现碳达峰、2060年前实现碳中和的承诺,这对我们既是重大挑战,也是主动选择,蕴藏着新的投资机遇。要引导企业加大节能环保技术、装备和产品研发应用投资,推进煤炭清洁高效开发利用,在绿色交通、绿色能源、绿色建筑等领域挖掘投资增长点。

（五）**围绕改善民生扩大有效投资**。改善民生、增进民生福祉是贯彻新发展理念的应有之义。当前,我国经济总量已经突破100万亿元,但民生领域短板还有很多,尤其是教育、医疗、养老、托幼等服务供给不足,不仅影响居民生活品质提高,也制约消费潜力释放和经济循环畅通。《报告》强调要紧紧围绕改善民生拓展需求,促进消费与投资有效结合,体现了新发展阶段扩大有效投资的民生导向。要围绕解决"一老一小"问题,加强养老、普惠型育幼机构建设,加快补齐农村办学条件短板。要针对疫情暴露出的问题,加强公共卫生应急处置和物资保障体系建设,扩大国家医学中心和区域医疗中心建设试点,提升县级医疗服务能力。要围绕解决好大城市住房突出问题,多渠道增加保障性租赁住房和共有产权住房供给。要加强防灾减灾抗灾救灾设施建设,提高安全发展基础支撑能力。要推进城乡公共文化服务体系一体建设,创新实施文化惠民工程。

二、更大发挥政府投资提振
预期和杠杆撬动作用

政府投资既是加强宏观调控、落实国家战略的重要手段,也有利于提振市场预期,撬动社会资本扩大有效投资。《报告》明确,今年安排地方政府专项债券3.65万亿元、中央预算内投资6100亿元,总量和去年大体相当,要确保用好、用出效益。

（一）**加强地方政府专项债项目谋划论证和储备**。近年来,为保

障重大项目建设资金需求,国家不断加大地方政府专项债发行规模,2020 年高达 3.75 万亿元,今年再安排 3.65 万亿元,专项债余额已经超过 18 万亿元,资金供给总体是充裕的。但有的地方由于新项目谋划储备不足,出现未经深入论证、先向国家申报专项债再启动项目的现象,个别项目甚至出现手续瑕疵,导致资金下达后无法顺利实施。这种情况下,《报告》提出要合理扩大专项债使用范围。今年首批专项债项目申报时,使用范围已由过去的 7 大领域扩大到 9 个,包括交通基础设施、能源项目、农林水利、生态环保项目、社会事业、城乡冷链物流设施、市政和产业园区基础设施、国家重大战略项目和保障性安居工程等。各地要结合实际,着眼强基础、增功能、利长远,借助规划设计单位等专业力量,在这些领域谋划论证一批高质量重大项目。同时,可以考虑列支专门经费用于开展项目前期工作,加快办理规划选址、用地、环评等审批手续,依法依规加快推进征地拆迁等,形成储备一批、开工一批、建设一批、竣工一批的良性循环,防止"钱等项目"情况发生。

(二)创新地方政府专项债和中央预算内投资使用方式。随着地方政府专项债规模扩大,发行使用中的一些问题也逐渐显现,要结合实际加快完善相关机制,更大发挥资金使用效益。为缓解地方财政困难,国家允许适当放宽专项债发行期限,但有的地方出现故意拉长期限问题,2020 年专项债发行平均年限近 15 年,比 2019 年大幅增加。要统筹降低当前还款压力和未来防风险需要,合理设置专项债发行期限,原则上与项目期限相匹配。过去专项债主要是分批次集中发行,这就容易造成短期利率波动、资金利用效率降低等问题,要科学设计发行计划,适度均衡发债节奏,适当放宽发行时间限制,既保障重大项目资金需要,又防止集中扎堆发行导致资金沉淀。要进一步提高定价市场化水平,完善信用评级机制,合理反映项目和地区差异,各地不得实施行政干预和窗口指导,不得通过财政资金存放、规定信贷目标等方式施压金融机构购买专项债。2020 年国家将专项债用作项目资本金的比例从20%提高至25%，不少地方执行结果距离政策上限还有空间，有的甚至不足10%，要合理扩大可用于项目资本金的范围，更大发挥撬动作用。中央预算内投资使用限制较少，要灵活采用直接投资、资本金注入、贴息奖补等方式，与专项债资金协同使用，共同支持重大项目建设。

（三）**加强政府投资项目资金绩效管理**。经过几十年建设，我国传统基础设施建设高峰已过，民生改善、改造提升类项目成为投资重点。政府投资要顺应投资结构变化，注重向惠及面广的民生项目倾斜，注重向外溢性强、社会效益高的领域倾斜，切实发挥集中力量办大事、难事、急事的作用。地方政府专项债方面，要坚持"资金跟着项目走"原则，统筹考虑各地债务风险、项目需求等，进一步优化分配方案，推动资金更多向手续完备、前期工作充分的成熟项目倾斜。针对近年来一些地方投资项目停建缓建问题，今年《报告》明确，专项债要优先支持在建工程。各地要分类梳理停建缓建项目，对具备开工条件但因规划变更、政策变化等停滞的，加快完善相关手续继续推进；对缺乏前景、重启无望的一些项目，允许省级政府按程序调整资金用途。要提高专项债信息化监管手段，对"借、用、管、还"全程实行穿透式监控，严禁用于发工资、支付单位运行经费等，严禁搞形象工程、面子工程，严禁安排土地储备、房地产相关项目。要依托全国统一的地方政府债务信息公开平台，进一步提高信息披露质量。中央预算内投资项目量大面广，要科学编制计划，确保计划早下达、资金早到位、项目早开工，及早发挥效益。

三、坚持以改革创新为抓手
激发民间投资积极性

2020年受疫情等多重冲击，民营企业资金链紧张、市场预期不稳，民间投资全年只增长1%，低于投资增速1.9个百分点，占全部投资的比重降至 55.7%,成为近几年的低点。《报告》强调,要完善支持社会资本参与政策,进一步拆除妨碍民间投资的各种藩篱,在更多领域让社会资本进得来、能发展、有作为。要持续深化改革创新,进一步完善市场主导的投资内生增长机制。具体要抓好以下几个方面:

(一)**降门槛破歧视,拓宽民间投资空间**。现在各领域对民间投资明文禁止的壁垒越来越少,但资质、许可、附加条件等隐性壁垒依然很多。比如,对一些基础设施专项债项目,民间投资进入积极性很高,但有的地方拿到专项债后,在项目招投标中设置明显区分所有制性质、地方保护主义等附加条件,有的甚至不公开项目招投标信息,直接委托地方国有企业投资建设,不仅没有发挥出政府投资撬动作用,反而挤压了民间投资空间。要严格落实市场准入负面清单制度,按照"非禁即准"原则,进一步破除各种歧视性的投资政策,持续清理和废除妨碍统一市场和公平竞争的不合理规定,严禁在项目核准、招标投标、投资补助、贷款贴息、土地使用、规划选址等方面,对民间投资设置附加条件。要依托投资项目在线审批监管、公共资源交易等服务平台,分批次、常态化向民间资本发布政府投资项目、建设规划、招投标等信息,保障民间投资获得公平投资机会。

(二)**创新投资方式,促进民间投资与政府投资协同发展**。民间资本对市场嗅觉灵敏,但有时发现投资机会却因资金不足而止步,要发挥政府投资引导作用,加大金融扶持,增强民间资本投资能力。建立合理利润分享、风险分担机制,稳妥推进基础设施领域不动产投资信托基金(REITs)试点,规范推广政府和社会资本合作(PPP)模式。今年有关部门专门出台引导社会资本参与盘活国有存量资产的相关办法,明确对示范项目给予中央预算内投资扶持,支持盘活存量难度大、对形成投资良性循环示范性强的基础设施补短板行业以及新型基础设施项目。各地要加快遴选确定项目清单,吸引民间投资参与,把净回收资金主要用于新增投资,形成投资良性循环。2020 年疫情导致很多企业现金流困难，要引导银行创新金融产品和服务，丰富贷款种类和抵押物种类，积极增加民营企业信用贷款、中长期贷款规模。对于民间投资参与较少的领域，支持政策性信贷与预算内投资、专项债等结合，先期进入培育市场，再引导民间资本逐步进入。

（三）**完善扶持政策，增强民间投资收益预期**。我国储蓄率相对较高，扩大投资有条件，要针对当前企业投资预期不稳问题，加大政策支持，积极给民营企业让利，推动储蓄向投资合理转化。比如，新基建投资空间广阔，但民间资本对如何参与还不清晰。要尽快制定出台新一代信息网络、大数据中心、新能源基础设施等建设标准规范，研究制定税费、用地等政策，鼓励通过独资、合作、联营、参股、特许经营等方式参与投资。又比如，民间资本对参与医疗、养老、托幼等机构建设意愿很高，但由于与公办机构存在不公平竞争问题，制约了投资积极性，要结合行业发展特点，在用地保障、房租减免、税收优惠、信贷融资、价格机制等方面，完善针对性扶持政策，让民间资本在公平竞争中更好发展。

四、强化多方协同汇聚扩大
有效投资的工作合力

今年是"十四五"开局之年，疫情冲击导致投资环境、项目建设条件等发生较大变化，要加强上下联动、部门协同，不断完善投资政策，保障重大项目建设顺利实施，促进有效投资合理增长。

（一）**进一步提高投资项目审批效率**。要持续深化投资审批"放管服"改革，大力推进涉企审批减环节、减材料、减时限。加强数据共享，对项目可行性研究、选址、环评等事项，有条件的地方要实现项目单位编报一套材料，政府部门统一受理、同步评估、同步审批、统一反馈。拓展全国投资项目在线审批监管平台功能，优化并联审批流程，建立完善投资联合评审机制，加快推动投资审批权责"一张清

单"、审批数据"一体共享"、审批事项"一网通办"。继续探索推广投资审批承诺制、区域评估、标准地等联动改革,发挥改革系统集成叠加效应。

(二)**强化投资项目服务和要素保障**。要针对疫情防控常态化带来的不便,更大发挥投资项目审批监管平台作用,推广远程审批,通过网站、微信等建立投资咨询服务热线,及时协调解决项目实施中的困难,防止因疫情影响建设进度。要针对原材料、用工、设备供应等问题,加强上下游企业对接,缓解物流特别是国际物流阻滞的影响。随着生态环境保护、降低能源资源消耗等要求日益提高,投资由土地、环境容量、能耗等支撑条件相对宽松向趋紧转变,要合理规划投资项目要素资源,协同做好用地、用海、用能等要素保障,推动重大项目尽快落地实施。

(三)**把握好扩大投资和防范风险的平衡**。近年来,有的地方不顾客观实际和产业基础,盲目跟风上马新兴产业项目,产生重复建设甚至出现投资"泡沫",有的不顾财力盲目举债大搞基础设施建设,导致风险不断积累,需要引起高度重视。扩大有效投资必须以"有效"为前提,一方面,发挥市场在资源配置中的决定性作用,尊重产业发展规律,加强统筹规划布局,让企业自主决策,坚决避免盲目投资、乱上项目,坚决避免低水平重复建设。另一方面,各地要结合财力实际和发展需要,尽力而为、量力而行,决不能盲目借贷乱铺摊子,严防地方政府债务风险。

推动脱贫攻坚与乡村
振兴有效衔接

郭　玮

我国脱贫攻坚战取得了全面胜利,现行标准下农村贫困人口全部脱贫,贫困县全部摘帽,贫困村全部出列,区域性整体贫困得到解决,完成了消除绝对贫困的艰巨任务,这标志着我们党在团结带领人民创造美好生活、实现共同富裕的道路上迈出了坚实的一大步。在向第二个百年奋斗目标迈进的历史关口,巩固和拓展脱贫攻坚成果,全面推进乡村振兴,加快农业农村现代化,是一个关系大局的重大问题。今年的中央一号文件对实现巩固拓展脱贫攻坚成果同乡村振兴有效衔接作出全面部署,李克强总理在十三届全国人大四次会议上所作的《政府工作报告》中提出明确要求。我们要全面贯彻落实党中央决策部署,切实推动脱贫攻坚与乡村振兴有效衔接,继续开创农业农村工作新局面。

一、准确把握推动有效衔接的总体要求

脱贫摘帽不是终点,而是新生活、新奋斗的起点。让脱贫基础更加稳固、成效更可持续,必须推动脱贫攻坚与乡村振兴有效衔接。这不仅关系到脱贫攻坚成果的巩固拓展,关系到接续推进脱贫地区经济社会发展和群众生活改善,而且关系到构建以国内大循环为主体、国内国际双循环相互促进的新发展格局,关系到全面建设社会主义现代化国家全局和实现第二个百年奋斗目标。我们必须牢牢把握总

体目标、重点任务、基本原则,扎实有力做好有效衔接,加快推进脱贫地区乡村产业、人才、文化、生态、组织等全面振兴。

要把握推动有效衔接的总体目标。推动有效衔接,就是要使"三农"工作体系从全面推进脱贫攻坚顺利转向全面推进乡村振兴,通过乡村振兴巩固拓展脱贫攻坚成果,接续推动脱贫地区经济社会发展和群众生活改善。这是"三农"工作发展阶段的巨大转换,要求从解决建档立卡人口"两不愁三保障"为重点转向实现乡村产业兴旺、生态宜居、乡风文明、治理有效、生活富裕,从集中资源支持脱贫攻坚转向巩固拓展脱贫攻坚成果和全面推进乡村振兴。要强化"过了一山再登一峰"的使命担当,适应阶段转换要求,切实将领导体制、工作体系、发展规划、政策举措、考核机制等,全部衔接到全面推进乡村振兴上来,促进脱贫地区乡村实现更宽领域、更高层次的发展,提升脱贫群众的幸福指数。

要明确推动有效衔接的主要任务。推动有效衔接,不是简单地把工作体系转换过来就完了,而是要在巩固拓展脱贫攻坚成果的基础上,做好乡村振兴这篇大文章。全面实施乡村振兴战略的深度、广度、难度都不亚于脱贫攻坚,必须加强顶层设计,汇聚各方面工作力量,推动乡村振兴各项政策举措落地见效。为此,在完成脱贫攻坚目标任务后,对脱贫县从脱贫之日起设立5年过渡期,着力完成好三大主要任务,即建立健全巩固拓展脱贫攻坚成果长效机制、推动脱贫攻坚工作体系全面转向乡村振兴、健全农村低收入人口常态化帮扶机制。要以更有力的举措、汇聚更强大的力量,不折不扣落实好过渡期各项工作任务,确保脱贫后能发展、可持续,确保脱贫地区到"十四五"末与其他地区一道取得全面推进乡村振兴的重要进展。

要坚持推动有效衔接的基本原则。推动有效衔接是一项艰巨复杂的系统工程,一定要坚持党的全面领导,坚持政府推动引导、社会市场协同发力,在巩固拓展脱贫攻坚成果上下更大功夫,在平稳有序推动工作和政策衔接上想更多办法,坚决避免操之过急、出现急转弯等情况。要落实摘帽不摘责任、摘帽不摘政策、摘帽不摘帮扶、摘帽不摘监管这"四个不摘"要求,按照有序调整、平稳过渡的要求,保持主要帮扶政策总体稳定,切实把握好调整的节奏、力度和时限,确保工作不留空当、政策不留空白。要坚持群众主体,扶志扶智相结合,激励有劳动能力的低收入人口依靠自己的双手勤劳致富,防止政策养懒汉和泛福利化倾向,发挥奋进致富典型示范引领作用,不断增强脱贫地区群众的内生发展动力和发展活力。

二、着力巩固拓展脱贫攻坚成果

脱贫攻坚成就巨大,脱贫地区经济社会发展和群众生产生活条件比以前有了很大改善,但发展基础总体仍然比较薄弱,特别是产业和就业还不稳定,部分脱贫人口存在返贫风险。必须对脱贫县、脱贫村、脱贫人口,继续扶上马送一程,给予后续帮扶支持,增强脱贫稳定性,坚决把来之不易的脱贫攻坚成果巩固住、拓展好,坚决守住不发生规模性返贫的底线。

要保持主要帮扶政策总体稳定并分类优化调整。脱贫攻坚以来,中央有关部门共出台了200多项帮扶政策,有力保障了脱贫任务如期全面完成。过渡期内要严格落实"四个不摘"要求,促进责任、政策、帮扶、监管等平滑过渡,保持连续性、稳定性,不搞急刹车、急转弯。兜底救助类政策继续保持稳定;教育、医疗、住房、饮水等民生保障普惠性政策,根据脱贫人口实际困难给予适度倾斜;产业就业等发展类政策进一步优化。要对脱贫攻坚期间实施的帮扶政策逐一分析评估,拿出具体的衔接意见,同时要积极研究谋划新的支持政策,为脱贫地区全面推进乡村振兴提供更多更有力的政策支持。政策衔接要坚持"新政策不出、旧政策不退",在新政策出台实施前,要严格按照原有政策执行,切实避免政策支持滑坡断档、影响脱贫成果巩固。

要健全防止返贫监测和帮扶机制。有效防止返贫致贫,把9000

多万人的脱贫成果切实巩固住,是过渡期必须坚决完成好的重要任务。必须立足脱贫乡村和脱贫人口实际,做好信息共享对接,健全及时发现、及时救助的长效机制。要加强监测预警,对脱贫不稳定户、边缘易致贫户,以及因病、因灾、因学、因意外事故等收入骤减或支出骤增户,开展定期检查、动态管理,重点监测其收入支出状况、"两不愁三保障"及饮水安全状况,合理确定监测标准。要建立健全易返贫致贫人口快速发现和响应机制,分层分类及时纳入帮扶政策范围,做到早发现、早干预、早帮扶。要强化精准帮扶,坚持预防性措施和事后帮扶相结合,精准分析返贫致贫原因,采取有针对性的帮扶措施。对有劳动能力的返贫人口,要有针对性地补齐产业、就业增收的短板,从根本上降低再次返贫风险。对于丧失劳动能力的返贫人口,要及时落实社保兜底措施。

要持续推进脱贫劳动力就业帮扶。这是巩固脱贫成果最关键的一项举措。2020年全国有3243万原建档立卡劳动力在外务工,这些家庭三分之二左右的收入来自务工收入,涉及三分之二左右原建档立卡人口。全国还有近500万原建档立卡人口,通过保洁、保安、造林、护林等各类公益性岗位进行安置。如果脱贫人口的就业岗位稳得住,持续有务工收入,那么巩固脱贫成果就有了坚实的基础。因此,就业帮扶的政策和工作力度只能加强不能削弱。对已经外出务工的劳动力,东部城市要落实好就业地稳岗就业帮扶责任,脱贫地区要加大劳务输出组织力度,千方百计支持其稳定就业;对脱贫地区新增劳动力,要加强职业教育和技能培训,提高职业培训的针对性和实效性,增强稳定就业能力;对返乡在乡劳动力,要加强就近就地就业扶持,坚持办好扶贫车间,加快发展劳动密集型产业和创新创业,扩大以工代赈项目实施范围,保持乡村公益岗位规模,多渠道促进就业。

要做好易地搬迁后续扶持工作。脱贫攻坚完成了960多万建档立卡人口的易地搬迁建设任务,解决了"一方水土难养一方人"的问题,但这只是第一步,后续扶持是更重要、更艰巨的任务,是确保搬迁群众稳得住、逐步能致富的关键所在。要聚焦原深度贫困地区、大型特大型搬迁安置区,从就业需要、产业发展和后续配套设施建设提升完善等方面加大扶持力度,完善后续扶持政策体系,持续巩固易地搬迁脱贫成果。脱贫地区产业基础薄弱,就业容量有限,大部分搬迁户要靠外出务工,必须突出抓好搬迁人口产业就业帮扶。要深入开展易地搬迁就业专项帮扶行动,用好东西部劳务协作机制,千方百计组织好搬迁劳动力外出务工。对返乡或不愿离乡的搬迁群众,要创造条件解决好就地就业,确保有劳动力的搬迁家庭都有人就业。要加强服务保障,加快完善安置区配套基础设施和公共服务,健全超市、菜店、药店、公交站点等生活配套服务设施,为搬迁群众提供与所在地居民一体化、均等化的服务保障。要着力促进社会融入,全面落实属地化管理,搬迁群众安置到哪里就在哪里融入,帮助搬迁群众适应新环境,促进新老居民融合交往、共同建设美好家园。

三、加快推进脱贫地区乡村全面振兴

打赢脱贫攻坚战只是完成了脱贫地区农村发展的阶段性任务,推动脱贫地区乡村全面振兴任重道远,还需要付出艰苦努力。必须以实施乡村振兴规划为引领,积极推动工作力量、组织保障、规划实施、项目建设、要素保障等方面的有机结合,促进农业高质高效、乡村宜居宜业、农民富裕富足,绘就更加壮美的乡村振兴画卷。

要坚持把脱贫县作为推进乡村振兴的重点。总的看,脱贫县发展仍然面临瓶颈制约的形势没有改变,发展基础相对薄弱的局面没有改变,处在本地区发展相对落后位置的格局没有改变。脱贫县的人均 GDP 与全国平均水平还有较大差距。要把脱贫县作为全面推进乡村振兴的重点进行帮扶支持,因地制宜拿出切实有效的帮扶政策和措施,增强其巩固脱贫成果能力及内生发展动力,确保脱贫县在新征程中不掉队。国家层面按照应减尽减的原则,在西部地区处于边远或高海拔、自然环境相对恶劣、经济发展基础薄弱、社会事业发展相对滞后的原深度贫困县中,确定一批国家乡村振兴重点帮扶县,从财政、金融、土地、人才、基础设施建设、公共服务等方面给予集中支持。参照乡村振兴重点帮扶县政策,国家整体支持西藏、新疆巩固拓展脱贫攻坚成果、推进乡村振兴,并纳入现有援藏、援疆工作体系和支持政策体系统筹安排。支持革命老区、民族地区、边疆地区巩固脱贫攻坚成果和乡村振兴。其余的脱贫县,主要由所在省统筹资源力量进行支持帮扶。

要支持脱贫地区乡村特色产业发展壮大。发展壮大乡村特色产业,有利于增加脱贫户经营收入、扩大就近就业,也是推进乡村产业振兴的关键之举。当前脱贫地区产业总体上还处在起步期,规模不大,效益和竞争力不高,自我发展能力不强。产业帮扶各项政策支持力度只能加强、不能减弱。要加快培育特色优质乡村产业,立足各地农业农村资源实际,因地制宜确定产业发展主攻方向,切实发挥特色、提高品质、提升效益,打造成带动县域发展的区域支柱性产业。要强化脱贫地区产业发展支撑,加快仓储保鲜、冷链物流等现代设施装备建设,加大科技服务、人才培养等支持力度,充分发挥科技特派员作用,更好支撑脱贫地区承接转移产业、壮大特色产业、提升质量效益。要增强脱贫地区产业抗风险能力,尊重市场规律和产业发展规律,完善全产业链支持措施,深化消费帮扶,促进农产品流通企业、电商、批发市场与脱贫地区特色产业精准对接,更好适应市场消费需求变化。要提升产业带动增收效果,完善利益联结机制,加强帮扶项目资产监管,更好带动脱贫地区群众稳定增收、逐步致富。

要持续改善脱贫地区农村基础设施。按照实施乡村建设行动统一规划部署,因地制宜、统筹推进。继续加大对脱贫地区基础设施建设的支持,重点谋划建设一批高速公路、客货共线铁路、水利、电力、机场、通信网络等区域性和跨区域重大基础设施建设工程。农村路网联通重点解决好机耕道、中心村内的主干道建设,农村水利要解决好灌溉、供水,农村电网要解决好动力电,农村物流体系要解决好农产品便捷出村,实现生产性基础设施水平整体提升。支持脱贫地区因地制宜推进农村厕所革命、生活垃圾和污水治理、村容村貌提升。继续实施农村危房改造,逐步建立农村低收入人口住房安全保障长效机制。

要提升脱贫地区农村公共服务水平。脱贫地区农村基本公共服务建设重在提质增效,促进城乡基本公共服务均等化。全国统一的政策优先覆盖脱贫地区和脱贫人口,专门面向脱贫地区脱贫人口的政策分类延续调整完善。提高县域教育质量,继续改善义务教育办学条件,着力加强脱贫地区乡村寄宿制学校和乡村小规模学校建设,普遍增加公费师范生培养供给,加强城乡教师合理流动和对口支援,切实解决乡村教师"下不去、留不住、教不好"的问题。全面推进健康乡村建设,进一步改善脱贫地区医疗卫生机构设施设备条件,有效破解农村医疗卫生人才紧缺问题,持续提升县级医院诊疗能力,真正做到"大病不出县"。

四、加强对农村低收入人口的常态化帮扶

脱贫攻坚结束后,农村仍有一部分低收入人口,包括农村低保对象、农村特困人员、农村易返贫致贫人口以及因病因灾因意外事故等刚性支出较大或收入大幅缩减导致基本生活出现严重困难人口等。必须以现有社会保障体系为基础,完善基层主动发现机制,健全风险预警、研判和处置机制,加强对农村低收入人口的常态化帮扶,提高政策精准性,切实保障好他们的基本生活。

要分层分类实施社会救助。目前全国农村低保和特困人员有4000多万,其中原建档立卡人口有1936万。完善最低生活保障制

度,健全低保标准制定和动态调整机制,科学精准认定农村低保对象,调整优化针对原建档立卡贫困户的低保"单人户"政策,完善低保家庭收入财产认定方法。完善农村特困人员救助供养制度,合理提高救助供养水平和服务质量。加强社会救助资源统筹,根据对象类型、困难程度等,及时有针对性地给予困难群众医疗、教育、住房、就业等专项救助,对基本生活陷入暂时困难的群众加强临时救助,做到精准识别、应救尽救。

要完善农村医疗保障制度。坚持基本标准,统筹发挥基本医保、大病保险、医疗救助三重保障制度综合梯次减负功能,逐步建立防范因病致贫返贫风险的长效机制。完善城乡居民基本医疗保险参保个人缴费资助政策,优化大病保险倾斜保障政策,夯实医疗救助托底保障。分阶段、分对象、分类别调整脱贫攻坚期超常规保障措施,过渡期内不属于低保对象、特困人员和返贫致贫人口的脱贫人口,逐步转为按规定享受基本医疗保险待遇;将脱贫攻坚期地方自行开展的其他保障措施资金统一并入医疗救助基金,取消不可持续的过度保障措施。

要织密兜牢失能人口基本生活保障底线。对于脱贫人口中完全丧失劳动能力或部分丧失劳动能力且无法通过产业就业获得稳定收入的人口,要按规定纳入农村低保或特困人员救助供养范围,并按困难类型及时给予专项救助、临时救助等。加强对老人、儿童、残疾人等的关爱服务,强化县、乡两级养老机构对失能、部分失能特困老年人口的兜底保障,加强对孤儿、事实无人抚养儿童等保障力度,加强残疾人托养照护、康复服务,切实做到应保尽保、应兜尽兜。

五、加强对推动有效衔接的支持保障

总结脱贫攻坚经验,坚持省市县乡村五级书记一起抓,健全中央统筹、省负总责、市县乡抓落实的工作机制,完善责任、政策、投入、动员、监督、考核等制度体系，广泛动员社会力量参与，形成推动脱贫攻坚和乡村振兴有效衔接的强大合力。

要继续加强财政金融和土地支持。过渡期内财政支持政策保持总体稳定，保留并调整优化原财政专项扶贫资金，适当向国家乡村振兴重点帮扶县倾斜，并逐步提高用于产业发展的比例。过渡期前3年脱贫县继续实行涉农资金统筹整合试点政策，此后调整至国家乡村振兴重点帮扶县实施，其他地区探索建立涉农资金整合长效机制。再贷款、小额信贷、创业担保贷款等金融支持政策保持稳定，加大对脱贫地区优势特色产业信贷和保险支持力度。过渡期内，对脱贫地区继续实施城乡建设用地增减挂钩节余指标省内交易政策，在东西部协作和对口支援框架下，对现行政策进行调整完善，继续开展增减挂钩节余指标跨省域调剂。

要加强扶贫项目资产管理和监督。各类扶贫项目形成的资产，一定要管理好、持续发挥好作用。要分类摸清各类扶贫项目形成的资产底数，明晰产权关系，明确管护主体，健全管护机制，确保持续产生效益和发挥作用。公益性资产要落实管护主体，明确管护责任，确保继续发挥作用。经营性资产要明晰产权关系，防止资产流失和被侵占，资产收益重点用于项目运行管护、巩固拓展脱贫攻坚成果、村级公益事业等。确权到农户或其他经营主体的扶贫资产，依法维护其财产权利，由其自主管理和运营。要健全扶贫项目资产监管机制，防止资产流失和被侵占。

要坚持和完善各项帮扶机制。继续坚持和完善东西部协作机制，结对关系从一对多、多对一调整为一对一、长期固定，协作目标从帮助脱贫转向促进发展，协作领域从给钱给物支持建设拓展到经济、技术、人才等合作。新发展阶段东西部协作更加注重发挥市场作用，强化以企业合作为载体的帮扶协作，充分发挥东西部地区各自优势，提升协作实效，实现互利共赢。中央单位定点帮扶、民营企业"万企帮万村"、社会帮扶等继续实施，适当调整优化。脱贫攻坚期间实施的各项人才智力支持政策,包括农村教师特岗计划、"三支一扶"、全科医生特岗计划和农村订单定向医学生免费培养等,继续延续并根据需要不断加强。对巩固拓展脱贫攻坚成果和乡村振兴任务重的村,继续选派驻村第一书记和工作队,健全常态化驻村工作机制,帮助农民群众在脱贫新起点上迈向更加美好的新生活。

抓好农业生产和乡村建设

张 顺 喜

抓好农业生产和乡村建设,切实稳住农业基本盘、守好"三农"基础,事关经济社会发展大局。习近平总书记对新发展阶段牢牢把住粮食安全主动权、全面推进乡村振兴落地见效提出明确要求。李克强总理在十三届全国人大四次会议上所作的《政府工作报告》中,对抓好农业生产和推进乡村建设作出安排。我们要认真学习领会,切实把党中央、国务院的决策部署和工作要求落到实处。

一、提高粮食和重要农产品供给保障能力

抓好农业生产,首要任务是保障粮食和重要农产品有效供给。虽然我国农业已经连续多年实现丰收,粮食和重要农产品供应总体充裕,但农业发展基础仍不稳固,保障粮食和重要农产品有效供给面临不少风险挑战。牢牢把住国家粮食安全的主动权,必须坚持不懈抓紧抓好农业生产,提高粮食和重要农产品供给保障能力。

(一)抓好粮食和重要农产品生产,确保实现稳产保供目标。提高粮食和重要农产品供给保障能力,当务之急是要保障今年农产品市场供应和价格基本稳定。要狠抓工作、责任和政策落实,不折不扣地完成全年农业生产任务。

一是坚决将粮食产量保持在1.3万亿斤以上。这是党中央明确提出的今年经济社会发展主要预期目标之一,是确保国家粮食安全必须达到的底线要求。实现这一目标,重点要在两方面发力:一要着

力抓好粮食播种面积落实。近年来我国粮食生产实践一再证明,在现有农业生产条件和技术水平下,稳定粮食生产关键在于稳定粮食播种面积。要继续坚持2020年行之有效的好做法,将粮食播种面积作为约束性指标,推动各地一季接着一季抓好粮食播种面积落实,确保全年粮食播种面积只增不减。二要着力抓好农业防灾减灾。现在我国粮食生产相当程度上还是"靠天吃饭"。据有关部门分析和预测,今年将是中等"拉尼娜"气候,气象年景可能总体偏差,草地贪夜蛾、小麦条锈病等病虫害也将可能偏重发生。要继续坚持立足抗灾夺丰收,在全面落实好常规防控措施的同时,有针对性地加强气象灾害和重大病虫害防控,确保最大限度降低灾害对粮食生产的影响。

二是切实稳定生猪等畜禽生产。在各方面共同努力下,2020年年底全国生猪和能繁母猪存栏分别达到2017年年底的92.1%和93.1%,产能恢复进度超出预期。但当前生猪稳产保供的基础还不牢固,2020年的猪肉产量同比还在下降,猪肉市场价格也仍然偏高。要继续抓好生猪产业发展扶持政策落实,加强非洲猪瘟等疫病防控,努力巩固生产恢复的好势头,确保产能恢复到正常年份水平。要加强生猪生产和市场价格监测预警,适时做好逆周期调控,健全生猪产业平稳有序发展的长效机制,努力降低生猪生产和猪肉市场价格波动幅度。同时,还要针对牛羊肉消费需求快速增长和家禽市场价格波动频繁等实际,启动实施牛羊发展五年行动计划,促进家禽生产稳定发展,持续推进奶业振兴行动,推动水产养殖提质增效,多措并举稳定畜禽水产品生产供应和市场价格。

三是强化对粮食和重要农产品生产支持保障。粮食和重要农产品不是一般商品,做好稳产保供离不开强有力的支持保障。要严格落实粮食安全党政同责要求,完善粮食安全省长责任制考核办法,推动地方各级党委和政府扛好粮食安全的政治责任。要加快健全粮食主产区支持政策体系,加大产粮大县奖补力度,对粮食生产任务完成较好、增幅增量较大的省份加大倾斜支持力度,调动重农抓粮的积极性。要稳定种粮农民补贴，落实好稻谷、小麦最低收购价政策，完善玉米、大豆生产者补贴政策，扩大稻谷、小麦、玉米三大粮食作物完全成本保险和收入保险试点范围，确保农民种粮有合理收益。减少粮食损失浪费也是增加生产供给，要坚持不懈制止餐饮浪费，开展粮食节约行动，全面减少损耗浪费。

（二）**紧紧扭住种子和耕地两个要害，夯实粮食和重要农产品供给保障的基础支撑**。保障国家粮食安全，关键是落实藏粮于地、藏粮于技战略，要害是种子和耕地。要以加快解决好种子和耕地问题为主要着力点，推动藏粮于地、藏粮于技战略落地见效。

一是推动打好种业翻身仗迈出坚实步伐。打好种业翻身仗是长期系统工程，今年的重点是打好基础，确保实现良好开局。要加强农业种质资源普查鉴定保护，加快第三次农作物种质资源普查与收集，启动全国畜禽水产种质资源调查，开展农业种质资源精准鉴定，规划建设好国家畜禽种质资源库和活体保护场，着力夯实种质资源基础。要根据种业创新规律和农业发展需求制定好育种攻关规划，启动重点种源关键核心技术攻关和新一轮畜禽水产遗传改良计划，加快实施农业生物育种重大科技项目，打好种业科技创新基础。要加快培育壮大种业企业，支持种业龙头企业建立健全商业化育种体系，加强制种基地和良种繁育体系建设，筑牢推动产学研用深度融合发展的经营主体基础。

二是加强耕地保护建设。耕地是保障粮食和重要农产品有效供给的根基。要强化最严格的耕地保护制度落实，深入推进农村乱占耕地建房专项整治行动，严格控制非农建设占用耕地，严格建设占用耕地新增补充耕地的核实认定和监管，严禁违规占用耕地和违背自然规律绿化造林、挖湖造景，切实遏制耕地"非农化"，坚决守住18亿亩耕地红线。要加强耕地用途管制，明确耕地利用优先序，严格控制耕地转为林地、园地等其他类型农用地，切实防止"非粮化"，确保良田粮用。保耕地不仅要保数量，还要提质量。要以建设高标准农田为重要抓手,在确保完成既定规划建设任务的基础上,编制实施新一轮建设规划,提高建设标准和质量,加大建设投入,健全管护机制,保质保量实现建设目标。

三是加快提升农业设施装备现代化水平。在粮食和重要农产品市场需求规模越来越大而水土资源约束越来越紧的情况下,保障粮食和重要农产品有效供给必须也只能靠提升农业设施装备现代化水平。要完善灌溉设施,启动实施新一轮大中型灌区续建配套和现代化改造,加快发展高效节水灌溉。要强化农业科技服务保障,加强农业科技社会化服务体系建设,提高动物防疫、农作物病虫害防治体系建设水平和防控能力。要着力补上农业机械化短板,加大粮食生产薄弱环节、丘陵山区和绿色智能农机等机具补贴力度,加快丘陵山区农田宜机化改造,提高全面全程机械化水平。要加强农产品现代流通设施建设,实施好农产品仓储保鲜冷链物流设施建设工程,加快完善县乡村三级农村物流体系。

(三)深化农业供给侧结构性改革,提高粮食和重要农产品供给质量效益和可持续性。保障粮食和重要农产品有效供给,既要保数量,还要保质量、有效益、可持续。要深入推进农业供给侧结构性改革,加快推动品种培优、品质提升和生产经营现代化。

一是调整优化农业种植结构。这是满足人民群众过上更好生活新期待的现实需要,也是推进农业高质量发展、提高粮食和重要农产品供给保障水平的必然要求。要优化粮食品种品质结构,深入实施优质粮食工程,积极扩大优质稻和强筋、弱筋小麦生产,着力挖掘玉米增产潜力,稳定优质食用大豆生产,提高优质专用和市场供应紧缺粮食品种生产比重。要因地制宜扩大油料生产,多措并举发展油菜、花生等油料作物,加快发展木本油料,利用闲散耕地、丘陵、河滩、荒地、沙地等发展特色油料,不断增加油料供给。要继续合理调整"粮经饲"结构,积极推广种养结合模式,加强优质饲草生产基地建设,促进棉花、糖料生产稳定发展。

二是推动农业绿色发展。这是提高粮食和重要农产品供给质量、实现农业可持续发展的必由之路。要大力推行农业绿色生产方式，持续抓好化肥农药减量增效，加快发展节水农业、旱作农业，推广农作物病虫害绿色防控、保护性耕作和养殖减抗技术模式，深入推进畜禽粪污资源化利用，切实降低对农产品产地环境的不利影响。要强化农产品质量安全，开展现代农业全产业链标准化试点，试行食用农产品达标合格证制度，加快发展绿色农产品、有机农产品和地理标志农产品。要加大农业生态保护和建设力度，启动实施国家黑土地保护工程，全面落实长江十年禁渔令，加强水、土、森林草原和生物多样性系统治理、整体保护，提升农业农村生态系统质量和稳定性。

三是推进现代农业经营体系建设。提高粮食和重要农产品生产质量效益和可持续性，必须加快推进现代农业经营体系建设，把小规模农户逐步引入现代农业发展的轨道。要坚持家庭承包经营基础性地位不动摇，有序开展第二轮土地承包到期后再延长 30 年试点，保持农村土地承包关系稳定并长久不变。要大力培育家庭农场，促进农民合作社质量提升，支持农业产业化龙头企业充分发挥服务带动作用，引领带动多种形式适度规模经营发展。要发展壮大农业专业化社会化服务组织，创新服务方式，加快将先进适用的品种、投入品、技术、装备导入小规模农户。此外，要继续深化供销合作社综合改革，健全服务农民生产生活综合平台。

二、扎实推进乡村建设

乡村建设是全面建设社会主义现代化国家的重要任务，对于当前实施好扩大内需战略、畅通城乡经济循环也具有重要作用。今年是实施乡村建设行动的第一年，必须迈好第一步，切实在改善农村生产生活条件上收到新成效。

（一）加快建设现代乡村产业体系。乡村产业是以农业农村资源为依托、以一二三产业融合发展为核心的现代产业体系,是全面推进乡村振兴的物质基础。加快构建现代乡村产业体系,今年要重点在三方面发力:一是依托乡村特色优势资源加快打造农业全产业链。引导农产品加工企业向县域布局,大力发展农产品产地初加工、精深加工和农业副产物综合利用,建设现代农业产业园、农业产业强镇、优势特色产业集群,让农民更多分享农业产业链延伸的增值收益和就业创业机会。二是立足提高产品质量加快健全现代农业全产业链标准体系。推动新型农业经营主体按标生产,培育农业龙头企业标准"领跑者",推进公益性农产品市场和农产品流通骨干网络建设,提高乡村产业产品质量的标准化水平。三是着力建好农业现代化示范区等平台载体。围绕提高农业产业体系、生产体系、经营体系现代化水平,建立指标体系,加强资源整合、政策集成,以县(市、区)为单位开展创建,为提升乡村主导产业全产业链现代化水平提供有力支撑。

(二)**积极有序推进村庄规划**。这是推进乡村建设的重要基础性工作。今年要重点抓好三件事:一是抓紧做好村庄布局规划。今年要基本完成县级国土空间规划编制,形成市县村庄布局规划一张图,明确村庄分类和布局。二是扎实做好"多规合一"实用性村庄规划编制。依照县域和乡镇国土空间规划,逐村编制"多规合一"的实用性村庄规划,对有条件、有需求的村庄尽快实施村庄规划全覆盖。三是强化规划实施。严格按照规划有序开展建设,各类建设活动都要服从规划,暂时没有编制规划的村庄要按照县乡两级国土空间规划中确定的用途管制和建设管理要求进行建设,对违规乱建行为要严肃查处。需要强调的是,各地农村情况千差万别,推进村庄规划和建设一定要因地制宜、稳扎稳打,不能贪大求快、刮风搞运动,更不能超越发展阶段、违背农民意愿,搞大规模村庄撤并,确保把好事办好、把实事办实。

(三)**加强乡村公共基础设施建设**。经过多年的不懈努力,现在农村基础设施已经有了很大改善,但还存在不少短板弱项,必须在农村现代文明生活所必需的公共基础设施建设上持续发力。今年,重点是要实施好五项工程:一是农村道路畅通工程。有序推进较大人口规模自然村(组)通硬化路,加强农村资源路、产业路、旅游路和村内主干道建设,继续开展"四好农村路"示范创建,启动城乡交通一体化示范创建工作。二是农村供水保障工程。加强中小型水库等稳定水源工程建设和水源保护,实施规模化供水工程建设和小型工程标准化改造,在有条件的地区推进城乡供水一体化。三是乡村清洁能源建设工程。加大农村电网建设力度,推进燃气下乡,发展农村生物质能源,加强煤炭清洁化利用。四是数字乡村建设发展工程。推动农村千兆光网、第五代移动通信(5G)、移动物联网与城市同步规划建设,完善电信普遍服务补偿机制,支持农村及偏远地区信息通信基础设施建设,加快建设农业农村遥感卫星等天基设施,推动新一代信息技术与农业生产经营深度融合。五是村级综合服务设施提升工程。加强村级客运站点、文化体育、公共照明等服务设施建设,加快推进乡村公共服务、社会治理等数字化智能化。

（四）**实施好农村人居环境整治提升五年行动**。农村人居环境整治既是推进乡村建设的重点任务,也是农民群众的深切期盼。要在巩固农村人居环境整治三年行动成果的基础上,启动实施好农村人居环境整治提升五年行动,持续改善农村人居环境。要分类有序推进农村厕所革命,重点推动具备条件的中西部地区农村户用厕所改造,引导新改户用厕所入院入室,加快研发干旱、寒冷地区卫生厕所适用技术和产品。要统筹推进农村改厕和污水、黑臭水体治理,因地制宜建设污水处理设施,积极推行农村生活污水便捷低成本处理模式。要健全农村生活垃圾收运处置体系,推动有条件地方开展农村垃圾源头分类减量和资源化处理利用,建设有机废弃物综合处置利用设施。要完善农村人居环境设施管护机制,有条件的地区推广城乡环卫一体化第三方治理,深入推进村庄清洁和绿化行动,持续开展美丽宜居村庄和美丽庭院示范创建活动。

（五）**持续改善农村基本公共服务**。坚持把基本公共服务发展的重点放在农村，加快建立城乡公共资源均衡配置机制，不断缩小城乡发展差距。要着力提高农村教育质量，多渠道增加农村普惠性学前教育资源供给，继续改善乡镇寄宿制学校办学条件，支持建设城乡学校共同体，面向农民就业创业需求发展职业技术教育与技能培训。要全面推进健康乡村建设，采取派驻、巡诊等方式提高基层卫生服务水平，提升乡镇卫生院医疗服务能力，加强县级医院建设和县域紧密型医共体建设。要健全统筹城乡的就业政策和服务体系，推动公共就业服务机构向乡村延伸，深入实施新生代农民工职业技能提升计划。要完善统一的城乡居民基本医疗保险制度，合理提高政府补助标准和个人缴费标准，落实城乡居民基本养老保险待遇确定和正常调整机制。要加强对农村儿童、妇女、老年人的关爱服务，加快发展农村普惠型养老服务和互助性养老。要积极支持社会力量下乡兴办社会事业，为农民群众提供更加便利的多元服务保障。

（六）**加快推动县域内城乡融合发展**。县域不仅是城乡融合发展的主阵地，而且在推动城乡一体化发展建设上具有很多有利条件。推进乡村建设、推动城乡融合发展，要把县域作为重要切入点，在促进城乡空间布局、产业发展、基础设施等县域内统筹上持续发力。具体实现途径有两条：一是通过强化统筹谋划和顶层设计，着力破除县域内城乡融合发展的体制机制障碍，建立健全县域内城乡一体的就业创业、教育、医疗等政策体系，打通城乡要素平等交换、双向流动的制度性通道。二是通过赋予县级更多资源整合使用权，一体设计、一并推进县乡村基础设施建设和公共事业发展，强化县城综合服务能力，把乡镇建设成为服务农民的区域中心，加强村级服务能力建设，切实形成县乡村功能衔接互补的建管格局，促进公共资源在县域内优化配置。

（七）**加强农村精神文明建设和乡村治理**。乡村建设既要塑形更要铸魂，必须坚持物质文明和精神文明一起抓。要弘扬和践行社会主义核心价值观，以农民群众喜闻乐见的方式，深化群众性精神文明创建活动，深入挖掘、继承创新优秀传统乡土文化，孕育农村社会好风尚。要大力培育新时代中国特色社会主义乡村文明，持续推进农村移风易俗，加大高价彩礼、人情攀比、厚葬薄养、铺张浪费、封建迷信等不良风气治理，推动形成文明乡风、良好家风、淳朴民风。要围绕建设善治乡村，持续抓党建促乡村振兴，坚持和完善向重点乡村选派驻村第一书记和工作队制度，推进村委会规范化建设和村务公开"阳光工程"，创建民主法治示范村，加强县乡村应急管理和消防安全体系建设，健全党组织领导的自治、法治、德治相结合的乡村治理体系。

促进外贸外资稳中提质

包 益 红

外贸外资是我国对外开放的重要组成部分,事关经济社会发展全局。中央经济工作会议强调,实行高水平对外开放,推动改革和开放相互促进。李克强总理在十三届全国人大四次会议上所作的《政府工作报告》中强调,实施更大范围、更宽领域、更深层次对外开放,更好参与国际经济合作,并对相关工作进行了部署。我们要紧扣报告确定的工作任务,扎实做好稳外贸稳外资工作。

一、在构建新发展格局中更好发挥 对外开放和外贸外资作用

加快构建以国内大循环为主体、国内国际双循环相互促进的新发展格局,是以习近平同志为核心的党中央作出的重大决策。构建新发展格局,是与时俱进提升我国经济发展水平的战略抉择,也是塑造我国国际经济合作和竞争新优势的战略抉择,对外贸外资等对外开放工作提出了新的更高要求。

一方面,要坚定不移扩大开放,同世界各国共享发展机遇。习近平总书记强调,新发展格局决不是封闭的国内循环,而是开放的国内国际双循环。改革开放40多年来,我国打开国门搞建设,对外开放水平不断提高,推动经济社会发展取得举世瞩目的成就。进入新发展阶段,要以更大的勇气和智慧,扩大高水平对外开放。要持续深化商品和要素流动型开放,稳步拓展规则、规制、管理、标准等制度型开

放,持续优化市场化法治化国际化营商环境。进一步降低关税和制度性成本,扩大对各国高质量产品和服务进口。中国拥有 14 亿人口,其中有 4 亿多中等收入人群,巨大内需潜力不断释放,要依托国内大市场优势,鼓励外商扩大对华投资贸易,以国内大循环吸引全球资源要素,争取开放发展的战略主动。

另一方面,要不断深化对外合作,同世界各国实现互利共赢。习近平总书记指出,要重视以国际循环提升国内大循环效率和水平。当前,经济全球化仍是大势所趋,多边主义和自由贸易仍是世界主流。中国经济已经深度融入世界经济,我们既要主动扩大国内市场开放,也要积极参与全球经济治理体系改革,与世界各国扩大相互开放,推动建设开放型世界经济。要坚持共商共建共享原则,推动共建"一带一路"高质量发展,深化务实合作,促进共同发展。更加积极参与国际分工,构筑互利共赢的产业链供应链合作体系,深化国际产能合作,扩大双向贸易和投资,更好利用国内国际两个市场两种资源。坚定维护多边贸易体制,构建面向全球的高标准自由贸易区网络,推进贸易和投资自由化便利化。

二、全面把握外贸外资面临的新形势

过去一年,面对突如其来的疫情冲击和严峻复杂的外部环境,党中央、国务院及时出台了一系列稳外贸稳外资政策举措,对外贸易和利用外资保持增长,实现稳住基本盘目标。2021 年,外贸外资形势错综复杂,面临诸多制约因素,要继续稳住基本盘并提质增效,还需付出艰苦努力。

一方面,外部环境存在较大不确定性。国际疫情仍是影响外贸外资的最大变数。随着新冠病毒疫苗投入使用,消费和投资信心恢复,世界经济有望出现恢复性增长。但疫苗接种进度不均,发挥效力尚需时日,世界经济复苏不稳定不平衡。世界银行预计,如疫苗在年内广泛推广,全球经济增长4%;如感染率继续上升,全球增速将仅为1.6%。总的来看,随着世界经济复苏,外需可能好于2020年,跨境投资下滑有望放缓,但还难以恢复至疫情前水平。此外,一些国家保护主义持续演化,我国外贸外资发展面临多重阻力。

另一方面,外贸外资稳定运行难度较大。随着海外生产生活逐步恢复,拉动去年外贸外资增长的因素在今年可能减弱。口罩、医药产品等防疫物资、居家办公等生活必需品拉动难以持续,部分订单和产能可能会向境外转移。当前,发达经济体加大吸引产业回流力度,发展中国家采取招商引资优惠措施,国际产业分工出现趋势性变化,跨境产业链供应链面临重构,中间产品贸易可能减少,部分外贸外资产业发展承压。劳动力成本上升、原材料及运费涨价、人民币汇率波动等,也加大了外贸外资企业经营困难。

也要看到,今年外贸外资发展面临不少有利条件。我国疫情防控取得重大战略成果,经济长期向好的基本面没有变也不会变,拥有全球最具成长性的国内大市场,产业链供应链齐全优势突出,市场主体韧性强、活力足,开放发展新动能加快成长,这是稳外贸稳外资的坚实基础。我国对外开放持续扩大,共建"一带一路"成果丰硕,开放型经济新体制不断完善,特别是2020年签署区域全面经济伙伴关系协定(RCEP)、完成中欧投资协定谈判,为稳外贸稳外资创造了良好条件。我们要抓住机遇,发挥优势,着力促进外贸外资稳中提质。

三、推动进出口稳定发展

对外贸易是我国开放型经济的重要组成部分和国民经济发展的重要推动力量。今年要保持稳外贸政策的连续性和稳定性,根据形势变化,及时优化和完善支持政策。推动外贸创新发展,进一步增强综合竞争力,实现量稳质升。

（一）**用足用好贸易合规政策工具**。2020年我国进出口发展好于预期，财税金融政策发挥了重要作用。今年要密切跟踪外贸企业经营情况，提供更有针对性的政策支持，助力企业开拓国际市场。一是扩大出口信用保险覆盖面。出口信用保险是世贸规则允许的出口促进工具。2020年中信保公司支持出口超过5800亿美元，占出口总额比重达到22%；新增服务企业4万多家、增长了58%；服务小微企业突破10万家，覆盖率达到36%，有力支持了抗疫情稳外贸。要继续巩固提升出口信保作用，优化承保和理赔条件，完善投保资质要求，提升限额满足率，在风险可控前提下扩大覆盖面。二是加强对中小外贸企业信贷支持。相比大型外贸企业，中小外贸企业融资难度更大。要引导金融机构加强产品和服务创新，提升中小外贸企业贷款比重，降低抵押担保要求，提高发放效率，及时满足合理融资需求。充分发挥政策性银行作用，加大对劳动密集型、中小微外贸企业的支持力度。支持有条件的地方复制"信保+担保"融资模式。三是完善出口退税政策。2020年提高了1464种商品出口退税率，正常退税业务办理平均时间提速20%，共办理出口退税14549亿元，惠及2.5万家出口企业，有力缓解了企业资金压力。要进一步落实和完善现有政策，推动出口退税提速增效。四是加强外汇支持。2019年1月，有关部门开展了货物贸易外汇收支便利化试点，2019年10月扩大至服务贸易，目前试点已扩大到22个地区。便利化试点以企业主体风险评估为导向，逐步构建"企业分类"、"银行分级"的信用约束和激励机制。要进一步扩大试点范围，优化外汇管理措施，为更多外贸企业提供用汇便利。还要努力支持企业提升对冲汇率风险能力，积极稳妥推进人民币跨境贸易结算。

（二）**抓好稳定加工贸易等工作**。加工贸易占我国进出口的四分之一左右，为贸易顺差的主要来源，直接吸纳就业约4000万人。历史上，加工贸易一度占外贸的半壁江山，从事企业达10万多家，至今仍是部分中西部省市的外贸支柱。加工贸易对于充分利用国际市场、优化和稳定产业链供应链、保持贸易大国地位具有重要作用。要稳定加工贸易，推动加工贸易转型升级，完善加工贸易产业转移对接机制，加快培育东西合作互济的加工贸易产业园区，实现加工贸易产业链合理布局。2020年，七大类劳动密集型产品出口额约占我国外贸出口总额的20%，同比增长6.5%，为稳住外贸基本盘作出了重要贡献。长期来看，这些劳动密集型产品出口综合成本优势削弱，国际竞争压力加大，要从稳就业大局出发，支持相关企业加快转型步伐，提升出口产品档次和质量。还要积极扩大机电产品和高技术产品出口，加快形成国际贸易竞争新优势。边境贸易是兴边富民的重要举措，也是外贸新的增长点。要落实好促进边境贸易创新发展的政策，推动边民互市贸易多元化发展，深化落地加工试点，培育发展边贸商品市场和商贸中心。

（三）**发展跨境电商等新业态新模式**。近年来，我国跨境电商、市场采购贸易、外贸综合服务等新业态新模式快速发展。2020年跨境电商进出口1.69万亿元人民币，同比增长31.1%；市场采购贸易出口1016.1亿美元，同比增长24.7%。目前我国共设立了105个跨境电商综试区，跨境电商零售进口试点覆盖86个城市及海南全岛，市场采购贸易试点增加到31个，外贸综合服务企业超过1500家、服务20多万家外贸客户。要采取更有针对性的措施，支持外贸新业态新模式加快发展。比如对于跨境电商，要逐步扩大试点范围，研究提出支持政策，充分发挥其促进贸易数字化和产业数字化融合作用。促进海外仓丰富功能、优化布局。对于市场采购贸易方式，要研究提升便利化水平。探索有序发展离岸贸易等更多新业态。

（四）**创新发展服务贸易**。我国是全球服务贸易增长的重要贡献者。服务进出口规模连续7年保持世界第二位，服务贸易逆差呈下降趋势。2020年，剔除旅行服务后，全年服务进出口实现2.9%的正增长。要实施好服务贸易创新发展试点，发挥北京服务业扩大开放综合试点等引领作用,探索建设服务贸易国际合作示范区,健全以贸易投资便利化为重点的服务业扩大开放政策体系。顺应数字化发展趋势,推动发展数字贸易,支持服务外包转型升级,加快发展知识和技术密集型等服务外包业务。积极扩大特色优势服务出口,加强国家文化、中医药等服务出口基地建设。研究促进服务要素跨境流动的便利措施,畅通外籍高层次人才来华创新创业渠道。

（五）**增加优质产品和服务进口**。随着我国消费升级和产业升级,对高品质商品和服务的进口需求不断增加。未来 10 年,我国累计商品进口额有望超过 22 万亿美元。要优化调整进口税收政策,增加优质消费品、事关民生的产品进口,鼓励先进技术和设备、关键零部件进口,扩大能源资源类产品、紧缺原材料进口。积极培育国家进口贸易促进创新示范区,提高监管便利化水平,为扩大进口创造有利条件。

（六）**加强贸易促进服务**。要积极筹办好进博会、服贸会、广交会及首届中国国际消费品博览会等重大展会,培育更多有国际影响力的展会平台,深化对外交流合作。创新办展方式,鼓励举办线上展会,支持企业开拓多元化市场。要发挥好贸促会、各大进出口商会、相关协会的作用,为外贸企业提供高质量商事咨询、展览展会、法律保障等服务。我国已与 26 个国家和地区签署 19 个自贸协定,要加强宣传培训,做好 RCEP 等自贸协定推广与实施,帮助企业用足用好相关优惠政策。

（七）**提升通关便利化水平**。疫情发生以来,国际物流受到严重冲击,货物通关速度显著放慢,进出口货物大量积压,国际运输成本大幅上升。要加强同有关国家协调合作,在确保防疫安全的前提下,促进海运物流畅通,提高中欧班列频次和密度。进一步优化口岸营商环境,提升跨境贸易便利化水平。进出口环节降费已取得积极成效,特别是通关时间大幅压缩,行政事业性收费得到规范。要将整体通关时间稳定在合理水平,清理规范口岸收费,进一步降低外贸企业经营成本。

四、积极有效利用外资

外资企业大约贡献了全国进出口总额的五分之二、税收收入的六分之一,直接和间接带动就业4000多万人。积极有效利用外资不是权宜之计,而是必须长期坚持的方针。"积极"就是要继续营造良好投资环境,欢迎外商扩大在华投资,分享中国开放的大市场和发展机遇;"有效"就是要进一步优化外资结构,提升利用外资质量,为构建新发展格局、推动高质量发展提供助力。今年将在以下几方面着力做好外资工作。

一是进一步放宽市场准入。自2017年以来,我国已经连续四次修订外资准入负面清单,将全国和自贸试验区外资准入负面清单条目分别缩减至33条、30条,在金融、汽车等领域推出一系列重大开放举措,农业、制造业、服务业领域全方位对外开放格局基本形成。2020年首次出台海南自由贸易港外资准入负面清单,清单条目为27条。今年要进一步缩减外资准入负面清单,继续降低市场门槛。要推动服务业有序开放,增设服务业扩大开放综合试点,释放更大开放红利。制定跨境服务贸易负面清单是我国对外开放的重要尝试,有利于削减跨境交付、境外消费、自然人移动等限制。首先要推出海南自由贸易港跨境服务贸易负面清单,还要制定自贸试验区版和全国版跨境服务贸易负面清单,在更大范围扩大服务领域开放。在对外开放的同时,要大力提升国内监管能力和水平,健全准入前国民待遇加负面清单管理、外资安全审查等制度,推动建立与高水平对外开放相适应、与国际通行规则相衔接的公平、透明、高效、安全的监管体系。

二是推进自贸试验区和海南自由贸易港建设。建设自贸试验区是推进改革开放的重要举措。我国已在东西南北中设立21个自贸试验区,形成一大批可复制可推广的试点成果。要加强自贸试验区改革开放创新,赋予其更大改革自主权,加大对外开放压力测试力度,推动自贸试验区制度创新、管理创新、业态创新,集聚国内国际资源要素,推动产业链供应链开放发展,促进科技开放合作。还要推动海关特殊监管区域与自贸试验区统筹发展。截至2021年2月底,我国有163个海关特殊监管区域,其中综合保税区150个。自贸试验区具有改革创新、扩大开放、先行先试的机制优势,综合保税区具有"境内关外"等开放平台优势,应将两者更好统筹起来,统一规划、协同管理,推动融合发展、互促发展,建设更高水平开放型经济新体制的"试验田"。2020年6月党中央、国务院出台《海南自由贸易港建设总体方案》后,海南自由贸易港建设提速,取得积极进展。2020年全省新设外资企业1005家,同比增长197.3%;全岛免税品销售额实现倍增。要大力推进总体方案确定的各项政策举措落实落细,不断提升贸易和投资自由化便利化水平,推动海南自由贸易港建设取得更大进展。

三是充分发挥各类开发区开放平台作用。根据有关部门公告,全国共有2500多家开发区。2019年,国家级经开区和高新区实现地区生产总值23万亿元,占国内生产总值的23.2%;实现工业增加值超过12万亿元,占全国总量的38.6%。当前,开发区面临开放发展活力不足问题。要完善相关考核评价办法,推动开发区创新提升,赋予更多先行先试功能,进一步激发开发区活力。开发区特别是国家级经开区是我国引进外资的重要平台,要在对外开放和利用外资方面走在前列。推动开发区建设和运营模式创新,加快培育具有国际竞争力的产业集群。

四是优化外商投资环境。要促进内外资企业公平竞争,依法保护外资企业合法权益。落实外商投资法及其实施条例,确保开放措施落地,在政府采购、产业政策、资质许可、标准制定等方面给予内外资企业同等待遇。要强化外资企业和项目服务保障。落实外商投资企业投诉工作办法,持续更新中国外商投资指引,加强与外国商会、外资企业的沟通交流,及时研究解决外资企业提出的合理诉求。落实好 2020 年版鼓励外商投资产业目录,引导外资更多投向先进制造、高新技术、节能环保等领域和中西部地区。加大用地、环保、能耗、金融等各方面保障力度,推动外资项目加快落地和建设。

推动生态环境质量持续改善

李 攀 辉

党的十八大以来,以习近平同志为核心的党中央高度重视并大力推进生态文明建设,各地区各部门深入贯彻习近平生态文明思想,推动我国生态环境质量明显改善。但也要看到,生态环保任重道远。李克强总理在十三届全国人大四次会议上所作的《政府工作报告》中强调,要"加强污染防治和生态建设,持续改善环境质量",并对重点工作任务作出部署。我们要深入实施可持续发展战略,继续加大生态环境治理力度,促进生产生活方式绿色转型,不断提升生态文明建设水平。

一、继续深入打好污染防治攻坚战

2020年在统筹推进新冠肺炎疫情防控和经济社会发展中,各地区各部门坚持把污染防治攻坚战放在突出位置,认真落实精准治污、科学治污、依法治污要求,推动污染防治攻坚战阶段性目标任务圆满收官。但总体来看,污染防治成效还不稳固,主要污染物排放形势依然严峻,区域性结构性污染问题依然突出。要继续深入打好污染防治攻坚战,巩固蓝天、碧水、净土保卫战成果,实现减污降碳协同效应。

强化大气污染防治。经过连续多年的攻坚治理,我国PM2.5平均浓度持续下降,地级及以上城市优良天数比率稳步上升,重污染天气明显减少。但以PM2.5平均浓度为例,全国337个地级及以上城市中还有近四成没有达标,不少城市空气质量受气象条件影响很大。必须强化大气污染综合治理和联防联控,持续推动空气质量提升,让蓝天白云、繁星闪烁成为常态。针对臭氧浓度上升已成为空气质量改善的重要制约因素,要推进细颗粒物和臭氧协同控制,实施以氮氧化物和挥发性有机物为重点的多污染物协同减排。针对钢铁、水泥、焦化、玻璃等行业仍是空气污染的重要来源,要继续淘汰落后产能、化解过剩产能,推进超低排放和清洁生产改造。针对机动车日益成为大中城市 PM2.5 污染的主要来源,要推动老旧机动车报废更新,加强柴油货车达标排放监管,促进新能源汽车健康发展,提高铁路货运比例。针对北方地区秋冬季重污染天气时有发生,要扎实稳妥推进散煤替代,确保今年北方地区清洁取暖率达到 70%,确保群众温暖过冬。推动空气质量提升,还要继续聚焦京津冀及周边地区、汾渭平原、长三角地区等重点区域,不断提高大气污染防治协作水平。

推进水污染防治。目前我国水污染加重势头总体上得到有力遏制,但化学需氧量、总磷和高锰酸盐等污染指标问题相对突出。必须统筹水资源、水生态和水环境,坚持陆海联动,严格落实河湖长制,继续实施水污染防治行动,推进美丽河湖、美丽海湾建设,努力实现水质稳中向好。在重点流域水污染治理方面,要扎实推进长江和黄河入河排污口排查和监管,督促沿江沿河工业园区对重点行业企业开展清洁化改造,加强污水处理设施建设,提高工业废水处理能力。在城市黑臭水体治理方面,要坚持厂网配套、"泥水并重",加快补齐管网短板,提高污水收集能力,推进污泥无害化处置,让污水管网和处理设施有效运行起来。在农业面源污染治理和饮用水水源地保护方面,要持续推动化肥、农药减量增效和畜禽粪污综合利用,推进乡镇级集中式饮用水水源保护区划定。在海洋污染综合治理方面,要启动第三次海洋污染基线调查,继续开展渤海等入海排污口溯源整治,强化入海河流水质管理,严格海水养殖污染和海洋垃圾污染防治监管,保护海洋生态环境。

　　加强土壤污染防治。近年来我国土壤污染防治工作取得积极进展,土壤环境质量总体稳定。但土壤污染相对于大气和水污染更为隐蔽,治理修复起来难度大、投入高、周期长。必须在严格土壤污染源头防控上下功夫,让人民群众"吃得放心、住得安心"。要严格农用地分类管理,加大农用地特别是耕地保护,持续推进耕地周边涉镉等重金属行业企业污染源排查整治。对优先保护类耕地要及时划为永久基本农田,对安全利用类耕地要通过调整种植结构等措施确保在安全的前提下进行利用,对重污染地块要加强管控。要严格建设用地准入管理,落实建设用地土壤污染风险管控和修复名录制度,对存在污染的地块坚持先治理后建设。要依法公开土壤污染重点监管单位名录,健全重点控制的土壤有毒有害物质名录等配套制度,完善土壤污染风险管控和修复标准规范。实施好农田重金属污染综合防治与修复等重点研发计划,组织好土壤污染治理与修复技术应用试点,积极探索土壤污染防治新技术新路线。

　　做好固体废物等污染防治。固体废物问题近些年日益突出,并且与大气、水、土壤污染等密切相关,必须进一步促进减量化、资源化、无害化。要加强煤电等行业大宗工业固体废物治理和综合利用,严格废弃电器电子产品处理拆解审核。有序扩大生活垃圾分类覆盖范围,提升焚烧处理能力。持续推进塑料污染全链条治理,落实禁止、限制部分塑料制品生产、销售和使用的要求。加快推动快递包装绿色转型,减少电商快件二次包装,推广可循环包装产品和模式,规范快递包装废弃物回收和处置。加强危险废物医疗废物收集处理,持续开展全国危险废物专项整治三年行动,落实好《医疗机构废弃物综合治理工作方案》。全面禁止洋垃圾入境,严厉打击洋垃圾走私行为,巩固固体废物进口管理制度改革成果。

　　解决生态环境突出问题,其中很重要的一个方面是要构建现代环境治理体系,建立健全长效机制。一要有效落实各方责任。今年将开展污染防治攻坚战成效考核,同时继续开展第二轮中央生态环境保护督察,进一步压紧压实地方政府属地责任和监管部门监管责任。加大环境执法力度,严格执行《排污许可管理条例》,落实企业主体责任。广泛动员社会组织和公众积极参与环境治理,强化社会监督。二要综合运用多种手段。环境治理是个系统工程,既要注重运用法治、行政等手段,也要坚持市场导向,建立健全"污染者付费+第三方治理"等机制,增强企业治理污染的内生动力。三要着力夯实基础支撑。推动省以下生态环境机构监测监察执法垂直管理制度改革落实落地,推进生态环保综合行政执法改革,开展环境治理重点领域科技攻关,健全环境保护标准体系,加快构建陆海统筹、天地一体、上下协同、信息共享的生态环境监测网络。

二、推进生态系统保护和修复

目前,我国各类自然生态系统恶化趋势已经基本得到遏制,但总体上仍然较为脆弱,生态承载力和环境容量不足,整体质量和稳定性状况不容乐观。习近平总书记深刻指出,"绿水青山就是金山银山","环境就是民生,青山就是美丽,蓝天也是幸福"。我们必须着眼污染减排和生态扩容并重,全面增强生态产品供给能力,提升生态系统碳汇能力,更好保障国家生态安全,更好满足人民群众日益增长的优美生态环境需要。

加强大江大河和重要湖泊湿地生态保护治理。水是人类赖以生存和发展的基础,我国又是一个水资源紧缺、时空分布严重不均的国家,必须践行"节水优先、空间均衡、系统治理、两手发力"的治水思路,落实"重在保护、要在治理"的战略要求。要持续推进长江、黄河等流域生态保护修复。落实长江十年禁渔,完善渔民退捕补偿、转产安置、就业帮扶、社会保障等政策措施,重拳打击非法捕捞行为,让"共抓大保护、不搞大开发"真正落到实处。加快编制黄河流域生态环境保护规划,制定分区分类保护政策,上游重点是生态涵养,中游重点是水土保持和水污染治理,下游重点是黄河三角洲湿地保护。要强化河湖空间管控,推动河湖"清四乱"常态化规范化。实施好湿地保护修复工程,坚决扭转湿地面积减少和生态功能退化的势头。大力推进重大水利工程建设,提高水资源供给和水生态保护能力。严格水资源刚性约束,年内基本建立覆盖主要农作物、工业产品和服务行业的用水定额体系。

开展大规模国土绿化行动。森林和草原是自然生态系统的重要组成部分。我国人均森林面积只有世界人均水平的四分之一,全国草原中度和重度退化面积仍占三分之一以上。要全面推行林长制,严厉打击乱砍滥伐、毁林挖草、非法开垦占用等违法行为,加大天然林保护力度、全面停止天然林商业性采伐,严格落实草原禁牧休牧和草畜平衡制度,让森林草原能够得以休养生息。要继续推进退耕还林还草,加强三北等防护林体系工程建设,抓好森林抚育,并充分利用坡地、荒地、废弃矿山等开展绿化,推动城市和乡村留白增绿。我国是荒漠化、石漠化、水土流失最为严重的国家之一,要着力抓好北方防沙带和西南石漠化地区生态综合治理,以长江中上游、黄河上中游和东北黑土区为重点加快推进小流域综合治理、坡耕地综合整治和淤地坝建设,推动全年新增水土流失治理面积 6.2 万平方公里左右。

加大自然保护地保护力度。构建以国家公园为主体、自然保护区为基础、各类自然公园为补充的自然保护地体系,是建设美丽中国、促进人与自然和谐共生的重要举措。目前,国家公园试点任务已经基本完成,要以自然生态地理单元为基础,调整优化国家公园布局,完善管理体制和运营机制,整体提升管护巡护能力,按照成熟一个设立一个的原则推动正式设立第一批国家公园。对自然保护区,要以自然恢复为主、人工措施干预为辅,开展受损自然生态系统修复,连通生态廊道,促进重要栖息地恢复和废弃地修复。对各类自然公园,要开展自然植被和林相改造,加强保护管理。在建设自然保护地体系中,要稳妥做好各类自然保护地整合优化工作,推动完善自然保护地立法,强化监督检查,严肃查处违法违规行为。

推进生物多样性保护。生物多样性是维系生态系统功能和服务、维持生态系统稳定性的主要因素。我国是世界上生物多样性最丰富的国家之一,但也是生物多样性受威胁最严重的国家之一。必须在经济社会活动中充分考虑生物多样性保护需求,实施好生物多样性保护重大工程,共建万物和谐的美丽家园。要加强生物多样性监测调查评估,完善生物多样性保护网络,推进生物多样性关键区保护示范。加强外来物种管控,筑牢口岸检疫防线,提升生物安全管理水平。加大野生动植物特别是珍稀濒危野生动植物保护力度,持续做好野生动物禁食后续工作,适时调整完善国家重点保护野生动物和植物名录。今年还要筹备好《生物多样性公约》第十五次缔约方大会,推动"2020年后全球生物多样性框架"各项谈判进程。

在推进生态系统保护和修复中,要特别注意以下几个方面。一要坚持系统观念。习近平总书记反复强调,"山水林田湖草是一个生命共同体"。必须统筹考虑生态系统各要素之间的相互联系和影响,加快推动"单个因子"保护修复模式向山水林田湖草系统治理转变。二要强化国土空间规划和用途管控。严格落实主体功能区战略,加快编制实施各级国土空间规划,科学划定并严守生态保护红线、永久基本农田和城镇开发边界等控制线,完善自然保护地、生态保护红线监管制度。三要健全生态保护补偿机制。研究制定生态保护补偿条例,继续推动长江、黄河等重要流域建立完善覆盖全流域的市场化多元化生态保护补偿机制,鼓励支持具备条件的地方积极探索生态产品价值实现路径。

三、扎实做好碳达峰、碳中和各项工作

2020年9月以来,习近平总书记先后在联合国大会、气候雄心

峰会上,向世界作出了我国"二氧化碳排放力争于2030年前达到峰值,努力争取2060年前实现碳中和"的重大宣示,宣布了提高国家自主贡献的一系列新目标新举措。这彰显了我国作为负责任大国的立场和担当。要抓紧制定2030年前碳排放达峰行动方案,加大温室气体排放控制力度,抓好各项保障措施落实,把应对气候变化工作不断推向深入。

着力调整能源结构。二氧化碳排放和化石能源消耗密切相关。我国一次能源消费以煤为主,要瞄准推动煤炭消费尽早达峰,一方面深入促进煤炭清洁高效利用,推动煤矿绿色生产开采,推进煤炭洗选和分级分质利用,着力提高电煤在煤炭消费中的比重;另一方面大力发展新能源,提高清洁能源特别是非化石能源消费占比。要扎实推进雅砻江中游、金沙江上游梯级电站和雅鲁藏布江下游水电站等规划建设,在确保安全的前提下积极有序发展核电,每年保证一定规模的风电、光伏发电新增装机容量,积极开发可再生能源制氢技术和产业。要大力提升新能源储存能力,发展抽水蓄能和储能产业,探索储能商业化应用新路子。按照灵活调节机组标准建设煤电项目,推进"风光水火储一体化"和"源网荷储"一体化发展。

加快优化产业结构。一方面,要加快以节能减排为重点的传统产业改造,在重点行业推行清洁生产强制审核,推动工业等领域绿色化低碳化发展。现在各类产业园区越来越多,要推动园区能源资源梯级利用和系统优化,促进不同产业之间的循环耦合。另一方面,要大力发展现代服务业、高技术产业、战略性新兴产业。特别是当前节能环保产业蓬勃兴起,但低、小、散、弱等特征也很明显。要促进新型节能环保技术、装备和产品研发应用,探索推广合同能源管理、环境污染第三方治理、园区用能托管等模式,支持企业做大做强,培育壮大节能环保产业,推动资源节约高效利用。要坚持和完善能源消费双控制度,紧紧围绕提高能源利用效率,科学合理制定地区能源消费总量目标,严格控制能源消费强度特别是化石能源消费总量,强化节能目标责任评价考核及结果运用,坚决防止盲目新上高耗能高排放项目。

推行绿色生活方式。推动节能减排深入开展,离不开公众参与。要积极倡导简约适度、绿色低碳的生活方式,推动在全社会形成文明健康的生活风尚。深入开展绿色生活创建行动,推进交通设施绿色化建设改造、加速交通工具绿色更新迭代,开展既有建筑节能改造、推广绿色建材和装配式建筑。广泛开展全民节能行动。建立健全统一的绿色产品标准、认证、标识体系,实施能效领跑者、水效领跑者等制度,完善节能家电、高效照明产品等推广机制,鼓励扩大绿色消费。公共机构要落实节能产品优先采购和强制采购制度,在绿色消费上发挥示范带动作用。

切实加大政策支持。深化低碳省市试点,支持有条件的地方率先达峰。继续加大财政和预算内投资力度,引导和带动各方面增加节能减排投入。落实已有绿色税收优惠政策,逐步完善绿色税收体系,今年要扩大环境保护、节能节水等企业所得税优惠目录范围。健全可再生能源电力消纳保障机制,推进新建风电和光伏发电项目无补贴平价上网。实施金融支持绿色低碳发展专项政策,设立碳减排支持工具,引导绿色信贷、绿色债券等健康发展。启动气候投融资地方试点。建设全国用能权、碳排放权交易市场是控制和减少温室气体排放、推动绿色低碳发展的重大制度创新。用能权交易市场建设要在总结浙江、福建、河南、四川4省试点经验基础上,抓紧做好效果评估和制度设计,做到平稳有序推进。碳排放权交易市场建设要以发电行业为突破口,抓紧做好注册登记系统和交易系统的建设运行,确保今年6月底前启动上线交易。

开展应对气候变化国际合作。应对气候变化是全球面临的共同挑战。要继续积极开展气候变化南南合作,通过实施减缓和适应项目、合作建设低碳示范区和开展能力建设等方式,帮助发展中国家特别是小岛屿国家、非洲国家和最不发达国家提升应对气候变化能力。

继续坚持共同但有区别的责任原则、公平原则和各自能力原则，建设性参与气候变化国际谈判，推动《联合国气候变化框架公约》第二十六次缔约方大会取得积极成果，推动建立公平合理、合作共赢的全球气候治理体系。

积极应对气候变化、推动实现碳达峰碳中和，正如习近平总书记指出，"不是别人要我们做，而是我们主动要做"。从欧美国家来看，从碳达峰到碳中和一般有50年到70年过渡期。而我国碳达峰的时间比较紧，距实现碳中和只有40年时间，任务十分艰巨，需要付出艰苦努力。中国作为地球村的一员，将以实际行动为全球应对气候变化作出应有贡献。

发展更加公平更高质量的教育

侯 万 军

教育是国之大计、党之大计。习近平总书记在今年全国两会期间看望参加政协会议的医药卫生界教育界委员时强调,要全面贯彻党的教育方针,坚持社会主义办学方向,坚持教育公益性原则,着力构建优质均衡的基本公共教育服务体系。李克强总理在十三届全国人大四次会议上所作的《政府工作报告》中,就发展更加公平更高质量的教育作出明确部署,强调要在教育公平上迈出更大步伐,让每个孩子都有人生出彩的机会。我们要从党和国家事业发展全局的角度,认识和把握建设高质量教育体系的重要意义,全面贯彻党的教育方针,坚持教育优先发展,不断深化教育改革创新,坚守为党育人、为国育才,加快推进教育现代化。

一、构建德智体美劳全面培养的教育体系

全面建设社会主义现代化国家,必须培养德智体美劳全面发展的社会主义建设者和接班人。坚持社会主义办学方向,把立德树人作为教育的根本任务,进一步加强德育、体育、美育和劳动教育,培养学生爱国情怀、社会责任感、创新精神、实践能力。

一要把德育放在更加重要的位置。国无德不兴,人无德不立。要把立德树人融入思想道德教育、文化知识教育、社会实践教育各环节,贯穿基础教育、职业教育、高等教育各领域,体现到学科体系、教学体系、教材体系、管理体系建设各方面,培根铸魂、启智润心。2020

年,面对突如其来的新冠肺炎疫情,在以习近平同志为核心的党中央坚强领导下,14亿中国人民坚韧奉献、团结协作,疫情防控取得重大战略成果,铸就了生命至上、举国同心、舍生忘死、尊重科学、命运与共的伟大抗疫精神。要弘扬伟大抗疫精神,深入宣传抗疫先进事迹和时代楷模,深化爱国主义教育,不断增强广大师生的民族自信心和自豪感。今年是中国共产党成立100周年,要扎实开展以党史为重点的"四史"(党史、新中国史、改革开放史、社会主义发展史)学习教育,从党的百年奋斗历程中加深对国情党情的认识,引导广大师生听党话、跟党走。要突出思想政治课关键地位,加强对不同学段不同类型思政课建设的指导,充分发挥各学科德育功能,积极开展党团组织活动和主题教育、实践教育,不断提高德育工作质量。

二要加强体育美育劳动教育。这是立德树人的重要内容,不仅关系到学生身心健康,也关系到学生的意志品质和精神面貌。2020年,党中央、国务院印发了全面加强新时代大中小学劳动教育的意见,中办、国办印发了全面加强和改进新时代学校体育工作、美育工作的意见,明确强调了劳动教育、体育、美育的育人功能。要完善"健康知识+基本运动技能+专项运动技能"体育教学模式,解决好缺师资、缺场地、缺设施等问题,推动青少年文化学习和体育锻炼协调发展,帮助他们在体育锻炼中享受乐趣、增强体质、健全人格、锤炼意志。要以提高学生审美和人文素养为目标,健全面向人人的学校美育育人机制,针对各学段特点科学设置课程和教学目标,完善"艺术基础知识基本技能+艺术审美体验+艺术专项特长"的教学模式,以美育人、以美化人、以美培元。劳动教育具有综合育人价值,要把劳动教育纳入人才培养全过程,针对不同学段、类型学生的特点,以日常生活劳动、生产劳动和服务性劳动为主要内容开展劳动教育。同时,其他课程、其他活动也要结合学科特点、活动特征,有机融入劳动教育内容,确保劳动教育全方位融入,引导学生树立正确的劳动观,崇尚劳动、尊重劳动。

要高度重视儿童青少年体质下降问题。2020年,受疫情影响,广大学生主要以居家线上的方式上课学习,户外活动大幅减少,致使部分学生体质健康水平有所下滑。调查显示,儿童青少年近视率、6—18岁儿童青少年超重肥胖、心理疾病等问题均有所增加。对此,必须采取有针对性的措施,推进卫教体融合,把开齐开足上好体育课作为刚性要求,确保学生每天阳光运动1小时,同时加强对肥胖、脊柱侧弯、近视等问题的早诊早治,采取综合干预措施,提高防治水平。心理健康是健康的重要组成部分,要做好学生心理健康工作,积极开展生命教育、亲情教育,培养学生珍视生命、热爱家人的积极心理品质,及时发现、疏导和干预学生心理问题。

三要加大国家通用语言文字推广力度。语言文字是文化传承的载体,是国家繁荣发展的根基。要研究制定国家语言发展规划,认真做好推广普及国家通用语言文字工作,全面推行使用国家统编教材。要注重从娃娃抓起,加强学前教育和义务教育阶段的普通话教学,加大民族地区教师等重点人群国家通用语言文字培训力度。时代发展和社会进步,赋予了语言文字更丰富的内涵,新词新语层出不穷。要完善语言文字规范标准,加强语言文明教育,适应社会分工细化要求,推动不同领域的语言文字规范化标准化建设。对于市场主体名称、商标名称、广告用语用字等,要创新监管服务方式,探索综合执法机制,促进语言文字的规范使用。

二、在教育公平上迈出更大步伐

我国教育事业取得长足进步,但仍存在资源配置不均衡、高质量教育供给不足等短板和问题,迫切需要全面落实新发展理念,用心用情用力解决好群众在教育领域的"急难愁盼"问题,着力构建优质均衡的基本公共教育服务体系,不断增进群众教育获得感。

一要推动城乡义务教育一体化发展。目前,全国96.8%的县

（市、区）通过了义务教育基本均衡发展国家督导评估认定。下一步的主要任务是推动从基本均衡向优质均衡发展。农村学校要加快补齐办学条件短板，着力提高教学质量，加强乡村小规模学校和乡镇寄宿制学校建设，落实好"四个不摘"要求（脱贫过渡期内摘帽不摘责任、摘帽不摘政策、摘帽不摘帮扶、摘帽不摘监管），巩固教育脱贫攻坚成果。现在，全国义务教育阶段辍学学生由台账建立之初的约60万人降至682人，其中20多万建档立卡辍学学生实现动态清零。要健全责任体系，不断缩小城乡教育资源差距，进一步巩固控辍保学成果。

随着城镇化进程的推进，越来越多的孩子到城镇就学，加剧了学位供给紧张的矛盾。要加快城镇学校扩容增位，巩固消除义务教育大班额专项计划成果。要深入推进普通中小学招生入学改革，落实义务教育"公民同招"和免试就近入学政策，完善公办民办学校一视同仁、互不享有特权的招生入学机制。现在，全国义务教育在校生中进城务工人员随迁子女超过1400万，要健全以居住证为主要依据的入学政策，提高进城务工人员子女在公办学校（含政府购买学位）就读比例。

二要进一步提高学前教育入园率。办好学前教育、实现幼有所育，是重大民生工程。从2011年起，我国先后实施了三期学前教育行动计划，有力缓解了"入园难"、"入园贵"。2020年已实现学前三年毛入园率85%、普惠园覆盖率80%的阶段性目标。今年要启动实施第四期学前教育行动计划，多措并举扩大普惠性学前教育资源供给，完善普惠性学前教育保障机制，落实公办园生均公用经费标准或生均财政拨款标准，建立收费标准动态调整机制。民办园是发展学前教育的重要力量，但2020年受疫情影响，很多民办园遇到不少困难，各地出台了不少帮扶政策。要健全投入和成本分担机制，落实普惠性民办园补助标准，鼓励各地在财政补助、租金减免、税费优惠、金融支持等方面完善政策措施，支持社会力量办园。

三要鼓励高中阶段学校多样化发展。现在高中阶段毛入学率已达91.2%,要在提高普及水平基础上,解决好普通高中发展模式单一等问题。办好办强公办普通高中,全面加强县域普通高中建设。合理安排高中三年各学科课程,开齐开足体育与健康、艺术、综合实践活动和理化生实验等课程,加强学校特色课程建设,积极开展社团活动,因地制宜、有序实施选课走班,满足学生不同发展需要。深化课堂教学改革,积极探索基于情境、问题导向的互动式、启发式、探究式、体验式等课堂教学,培养学生学习能力和创新素养。

四要深化考试招生制度改革。今年第三批高考综合改革、共8个省市新高考即将落地,全国实施新高考的省份将达到14个。要总结完善前期改革试点经验,精心制定"3+1+2"选考模式的考试和录取方案,稳妥做好招生录取工作。继续实施国家支援中西部地区招生协作计划,将招生计划增量向中西部地区和考生大省倾斜。继续实施重点高校招收农村和贫困地区学生专项计划。深化考试内容改革,树立立德树人的鲜明导向,进一步体现德智体美劳全面发展要求,创新试题形式,增强开放性、灵活性,加强对学生关键能力的考察。完善高职院校"分类招考"制度,健全职普融通制度,改进"文化素质+职业技能"考试招生办法。加快完善高中学生综合素质档案建设和使用办法,客观记录学生成长过程,大力推进在有关特殊类型招生中参考使用综合素质档案,改变简单以考试成绩评价学生的做法。

三、增强教育服务经济社会发展能力

推动高质量发展、全面建设社会主义现代化国家,迫切需要教育更好发挥基础性、先导性、全局性作用,培养更多适应高质量发展、高水平自立自强的各类人才。

一要加快发展现代职业教育。近年来,国家把职业教育作为教育改革的突破口,取得了丰硕成果;但与经济社会发展的需求相比还有很大差距。今年要完成高职扩招"三年行动"目标,在招生规模扩大的同时,要强化学校管理、教师队伍建设和教育教学改革,牢牢守住质量这条职业教育的生命线。专业特色是职业院校的核心竞争力,部分职业院校盲目"追热点"、超规模办学,反而弱化了行业特色。要增强职业教育适应性,深化产教融合、校企合作,推动职业教育提质培优,优化职业教育结构与布局,构建新时代中国特色现代职业教育体系。建立专业设置动态调整机制,推动建立与产业分布形态相适应的专业布局。继续深化教师教材教法改革,制定"双师型"教师标准,引导地方完善教师招聘、专业技术职务评聘和绩效考核标准,鼓励校企合作共同开发职业教育教材,及时将新技术、新工艺、新规范纳入教材,全面总结现代学徒制试点经验,扭转"理论灌输多、实操实训少"的局面。要落实德技并修、工学结合育人机制,深入实施职业技能等级证书制度,促进职业院校将证书培训内容有机融入人才培养方案,建立退出机制、提高证书"含金量",鼓励学生积极考取多类证书,增强就业创业能力。要持续深化职教改革,发挥好国家产教融合建设试点的带动作用,落实组合投融资和财政等政策激励,对产教融合实训基地给予中央预算内投资支持,允许符合条件的试点企业在岗职工以工学交替等方式接受高等职业教育,激励更多企业兴办职业教育。

二要推进高等教育提质创新。经过多年努力,我国高等教育毛入学率已达到 54.4%、进入普及化阶段,必须在规模扩大的同时更加重视人才培养质量的提升。学科专业是人才培养的基础。为更好服务经济社会发展,近五年全国 332 所高校已自主撤销 1663 个、增加 1046 个博士硕士点。下一步,高校要主动对标新发展格局的需要,加快优化学科专业结构,加强基础学科和前沿学科建设,发展新兴交叉学科。要从我国改革发展实践中提出新观点、构建新理论,努力构建具有中国特色、中国风格、中国气派的学科体系、学术体系、话语体系。分类建设一流大学和一流学科，引导高校有所为、有所不为，打造特色学科，通过一流学科带动其他学科乃至学校整体发展。要优化人才培养结构，推进应用型本科高校发展，全面振兴本科教育，扎实推进新工科、新农科、新医科、新文科建设，探索基础学科本硕博连读培养模式，加快培养理工农医类专业紧缺人才，培养更多创新型、应用型技能型人才。目前，研究生教育已形成了学术学位和专业学位分类发展的格局，专业学位硕士招生超过60%，但仍有缺口，要继续扩大规模；博士专业学位也要稳步推进，在学科设置、招生名额、经费投入等方面予以保障。要根据学位类型的不同推进分类评价，对学术学位侧重学术能力评价，对专业学位侧重评价实践创新能力。要优化区域高等教育资源布局，激发内生动力和发展活力，推动中西部高等教育振兴。

三要加快建设终身学习体系。适应群众多样化教育需求，发挥在线教育优势，构建学习方式更加灵活、资源更加丰富、学习更加便捷的终身学习体系。改造融合各种学历继续教育形式，推进开放大学改革发展，建立健全"学分银行"，开展不同类型学习成果认定与转换。启动实施第三期特殊教育提升计划，以适宜融合为目标，巩固提高特殊教育普及水平。近年来我国在线教育发展较快，疫情期间保障了近2亿中小学生"停课不停学"。近年来我国网络本专科注册和毕业人数均居世界第一。要利用新一代信息技术赋能终身学习，完善国家数字教育公共服务体系，打造更多高水平在线课程，促进各级各类学习平台资源共享，加强数字教育资源监管，更好支持线上线下、虚拟现实等多场景学习，促进在线教育健康发展。

四、全面深化教育领域综合改革

要紧扣落实立德树人根本任务深化教育改革，聚焦教育改革的新特点新任务，不断破解制约教育事业发展的体制机制障碍，为高质量发展增添活力动力。

一要推动教育评价改革落地见效。落实《深化新时代教育评价改革总体方案》，以教育评价改革为牵引，统筹推进育人方式、办学模式、管理体制、保障机制改革。改革党委和政府教育工作评价，推进科学履行职责；改革学校评价，推进落实立德树人根本任务；改革教师评价，推进践行教书育人使命；改革学生评价，促进德智体美劳全面发展；改革用人评价，共同营造教育发展良好环境。推动出台初中及普通高中综合素质评价实施指南、义务教育质量评价指南、幼儿园保教质量评估指南等配套政策，深化高校教师职称制度改革，营造良好改革氛围，带动全社会形成科学的选人用人理念。

二要加强教师队伍建设。有高质量的教师队伍，才会有高质量的教育。在各方面的共同努力下，2020年全国各县（市、区）均实现了义务教育教师平均工资收入水平不低于当地公务员的目标。要健全工资保障长效机制，确保教师工资收入随公务员动态调整。改善乡村教师待遇，继续实施乡村教师生活补助政策，对长期扎根乡村的教师给予奖励。今年将全面推开中小学教师资格考试制度改革，深化教育类研究生和公费师范生免试认定教师资格改革，建立师范生教学能力考核制度，研究完善中小学岗位设置管理，畅通教师发展通道。教师教育的质量直接影响教育事业的发展。要实施新时代强师计划，加大对师范院校支持力度，以评价改革引导师范院校聚焦师范主业，继续实施中小学幼儿园教师国家级培训计划，加强中西部欠发达地区教师定向培育和精准培训，深入实施乡村教师支持计划。要把师德师风建设摆在首要位置，严把入口关、考核关、监督关、惩处关，落实好教师职业行为准则，引导教师把更多精力投入教书育人。要大力弘扬尊师重教的社会风尚，着力打造有理想信念、有道德情操、有扎实学识、有仁爱之心的高素质教师队伍，推动形成优秀人才竞相从教、广大教师尽展其才、好老师不断涌现的良好局面。

三要提高教育督导的质量和水平。教育督导是教育法规定的一项基本教育制度，必须有权威、有手段、有成效。要深化教育督导管理体制改革，健全机构设置，创新工作机制，充实督导力量，确保负责教育督导的机构独立行使职能，加强督学队伍建设。要聚焦教育改革发展目标，重点督导德智体美劳全面发展教育方针的贯彻落实情况，对教师、学生、学校的评价情况，教育经费的投入情况等，集中力量解决那些牵一发而动全身的重点难点问题，以点带面放大督导效应。深化问责机制改革，完善报告、反馈、整改、复查、激励、约谈、通报等制度，增强督导实效性。对群众反映强烈的突出问题，对打着教育旗号侵害群众利益的行为，要紧盯不放，坚决改到位、改彻底。

四要规范校外培训。规范校外培训的目的，是减轻中小学生过重负担、家庭教育支出和家长相应精力负担。要坚持源头治理、系统治理、严格治理，对培训机构的办学条件、培训内容、教材教案、收费管理、教师资质等全方位提出要求。要调整完善校内教育教学安排，切实解决好学校内、课堂内教不到位的问题。提升中小学课后服务水平，鼓励学校充分利用空间、时间和资源优势，开展丰富多彩的课后服务，努力在校内满足学生的多种学习需求。

五要高水平推进教育对外开放。教育开放是对外开放的重要内容，有力促进了我国教育水平的提升和世界不同文明的交流互鉴。要深入实施共建"一带一路"教育行动，促进中外人文交流。进一步加强与世界各国高水平大学和科研机构的合作，鼓励中外高校通过学分互认、学位互授联授等形式联合培养高水平人才。支持海南自由贸易港、粤港澳大湾区、长三角地区、雄安新区先行先试，在吸引世界一流教育资源和科研力量方面开展国际合作。支持中西部地区、东北地区与周边国家、"一带一路"沿线国家扩大教育交流合作。要全面推进教育开放提质增效，加大中外合作办学改革力度，深化国家公派出国留学体制机制改革，深入参与全球教育治理，提升我国教育国际影响力。

全面推进健康中国建设

王 汉 章

习近平总书记强调,要把保障人民健康放在优先发展的战略位置,坚持基本医疗卫生事业的公益性,加快实施健康中国行动,织牢国家公共卫生防护网,推动公立医院高质量发展,为人民提供全方位全周期健康服务。李克强总理在十三届全国人大四次会议上所作的《政府工作报告》中,对全面推进健康中国建设作出了明确部署和安排。要深刻认识全面推进健康中国建设面临的新形势新要求,深入贯彻落实党中央、国务院的决策部署,不断增进人民群众健康福祉。

一、全面推进健康中国建设面临新形势新挑战

2020年是新中国历史上极不平凡的一年,也是卫生健康事业发展史上具有特殊重要意义的一年。面对百年不遇的新冠肺炎疫情,党中央始终坚持人民至上、生命至上,习近平总书记亲自指挥、亲自部署,带领全党全国各族人民迅速打响了疫情防控的人民战争、总体战、阻击战,取得了武汉保卫战、湖北保卫战决定性成果,有效处置局部地区聚集性疫情,夺取了全国抗疫斗争重大战略成果。在毫不放松抓好常态化疫情防控的同时,统筹抓好卫生健康各项事业的改革发展,深入推进健康中国行动,深化医疗、医保、医药三医联动改革,扎实做好健康扶贫工作,确保"十三五"确定的各项目标任务圆满完成。五年来,在以习近平同志为核心的党中央坚强领导下,我国卫生健康事业取得新的巨大成就,人均预期寿命从2015年的76.3岁提

高到 2019 年的 77.3 岁,孕产妇死亡率、婴儿死亡率分别从 2015 年的 20.1/10 万、8.1‰降至 2020 年的 16.9/10 万、5.4‰,主要健康指标居于中高收入国家前列,个人卫生支出占卫生总费用的比重降至 28.4%。这为增进民生福祉奠定了坚实基础,为如期全面建成小康社会、实现第一个百年奋斗目标提供了坚强支撑。

"十四五"规划《纲要》强调,要全面推进健康中国建设,明确提出构建强大公共卫生体系,完善城乡医疗服务网络,扩大医疗服务资源供给,健全全民基本医保制度,人均预期寿命再提高 1 岁的目标要求。这表明我国卫生健康事业将在新起点上向高质量发展迈进,需要站在全局高度,充分认识卫生健康事业发展面临的新形势新要求。

(一)社会主要矛盾的变化对卫生健康事业发展提出了新的更高要求。中国特色社会主义进入新时代,社会主要矛盾已经转化为人民日益增长的美好生活需要和不平衡不充分的发展之间的矛盾。当前,卫生健康事业发展总体上还没有完全适应我国主要矛盾的变化,集中体现在发展质量上。从需求侧看,随着我国迈入中高收入国家行列,人民群众对美好生活有了新期盼、对卫生健康提出了新要求,不仅要求均等化提供安全、有效、方便、价廉的基本医疗卫生服务,也希望提供多样化、个性化、高品质的卫生健康服务。从供给侧看,现阶段医疗卫生机构发展方式还比较粗放,精细化管理不够,服务质量有待提高。这些都需要把提高卫生健康事业发展质量摆在更加突出的位置,推动各级各类医疗卫生机构发展从规模扩张型转向质量效益型,从粗放管理转向精细管理,进一步提高医疗服务质量和效率。同时鼓励新技术、新药品、新设备的研发应用和新业态发展,增加优质服务供给,提高医疗卫生服务供给体系对需求的适配性。

(二)防范化解重大风险、维护国家安全对卫生健康事业发展提出了新的更高要求。卫生健康事业不仅是医疗卫生问题,而且是涉及经济社会发展全局的重大公共安全问题。这次新冠肺炎疫情给人民健康、国家安全、国际政治带来重大挑战,在以习近平同志为核心的党中央坚强领导下,我们在较短时间内有效控制疫情,有力维护了人民生命安全和身体健康。传染病始终是人类健康的重大威胁,近年来,全球新发、突发传染病疫情不断涌现,相继暴发了非典、甲型H1N1流感、高致病性H7N9禽流感、中东呼吸综合征、登革热、埃博拉出血热等重大传染病疫情。还要看到,一些已经控制或消除的传染病仍面临反弹风险,核辐射和生物恐怖威胁也不容忽视。从新冠肺炎疫情防控看,我国在重大疫情防控体制机制、公共卫生应急管理体系等方面还存在的明显短板,与有效应对复杂多变的公共卫生安全形势还有不小差距。要从维护国家公共安全的高度,加快推进健康中国建设,大力发展公共医疗卫生事业,提高公共卫生治理能力和水平,筑牢国家公共卫生安全屏障。

（三）人口老龄化进程加快对卫生健康事业发展提出了新的更高要求。"十四五"时期,我国60岁以上老年人口年均增长1150万,远高于"十三五"时期的740万,65岁以上人口占比超过14%,将从轻度老龄化进入到中度老龄化,这将对我国经济、社会、文化、卫生健康及国家综合实力产生深远影响。健康不仅是老年人生活幸福的基础,也可以有效减轻家庭和社会负担。当前,我国人均预期寿命77.3岁,而健康预期寿命68.7岁。也就是说,老年人有8年多的时间是"带病生存"。现在,经常性卫生费用中,用于治疗的医疗费用约4万亿元,其中40%都用于老年人。全面推进健康中国建设是积极应对人口老龄化的重要内容,需要进一步完善社会保障、健康养老等重大政策和制度,大幅增加老年医疗卫生和医养结合服务供给,让老年人更健康、更快乐、更幸福。

二、扎实推进健康中国建设各项任务落地见效

做好今年卫生健康工作,要坚持卫生健康事业的公益性,树立大卫生大健康的理念,统筹新冠肺炎疫情防控和各项卫生健康事业发

展,更加精准地出台改革方案,更加全面地完善制度体系,切实推动卫生健康事业发展从以治病为中心向以人民健康为中心转变,不断增强人民群众的获得感、幸福感、安全感。

(一)**深入推进健康中国行动**。当前,我国面临着传统传染病和慢性疾病的双重威胁。除了要防控新冠肺炎疫情外,每年报告的其他各类传染病超过 1000 万例;慢性疾病方面,全国心脑血管疾病超过 2.6 亿,恶性肿瘤每年新发病例超过 300 万,还有儿童肥胖、近视问题非常突出。解决这些问题,靠治疗是难以持续也负担不起,关键是要坚持预防为主,这是最经济最有效的健康策略。实施健康中国行动是转变卫生健康理念、坚持预防为主的具体行动。这项工作已经明确了 15 个专项行动,要细化分解,明确落实的时间表、路线图,把各项行动与疫情防控、深化医改紧密结合起来,互为联动、相互促进。要针对人民群众主要健康问题和影响因素,完善国民健康促进政策,普及健康知识,加强精神卫生和心理健康服务,引导人们养成良好的行为和文明健康的生活方式。要深入推进爱国卫生运动,总结新冠肺炎疫情防控经验,创新方式方法,丰富工作内涵,推动从单纯的环境卫生治理向全面社会健康管理转变,从源头上预防和控制重大疾病。要加强全民健身公共服务体系建设,推进实施新一轮全民健身计划,提升全民健康素养。

预防控制重大疾病是实施健康中国行动的重要内容。要继续毫不放松地抓好疫情防控工作,进一步巩固防控成果。要针对各种疾病人群的特点,分类制定防控方案,因病施治,精准施策,逐步扩大疾病病种和人群覆盖面。艾滋病、地方病、职业病和癌症等是当前影响人民健康的重大疾病,2019 年国家制定了三年专项行动计划,要按照既定目标任务加快推进,确保如期完成。同时,要根据疾病谱的结构变化,再梳理出一批涉及人群数量大、对健康危害重、覆盖面广的重大疾病,制定干预方案,做到各个击破。儿童青少年近视呈现高发、低龄化趋势,严重影响孩子们身心健康,这是一个关系国家和民族未来的大问题。除了要加强学生日常防护外,还要组织专家从临床治疗的角度研究有效措施,尽快把近视率给降下来。

(二)**改革完善疾病预防控制体系**。这次新冠肺炎疫情防控,各级疾控机构发挥了重要作用,但在特大疫情面前,也暴露出能力不强、机制不活、动力不足、防治结合不紧密等问题。这些也是老问题,现在到了下决心解决的时候了。改革完善的基本方向和思路是更加突出预防为主,着重在理顺体制机制、优化功能定位、提升专业能力等方面加大改革力度,完善公共卫生重大风险评估、研判、决策机制,进一步强化疾病早期监测预警、流调溯源、实验室检测、应急处置、健康宣教等方面的能力,改善疾病控制的基础条件,加快建成以国家、省、市、县四级疾控中心和各类专科疾病防治机构为骨干,医疗机构为依托,基层医疗卫生机构为网底,军民融合、防治结合的疾控体系。国家疾控机构要加强科研技术攻关、应急处置能力、专业人才储备等方面建设,切实发挥全国疾控机构领头雁作用。今年基本公共卫生服务经费人均财政补助标准再增加5元,要完善公共卫生服务项目内容,强化基层公共卫生体系,提高防治结合和健康管理能力。要按照平战结合原则,推动建立稳定的公共卫生事业投入机制。

创新医防协同机制是改革完善疾控体系的重要内容,要打破"医"、"防"之间的各种壁垒,建立人员相通、信息共享、资源共用、监督制约的体制机制,特别要强化医疗机构的疾病预防控制职能。要推进城市公共设施应对重大疫情防控"平战"两用改造试点,健全医疗应急物资储备制度。疫情防控医疗卫生机构不能单打独斗,要发挥好各方面的力量和优势,健全应急状态下的人民群众动员机制和社会参与协调机制,打造专群结合、群防群控公共卫生防控网。

(三)**加快构建分级诊疗体系**。当前,我国医疗资源配置不均衡,优质医疗资源大都集中在大城市、大医院,群众患大小病都到这些地方就诊,不仅导致看病难,还增加了额外非医疗支出,加剧了看病贵。深化医改要着力加大医疗服务供给侧结构性改革力度,推动优质医疗资源扩容和区域均衡布局,加快构建分级诊疗体系。2019年国家依托北京、上海、广东等地三甲医院,着手在患者流出多、医疗资源相对薄弱省份建设了10个区域医疗中心,既培养了人才、提升了医疗水平,也改善了就医流向,减少群众跨区域就医,缓解了大城市大医院的就医压力。今年将新增建设8个,要在人才、技术和服务品牌输出的基础上,注重体制机制创新,探索适合区域医疗中心发展的管理新模式。同时,支持引导各省参照这个模式推进在省内建设区域医疗中心,进一步扩大改革效果。要大力发展远程医疗服务,加快提升远程医疗装备保障能力,继续支持高速宽带网络覆盖城乡各级医疗机构,完善医保远程医疗定价和支付政策,确保远程医疗服务可持续发展。

医疗联合体特别是紧密型医疗联合体,是促进资源下沉、提升基层服务能力的重要手段。截至2019年年底,全国各类医疗联合体数量达到1.2万余个,有7800多家社会办医疗机构加入医疗联合体。要加强经验总结,合理规划医疗联合体服务区域网格布局,整合网格内医疗卫生资源,建立利益共享机制,为居民提供疾病预防、诊断、治疗、营养、康复、护理、健康管理等一体化、连续性医疗卫生服务。要继续实施县医院提标扩能工程,再推动一批县医院标准化建设,再建一批群众认可的社区医院,着力提升基层医疗卫生服务能力,扎实稳妥推进家庭医生签约服务,形成基层首诊、双向转诊、急慢分治的就医秩序。要深化公立医疗机构改革,加强管理考核,推动高质量发展。在疫情防控期间,要优化预约诊疗、增加发热门诊、延长服务时间等措施,努力让大病、急难病患者尽早得到治疗。要加大人事薪酬改革力度,推动编制统一核定、统筹使用,在县域实行"县管乡用"、"乡管村用",促进人才有序向基层流动。

(四)提升全民基本医保的保障水平和服务效率。今年,国家对城乡居民基本医保继续加大投入力度,人均财政补助标准新增30元。在财政收支矛盾突出的情况下,仍继续提高基本医保补助标准,实属不易，一定要用好宝贵资金，把钱花在刀刃上。要稳步提高医保统筹层次，在做实地市级统收统支的基础上，有序推进省级统筹。要改革职工医保个人账户，稳妥推进职工基本医疗保险门诊共济保障机制建设，逐步将多发病、慢性病等门诊用药费用纳入统筹基金报销，补齐门诊保障短板。这项改革涉及3亿多参保人切身利益，要科学设计，精心谋划，确保群众受益。要持续深化医保支付方式改革。DRG（按疾病诊断相关分组付费）和DIP（按病种分值付费）是国家给出的两套住院支付方式改革方案，目的都是减少按服务项目付费，引导医院改变运行机制。要因地制宜、实事求是确定支付方式并持续推进，年底前所有DRG和DIP试点城市全部实现实际付费。要推动门诊支付方式改革和县域医共体付费改革，从糖尿病、高血压、慢性肾衰等治疗方案和评估指标明确的慢性病入手，探索结合家庭医生签约服务与按人头付费。同时，要进一步细化经办管理服务，加强监督考核，完善激励机制。深化医保基金监管制度改革，守好人民群众的"保命钱"、"救命钱"。要完善异地就医直接结算机制，确保年底前全国基本实现门诊费用跨省直接结算。

要积极推进制度化常态化实施药品耗材集中招标采购。经过两年多探索，集中带量采购思路日趋清晰，工作机制日趋成熟。下一步要巩固改革成果，进一步扩大采购的品种和范围，重点针对国家组织集采以外、费用排名前500位的药品品种，规范开展集中带量采购，探索非过评化药（未通过仿制药质量和疗效一致性评价的化学类药品）、生物药集中带量采购。探索构建联盟采购机制，分层、分类、分批开展高值医用耗材集采。完善省级平台阳光挂网采购制度，规范挂网撤网规则，促进信息联动，逐步实现全网采购。落实医保资金结余留用政策，激励医疗机构和医务人员多使用中选产品。密切监测中选产品供应和回款情况，畅通中选产品进入医院渠道，确保供应及时、患者享受降价实惠。要持续强化药品疫苗质量安全监管，完善信息追溯体系，守住质量安全底线。继续做好短缺药品保供稳价工作，维护市场正常秩序。

（五）**促进中医药事业加快发展**。中医药是中华民族在长期实践和同疾病斗争的经验积累中，逐步形成独树一帜的医学科学。这次抗击新冠肺炎疫情，在没有特效治疗药物的情况下，中医药深度介入、全程使用，为控制疫病流行，提高治愈率、降低病亡率发挥了关键性作用。现在，人们对中医药有了新的认识，中医药事业发展迎来了新的机遇，要乘势而上、加快发展。

当前，中医药发展面临的困境，根本原因是还没有建立起符合中医药自身规律、具有中医药特点的制度体系，在医疗服务流程、人才培养评价、医保支付政策、药品审批审评、科研立项等方面往往简单套用西医药的标准和政策。中医药要做好守正创新、传承发展工作，建立符合中医药特点的服务体系、服务模式、管理模式、人才培养模式。要加快实施中医药振兴发展工程，推出中医诊疗优势病种和适宜技术，制定自成体系的规范标准。要建立中药质量评价体系，实施中药质量专项提升行动，打造知名中药品牌。这次疫情防控，探索形成了中西医同查房、同会诊、同治疗等机制，打破了门户偏见和壁垒。要总结推广这些经验，扩大到更多地区、覆盖更多病种，形成中西医并重、中医药并用的良好氛围，共同保障好人民群众健康。

（六）**加强人才队伍建设**。高素质医疗卫生人才短缺是卫生健康事业发展的突出短板。目前，OECD 国家执业医师每千人口 3.52 人、注册护士 8.77 人，而我国是 2.9 人、3.35 人。要深化医教协同改革，重点加强公共卫生、重症、感染、麻醉、儿科、全科等专业人才培养，提高中医类专业经典课程比重，加快高层次复合型医学人才培养。要继续为中西部乡镇卫生院培养本科定向医学生，为村卫生室和边远贫困地区乡镇卫生院培养一批高职定向医学生。加大高职院校招收护理专业力度。"十四五"期间，要使我国医疗卫生人才在数量、质量上都能得到大幅提升，更好适应人民健康需求和卫生健康事业发展需要。

加强基本民生保障

孙 慧 峰

民生是人民幸福之基、社会和谐之本。习近平总书记强调,要着力补齐民生短板,破解民生难题,兜牢民生底线。李克强总理在十三届全国人大四次会议上所作的《政府工作报告》中,对加强基本民生保障作出重要部署。我们要深入学习领会,认真贯彻落实。

一、进一步健全养老保险制度,确保养老金按时足额发放

我国基本养老保险制度覆盖近 10 亿人,是社会保障体系的重要组成部分,也是维护社会公平、增进民生福祉的一项重要制度安排。今年要围绕健全养老保险制度、确保养老金按时足额发放,重点抓好以下工作。

提高退休人员基本养老金。养老金是退休老年人基本生活的重要保障。要坚持尽力而为、量力而行,随着经济社会发展合理提高基本养老金水平。从 2005 年开始,我国连续多年上调企业退休人员基本养老金,其中 2018 年以来每年按平均 5% 的幅度进行调整。考虑到物价和工资上涨等因素,《报告》明确,今年要继续提高退休人员基本养老金,这将惠及超过 1.2 亿退休人员。基本养老金调整总体上采取"定额调整、挂钩调整与适当倾斜相结合"的办法,定额调整是对退休人员按统一的标准增加基本养老金,体现社会公平;挂钩调整是与本人缴费年限、基本养老金水平等因素挂钩,体现鼓励参保缴

费的激励机制;同时对高龄退休人员等进行倾斜,适当提高调整水平,体现重点关怀。目前我国养老保险基金累计结余4.7万亿元;结存的基金投资运营规模不断扩大,在保证安全的前提下实现了保值增值;通过划转部分国有资本等途径,全国社会保障战略储备基金更加充实、达到2.4万亿元;同时,我国养老保险基金当期收支能够平衡且略有结余,各级财政补助力度持续加大。对部分基金收支缺口较大甚至已经"穿底"的省份,通过加大基金中央调剂力度等措施给予适当支持。要进一步压实地方政府责任,切实加强基金收支管理,做好资金安排,确保养老金按时足额发放。

推进基本养老保险全国统筹。社会保险统筹层次越高,互济性和抗风险能力就越强。国际上养老保险制度比较完善的国家,大部分实行全国统筹,由中央政府统一建立养老保险制度,政策全国统一,预算统一编制,基金统一征收、管理和运营,待遇统一支付,并且由自上而下垂直管理的机构统一提供经办服务。改革开放以来,我国企业职工基本养老保险制度不断改革完善,覆盖面不断扩大,但由于统筹层次较低,随着城镇化加速推进、人口老龄化加快发展、人口向东部沿海发达地区加速流动,地区间基本养老保险基金收支不平衡、负担畸轻畸重的问题进一步凸显,对养老保险制度完善和可持续发展提出新的挑战,必须推动尽快实现全国统筹。截至2020年年底,我国所有省份均已实现养老保险基金省级统收统支。今年要在对各地省级统筹验收的基础上,推动继续规范统一养老保险参保缴费、待遇计发和调整等政策,制定与全国统筹相适应的经办和信息系统,确保如期启动实施全国统筹。

推动全国统筹的一项重要举措是加大基金中央调剂力度。2018年我国建立了企业职工基本养老保险基金中央调剂制度,截至2020年年底,上解比例已提高到4%,全年调剂金总规模约7400亿元,其中跨省调剂的基金达1768亿元,有效均衡了地区间基金收支结构性矛盾。今年要继续提高中央调剂比例,加大调剂力度,提高中央调剂基金的使用效率,进一步加大对企业养老保险基金收支困难省份的支持力度。

规范发展第三支柱养老保险。发展多层次、多支柱的养老保险体系,是积极应对人口老龄化、促进养老保险制度可持续发展的重要举措,有助于形成政府、单位和个人合理分担养老责任的机制,体现公平和效率的统一。国际经验也表明,多层次的养老金体系更具风险可控性和可持续性。目前我国养老保险体系发展还不完善不均衡。其中,基本养老保险制度基本健全,企业年金、职业年金制度初步建立,但第三支柱养老保险发展迟缓,成为突出的短板。近年来,有关部门对第三支柱养老保险进行系统谋划、整体设计,已经形成初步思路。总的考虑是,建立以账户制为基础、个人自愿参加、国家财政从税收上给予支持,实行市场化运营的个人养老金制度。下一步要抓紧推动个人养老金制度建设,同时注重发挥商业保险作用和优势,创新发展商业养老保险产品和服务,努力满足人民群众多样化需求、更好保障老有所养。

完善全国统一的社会保险公共服务平台。随着"互联网+政务服务"深入推进,社会保险公共服务的信息化建设不断加强,但相关平台管理分散、信息系统繁杂、服务标准不统一、业务协同困难等问题也开始凸显。目前,全国统一的社会保险公共服务平台已经初步建立,主要是以全国一体的社会保险经办服务体系和信息系统为依托,以社会保障卡为载体,以实体窗口、互联网平台、电话咨询、自助查询等多种方式为服务手段,为参保单位和参保人员提供全网式、全流程的方便快捷服务。在此基础上,要按照党的十九届五中全会部署要求,进一步完善这一平台,积极整合经办资源,创新服务模式,优化业务流程,推动地方信息平台与国家社会保险公共服务平台应接尽接、网上服务事项应上尽上。持续推动省以下社会保险公共服务资源整合和综合柜员制度服务,推出更多全国性、跨地区社会保险便民服务。

二、织密扎牢民生保障安全网，
坚决兜住困难群众民生底线

保基本、兜底线是各级政府的重要职责。我国有 4800 多万城乡低保对象和特困供养人员，还有许多残疾人、孤儿、受灾群众、失业人员、优抚对象等，要切实强化对困难群众的救助帮扶，把托底的民生保障网扎得更密更牢，努力做到应兜尽兜、应救尽救。

分层分类做好社会救助。社会救助事关困难群众基本生活。2020 年 4 月，中共中央办公厅、国务院办公厅印发了《关于改革完善社会救助制度的意见》，明确"健全分层分类、城乡统筹的中国特色社会救助体系"。所谓"分层分类"，是根据救助对象的困难程度和致困原因划分为三个救助圈层，分别给予相应的基本生活救助、专项救助、急难社会救助，形成多层次的分类救助体系。所谓"城乡统筹"，就是要加快实现城乡救助服务均等化，逐步缩小城乡差距。今年要以落实《意见》为抓手，扎实做好社会救助各项工作。要加强对困难群众的基本生活救助，对低收入家庭中的重度残疾人、重病患者等特殊困难人员，可参照"单人户"纳入低保，将特困救助供养覆盖的未成年人年龄从 16 周岁延长至 18 周岁。目前有 1936 万原建档立卡贫困人口通过兜底保障脱贫，其中近 70% 是老年人、未成年人、重病重残人员，他们无法通过产业扶持和就业帮助获得稳定收入，要继续做好社会救助兜底保障，并按困难类型给予专项救助、急难救助，确保真正兜住底。健全脱贫地区低保标准制定和动态调整机制，加大标准制定的省级统筹力度。针对过去一定程度上存在的"重物质救助、轻服务救助"现象，要积极探索"物质+服务"的救助方式，立足救助对象面临的实际困难和需求，为他们提供走访探视、生活照料、心理慰藉、社会融入等服务。强化急难社会救助功能，防止发生冲击社会道德底线的事件。对支出型困难群众、受疫情灾情影响的困难群众等及时给予救助帮扶。进一步完善社会救助和保障标准与物价上涨挂钩联动机制，根据物价上涨情况及时启动。同时，还要健全社会救助家庭经济状况核对机制，建立完善主动发现机制，全面推行"一门受理、协同办理"，优化审核确认程序，不断增强社会救助的可及性和时效性。

继续实施失业保险保障扩围政策。为应对新冠肺炎疫情等对就业的严重影响，防范规模性失业风险，更好保障失业人员基本生活，2020年先后出台实施多项失业保险扩围措施，加大了保障力度。一是延长大龄失业人员领金期限。对领金期限届满仍未就业且距法定退休年龄不足1年的城镇失业人员，继续发放失业保险金直至退休年龄。实际上就是对大龄失业人员全数予以托底保障。二是阶段性实施失业补助金。2020年3月至12月，对领取失业保险金期满仍未就业以及不符合领金条件的参保失业人员，按不高于当地失业保险金的80%的标准，发放6个月的失业补助金。三是阶段性扩大失业农民工保障范围。2020年5月至12月，对参保不足1年的农民工，参照参保地城市低保标准，按月发放不超过3个月的临时生活补助。通过扩围使失业保险保障扩大至城乡所有参保失业人员，真正实现全覆盖。扩围的效果也很明显，2020年共有1337万人领取不同项目的失业保险待遇，比2019年增加了841万人。考虑到当前新冠肺炎疫情仍在全球蔓延，世界经济复苏不稳定不平衡，我国经济恢复基础尚不牢固，居民消费仍受制约，中小微企业和个体工商户困难较多，稳就业压力较大，仍需加强对失业人员的保障。为此《报告》明确，今年继续实施失业保险保障扩围政策。要抓紧抓实扩围政策落地见效，做好政策衔接、经办优化、资金安排等工作，确保政策不断档、申领不扎堆，确保失业人员待遇应发尽发，切实保障他们的基本生活。

加强军人军属、退役军人和其他优抚对象优待工作。军人军属、退役军人和其他优抚对象，为国防和军队建设作出了重要贡献，应当得到国家和社会的优待。首先要保障好他们的基本生活。我国已连续多年较大幅度提高优抚对象抚恤和生活补助标准，今年要继续提高这一标准，健全抚恤补助标准动态调整机制，不断完善抚恤、补助、援助等政策。对因生活发生重大变故遇到突发性、临时性特殊困难的优抚对象，在享受社会保障后仍有困难的，按规定给予必要的帮扶援助。目前，对优抚对象的优待项目已扩展到生活、养老、医疗、住房、教育等8个方面116项，优待范围由重点特定群体逐步扩大到全体退役军人。要坚持现役与退役衔接、优待与贡献匹配、关爱与管理结合、当前与长远统筹，加强统筹规划，逐步拓展优待领域、丰富优待内容，不断完善优待工作体系。同时，要健全退役军人工作体系和保障制度，扎实做好退役军人就业安置、服务保障、权益维护等工作，努力让退役军人成为全社会尊重的人、让军人成为全社会尊崇的职业。

健全帮扶残疾人、孤儿等社会福利制度，加强残疾预防，提升残疾康复服务质量。近年来，我国全面建立了困难残疾人生活补贴和重度残疾人护理补贴制度、残疾儿童康复救助制度，孤儿基本生活保障不断加强，首次将事实无人抚养儿童纳入保障范围，相关福利体系不断完善。下一步，要加快建立残疾人"两项补贴"标准动态调整机制，大力推进重度残疾人社会化照护服务，加强精神卫生福利机构建设。康复是提高残疾人生活质量、增强残疾人发展能力的重要举措。目前，残疾人康复服务供给不足的矛盾还比较突出，特别是农村和偏远地区康复服务更为薄弱。要认真贯彻"预防为主、预防与康复相结合"的方针，扎实做好全人群全生命周期残疾预防工作，努力控制残疾发生和发展。围绕实现残疾人"人人享有康复服务"的目标，继续大力开展精准康复行动，全面实施残疾儿童康复救助制度，多渠道扩大康复服务供给。要加快建立康复服务标准体系，加强康复专业人才培养和基础学科建设，促进康复服务的科技应用和信息化，综合运用标准约束、人才支撑、科技促进、行业监管等措施，切实提高康复服务的规范化和专业化水平，为残疾人提供安全有效优质的康复服务。扎实做好孤儿、事实无人抚养儿童基本生活保障，落实医疗康复、教育资助等政策。进一步加强儿童福利机构和队伍建设。引导社会力量通过慈善捐赠、公益项目、福利服务等方式，为残疾人、孤儿等群体提供更好保障和服务。

三、大力发展养老托幼等服务，不断满足群众多样化服务需求

养老、托幼等服务事关千家万户。这些服务发展起来了，既可以满足人民群众日益增长的基本服务需求，也蕴藏着巨大消费潜力，是改善民生和促进经济发展的重要结合点。

构建居家社区机构相协调、医养康养相结合的养老服务体系。实践证明，这是符合我国国情和传统习俗的养老服务路子。今年要按照《报告》部署要求，加快健全养老服务体系。一要大力发展居家和社区养老服务。健全居家社区养老支持政策，做好居家和社区适老化改造，推动专业养老服务向社区和家庭延伸。推进农村敬老院等设施升级改造，增强托底保障能力。大力发展普惠型养老服务和互助性养老。二要改革完善机构养老服务。深化公办养老机构改革，强化兜底线、保基本的公益属性，优先为经济困难的孤寡、失能、高龄、计划生育特殊家庭等老年人提供服务。健全养老服务综合监管制度，加强标准化建设，不断提高养老服务质量。三要培育壮大养老护理员队伍。我国有4000多万失能半失能老人，按3∶1的国际标准，大约需要1000多万养老护理员，但目前专业养老护理员不足50万人，缺口巨大。要实施养老护理员职业技能提升行动，加大培养培训力度，力争在"十四五"时期使养老护理员短缺状况有明显改善。四要积极推进医养康养相结合。增强养老机构健康管理功能，大力发展养老服务联合体。增加护理型床位供给，力争到2022年把护理型床位占比提高到50%。有效利用社区卫生服务机构、乡镇卫

生院等基层医疗资源，开展社区医养结合能力提升行动。支持面向老年人的健康管理、预防干预、养生保健、健身休闲、文化娱乐、旅居养老等业态深度融合。

稳步推进长期护理保险制度试点。探索建立长期护理保险制度是积极应对人口老龄化的重要举措。从 2016 年起，我国就开始在部分省市开展长期护理保险试点，在制度框架、政策标准、运行机制、管理办法等方面进行了有益探索，取得初步成效。2020 年，国家医保局、财政部印发《关于扩大长期护理保险制度试点的指导意见》，将试点范围扩大到 49 个城市。做好试点工作要注意以下几点。一要准确把握功能定位，着眼于建立独立险种，坚持独立运行。二要立足保障基本、低水平起步，以收定支，合理确定保障范围和待遇水平。重点解决重度失能人员基本护理保障需求，优先保障符合条件的失能老年人、重度残疾人。基金支付水平总体控制在 70% 左右。三要建立互助共济、责任共担的多渠道筹资机制，科学测算资金需求，合理确定本统筹地区年度筹资总额。下一步要按照《意见》要求，进一步完善相关政策框架，加强长期护理服务体系建设。建立健全评估考核机制，及时总结经验，加强交流借鉴，推动试点工作稳步向好发展。

发展社区多样化服务。社区是人们生产生活的主要空间。目前我国社区各类服务发展相对滞后，重要原因之一是缺少相应的服务设施。要切实抓好有关规定落实，确保新建住宅小区与配套养老托育服务设施同步规划、同步建设、同步验收、同步交付，老城区和已建成居住区也要通过新建、改造、置换、租赁等多种途径，因地制宜补足配套服务设施。要加强政策引导，优先支持成本可负担、方便可及的普惠性养老托育服务发展。不断拓展社区服务功能，鼓励相关服务机构在社区设立门店，开展连锁经营，通过多种方式满足居民用餐、保洁、家政等服务需求。采取提供场地、减免租金和税费、服务补贴、水电气热价格优惠等措施，支持社会力量参与，为社区居民提供就近就便、"家门口"的服务,让社区生活更加便利。

在推进智能化服务过程中,为老年人等群体提供更周全更贴心的便利化服务。随着互联网、大数据、人工智能等信息技术快速发展,智能化服务得到广泛应用,深刻改变了生产生活方式。但同时,不少老年人以及视力障碍残疾人等群体,不会上网、不会查"健康码"、不会使用手机支付,在出行、就医、消费等日常生活中遇到很多不便,无法充分享受智能化服务带来的便利,这些群体面临的"数字鸿沟"日益凸显。针对这一突出问题,2020年国务院办公厅印发《关于切实解决老年人运用智能技术困难实施方案的通知》,有关部门也制定了配套细化措施,要认真抓好贯彻落实,坚持传统服务方式与智能化服务创新并行,线上服务与线下渠道相结合,切实保障老年人等群体基本服务需要。在各类日常生活场景中,必须保留并完善老年人熟悉的传统服务方式。要保留使用现金、纸质票据等乘车方式,鼓励有条件的地方推行老年人凭身份证、社保卡、老年卡等证件乘坐城市公共交通。医疗机构应提供一定比例的现场号源,保留挂号、缴费、打印检验报告等人工服务窗口,配备导医人员、志愿者等及时为老年人提供必要帮助。零售、餐饮、商场等消费场所,水电气等基本公共服务费用缴纳,应支持现金和银行卡支付。推进智能化服务要适应老年人、残疾人等的需求,并做到不让智能工具给他们日常生活造成障碍。要提供更多智能化适老产品和无障碍服务,适应老年人特点开发大屏幕、大字体、大音量、大电池容量、操作简单的智能终端产品。互联网网站和手机应用要优化界面交互,完善内容朗读、操作提示、语音辅助等功能,更便于老年人、残疾人等群体获取信息和服务,鼓励企业将无障碍改造纳入日常更新维护。要开展智能技术教育,组织专题培训,帮助老年人、残疾人等群体更多了解新事物、体验新科技,积极融入智慧社会。

更好满足人民群众
精神文化需求

秦 青 山

　　随着如期全面建成小康社会,人民群众期盼享有更加充实、更为丰富、更高质量的精神文化生活。党的十九届五中全会通过的"十四五"规划《建议》,着眼满足人民日益增长的精神文化需要,明确提出"繁荣发展文化事业和文化产业,提高国家文化软实力",并作出一系列重大部署。这充分体现了以习近平同志为核心的党中央对文化建设的高度重视,反映了我们党鲜明的文化立场和价值取向。李克强总理在十三届全国人大四次会议上所作的《政府工作报告》中,对更好满足人民群众精神文化需求作了部署安排。我们要认真学习贯彻,着力推进社会主义文化强国建设,更好满足人民群众多样化、多层次、多方面的文化需求,丰富人民精神世界,增强人民精神力量。

一、推动党的创新理论学习宣传向纵深发展

　　习近平新时代中国特色社会主义思想是推动新时代党和国家事业不断向前发展的科学指南。在新征程上,必须把学习宣传贯彻习近平新时代中国特色社会主义思想作为重大政治任务,更好用以武装头脑、指导实践、推动工作。要增强宣传普及的吸引力和说服力,坚持面向基层、面向群众,健全理论普及工作体系,开展对象化、分众化、互动化理论宣传普及,推动党的创新理论走近群众身边、走

进群众心里。要注重抓好青少年理论宣传教育,改进创新学校思想政治工作,推进党的创新理论进教材、进课堂、进学生头脑,打牢青少年成长成才的思想根基。要拓展党的创新理论社会宣传,发挥新时代文明实践中心及各类革命展览馆、博物馆、纪念馆等公共文化场所作用,组织开展理论和形势政策宣讲志愿服务活动,在服务群众中传播科学理论。要突出理论宣传深刻性和生动性,切实走进群众、改进文风,倡导和鼓励"大家写小文",把政治话语、理论话语转化为群众语言,把大本子讲通俗、讲透彻,让干部群众听得懂、能领会、可落实。

随着全面建设社会主义现代化国家新征程开启,哲学社会科学发展迎来新的重大机遇。要把研究阐释党的创新理论作为重中之重,围绕习近平新时代中国特色社会主义思想,围绕党中央提出的重大判断、重大战略、重大部署,拿出更多有学理深度和学术厚度的高质量研究成果。要坚持马克思主义在我国哲学社会科学领域的指导地位,强化问题意识和问题导向,努力在重大理论和现实问题研究上实现新突破,增强理论阐释的说服力和推动力。习近平新时代中国特色社会主义思想研究中心、马克思主义理论研究和建设工程、重点马克思主义学院、国家高端智库、国家社科基金等,要立足新时代丰富生动的实践推进学术化、学理化,加强联合研究攻关,加快构建具有中国特色的学科体系、学术体系、话语体系。

今年是中国共产党成立 100 周年。党走过的百年历程,是矢志践行初心使命的 100 年,是筚路蓝缕奠基立业的 100 年,是创造辉煌开辟未来的 100 年。要围绕庆祝建党百年,高标准高质量开展各项宣传教育活动,生动展现百年大党的梦想与追求、情怀与担当、牺牲与奉献,展现党与人民同呼吸、共命运、心连心的鱼水深情,激励全党全国各族人民团结奋斗、意气风发迈进全面建设社会主义现代化国家新征程。要深入开展党史学习教育,把学党史、悟思想、办实事、开新局贯穿始终,组织党员干部系统学习党的历史,深化对习近平新时代中国特色社会主义思想的理解把握,切实做到学史明理、学史增信、学史崇德、学史力行。要坚持正确方向导向，牢牢把握党的历史发展的主题主线、主流本质，旗帜鲜明反对历史虚无主义，加强思想引导和理论辨析，更好正本清源、固本培元。要组织"奋斗百年路、启航新征程"重大主题宣传，突出宣传党的十八大以来党和国家事业取得的历史性成就、发生的历史性变革，充分展示全面建设社会主义现代化国家、实现中华民族伟大复兴的光明前景。

二、持续培育社会主义核心价值观

奋进新征程、建设现代化，需要价值的引领、文明的力量。社会主义核心价值观是当代中国精神的集中体现，凝结着全体人民的共同价值追求。要着眼形成适应新时代新阶段要求的思想观念、精神面貌、文明风尚、行为规范，大力弘扬社会主义核心价值观，切实加强社会主义精神文明建设。要推动理想信念教育常态化制度化，深化中国特色社会主义和中国梦宣传教育，加强爱国主义、集体主义和社会主义教育，以坚定的理想信念筑牢共同团结奋斗的思想基础。要推进社会主义核心价值观融入法治建设和社会治理，建立健全核心价值观入法入规协调机制，强化主流价值对全社会的引领和熏陶。当代青少年是实现第二个百年奋斗目标的生力军，他们的思想道德状况关系到中华民族伟大复兴中国梦能否顺利实现。要以社会主义核心价值观引领培育时代新人，完善青少年思想道德教育齐抓共管机制，开展党史、新中国史、改革开放史和社会主义发展史教育，引导青少年树立建设社会主义现代化国家的远大理想，扣好人生第一粒扣子。

加强公民道德建设、提高全社会道德水平，是全面建设社会主义现代化国家的战略任务。要抓紧抓好《新时代公民道德建设实施纲要》贯彻落实，深入实施公民道德建设工程，全面推进社会公德、职业道德、家庭美德、个人品德建设，引导人们形成正确的道德判断和道德责任。要构建爱国主义教育长效机制，实施红色基因传承等工程,激励人们忠于祖国、忠于人民。艰辛的抗疫斗争孕育形成的伟大抗疫精神,脱贫攻坚伟大斗争锻造形成的脱贫攻坚精神,是中国共产党伟大精神谱系的有机组成部分,要在全社会大力宣传和弘扬,汇聚全面建设社会主义现代化国家的强大力量。要深化抗疫和脱贫攻坚模范人物的学习宣传,广泛宣传他们的感人事迹,精心做好"时代楷模"、最美人物、身边好人发布宣传,营造向上向善的浓厚社会氛围。加强有效治理是推进道德建设的重要方面,要有力整治失德败德、突破道德底线的行为。

群众性精神文明创建是人民群众改造社会、共建共享美好生活的伟大创举。要以实施文明创建工程为主要抓手,在巩固提高全国文明城市创建质量基础上,加大县级文明城市创建力度。要聚焦培育文明乡风,重内涵、重质量、重实效,稳步推进文明村镇建设工作。要加强分类指导,引导和推动企业、党政机关、事业单位、社会组织等开展文明创建,并积极向非公组织延伸辐射。在城乡基层建设新时代文明实践中心,是盘活基层、打牢基础的重大改革,要进一步加大力度,推动文明实践中心建设同乡村振兴、基层党建贯通融合,更好发挥宣传党的政策、践行主流价值、丰富文化生活的综合平台作用。要着力弘扬时代新风,统筹抓好诚信教育、勤俭节约教育、劳动创造幸福主题教育,扎实推进志愿服务关爱行动、全民国防教育、爱国卫生运动。要加强网络文明建设,倡导文明办网、文明上网、文明用网,强化人们的公共意识、规则意识、文明意识。

三、推动文化事业和文化产业高质量发展

文化既是凝聚精神力量、推动发展的重要支撑,也是提高人民生活质量的重要因素。要着眼不断实现人民对美好生活的向往,坚持以高质量发展为主题,推动文化事业和文化产业繁荣发展,努力提供更多优质文化产品和服务。

　　精益求精抓好文艺创作。始终坚持以人民为中心的创作导向，聚焦弘扬中国精神、构筑中国价值、凝聚中国力量，更加自觉地为人民抒写、抒情、抒怀，创作更多文化文艺精品和群众喜爱的精神食粮。质量是文艺作品的生命线，要大力实施文艺作品质量提升工程，以抓好源头原创为基础，以培育人才、凝聚队伍为支撑，以健全引导激励机制为保障，着力打造思想精深、艺术精湛、制作精良的精品力作，不断筑就新的文艺高峰。文艺越贴近和观照现实，就越充满生机活力，越广受群众喜爱。要加强现实题材创作，引导广大文艺工作者更加主动地深入生活、扎根人民，推出一批高质量、标志性的扛鼎之作。要组织举办京剧、昆曲、歌剧等艺术节庆和舞蹈、声乐、音乐剧、民族器乐展演等活动，促进演出演播并举、线上线下融合，增强传播力和影响力。网络文艺具有独特的魅力和吸引力。要贯彻加强互联网内容建设的要求，创作网络文艺精品，尤其要注重挖掘民间文艺、革命题材的活力潜力，创作更多青少年喜爱的网络文艺作品，运用易于接受的语言和方式，把道理、情理、事理向青少年充分呈现出来。要推动出版控制数量、优化结构、提高质量，抓好《复兴文库》、《中国大百科全书》(第三版)等重大出版工程项目，推出更多无愧时代、泽被后人的"传世书"、"良心书"。

　　着力加强公共文化服务。要推动城乡公共文化服务体系一体建设，进一步拓展公共图书馆、文化馆总分馆制的覆盖范围，优化城乡文化资源配置，增加农村公共文化服务供给，缩小城乡公共文化服务差距。要创新实施文化惠民工程，改进完善实施机制，推进"群众点单"和"政府买单"更好对接，把"送"文化和"种"文化有机结合起来，增强城乡文化"造血"功能。要提升群众性文化活动质量和水平，继续推进全国广场舞展演、大家唱合唱节、全国"村晚"示范展示等活动，实施"春雨工程"、"阳光工程"、"圆梦工程"文化和旅游志愿服务示范项目。要深入推进戏曲进乡村和文艺小团队进红色景区、进街区等活动，为群众提供更精准、更有效的文化服务。要推进全民阅读向纵深发展,加强数字阅读资源制作和利用,在全社会营造良好的阅读风尚。要加强国家重点文化设施和文化项目建设,推进国家文献储备库、智慧广电等工程,强基础、利长远、惠民生,带动城乡公共文化服务不断达到新水平。要推动公共文化服务数字化,坚持建设和管理并重,促进公共文化服务模式创新,努力形成线上线下融合互动、立体覆盖的文化服务供给体系。

提高文化产业发展质量。要统筹常态化疫情防控和产业发展,推动文化类企业助企纾困政策落实落地,促进文化和旅游领域生产经营秩序恢复。要加强规划引领和政策支持,推动数字文化产业和区域文化产业带建设,加快打造国家文化产业示范基地和品牌文化产业园区。要实施新型文化企业培育计划,开展文化和旅游创客行动,加快发展云演艺、数字艺术、沉浸式体验等新型业态。文化和旅游融合发展是实现人民对美好生活向往的现实需要。一方面,要围绕加快业态融合,实施"文化+"、"旅游+"战略,推进红色旅游、旅游演艺、文化遗产旅游、主题公园等已有融合业态提质升级,大力发展研学旅游、展演旅游、康养旅游等新兴文化旅游业态。另一方面,要大力推进产品融合,发挥文化产业创新创意优势,推出一批文化旅游精品项目和产品,打造国家文化产业和旅游产业融合发展示范区。再一方面,要聚力强化市场融合,鼓励文化机构和旅游企业对接合作,推动形成一批以文化和旅游为主业、以融合发展为特色、具有较强竞争力的骨干企业。推进公共文化服务进入旅游景区、旅游度假区,在游客集中区积极引入影院、剧场、书店等文化设施,构建主客共享的文化和旅游新空间。

四、推动文化遗产保护利用传承发展

文化遗产是建设文化强国、坚定文化自信的重要载体和依托。我国拥有丰富的文化遗产,目前列入世界遗产名录的就有 55 个,列入人类非物质文化遗产名录的达42项。要深入实施中华优秀文化传承发展工程，着力提炼哲学思想、人文精神、价值理念，深刻揭示中华民族文化精髓、文化胸怀，推动实现中华文化创造性转化、创新性发展。要坚持保护第一，扎实做好文物保护利用工作，深入推进古籍整理出版，加强重要文化和自然遗产保护，加强革命遗址遗存遗迹保护利用，强化管理责任，用好技术手段，建强保护队伍。要全面加强考古工作，推进中华文明起源与早期发展综合研究，实施中华文化资源普查等工程，为传承文化基因提供学术支撑，努力建设中国特色、中国风格、中国气派的考古学。要积极推动历史文化遗产的活化利用，注重时代化表达、数字化呈现，把故宫敦煌、诗词戏曲等蕴含的文化精髓展示出来，融入文化创作和群众生活。要扎实推进国家版本馆建设，高质量推进长城、大运河、长征、黄河国家文化公园建设，着力挖掘和展示其中蕴含的文化内涵、文化精神。

近年来，保护非物质文化遗产日益成为社会自觉，但仍存在不小差距，亟须提升系统性保护水平。要坚持保护为主、合理利用，启动国家级非遗代表性项目评估工作，开展第六批国家级非遗代表性传承人认定工作，深入推进传承人记录工作。要扎实做好国家级文化生态保护区设立和验收工作，试点开展非遗特色村镇、街区建设，深化"非遗"在社区工作，实施中国非遗传承人群研培、曲艺传承发展等计划。要加强传统工艺工作站建设，做好国家级非遗生产性保护示范基地评估工作，持续推进非遗工坊建设。要加大非物质文化遗产传播力度，举办文化生态保护区相关交流活动，办好"非遗购物节"、"中国传统工艺邀请展"以及"文化和自然遗产日"、中国原生民歌节、"非遗过大年、文化进万家"等活动。

五、增强中华文化感召力影响力

建设文化强国，必须着力讲好中国故事，不断彰显中华文化的独特魅力。要坚定文化自信，坚守中华文化立场，以更大力度推动中华文化走出去，积极传播博大精深的传统文化、多姿多彩的民族文化、充满生机的当代文化，做到以文传声、润物无声。决胜全面建成小康社会取得了决定性成就，要精心讲述打赢脱贫攻坚战、决胜全面小康的故事，讲出新时代的中国成就和中国奇迹。要深入挖掘构建人类命运共同体、共建"一带一路"等重要思想的中华文化根源，宣介阐释在和平安全、可持续发展、反对恐怖主义、气候变化等全球性问题上的中国智慧和中国方案。要更好利用"云平台"开展文化传播，把"感知中国"、"走读中国"等重点文化工程搬到"云"上，办好"聚焦中国"、"意会中国"等线上交流活动，打造数字化、体验式、交互式平台。要继续发挥中国文化中心、旅游办事处等的作用，持续打造"欢乐春节"、"美丽中国"等品牌项目，促进中外民心相通和文明交流互鉴。要开展多种形式的文化交流和文明对话，通过图书、电影、电视剧、文艺演出、网络文化产品和非物质文化遗产、民间民俗文化等多种载体，通过国际论坛、研讨会和多双边交流活动等各种场合，促进实现中华文化传播。要加强国际传播能力建设，采用融通中外的话语体系和表述方式，让世界知道真实的中国，不断深化对中华文化的感知和认识。

六、加快体育强国建设步伐

体育强国梦与民族复兴中国梦紧密相连。要深入贯彻《体育强国建设纲要》，坚持以人为本、改革创新、依法治体、协同联动，推动我国由体育大国向体育强国加快迈进。要完善全民健身公共服务体系，广泛开展全民健身赛事活动，积极开展多种形式的线上科学健身指导，推行国家体育锻炼标准，促进群众体育再上新台阶。要全面深化体教融合，协同推动体校、学校和青少年体育俱乐部三大竞技体育后备人才阵地建设，实施新周期青少年体育活动促进计划，组织丰富多元的青少年体育赛事。要统筹兼顾、周密准备,做好东京奥运会、陕西全运会、杭州亚运会等国内外重大赛事筹办参赛工作。要精心筹办北京冬奥会、冬残奥会,抓实抓细精准选拔、重点保障、科学训练等各项备赛任务,全力以赴实现"全项目参赛"、"参赛出彩"的目标。"三大球"振兴是体育强国建设的重要标志,要完善政策体系,构建起政府主导、部门协同、社会力量积极参与的"三大球"训练、竞赛和后备人才培养体系。要适应常态化疫情防控条件下举办赛事和全民健身需求,注重引进互联网、大数据、云计算等信息技术,推动线下体育转为线上或线下与线上相结合开展。

　　发展体育产业是建设体育强国的必然要求,也有利于拉动消费增长、推动经济发展。要坚持供需两端发力,发挥体育消费试点城市的示范引领作用,继续实施"体育+"工程,重点推动体医养融合、体旅融合,培育新业态、新模式、新消费。要进一步推动公共体育场馆"改造功能、改革机制"试点,持续提升体育场馆运营管理水平和公共服务水平,不断优化体育产业发展环境。要推动发展区域特色体育产业,加强体育产业基地建设与管理,促进产业布局优化和结构升级。要下功夫做好体育市场开发工作,规范秩序、形成合力,不断提升发展质量效益和影响力。

加强和创新社会治理

姜 秀 谦

　　良好的社会治理是社会和谐稳定、人民安居乐业的前提和保障，也是推进国家治理体系和治理能力现代化的重要内容。党的十九届五中全会对加强和创新社会治理提出了新的要求，李克强总理在十三届全国人大四次会议上所作的《政府工作报告》中，对此作出了具体部署，我们要认真学习领会，把握精神实质，把社会治理提高到一个新水平。

一、加强党对社会治理工作的领导

　　加强和创新社会治理，需要多个主体共同参与，但党的领导是根本保证。要把党的领导贯穿到社会治理各方面和全过程，有效整合资源力量，推动形成共建共治共享的社会治理新格局，真正把党的领导优势转化为社会治理的强大效能。

　　要发挥政治引领作用，坚持不懈推动习近平新时代中国特色社会主义思想进机关、进企业、进校园、进农村、进社区，使之成为人民群众的强大思想武器和行动指南。增强"四个意识"、坚定"四个自信"、做到"两个维护"，确保社会治理始终在党的领导下。充分发挥党委总揽全局、协调各方的领导作用，及时研究解决社会治理重大问题，调动各部门各单位参与社会治理的积极性，实现问题联治、风险联控、平安联创。健全落实政治督察、巡视巡察、执法监督、纪律作风督查巡查等制度机制，推动社会治理各项任务落到实处。发挥基层党组织战斗堡垒作用,推动基层党建与基层社会治理深度融合,紧紧围绕基层党组织构建公共服务圈、群众自治圈、社会共治圈。弘扬新风正气,以优良党风促政风带民风,以风清气正的政治生态引领社会生态,凝聚社会治理强大合力。

二、夯实基层社会治理基础

社会治理工作最坚实的力量支撑在基层,最突出的矛盾和问题也在基层。要推动社会治理和服务重心向基层下移,不断提升基层社会治理水平,使每个社会细胞都健康活跃。

一是健全城乡社区治理体系。城乡社区是人们生产生活的主要空间,也是社会治理的基础单元。要进一步健全党组织领导的自治、法治、德治相结合的城乡基层治理体系,建立健全城乡社区治理规则体系、标准体系和评价体系。加强基层群众自治机制建设,扎实推进村(居)委会换届选举,完善城乡社区民主选举、民主协商、民主决策、民主管理、民主监督制度,推动民事民议、民事民办、民事民管。依法厘清基层政府与基层群众性自治组织的权责边界,制定和落实县(区)职能部门、乡镇(街道)在社区治理方面的权责清单,实行村(社区)工作事项准入制度,减轻基层特别是村级组织负担。加强基层群众性自治组织规范化建设,合理确定功能、规模和事务范围。完善村(居)民议事会、理事会、监督委员会等自治载体,丰富城乡社区协商形式,画出基层治理最大"同心圆"。

二是强化城乡社区服务功能。做好城乡社区服务体系建设规划,加快社区设施和标准化建设,增强村级综合服务功能,推进智慧社区建设,推动社区公共服务、公益服务、便民服务协同发展。加快构建网格化管理、精细化服务、信息化支撑、开放共享的基层管理服务平台,推动就业社保、养老托育、扶残助残、医疗卫生、家政服务、物流商超、治安执法、纠纷调处、心理援助等便民服务场景有机集成和精准对接。推进地方各级综治中心规范化建设，探索建立社会工作与物业管理融合发展机制。进一步发挥社会工作者在困难救助、矛盾调处、权益维护、心理辅导、行为矫治等方面的重要作用，为群众提供更多个性化、专业化服务。健全社区工作者职业制度，拓宽发展渠道，保持合理待遇水平，让他们安心扎根社区、服务群众，把邻里街坊关心的事办好。

三是推进市域社会治理现代化。市域是重大矛盾风险的产生地、聚集地，也具有解决重大矛盾问题的资源能力和统筹能力，要把市域社会治理现代化作为推进社会治理现代化的切入点和突破口。2020年全国启动了市域社会治理现代化试点工作，推动试点地区创新社会治理理念、制度、体制、方式，探索具有中国特色、市域特点、治理特性、时代特征的社会治理新路子。今年要继续推进试点，不断完善试点方案和工作指引，细化分类指导和评价考核，及时总结树立一批可复制可推广的新样板，推出一批分别适合东中西部实际的社会治理模式。要发挥不同治理资源的叠加效应，有效运用大数据、云计算、人工智能等新型治理工具，促进市域社会治理科学化、精细化、智能化发展。

三、切实提高社会治理效能

推进社会治理现代化，必须创新社会治理方式，广泛动员各方面力量，加快建设人人有责、人人尽责、人人享有的社会治理共同体，着力提高社会治理社会化、法治化、智能化、专业化水平。

一要依法有效化解社会矛盾纠纷。2020年以来，受新冠肺炎疫情影响，各类社会矛盾易发多发。要坚持和发展新时代"枫桥经验"，畅通和规范群众诉求表达、利益协调、权益保障通道，加强矛盾排查和风险研判，完善社会矛盾纠纷多元预防调处化解综合机制，努力将矛盾纠纷化解在基层。继续完善信访制度，加强和改进群众来信、走访、网上投诉办理和信访督查工作,深入推进依法分类处理信访诉求,着力治理重复信访、化解信访积案。完善人民调解、行政调解、司法调解联动工作体系,充分发挥调解、仲裁、行政裁决、行政复议、诉讼等防范化解社会矛盾的作用。探索县(市、区、旗)在矛盾纠纷多发领域建立"一站式"纠纷解决机制,打造矛盾风险预测、防范、处置、引导的全周期链条。健全社会心理服务体系和危机干预机制,有针对性地加强对贫困人口、精神障碍患者、留守儿童、妇女、老年人等重点人群的心理疏导和人文关怀,最大限度消解社会戾气,严防发生个人极端案事件。

二要鼓励和引导社会力量积极参与社会治理。目前全国登记的社会组织89.4万个,是社会治理的一支重要力量,要进一步支持健康有序发展。加强党对社会组织的领导,坚持积极引导发展与严格依法管理并重,建立健全社会组织参与基层社会治理的动员激励和监督管理机制。完善政府购买服务机制,更好发挥社会组织在创新基层社会治理和公共服务中的积极作用。推动出台《社会组织登记管理条例》,严肃查处各类非法社会组织。2020年已基本完成行业协会商会脱钩改革任务,下一步要在全面总结评估基础上,继续巩固成果、深化改革,建立健全行业协会商会发展长效机制。慈善是第三次分配的重要方式,要健全税收优惠等促进慈善事业发展的政策措施,加大慈善捐赠等信息公开力度,规范慈善行为,更大激发慈善组织、爱心企业、爱心人士等慈善主体的活力。志愿服务是群众奉献爱心的重要渠道,要进一步健全应急志愿服务、志愿服务激励嘉许、保险保障等制度,为志愿服务搭建更多平台,让奉献、友爱、互助、进步的志愿精神发扬光大。

三要完善公共法律服务体系。公共法律服务是政府公共职能的重要组成部分,是全面依法治国的基础性、服务性和保障性工作。必须加快建设覆盖城乡、便捷高效、均等普惠的现代公共法律服务体系,让人民群众共享高质量的法律服务。要深入开展法治宣传教育,启动实施"八五"普法规划,深入宣传以宪法为核心的中国特色社会主义法律体系,广泛宣传与经济社会发展和人民群众利益密切相关的法律法规,实施公民法治素养提升行动,推动全社会尊法学法守法用法。认真落实"谁执法谁普法"普法责任制,完善法官、检察官、行政复议人员、行政执法人员、律师等以案释法制度,推进"智慧普法"平台建设,运用新媒体新技术普法,使互联网这个最大变量成为普法创新发展的最大增量。目前,覆盖城乡的公共法律服务网络已基本建成,2020年办结法律援助案件逾百万件。要进一步健全公民权利救济渠道和方式,完善法律援助制度和国家司法救助制度,保障困难群体等基本公共法律服务权益。健全村(居)法律顾问制度,加强对欠发达地区专业法律服务人才的政策扶持,大力推广运用远程网络等法律服务模式,促进城市优质法律服务资源向农村辐射,有效缓解法律服务专业力量不足问题。加强公共法律服务实体、热线、网络三大平台建设,建好国家法律法规数据库,推进公共法律服务标准化、规范化、精准化,加快律师、公证、仲裁、司法鉴定等行业改革发展,为人民群众提供更加便捷高效的法律帮助。

四、提高安全生产水平

经过这些年的治理,我国安全生产形势有所好转,但安全生产领域不稳定、不确定因素仍然很多,事故多发易发态势没有从根本上改变,安全生产工作必须警钟长鸣、常抓不懈。

一要完善和落实安全生产责任制。严格落实《地方党政领导干部安全生产责任制规定》《国务院安全生产委员会成员单位安全生产工作任务分工》等规定,压紧压实地方责任、部门监管责任和企业主体责任。真正把防范化解重大安全风险责任体系织密织牢,落实到每一个行业地区、每一个企业单位、每一个岗位环节。要强化源头治理,把住项目入口关,做好安全生产评估,把安全发展理念落实到规划建设全过程。全面推行企业风险主动报告制度，激发企业自查、自报、自改的内生动力。

二要加强安全生产监管体系建设。进一步健全落实安全风险分级管控和隐患排查治理双重预防工作机制，分行业、分领域制定重大事故隐患判定标准，滚动分析判断高危行业、城市、农村等安全风险，落实责任、措施、预案，真正把问题解决在萌芽之时、成灾之前。创新安全监管方式，加快建设覆盖各高危行业的安全生产信息化监测预警系统。目前，我国安全管理人员队伍建设相对滞后、人手不足的矛盾比较突出。要深入实施高危行业从业人员安全技能提升行动，培养高素质的产业工人，同时健全省市县三级安全生产执法体系，充实监管执法力量，有效解决基层监管执法力量薄弱等突出问题。

三要深入开展安全生产专项整治三年行动。安全生产专项整治三年行动今年进入了集中攻坚期，要坚持问题导向，聚焦重点行业领域和薄弱环节，坚决防范遏制重特大事故。动态更新问题隐患和制度措施两个"清单"，聚焦存量、增量两类风险，运用多种手段，切实把重大风险隐患排查出来，把整改措施坚决落实落地。矿山领域，要将关闭矿、基建矿、技改矿、生产矿一并纳入安全监管，突出抓好高瓦斯、水害、冲击地压等风险管控，推进30万吨/年以下煤矿分类处置。危化品领域，要做到"一企一策"，开展化工园区安全风险评估分级，深化易燃易爆、剧毒有害等重点危化品安全整治，扎实开展油气勘探、生产、储存和液化天然气（LNG）运输、接收等安全风险隐患排查。消防领域，要以"多合一"场所、大型商业综合体、餐饮娱乐等人员密集场所为重点，集中开展火灾隐患治理。还要持续开展道路交通、水上交通和渔业船舶、建筑施工、特种设备、烟花爆竹等行业领域安全专项整治。要探索建立安全风险"吹哨人"制度和举报热线，组建重点行业领域专家库、专家服务团，加强安全检查质效评估，着力解决"安全检查查不出问题"的难题。加大重大风险隐患整改落实力度，切实消除"屡禁不止、屡罚不改、只查不处"等现象。

五、提高防灾减灾抗灾救灾能力

我国是自然灾害多发频发重发的国家,在全球气候变化、经济发展等因素影响下,自然灾害的复杂性、衍生性、严重性也在增长。要不断提高灾害监测预警和应急救援能力,保护人民群众生命财产安全。

一是加强自然灾害防御。深入开展自然灾害风险普查,探索建立自然灾害红线约束机制,开展减灾能力、量化风险评估,为优化高风险区人口与经济负荷提供依据。大力推进自然灾害监测预警信息化工程,强化部门信息集成共享,提高灾害预警信息覆盖率和时效性。加强汛旱险情、台风、雨雪冰冻等会商研判,及时组织开展汛前检查,做好防汛抗旱、转移避险等工作。开展森林草原火灾调查评估,督促地方强化责任落实。推动重点危险区地震监测站网升级改造,强化地质灾害风险评估,落实隐患排查、监测预警、应急准备等工作。实施公共基础设施安全加固和自然灾害防治能力提升工程,提升洪涝干旱、森林草原火灾、地质灾害、气象灾害、地震等自然灾害防御工程标准。完善应急管理法律法规、预案、标准,落实应急管理部门全面实行准军事化管理和双重管理、地方为主的体制,加快国家应急指挥总部和区域应急救援中心建设。理顺防汛抗旱、森林草原防灭火、抗震救灾等智慧协调体制机制,加快构建上下贯通、衔接有序的工作体系。

二是全力开展抢险救援。目前我国应急救援力量严重不足,比如消防救援队伍占全国人口的比例远低于发达国家,与其他发展中国家也有较大差距。要加强国家综合性消防救援队伍建设,增强全灾种救援能力,加强和完善航空应急救援体系与能力。实施基层应急能力提升计划,引导社会应急力量有序参与救援。修订国家突发事件总体应急预案,组织开展跨区域实战演练。完善部门、单位、军队应急联动机制,落实抢大灾救大灾各项应急准备,提高力量投送和应急指挥工作效能。依托中央和地方应急物资储备库构建综合应急物资储备体系,会同大型物流企业建立应急物资管理平台,提高快速调配和紧急运输能力,及时高效拨付救灾物资,全力保障受灾人员基本生活。要创新应急管理科普宣传方式,提升群众安全避险和自救互救能力,筑牢防灾减灾救灾抗灾人民防线。

六、维护国家安全和公共安全

平安是人民幸福安康的基本要求,也是改革发展的基本前提。要贯彻总体国家安全观,统筹发展和安全,建设更高水平的平安中国,切实筑牢安全屏障。

一要健全国家安全体系。要始终把维护政治安全放在首位,严密防范和严厉打击敌对势力渗透破坏颠覆活动,深入开展反恐怖反分裂斗争,坚定维护国家政治安全、制度安全、意识形态安全。当前,网络安全日益成为我国面临的最复杂、最现实、最严峻的非传统安全问题之一,要全面加强网络安全保障体系和能力建设,健全网上重大风险防范和化解机制。推动党委(党组)国家安全责任制贯彻落实,建立健全国家安全风险研判、防控协同、防范化解机制,健全国家安全审查和监管制度,加强国家安全执法。紧紧抓住影响国家安全的风险点,做好应对风险挑战的准备,切实打好维护国家安全整体战、主动仗。

二要完善社会治安防控体系。坚持打、防、管、控、建并举,加快推进立体化智能化社会治安防控体系建设。稳妥推进市县公安机关大部门、大警种制改革,完善"情报、指挥、勤务、舆情"一体化、实战化警务运行机制,提升打击突出违法犯罪活动的实战效能。强化社会治安重点地区排查整治,健全社会治安协调联动机制。深入打击整治群众反映强烈的黄赌毒、盗抢骗、食药环等突出违法犯罪,健全对新型网络犯罪和跨国犯罪打击整治机制,遏制和预防严重犯罪行为的发生。2018年1月在全国打响了扫黑除恶专项斗争,将打击黑恶势力犯罪和反腐败、基层"拍蝇"相结合,将扫黑除恶和加强基层组织建设相结合,被普遍认为是党的十九大以来最得人心的大事之一。要扎实推进扫黑除恶"六建"工作,推动扫黑除恶常态化,巩固和拓展专项斗争成果,既有力打击威慑黑恶势力犯罪,形成压倒性态势,又有效铲除黑恶势力滋生土壤,形成长效机制。

持续加强政府自身建设

杨 慧 磊

政府自身建设是做好经济社会发展各项工作的重要保障和关键所在。新的任务和挑战，对政府工作提出了新的更高要求。李克强总理在十三届全国人大四次会议上所作的《政府工作报告》中，对加强政府自身建设作出专门部署和强调。我们要以更高的标准、更实的举措抓好贯彻落实，决不辜负人民期望和重托。

一、加强法治政府建设

法者，国仰以安也。推进全面依法治国，法治政府建设是重点任务和主体工程，对法治国家、法治社会建设具有示范带动作用。我们要认真学习贯彻习近平法治思想，用法治给行政权力定规矩、划界限，加快构建职责明确、依法行政的政府治理体系，把政府活动全面纳入法治轨道，推动法治政府建设取得率先突破。

（一）**完善行政法规体系**。良法是善治的前提。要加强重点领域、新兴领域、涉外领域立法。推动贯彻新发展理念、构建新发展格局，加快完善深化供给侧结构性改革、促进创新驱动发展、防范化解金融风险等急需的法律法规，做到"现实有所呼，立法有所应"。不断提高行政立法质量，坚持从实际出发，注重解决实际问题，增强法律法规的针对性、适用性、可操作性，做到既系统完备又简明易行，以高质量立法助力高质量发展。针对法律规定之间不一致、不协调、不适应问题，及时组织开展法规规章和规范性文件清理工作。全面推行行政规范性文件合法性审核机制,凡涉及公民、法人或其他组织权利和义务的行政规范性文件均应经过合法性审核,坚持有件必备、有备必审、有错必纠,把牢"红头文件"制发关口。

(二)**提高行政决策法治化水平**。行政决策是行政权力运行的起点,也是规范行政权力的重点。2020年以来的疫情防控经验证明,坚持运用法治思维和法治方式,是提高行政决策水平、防范化解重大风险的关键所在。要严格落实重大行政决策程序制度,重大政策出台必须履行公众参与、专家论证、风险评估、合法性审查和集体讨论决定等决策法定程序,切实防止违法决策、不当决策、拖延决策。建立健全重大行政决策跟踪反馈和评估制度,完善涉企政策调整程序,努力营造稳定可预期的政策环境。畅通拓宽参与政策制定渠道,充分听取企业、行业协会商会和相关重点群体意见,充分发挥法律顾问、公职律师在重大行政决策中的作用,确保出台的政策更接地气、更符实际、更合民意。

(三)**严格规范公正文明执法**。行政执法面广量大,直接影响到群众对法治政府建设成果的评价。当前执法不规范、不公正、不文明等问题仍不同程度存在,特别是一些暴力执法、过激执法现象引发社会舆论巨大争议。要深化行政执法体制改革,统筹配置行政执法职能和执法资源,最大限度减少不必要的行政执法事项。严格执行行政执法公示、执法全过程记录、重大执法决定法制审核"三项制度",全面落实行政执法责任制。全面推行行政裁量权基准制度,规范执法自由裁量权。改进和创新执法方式,加强行政指导、行政奖励、行政和解等非强制行政手段的运用,让执法既有力度又有温度。

(四)**深入推进政务公开**。政务公开是推动政府职能转变、使政府管理服务更加透明规范的有效手段。近年来,政务公开工作取得新成效。国务院办公厅政府信息与政务公开办公室发布的《2020年政府网站和政务新媒体检查情况通报》显示,超六成政府门户网站做到解读稿与相关政策文件联动发布,近一半能在5个工作日内对简单常见咨询作出答复,两成能在1个工作日内作出答复,为疫情防控、纾困惠企等政策落实提供了有力支持。但个别政府网站和政务新媒体仍存在信息不更新、服务不实用、互动不回应等问题。越是形势复杂严峻,越需要以及时、公开、透明的信息拉直公众的疑虑问号,进而稳定预期、凝聚共识。要准确执行新修订的《政府信息公开条例》,坚持以公开为常态、不公开为例外,全面推进决策、执行、管理、服务、结果公开,以公开促落实、促规范、促服务。全面推进基层政务公开标准化规范化,健全基层政务公开标准体系,推进基层办事服务公开透明。加强和改进政策发布解读回应工作,更加注重对政策背景、出台目的、重要举措等方面的实质性解读,力争实现"有疑皆能响答、有问必以实归",确保在应对重大突发事件及社会热点事件时不失声、不缺位。

(五)**提高政府工作人员依法行政能力**。政府工作人员特别是各级领导干部,是推进全面依法治国的重要力量,必须牢固树立依法行政观念,把尊法学法守法用法化为自觉行为和必备素质。要深入学习贯彻习近平法治思想,深刻领会蕴含其中的马克思主义立场观点方法,全面准确把握精神实质、丰富内涵和核心要义,增强学习贯彻的自觉性和坚定性。进一步落实国家工作人员学法用法制度,强化法治培训,完善考核评估机制。要在应对复杂局面中不断提高依法行政能力,自觉运用法治思维和法治方式深化改革、推动发展、化解矛盾、维护稳定、应对风险,绝不允许以言代法、以权压法、逐利违法、徇私枉法。一言为重百金轻。要加强政务诚信建设,重点治理政府失信行为,加大惩处和曝光力度,以守信践诺带动全社会诚信水平提升。

二、深入推进党风廉政建设

近年来,政府系统认真贯彻落实全面从严治党要求,党风廉政建设和反腐败工作不断向纵深推进,为履行好职责使命、推动经济稳定恢复和完成全年主要目标任务提供了重要保障。当前党风廉政建设和反腐败斗争形势依然严峻复杂,要认真学习贯彻习近平总书记在十九届中央纪委五次全会上的重要讲话精神和全会部署,充分发挥全面从严治党引领保障作用,确保"十四五"时期我国发展的各项目标任务落到实处。

(一)**落实全面从严治党主体责任**。全面从严治党首先要从政治上看。各级政府及其工作人员要旗帜鲜明讲政治,增强"四个意识"、坚定"四个自信"、做到"两个维护",自觉在思想上政治上行动上同以习近平同志为核心的党中央保持高度一致,善于用政治眼光观察和分析经济社会问题,不断提高政治判断力、政治领悟力、政治执行力。要持续在学懂弄通做实习近平新时代中国特色社会主义思想上下功夫,坚持不懈用党的创新理论最新成果武装头脑、指导实践、推动工作。扎实开展党史学习教育,做到学史明理、学史增信、学史崇德、学史力行。严明政治纪律和政治规矩,严格执行重大事项请示报告制度。健全贯彻党中央重大决策部署督查问责机制,确保贯彻新发展理念、构建新发展格局、推动高质量发展等决策部署落实到位。

(二)**完善行政权力运行和监督制约机制**。反腐倡廉的核心是制约和监督权力。要把严的主基调长期坚持下去,将防腐措施与改革举措同谋划、同部署、同落实,推进重点领域监督机制改革,有针对性地补齐制度短板,从制度上铲除滋生腐败的土壤。一是进一步减权限权,提高公权力运行透明度。要纵深推进"放管服"改革,加快转变政府职能,大力推行清单制度并实行动态管理,严禁清单外设权扩权,持续整治变相设置行政许可事项的违法违规行为。二是创新政策实施方式,压减设租寻租空间。《报告》明确提出,今年要建立常态化财政资金直达机制并扩大范围,优化和落实减税政策。这既可以防范产生资金被截留挪用的风险,也能进一步倒逼政府从严从紧控制开支、促进廉洁行政。要抓紧抓细相关政策落实,全面清理违法违规的涉企收费、检查、摊派事项和评比达标表彰活动,防止弱化政策红利。三是发挥审计监督"利剑"作用,形成监督合力。要高质量推进审计监督全覆盖,做好常态化"经济体检"工作,把揭示风险隐患摆在更加突出的位置,加强对问题整改的跟踪督促检查,形成常态化、动态化震慑。各级政府要依法接受同级人大及其常委会的监督,自觉接受人民政协的民主监督,主动接受社会和舆论监督,切实将监督转化为依法行政、改进工作的巨大动力。

(三)坚决惩治重点领域腐败和侵害群众利益等问题。人民政府为人民。政府工作人员要化监督约束为日常习惯,从严管好家属子女和身边工作人员,落实规范领导干部配偶、子女及其配偶经商办企业行为规定,始终保持干净做事、清白做人的人民公仆本色。一是加强重点领域、重要部门和关键岗位廉政风险防控。今年虽然赤字率有所下调、不再发行抗疫特别国债,但财政支出总规模比2020年增加,特别是部分重点领域投资加速、一些重大工程建设加快推进,管控不好就容易发生腐败问题。各级政府要聚焦重点开展廉政风险防控,坚持做到关口前移、源头预防。要建立健全统一的审批监管平台和公开透明的公共资源交易平台,让权力全程留痕、阳光运行。持续压实金融管理部门、监管机构和地方政府主体责任,强化金融领域监管和内部治理。要紧盯惠民富民、促进共同富裕政策落实,对教育医疗、养老社保、扶贫环保等领域腐败和不正之风,一经发现要严惩不贷、绝不姑息。二是要坚持过紧日子。越是形势困难,越要千方百计为保障改善民生、支持市场主体发展腾出更多财政资源。2020年中央本级支出下降0.1%,其中非急需非刚性支出压减50%以上,今年《报告》提出中央本级支出继续安排负增长、进一步大幅压减非急需非刚性支出,确保基本民生支出只增不减,助力市场主体青山常在、生机盎然。各级政府要谨己节用、毕力厚民,把有限资金用在为民惠民、促进发展的刀刃上,做到尽力而无耗弊、量民而用有节。

(四)力戒形式主义、官僚主义。新时代呼唤新作为,新征程需要硬作风。近年来,政府系统在整治"四风"特别是形式主义、官僚主义方面成效显著,但仍存在不少问题,要持之以恒落实中央八项规定及其实施细则精神,深化整治形式主义、官僚主义顽瘴痼疾,让求真务实、清正廉洁的新风正气不断充盈。一是紧盯基层反映强烈的老问题和新表现,坚持全面检视、靶向纠治。《报告》明确提出,切忌在工作中搞"一刀切"。近来政策执行中"一刀切"等问题时有发生,给企业生产和居民生活带来诸多不便。这种不问青红皂白、不看实际情况、不管客观条件的做法,看似履行了职责,实际上是把应负之责、应担之险一推了之,"切"掉的是群众的理解和支持,"切"掉的是政策的严肃和权威,真正该"切"的恰恰是像"一刀切"这样的懒政庸政思维。各级政府要不断增强工作的精准性针对性创造性,以市场主体和群众实际感受作为衡量工作成效的最大标准。二是不断深化拓展基层减负工作。当前基层减负工作取得一定成效,但由于疫情防控常态化、基层治理体系和治理能力还不够强、体制机制中还存在短板弱项,一些形式主义、官僚主义问题反弹回潮的风险和几率还在增大。2020年12月底,中央纪委国家监委公布了查处违反中央八项规定精神最新数据。其中,"文山会海反弹回潮,文风会风不实不正,督查检查考核过多过频、过度留痕,给基层造成严重负担"问题共查处580起,给我们敲响了警钟。要进一步加强对督查检查考核的统筹规范,着力整治检查考核过多过滥的问题,严格控制督查规模、范围、频次和时限。继续保持对精文简会的刚性约束,着力整治口头减负、数字减负、纸面减负等问题,扎实推进政务APP的规范整治。健全基层减负常态化机制,推进深层次源头性问题研究及整治,让基层减负成果更好转化为广大干部的干事创业热情。

三、切实强化实干担当

作之不止,方有不凡。我们靠不懈奋斗走到今天、成就伟业,还要靠砥砺实干再创奇迹、赢得未来。当前,全面建设社会主义现代化国家新征程已经开启,重任在肩,惟勤惟行。各级政府及其工作人员要踏实苦干,大力发扬孺子牛、拓荒牛、老黄牛精神,在攻坚克难中彰显担当,在狠抓落实中展现作为,在勇毅笃行中写就华章,不断创造人民期待的发展业绩。

(一)更加注重求真务实,抓紧抓实抓细各项工作。为政贵在力行,克难仍需实干。各级政府及其工作人员要坚持实事求是、一切从实际出发,以更加务实的作风谋发展、抓落实、惠民生,确保"十四五"开好局起好步。今年的《报告》明确了经济社会发展政策取向、主要目标任务、重大政策安排等,这些都是政府对人民作出的庄严承诺,是各级政府的任务书、军令状,必须以行践言、说到做到。要按照任务分工,确定责任人、时间表,明确要达到的阶段性和最终成果,以看得见的实政实绩赢得群众认可。特别是部署的依靠创新推动实体经济高质量发展、坚持扩大内需这个战略基点、全面实施乡村振兴战略、优化落实减税政策、稳定扩大就业、降低企业成本等方面工作,事关经济稳定恢复和全年经济社会发展目标实现,必须不折不扣落实到位。要围绕做好"六稳"工作、落实"六保"任务,抓紧做好有关方面工作,该出台的政策尽早出台,该拨付的资金尽快到位,让市场主体和群众及时享受到政策的"真金白银"。

(二)更加注重激发活力,调动一切可以调动的积极因素。我国幅员辽阔、人口众多,各地情况千差万别,面对当前复杂严峻的形势,更需要科学把握好"统与分"、"放与管"、"条与块"、"块与块"、"事与财"、"权与责"之间的关系,把各个方面的积极性主动性创造性充分激发出来、释放出来。纵观党的十一届三中全会以来改革开放的伟大实践,从实行农村家庭联产承包到打赢脱贫攻坚战,从兴办经济特区到设立自由贸易试验区,从经济体制改革到党和国家机构改革,无不体现了发挥中央和地方两个积极性、充分调动各方面力量的基本要求。近年来,各地大胆试、大胆闯、自主改,基层探索实践的涓涓细流,正在逐步汇聚成推动改革的滚滚热潮。要尊重人民群众的主体地位和首创精神,鼓励不同区域进行差别化探索,为基层结合实际大胆探索、先行先试留足空间,使改革更加精准地对接发展所需、基层所盼、民心所向。要从生动鲜活的基层实践中汲取智慧,将好经验提炼升华形成制度,使之可复制可推广,更好发挥其对面上工作的示范、突破、带动作用。

（三）**更加注重责任担当,为干事创业创造更好条件**。软肩膀挑不起硬担子,要干事创业,就必须勇挑重担、勇担重责。当前,"洗碗越多,摔碗越多"、"干好干坏一个样"的不作为思想在一些地方仍不同程度地存在,要建立健全干部担当作为的激励和保护机制,切实为改革者负责、为担当者担当、为实干者撑腰。一是加强正向激励,让担当作为者愿挑愿担。要把及时表彰奖励、大力培养使用作出突出贡献干部的经验和做法用制度的形式巩固下来,更加关心关爱和理解支持那些奋战在改革攻坚桥头堡、科技创新最前沿、重大斗争主阵地、防灾救灾第一线、基层治理关键点的干部,在政策待遇等方面给予倾斜,让他们安心、安身、安业。二是大胆容错纠错,让担当作为者敢挑敢担。要认真落实"三个区分开来"的要求,细化实化具体情形,正确把握在工作中出现失误错误的性质和影响,稳妥推动被问责和受处分影响期满、符合有关条件的干部合理使用。三是严格反向约束,让不尽责、不担当、不作为丧失生存空间。近日有媒体在调研中发现,一些机关和单位中存在着一批"我不会"人员,不仅不以避事为耻,反而常将"不会"挂在嘴边,理直气壮推诿卸责,而一些勤于揽事担责的"老黄牛"却经常难逃被"鞭打"的怪圈。相关报道引发基层干部和群众广泛共鸣。要推动形成重实干、重实绩的鲜明导向,坚决向"我不会"干部说不,让无为者有压力、实干者有奔头。

（四）更加注重磨练淬炼,提高在复杂形势下谋发展、抓落实的能力。责重山岳,能者当之。当前新冠肺炎疫情仍在全球蔓延,国际形势中不稳定不确定因素增多,我国经济恢复基础尚不牢固,今年的经济社会发展工作仍面临不少困难和挑战,各级政府工作人员要做好应对防范的思想准备和能力储备,更好统筹发展和安全,善于用改革创新办法破解难题、化解风险,切实担负起党和人民赋予的重要职责。要坚持底线思维,增强忧患意识,提高风险预见预判能力,事不畏难、责不避险,有效防范化解各种风险隐患。要增强补课充电的紧迫感,不断提高专业化能力,努力成为领导构建新发展格局的行家里手。要针对新形势下一些政府工作人员不会为不善为的问题,加强公务员能力素质建设。围绕准确把握新发展阶段、深入贯彻新发展理念、加快构建新发展格局等一系列重大战略部署,深入开展公务员初任培训、任职培训、专门业务培训和在职培训,使政府工作人员政治素养、理论水平、专业能力、实践本领跟上时代发展步伐。

推动新时代中国特色大国外交深入发展

刘 武 通

中国的发展离不开世界，世界的繁荣也需要中国。外交工作要为国内发展营造良好有利的外部环境，同时也为深化同各国友好合作、促进世界和平发展作出积极贡献。李克强总理在十三届全国人大四次会议上所作的《政府工作报告》中，深入贯彻习近平外交思想，回顾了2020年外交工作成就和进展，阐述了2021年外交工作有关重点和任务，要认真学习领会。

一、中国特色大国外交卓有成效

2020年对世界、对中国都是非同寻常的一年。新冠肺炎疫情突如其来引发全球性公共卫生危机，世界经济陷入第二次世界大战以来最严重的深度衰退，单边主义、保护主义显著抬头，国际形势进入动荡变革期，世界格局酝酿深刻调整。在习近平外交思想指引下，中国特色大国外交卓有成效，为国内发展提供有力支撑，为捍卫国家尊严和利益、维护全球安全与稳定作出应有担当和重要贡献。

（一）积极参与国际抗疫合作，倡导构建人类卫生健康共同体。病毒是人类共同敌人，抗疫是国际社会共同责任。中国始终本着公开、透明、科学、负责态度，倡导并参与国际抗疫合作，同世卫组织和国际社会携手抗疫，以实际行动践行人类命运共同体理念。

习近平主席亲自设计、亲自指挥、亲力亲为，以视频通话的"云外交"方式同外国领导人和国际组织负责人会晤、通话87次,出席22场重要双多边活动。习近平主席在北京以视频方式主持中非团结抗疫特别峰会,在出席第73届世界卫生组织大会、联合国成立75周年系列高级别会议、二十国集团领导人峰会、亚太经合组织领导人非正式会议、上合组织峰会、金砖国家领导人会晤等重要多边会议时,都反复强调病毒没有国界,病毒不分种族,团结合作是战胜疫情最有力的武器。李克强总理以视频方式出席东盟与中日韩抗击新冠肺炎疫情领导人特别会议,呼吁与会各方加强疫情防控合作,确保地区各国人民健康安全和经济社会秩序稳定。中方倡议,各国应开展监测、治疗、疫苗药物研发国际合作,充分发挥世卫组织领导作用、推进国际联防联控,加大对发展中国家的支持和援助,加强全球公共卫生治理,反对把抗疫政治化、污名化,推动构建人类卫生健康共同体。中方最早向世界通报疫情,第一时间公布病毒基因序列等关键信息,发起新中国历史上规模最大的全球紧急人道主义行动,向世卫组织和联合国相关机制提供资金援助,向150多个国家和10个国际组织提供抗疫援助,向有需要的34个国家派出36支医疗专家组,向各国提供了2200多亿只口罩、22.5亿件防护服、10.2亿份检测试剂盒,组织了近百场跨国视频专家会议、发布8版诊疗方案、7版防控方案分享中国经验。中方加入"新冠肺炎疫苗实施计划",最早承诺将疫苗作为全球公共产品,展示了负责任大国的形象。

　　(二)继续扩大开放合作,为世界经济复苏增添助力。面对国内外发展环境发生的深刻复杂变化,中国没有关闭国门和搞贸易壁垒,而是进一步扩大对外开放,在更深层次和更高水平上联通国内和国际两个市场两种资源,在推动自身经济转型升级和高质量发展同时,为世界提供更多市场机遇,为各国创造更多合作空间,助力世界经济走出低谷。

　　克服疫情困难成功举办第三届中国国际进口博览会,习近平主席以视频方式发表主旨演讲,宣布了进一步扩大开放和优化营商环境的重大举措,强调在开放中创造机遇、在合作中破解难题,来自124个国家和地区的2682家企业参展,累计意向成交额726.2亿美元、比上届增长2.1%。在全球经济走势充满不确定性的情况下,中国已成为世界复苏的稳定器和动力源。习近平主席以视频方式出席亚太经合组织工商领导人对话会和领导人非正式会议并发表主旨演讲和重要讲话,首次对外公开深入阐述中国积极构建新发展格局的世界意义,强调这不是封闭的国内循环,而是更加开放的国内国际双循环,中国将打造高水平的开放型经济新体制,更好同亚太地区乃至世界各国实现互利共赢。实施新版外商投资法及其实施条例,进一步压减全国外商投资准入负面清单、自贸试验区外商投资准入负面清单,制定海南自由贸易港建设总体方案。疫情背景下创造性设立中外人员"便捷通道"、物资运输"绿色通道",2020年货物进出口稳定增长、实际利用外资增势明显。中国成功召开"一带一路"国际合作高级别视频会议及30多场专业会议,与沿线贸易伙伴全年贸易额近1.35万亿美元、同比增长0.7%。中欧班列全年开行1.24万列。中国将通过构建新发展格局为共建"一带一路"提供更优路径,为"一带一路"合作伙伴带来更多机遇。

（三）**坚持多边主义,推动改革和完善全球治理**。习近平主席深刻洞察和把握世界格局和国际秩序演变,在国际会议和多边场合发表一系列重要演讲和讲话,旗帜鲜明阐释一系列关于多边主义的新理念新思想。面对当今世界的各种问题和挑战,中国拿出自己的解决方案,就是坚定维护和践行多边主义,推动全球治理朝着更加公正合理的方向不断迈进,携手推动构建人类命运共同体。

习近平主席以视频方式出席联合国成立75周年纪念峰会和联合国大会一般性辩论并发表重要讲话,呼吁各国应坚定维护以联合国为核心的国际体系,坚定维护以国际法为基础的国际秩序,坚定维护联合国在国际事务中的核心作用。中方支持《巴黎协定》并积极参与相关国际合作,郑重承诺中国二氧化碳排放力争于2030年前达到峰值、2060 年前实现碳中和,充分展现应对气候变化国际合作中一个负责任大国的担当。习近平主席以视频方式出席二十国集团领导人峰会并发表重要讲话,强调二十国集团成员应坚持多边主义、开放包容等原则,携手全球抗疫合作、畅通世界经济运行、推动数字经济发展、实现更加包容发展,各方应支持联合国发挥主导作用。中方提前 10 年实现联合国 2030 年可持续发展议程减贫目标。发布《全球数据安全倡议》,推动打造和平、安全、开放、合作的网络空间。在世界被不确定性和动荡波动困扰之际,中方始终做多边主义的践行者,积极参与全球治理体系改革和建设,中方愿同所有国家在相互尊重、平等互利基础上和平共处、共同发展。

（四）深化同各国友好合作,巩固拓展全球伙伴关系。中国主张大小国家应相互尊重、一律平等,各国应切实遵守联合国宪章宗旨和国际关系基本准则。中国始终奉行独立自主的和平外交政策,坚定不移在和平共处五项原则基础上发展同各国的友好合作,不断巩固和拓展全球伙伴关系。

积极运筹同主要大国关系,不断推动构建总体稳定、均衡发展的大国关系框架。中俄各领域务实合作持续深化,两国新时代全面战略协作伙伴关系取得新进展。中国和欧盟迎来建交 45 周年,习近平主席同德国和欧盟领导人共同举行会晤,李克强总理同欧盟领导人举行中国—欧盟领导人会晤,双方一致同意加强协调合作和维护多边主义,中国首次成为欧盟最大贸易伙伴,双方签署中欧地理标志协定,决定建立环境气候高层对话机制和数字领域高层对话机制,中欧投资协定谈判如期完成,为双方合作注入新的强劲动力。中美关系处于建交 40 多年来最困难时期,中国愿同美国发展以协调、合作、稳定为基调的中美关系,寻求和平共处、合作共赢。希望美方同中方一道,通过对话化解矛盾分歧,通过合作扩大共同利益,找到既利两国又造福世界的大国相处模式。

秉持亲诚惠容外交理念,积极开展同周边国家各领域合作,夯实周边命运共同体。中日构建契合新时代要求的中日关系迈出新步伐。中印两大邻国总体保持和平共处和互利合作，稳妥处理边境争端。中韩密切开展抗击疫情、复工复产等各领域合作。中缅建交70周年，双方就构建中缅命运共同体达成重要共识。包括中国、东盟十国、日本、韩国、澳大利亚、新西兰在内的15国共同签署区域全面经济伙伴关系协定（RCEP），标志着世界上人口最多、经济规模最大、最具发展潜力的自由贸易区正式启动。中方积极考虑加入全面与进步跨太平洋伙伴关系协定。中国与东盟实现互为第一大贸易伙伴的历史性突破，双方关系在地区合作中发挥引领作用。中日韩三国自贸协定谈判稳步推进。上海合作组织在抗击疫情和维护地区稳定、促进共同发展方面作出积极贡献。

秉持正确义利观，维护拓展发展中国家共同利益。习近平主席同非洲领导人成功举行中非团结抗疫特别峰会，推动实施中非合作论坛北京峰会"八大行动"，增进了中非友好团结。举办中阿合作论坛第九届部长级会议，首次在文件中写入"中阿命运共同体"目标。举办中拉应对疫情特别外长会议，宣布设立10亿美元中拉抗疫专项贷款。向有需要的发展中国家派出医疗专家组，疫苗捐赠和供应优先保证疫情严重的发展中国家。参与制定二十国集团缓债倡议，已全面落实符合倡议要求的缓债申请，成为二十国集团成员中缓债金额最大的国家。推动国际社会认真落实《联合国2030年可持续发展议程》。

（五）践行外交为民宗旨，保障海外公民的健康安全。坚持以人民为中心，时刻挂念疫情肆虐下海外同胞的安危冷暖，在全球范围内开展领事保护专项行动，切实把党中央、国务院对海外公民、华侨和留学人员的关心关爱送到每个人手上心上。做工作推动驻在国政府重视解决中国公民在海外遇到的各种问题和困难，及时组织救治受到传染的中国公民，搭建远程医疗救助网络平台。想方设法、突破障碍向海外留学生发放120多万份"健康包"，向100多个国家的500

多万侨胞送去各类紧急防疫物资,安排350多架次临时航班接回面临困境的在外人员。"12308"领事保护热线24小时马不停蹄运转,电话量是去年同期的3倍,让海外游子时刻感受到祖国的关爱和强大。

二、积极拓展新时代中国特色大国外交新局面

2021年是我国现代化建设进程中具有特殊重要性的一年。要在以习近平同志为核心的党中央坚强领导下,增强"四个意识"、坚定"四个自信"、做到"两个维护",以习近平外交思想为指引,全面贯彻党中央外交大政方针和战略部署,努力完成营造有利外部环境和服务国内发展大局的各项使命任务,不断开拓中国特色大国外交新局面。今年着重把握以下几个方面:

一是把握好外交工作面临的新形势新任务。加快构建以国内大循环为主体、国内国际双循环相互促进的新发展格局,是一项关系我国发展全局的重大战略任务,是实现经济转型升级和高质量发展的关键之举,有利于增强我国的生存力、竞争力、发展力、持续力,需要从全局高度准确把握和积极推进。外交工作要统筹好中华民族伟大复兴战略全局和世界百年未有之大变局,立足新发展阶段,贯彻新发展理念,紧紧围绕服务国内发展大局和国家发展战略,为构建新发展格局和"十四五"开局起步创造有利的外部环境。当前和今后一个时期,我国发展环境面临深刻复杂变化,我国发展仍然处于重要战略机遇期,但机遇和挑战都有新的变化,总体上机遇大于挑战,时与势在我们一边。面对错综复杂的国际形势,要保持战略定力,始终高举和平、发展、合作、共赢的旗帜,坚定不移走和平发展道路,坚持独立自主的和平外交政策,在和平共处五项原则基础上发展同各国的友好合作。要坚持多边主义,深化各领域多边合作,积极参与和引领全球治理体系改革和建设,推动构建相互尊重、公平正义、合作共赢的

新型国际关系,推动构建人类命运共同体,走好中国特色大国外交之路。要统筹好发展和安全,增强风险意识,提高风险预见预判能力,下好先手棋、打好主动仗,有力有效防范化解外部风险挑战;树立底线思维,发扬斗争精神,坚决维护国家主权、安全和发展利益。

二是促进世界经济尽快复苏。我国将继续扩大对外开放,进一步降低市场准入门槛、扩大进口、改善营商环境、严格保护知识产权,为外资外企提供更加良好的投资创业环境。加快构建新发展格局,以超大市场规模和内需潜力为各国带来发展机遇,以国内大循环助力国际大循环,推动全球产业链供应链回归安全稳定。坚决反对保护主义,支持自由贸易和相互开放,提高贸易和投资自由化便利化水平,与各国共同建设开放型世界经济。坚持共商共建共享和绿色廉洁理念,推动高质量、高标准、高水平共建“一带一路”,注重政策、规则、标准三位一体的“软联通”,更多搭建第三方合作平台机制,加强经济、法律、债务、环保等风险防范体系与合规体系建设,加快建设健康、数字、绿色丝绸之路,惠及更多国家和人民。

三是主动参与全球治理体系变革。中方愿就支持多边主义、加强全球治理、推进国际合作同各方深入沟通协调,在联合国、二十国集团、国际货币基金组织、世界银行、世贸组织、金砖国家、上合组织、亚太经合组织等多边机制内同各方共促对话合作。今年是中国恢复联合国合法席位50周年,也是中国加入世贸组织20周年,中方支持充分发挥联合国在国际事务中的核心地位和作用,坚定维护以世贸组织为基石的多边贸易体制,愿以此为契机推动同两大机构的协调合作。加强在联合国、中非、中阿、中拉论坛和七十七国集团、不结盟运动等机制内加强南南合作。办好《生物多样性公约》第十五次缔约方大会,推进全球生态文明建设。同各方探讨制定全球数字治理规则,携手打造开放、公平、公正、非歧视的数字发展环境。中方愿与国际社会一道为建立更加公平合理、普惠包容的全球治理体系而努力。

四是持续深化国际和地区合作。深化中俄全面战略协作伙伴关系，筹备好两国元首和各层级交往，推进各领域各方面战略协调与务实合作。保持中欧战略沟通对话，不断扩大双方在维护多边主义和自由贸易、合作应对气候变化等领域共识，推动尽快签署中欧投资协定，拓展数字、绿色等新兴领域的务实合作。中国对美政策始终保持高度的稳定性和连续性，一贯主张构建不冲突不对抗、相互尊重、合作共赢的中美关系，同时坚定维护国家主权、安全和发展利益。希望美方同中方一道共同努力、相向而行，重开对话、重启合作、重建互信，聚焦合作、管控分歧，使中美关系健康稳定向前发展。今年是中国和东盟建立对话关系30周年，中方愿与东盟落实好《中国—东盟战略伙伴关系2030年愿景》，把双方关系提升到新的更高水平。推动区域全面经济伙伴关系协定尽快生效实施，推进中日韩三方合作和自贸区谈判，深化澜沧江—湄公河流域经济发展带建设，促进东亚地区经济一体化和各国融合发展。以上合组织成立20周年为契机，大力弘扬"上海精神"，巩固和增强地区稳定与合作良好势头。积极参与"新冠肺炎疫苗实施计划"，兑现疫苗研发成功后作为全球公共产品的承诺，优先照顾发展中国家疫苗需求。

五是增进同各国交流理解。积极开展与世界各国的友好交流，倡导求同存异、聚同化异，不同文明文化和社会制度的国家间应互尊互鉴、取长补短、和谐共生。发挥好元首外交和主场外交的引导作用，运用好线上线下互补、传统媒体和新媒体并举的传播手段，调动好官方政策宣示和民间人文外交两种资源，增进国际社会对我国内外政策的了解和认知。结合中国共产党成立100周年等重要节点，以全党全国开展党史学习教育为契机，在深入学习党史、新中国史、改革开放史、社会主义发展史的基础上，挖掘提炼出更鲜活更精彩的题材，向世界讲好中国故事，增进世界对中国共产党和中国特色社会主义制度的客观理性认识，加深中国与世界的相互理解与信任。

加快国防和军队现代化步伐

刘 延 统

习近平主席强调,没有一支强大的军队,就不可能有强大的祖国。党的十九大以来,党中央和中央军委就国防和军队现代化作出一系列新的战略筹划和部署安排。李克强总理在十三届全国人大四次会议上所作的《政府工作报告》中,充分肯定过去一年人民军队的显著成绩和突出作用,对新的一年国防和军队建设提出明确要求。我们要深入贯彻落实以习近平同志为核心的党中央决策部署,努力开创强军事业新局面。

一、过去一年国防和军队建设取得新的重大成就

过去的一年,是党、国家和军队事业发展进程中极不平凡的一年。面对突如其来的新冠肺炎疫情,面对接踵而至的风险挑战,面对复杂多变的安全形势,党中央、中央军委和习近平主席统揽全局、沉着应对,领导全军坚定信心、攻坚克难,统筹推进疫情防控和各项工作,出色完成党和人民赋予的各项任务,推动国防和军队建设取得新的重大成就。

(一)**党对军队的绝对领导显著加强**。各级深入贯彻落实新时代党的建设总要求,贯彻古田全军政治工作会议和中央军委党的建设会议精神,以党的政治建设为统领,全面提高党的领导和党的建设工作质量,增强"四个意识"、坚定"四个自信"、做到"两个维护",贯彻军委主席负责制。持续用党的创新理论武装头脑、指导实践、推动

工作,习近平强军思想在国防和军队建设中的指导地位进一步牢固确立,官兵听党指挥、履行使命的思想政治根基进一步夯实。深入学习贯彻党的十九届五中全会精神,巩固"不忘初心、牢记使命"主题教育成果,围绕"传承红色基因、担当强军重任"深化思想政治教育,用生动的抗疫实践和伟大抗疫精神教育引导官兵,焕发新时代革命军人的精气神。召开全军思想政治教育工作会议,推动构建新时代人民军队思想政治教育体系。全面实施人才强军战略,贯彻新时代军事教育方针,出台《关于加快推进三位一体新型军事人才培养体系建设的决定》,加紧培养新型军事人才。深化政治整训,持续整肃郭伯雄、徐才厚、房峰辉、张阳流毒影响。驰而不息正风肃纪反腐,认真贯彻中央八项规定、军委十项规定及其实施细则精神,扭住根本强化政治监督,综合施策深化标本兼治,深入纠治"四风"特别是形式主义、官僚主义,治理"五多"问题,军队作风建设持续向上向好。做好贯彻中央军委基层建设会议精神"下篇文章",开展争创"四铁"先进单位、争当"四有"优秀个人活动试点,推动军队基层建设创新发展。

(二)部队能打仗打胜仗能力稳步提升。各级深入贯彻习近平军事战略思想,贯彻新时代军事战略方针,落实中央军委军事工作会议精神,坚持备战打仗鲜明导向,强化当兵打仗、带兵打仗、练兵打仗思想,加紧推进练兵备战各项工作。习近平主席签署中央军委命令,向全军发布开训动员令。中央军委召开军事训练会议,习近平主席出席会议并作重要讲话,就构建新型军事训练体系、推动军事训练转型发展作出战略部署。各部队针对安全威胁和风险挑战,紧盯强敌对手,突出以战领训、突出体系练兵、突出对抗检验、突出打牢基础、突出锤炼作风,大抓实战化军事训练,组织一系列专攻精练和重大演训活动,实际检验作战概念、作战方案、作战指挥、作战力量、作战保障,提升战备状态和实战能力。开展中俄空中战略巡航、中柬陆军联合训练、中巴空军联合训练,参加"金色眼镜蛇—2020"多边联演、国际军事比赛—2020等活动,同各国军队联合应对安全威胁、共同维护地区和平稳定的能力得到提升。构建现代军事物流体系、军队现代资产管理体系,提高后勤保障能力。整体运筹开展军事斗争,周密组织日常战备和边海空防管控,及时有效处置各种复杂情况,坚决维护国家主权、安全、发展利益,维护国家战略全局稳定。在维护国家领土主权的边防斗争中,人民军队敢于斗争、敢于胜利,以誓死捍卫祖国领土的赤胆忠诚和一不怕苦、二不怕死的战斗精神,坚决反击非法越线侵权挑衅行径,坚决维护边境地区和平安宁,彰显了新时代卫国戍边英雄官兵的昂扬风貌。

　　(三)**国防和军队改革阶段性目标任务基本完成。**各级全面落实党中央和中央军委关于改革的总体部署,协调推进深化国防和军队改革"三大战役",持续深入解决体制性障碍、结构性矛盾、政策性问题。调整预备役部队领导体制,预备役部队全面纳入军队领导指挥体系,由军地双重领导调整为党中央、中央军委集中统一领导。军队领导指挥体制改革不断拓展,规模结构和力量编成改革持续深化,改革成果进一步巩固。全面实施军事政策制度改革,《中华人民共和国国防法》、《中华人民共和国人民武装警察法》、《中华人民共和国海警法》、《中国共产党军队党的建设条例》等重大法律法规修订或出台,《中国人民解放军联合作战纲要(试行)》、《军队政治工作条例》、《现役军官管理暂行条例》、《军队后勤条例》、《军队装备条例》、《国际军事合作工作条例》等主干政策制度陆续颁布,中国特色社会主义军事政策制度基本框架初步构建。一批配套政策制度制定下发部队,一批备战急用、改革急需、官兵急盼改革举措落地见效,改革整体效能不断释放。紧跟军事政策制度改革进程加强依法治军工作,狠抓法规制度和条令条例执行,国防和军队建设法治化水平进一步提升。

　　(四)**国防科技和武器装备创新发展。**各级坚决贯彻科技强军战略,优化科技创新资源配置,努力提高国防科技自主创新能力。加紧推进重大科技项目论证实施,一批战略高新技术加紧孵化,一批核心关键技术得到突破。持续加强先进科技成果转化运用,陆基中段反导拦截技术试验等成功实施,技术转化效能不断增强。加强武器装备顶层筹划和建设发展,武器装备加快更新换代,一批信息化程度高、技术水平先进的武器装备列装部队。广大科技工作者牢固树立科技是核心战斗力的思想,弘扬我党我军优良传统,勇于攀登科技高峰,自觉投身科技强军实践,取得丰硕成果。各部队深入研究装备工作的特点规律,扎实开展新装备训练,加强装备全系统全寿命管理,爱装管装用装水平不断提高。

(五)**规划执行和战略设计加紧推进**。各级采取超常措施,克服疫情影响,加大攻关力度,强化跨领域、跨部门、跨军地统筹协调,集中力量打好军队建设发展"十三五"规划落实攻坚战,推进重大任务完成和重点项目落地。经过全军长期不懈努力,国防和军队建设既定目标任务基本实现,我军基本实现机械化,信息化建设取得重大进展,战略能力有了大的提升,为国防和军队现代化奠定坚实基础。贯彻党的十九届五中全会战略部署,适应国家发展战略、安全战略、军事战略要求,统筹备战与建设,统筹当前急需和长远发展,深化军队发展顶层设计,论证编制军队建设"十四五"规划。举办全军战略管理集训,强化军队战略管理体系和功能,推进以效能为核心的军事管理革命,努力提高军队现代化建设质量和效益。

一年来,解放军和武警部队在捍卫疆土中勇于担当,在抢险救灾中奋勇争先,在维和护航中勇敢冲锋,坚决完成党和人民赋予的各项任务。特别是在重大疫情考验面前,我军闻令而动、勇挑重担,先后抽调4000余名医务人员投身武汉保卫战,63所军队定点医院投入一线救治,在医疗救治、科研攻关、运输投送、安保警戒和勤务保障等任务中交出优异答卷,为打赢疫情防控阻击战作出重要贡献。去年入汛以来,解放军和武警部队出动132万人次,组织民兵39万人次,参加19个省份防汛救灾行动,全力保护人民群众生命财产安全,在关键时刻发挥了突击队作用。支持打赢脱贫攻坚战,定点帮扶的4100个贫困村、29.3万户贫困户、92.4万名贫困群众全部实现脱贫,以实际行动为党分忧、为国兴利、为民造福。

二、做好"十四五"开局之年国防和 军队建设各项工作

今年是中国共产党成立一百周年,是军队"十四五"开局、开启基本实现国防和军队现代化新征程之年。开局关系全局,起跑决定后程。解放军和武警部队要以时不我待、只争朝夕的紧迫感,向着强军目标阔步前行,确保"十四五"开好局、起好步、见到新气象。做好"十四五"开局之年各项工作,必须紧密团结在以习近平同志为核心的党中央周围,坚持以习近平新时代中国特色社会主义思想为指导,深入贯彻党的十九大和十九届二中、三中、四中、五中全会精神,深入贯彻习近平强军思想,深入贯彻新时代军事战略方针,聚焦实现建军一百年奋斗目标,全面推进政治建军、改革强军、科技强军、人才强军、依法治军,全面深化练兵备战工作,坚决完成党和人民赋予的各项任务,以优异成绩迎接建党一百周年。

(一)深入推进党的领导和党的建设。全面加强我军党的领导和党的建设工作,是推进党的建设新的伟大工程的必然要求,是推进强国强军的必然要求。在庆祝我们党百年华诞的重大时刻,抓好军队党的领导和党的建设工作具有特殊重要意义。要毫不动摇坚持党对人民军队的绝对领导,大力加强军队党的政治建设,提高政治判断力、政治领悟力、政治执行力。要把贯彻军委主席负责制作为严肃而重大的政治责任,作为最高政治要求来遵守、最高政治纪律来维护,做到听习主席指挥、对习主席负责、让习主席放心。要持续深化党的创新理论武装,用习近平新时代中国特色社会主义思想特别是习近平强军思想铸魂育人,引导官兵传承红色基因、担当强军重任。要贯彻

党中央统一部署,组织军队系统庆祝建党一百周年系列活动,扎实开展党史学习教育,做到学史明理、学史增信、学史崇德、学史力行,激励官兵不忘初心、牢记使命,增强听党话、跟党走的政治自觉。要落实全军思想政治教育工作会议精神,创新发展军队思想政治教育工作,形成整体抓教、合力抓教的大格局。要加快推进军队院校教育、部队训练实践、军事职业教育三位一体新型军事人才培养体系建设,培养大批德才兼备的高素质、专业化新型军事人才。要深入贯彻《现役军官管理暂行条例》及其配套法规,确保各项政策制度平稳有序运行、精准高效落实,全面加强干部队伍建设。要深入抓好政治整训,全面彻底肃清郭伯雄、徐才厚、房峰辉、张阳流毒影响,严肃政治纪律和政治规矩,锤炼绝对忠诚的政治品格。要纵深推进正风肃纪反腐,压实全面从严治党主体责任,一体推进不敢腐、不能腐、不想腐,向问题多发领域、顽症痼疾地带、基层末端用力,持续纠治形式主义、官僚主义,把“严”的主基调长期坚持下去,进一步纯正部队政治生态。要牢牢把握“三个过硬”目标要求,加强和改进指导帮建基层工作,开展“双争”活动,推动基层建设全面进步全面过硬。

（二）**深入推进练兵备战**。世界百年未有之大变局加速演变,国际军事竞争持续升温,地区冲突频繁发生,我国将面对更多逆风逆水的外部环境,国家安全形势更加严峻复杂。全军官兵要胸怀“两个大局”,强化随时准备打仗的思想,全力扛起备战打仗主责主业,时刻保持箭在弦上、引而待发的戒备状态,有效履行新时代军队使命任务,坚决捍卫国家主权、安全、发展利益,维护战略全局稳定。要深化军事斗争准备,研透作战任务、作战对手、作战环境,针对各方向各领域现实安全威胁搞好作战筹划和针对性准备,确保召之即来、来之能战、战之必胜。要贯彻中央军委军事训练会议精神,推进军事训练转型,构建新型军事训练体系,全面提高训练实战化水平和打赢能力。要深化实战实训、联战联训,加强战争和作战问题研究,加强实案化对抗性训练,加强应急应战专攻精练,加强军事斗争一线练兵,确保全时待战、随时能战。要加强联合作战体系建设,强化联合作战指挥能力,加速提升一体化联合作战能力。要坚持问题导向,扭住突出短板弱项,逐个问题加以解决。要大力弘扬求真务实作风,坚持战斗力标准,深入纠治练兵备战中的和平积弊,把实战要求落实到军事斗争准备全过程各领域。各部队要深入学习新时代卫国戍边英雄官兵的先进事迹,大力弘扬听党指挥、闻令而战的忠诚品格,敢战善战、矢志打赢的使命担当,英勇顽强、视死如归的战斗精神,团结奋战、生死与共的革命情谊,以身报国、无私奉献的家国情怀,强化斗争精神,磨练战斗意志,锤炼战斗本领,有效遂行肩负的各项任务,为党和人民再立新功。

(三)**深入推进军队建设"十四五"规划编制和执行**。党的十九大以来,党中央和中央军委就推进国防和军队现代化作出一系列新的战略安排,党的十九届五中全会对"十四五"时期国防和军队建设作出总体部署。要着眼适应新发展阶段、贯彻新发展理念、构建新发展格局,紧紧扭住实现建军一百年奋斗目标,把军队建设"十四五"规划编制好,把目标任务、发展指标和实现路径谋划好,形成科学的路线图、施工图,加快机械化信息化智能化融合发展。要强化战建统筹,坚持以战领建、抓建为战,确保各项建设向备战打仗聚焦用力。要继续保持规划落实攻坚态势,以高度的政治自觉、坚强的组织领导、务实的措施办法把"十四五"规划执行好。要建立健全跨领域、跨部门、跨军地工作统筹协调机制,用好各方面优质力量和资源,加大检查督导力度,确保各项重点建设任务优质高效推进。要扭住建设强大的现代化后勤,加快实施现代军事物流体系、军队现代资产管理体系建设任务,推进后勤标准化集约化社会化。要创新加强军队建设战略管理,更新管理理念、提高战略素养,健全完善战略管理制度机制,健全科学决策、全程监管、精细评估、精准调控的管理体系,提高专业化、精细化、科学化管理水平,推动国防和军队建设高质量发展。要弘扬我军勤俭节约优良传统,牢固树立过紧日子思想,科学安排,精打细算,把军费管理好、使用好,使每一分钱都花出最大效益。

(四)深入推进改革创新工作。改革创新是强军事业的重要法宝,是加快国防和军队现代化的根本动力。今年,深化国防和军队改革任务仍然十分繁重。各级要坚持改革方向不变、道路不偏、力度不减,统筹推进各项改革工作,抓好既定改革举措落地,巩固深化改革成果,充分释放改革效能。要全面深化军事政策制度改革,制定出台各领域主干政策制度和配套政策制度,加快构建中国特色社会主义军事政策制度体系,不断解放和发展战斗力、解放和增强军队活力。要进一步解放思想,坚决破除一切不合时宜的思想和行为障碍,把解决体制性障碍、结构性矛盾、政策性问题统一起来,使各领域各部门、军地双方、机关部队整体联动起来,推动体制编制和政策制度同频共振,确保改革发生"化学反应"。科技强则国家强,科技兴则军队兴。要深入实施科技强军战略,坚持科技自立自强,把科技创新引擎全速发动起来,抢占技术优势、夺取制胜先机。要坚持自主创新战略基点,加强基础研究和原始创新,加快突破关键核心技术,努力在前瞻性、战略性领域占有一席之地。要加快实施国防领域重大工程,加紧构建适应履行使命要求的装备体系。各级要广泛开展群众性科技创新活动,加大科技练兵力度,激发学用高科技热情,增强科技理解力、认知力、运用力,提高科技创新对战斗力增长的贡献率。

(五)深入推进依法治军、从严治军。一支现代化军队必然是法治军队。要深入学习贯彻习近平法治思想,牢牢把握全面依法治国政治方向、重要地位、工作布局、重点任务、重大关系、重要保障,切实在依法治军、从严治军各项工作中加以贯彻落实。要创新军事立法工作模式,严格军事法规制度贯彻执行,加快构建中国特色军事法治体系。要强化法治信仰和法治思维,牢固树立法治理念,扎实开展普法活动,突出抓好民法典学习贯彻,推进法治军营建设。要加快推动治军方式根本性转变,强化各级依法办事的意识和能力,在全军形成党委依法决策、机关依法指导、部队依法行动、官兵依法履职的良好局面。要持续开展军事检察公益诉讼专项行动,组织军队军人军属涉法问题专项服务,着力维护国防利益和军人合法权益。要探索新形势新体制下部队管理运行规律,全面从严加强教育管理,加强安全风险管控,毫不放松抓好常态化疫情防控工作,确保部队高度集中统一和安全稳定。

（六）**深入推进军政军民团结**。军政军民团结是我党我军的显著政治优势,在推进强国强军事业和抗击疫情灾情中彰显出强大力量。要坚持促进国防实力和经济实力同步提升,搞好战略层面筹划,深化资源要素共享,强化政策制度协调,构建一体化国家战略体系和能力。要着力推动重点区域、重点领域、新兴领域协调发展,推开重大基础设施军民共建共用。要协力推进国防动员体制改革,优化国防动员职能配置、组织架构和运行机制,完善国防动员体系。全军各部队要践行全心全意为人民服务的根本宗旨,主动做好拥政爱民工作,积极支援地方经济社会发展,在地方基础设施、生态文明建设特别是全面推进乡村振兴、巩固脱贫攻坚成果等任务中发挥应有作用,为人民群众造福兴利。地方各级党委和政府要继续支持国防和军队建设,倾力服务部队备战打仗,认真落实拥军优抚安置政策,落实家属随军就业、子女入学入托等政策,一如既往为军人和家属排忧解难,使广大官兵不为后路担心、不为后院分心、不为后代忧心,为建设强大的全民国防和人民军队提供有力支撑。要继续抓好双拥模范创建活动,健全基层双拥服务体系,使军爱民、民拥军的氛围更加浓厚,筑牢坚如磐石的军政军民关系,为推进新时代强国强军伟大事业、实现中华民族伟大复兴凝聚磅礴力量。

后　记

　　刚刚闭幕的十三届全国人大四次会议审议通过了李克强总理所作的《政府工作报告》。《报告》以习近平新时代中国特色社会主义思想为指导,深入贯彻党的十九大和十九届二中、三中、四中、五中全会以及中央经济工作会议精神,总结了过去一年政府工作和"十三五"时期发展成就,概述了"十四五"时期主要目标任务,对今年重点工作作出了部署,是今年政府工作的纲领性文件。

　　为深入学习贯彻习近平新时代中国特色社会主义思想,帮助广大干部群众准确把握、深入领会《报告》精神,国务院研究室编写了这本辅导读本,对《报告》主要内容作了深入浅出、通俗易懂的解读。国务院研究室主任黄守宏为本书作序。

　　参加本书编写的有:黄守宏、石刚、郭玮、陈祖新、孙国君、肖炎舜;(以下按姓氏拼音排序)包益红、杜庆彬、谷宇辰、贺达水、侯万军、黄涛、姜秀谦、金贤东、李攀辉、刘军民、刘日红、刘若霞、刘武通、刘延统、刘一鸣、马建堂、马志刚、宁吉喆、牛发亮、潘国俊、乔尚奎、秦青山、史德信、宋立、孙慧峰、王存宝、王汉章、王敏瑶、王巍、王晓丹、相伟、杨春悦、杨慧磊、杨诗宇、袁鹰、张建民、张凯竣、张俏、张顺喜等。

　　参加本书组稿和编校的有陈爱清、姜秀谦、王昕朋、朱艳华、包益红、李攀辉、秦青山、宋捷、袁鹰、方华、王存宝、王敏瑶、黄涛、刘一宁、刘一鸣、佟贵兆等。

编　者

2021 年 3 月